特许公司银行家考试指定用书

公司银行高级理论与实务

（上册）

明业国际金融认证标准（上海）有限公司　编著

中国金融出版社

责任编辑：黄海清
责任校对：潘　洁
责任印制：陈晓川

图书在版编目（CIP）数据

公司银行高级理论与实务（上册）（Gongsi Yinhang Gaoji Lilun yu Shiwu）/明业国际金融认证标准（上海）有限公司编著 . —北京：中国金融出版社，2015.1
ISBN 978 - 7 - 5049 - 7407 - 5

Ⅰ.①公… Ⅱ.①明… Ⅲ.①商业银行—银行业务 Ⅳ.①F830.33

中国版本图书馆 CIP 数据核字（2014）第 273858 号

出版 发行	中国金融出版社
社址	北京市丰台区益泽路 2 号
市场开发部	（010）63266347，63805472，63439533（传真）
网 上 书 店	http://www.chinafph.com
	（010）63286832，63365686（传真）
读者服务部	（010）66070833，62568380
邮编	100071
经销	新华书店
印刷	三河市利兴印刷有限公司
尺寸	185 毫米×240 毫米
印张	25.5
字数	456 千
版次	2015 年 1 月第 1 版
印次	2015 年 1 月第 1 次印刷
定价	88.00 元

ISBN 978 - 7 - 5049 - 7407 - 5/F. 6967
如出现印装错误本社负责调换　联系电话（010）63263947

总　序

　　这些年以来，一直有种声音，在唱衰中国金融业，唱衰中国银行业，从中不难看出外界对中国的金融、中国的银行缺乏了解和认识。中国的金融业、中国的银行业也正是在这种质疑声中成长着。诚然，在历经三十多年的改革与发展之后，中国的商业银行在日益变革的国内、国际经济大环境中，正面临着前所未有的巨大挑战。我国的银行业只有不断进行改革转型，不断提升自身的经营能力和可持续发展能力，才能把握机遇，将这些挑战转变为推动自身不断发展和前进的动力。

　　在新形势下，商业银行面对的挑战来自多方位。首先，随着中国经济融入全球化程度的加深，我国的银行业必须更加国际化；其次，随着金融市场的进一步开放，银行业的竞争必将更加激烈；再次，随着利率市场化进程的加快，银行业传统的定价模式和盈利结构必定要发生改变；最后，随着社会公众和各类客户金融服务需求的不断增加，银行业产品创新、服务创新的能力必须不断提升；此外，随着互联网金融的兴起，银行业的信息技术水平、数据采集、整合、分析能力也必须不断增强。同时，以上海为开端的自由贸易区的设立也对银行金融配套服务的落实提出了更高要求。对于中国银行业而言，加快改革与创新，提升自身的可持续发展能力已刻不容缓。

　　在新的经济环境和行业发展的驱动下，商业银行必须不断锐意进取，在提升硬件水平的基础上，不断强化软实力。这其中必然离不开对于银行从业者整体素质和能力的提升。如果说其他一些业务还可以搞什么跨越式发展的话，在人才培养、人员素质提高上是必须下细功夫的。除了提高对银行从业人员学历、能力上的要求以外，银行更需要因时因势而变，积极为员工提供适应行业发展的内部或外部的培训、进修机会，同时鼓励员工通过努力获取一些相关的资质认证，这不仅有助于提高员工的专业素养和服务水平，也对建设学习型银行有重要推动作用。

　　目前，我国在金融和银行执业方面已经建立或引入了一系列比较权威的认证体系，包括银行从业资格认证、特许金融分析师（CFA）资格认证、国际金融理财师（CFP）资格认证、金融理财师（AFP）资格认证等，不仅为商业银行提升员工执业能力和金融素养提供了标准，也为市场评价金融从业人员创造了条件，同时也大大节省了银行进行内部培训教育的时间和成本。另外，对于准入者——有志于从事金融行

1

业的在校大学生而言，通过专业资质认证考试，在有助于证明其专业素养和能力的同时，也大幅提升了他们在就业市场上择业的竞争力。

然而，值得注意的是，目前国内商业银行唯有公司业务板块在执业资格和专业能力方面仍缺乏行业通行的权威认证标准。这些年来，为了适应发展需要，部分银行逐步建立了其行内的公司银行业务培训标准，但这些标准并未形成行业通识。这不利于中国银行业的整体发展。目前，不少银行对包括公司银行业务条线人员的职业水平提高仍停留在传统的"师傅带徒弟"模式。这种依靠个人长期工作经验积累来进行的"手把手"式传导的模式固然也能帮助新员工较快进入银行的工作状态，但不可避免地存在一些弊端。例如，由于各家银行管理机制、规章制度有所不同，一般来说某个资深公司客户经理在实际工作中形成的工作经验也只是主要适用于其所属银行，并不能完全通行于其他金融机构。而且任何个人知识和技能往往都有一定长处和短板，是难以对新员工进行全面指导的。这种缺乏相应标准的带教方式，往往使得带教质量也难以得到保障。因此，一套完整的、全面的、具有一定权威性的公司银行业务培训体系和认证标准，是中国银行业进一步实现国际化、专业化发展的必然需要。

在各家银行的大力支持下，经过明业国际金融认证标准（上海）有限公司的数年努力，"特许公司银行家"认证标准体系基本形成和确立了。该标准在借鉴国际一流商业银行公司业务发展的先进经验的基础上，融合国内商业银行公司业务发展的优秀实践，在经过由工行、农行、中行、建行、交行、浦发银行等在内的行业专家以及由北京大学、中国人民大学、南开大学、中国社科院在内的学术权威组成的专家指导委员会的反复讨论和修改后终于得以形成，代表了认证标准行业内领先的专业水准。

"特许公司银行家"认证体系作为公司银行领域从业人员执业水平与能力的权威认证标准，有助于公司银行从业者全面掌握公司银行业务的知识体系，有助于我国公司金融从业者的整体素质迈上一个新的台阶。

专业化的人才队伍，是中国商业银行有能力走向更广阔舞台，与国际同行竞技的核心要素。建立结合本土实际并代表国际专业水平的行业标准，有效提升和衡量从业人员的专业能力，在行业竞争更为激烈的今天，十分必要。这也是如我这样在中国银行业奋斗了数十载的同人们的共识。为了中国银行业的茁壮成长和更加灿烂的明天，我愿意贡献个人的绵薄之力。让我们一起努力吧！

杨凯生

2014 年 12 月

前　言

经历一年多紧锣密鼓的筹备，"特许公司银行家"认证标准考试用书得以面世。

此刻，手捧新书，心中难免升腾出无限感慨与感动。

在银行业竞争日益加剧的今天，"特许公司银行家"认证标准的制定以及配套考试用书的编撰和修订工作得到来自中国工商银行、中国农业银行、中国银行、中国建设银行、交通银行、浦发银行在内行业巨子的协力推进，同业携手共同建立具备国际水平的行业标准，这在中国银行业发展历史上具有标志性的意义。

10 年前，我有幸参与并整体负责国际金融理财领域的权威认证——国际金融理财师 CFP 资格认证在中国的落地和全面推进。其间，正是国内社会财富迅速积累的10 年，中国商业银行的个人理财业务得以迅猛发展，个人金融尤其是个人理财业务专业人才培养在标准化的人才培训体系中得以稳步推进。据了解，截至目前，国内 CFP 系列持证人数已突破 15 万人。

10 年后，为促进中国商业银行核心业务——公司银行业务更长足的发展，建立与国际同业比肩的系统的培训体系和认证标准，我有幸再次参与其中，带领明业国际金融认证标准（上海）有限公司的同人们，在借鉴发达国家金融认证体系成功经验的基础上，发起建立"特许公司银行家"认证标准体系。

为保证项目专业度和权威性，明业国际金融认证标准（上海）有限公司发起成立特许公司银行家认证标准专家指导委员会。指导委员会由工商银行原行长杨凯生先生担任主席，工行、农行、中行、建行、交行、浦发银行的分管副行长和公司业务部负责人，以及北京大学、中国人民大学、南开大学和中国社科院等一批知名学术机构的教授专家担任副主席和委员。

"特许公司银行家"认证标准体系充分借鉴国际一流商业银行公司业务发展的先进经验，融合国内商业银行公司业务发展的实践，经过专家指导委员会反复讨论和修改后才得以确立，代表行业最高专业水准。获得"特许公司银行家"认证，代表持证人全面掌握具备国际视野且立足中国国情的公司银行专业知识和技能，清晰了解公司银行职业发展道路，能够为客户提供更为专业的公司银行金融服务方案，从而为银行创造更高的价值。

根据国内现有的人才水准和资格认证状况，考虑到目前对公司业务的基础性人才的需求量更大也更为迫切，"特许公司银行家"项目实行两级认证制度，分别为基础的"特许公司银行专员"（Corporate Banking Specialist，CBS）认证和更具国际化专业水准的"特许公司银行家"（Chartered Corporate Banker，CCB）认证，获得"特许公司银行专员"资质是申请成为"特许公司银行家"的前提条件。

为了确保持证人具备全面扎实的知识基础，除少数情况可获得豁免外，"特许公司银行专员"和"特许公司银行家"证书的申请人均须参加考前培训，培训合格才能参加相应的资格考试。

"特许公司银行专员"认证的考生应当掌握的知识体系包括八个模块：职业道德规范准则与银行监管、经济学基础、财务报表分析、公司金融、银行风险管理、金融市场与金融机构、公司银行产品与服务、市场营销与客户关系。通过考试并获得"特许公司银行专员"证书意味着该持证人已经具备了公司银行业务基本的知识技能和职业道德，是值得信赖的公司银行雇员。获得"特许公司银行家"认证应具备的知识体系则是在涵盖"特许公司银行专员"认证的全部八个知识模块基础上，提出更高层次的专业要求，并且在知识体系模块中加入了综合案例分析模块，强化从业人员对于专业知识的综合应用能力。

为了对"特许公司银行家"认证及"特许公司银行专员"认证的知识体系进行更详细的梳理和解释，明业国际金融认证标准（上海）有限公司在运作项目的过程中，发起"特许公司银行家"认证标准配套考试用书的编撰工作。考试用书以认证标准的知识体系为纲，充分借鉴国际一流机构公司银行业务专业教材的体系，由明业国际金融认证标准（上海）有限公司组织行业专家编撰初稿。专家指导委员会组织行业代表和学术机构专家成立编委会，对内容进行逐一修订和完善。在整个编撰过程中，各家银行毫无吝惜地贡献他们在实务中提炼的经验和智慧，确保考试用书的内容高度贴合国内商业银行实际。编委们在考试用书编撰中所展现的严谨工作态度、开放的心态和广阔的胸襟真正体现了国际一流银行家的素质和风采。在此，我谨代表特许公司银行家认证标准专家指导委员会及明业国际金融认证标准（上海）有限公司，向参与本书编撰并付出辛勤努力的编写人员表示衷心感谢，他们是：第一章编撰者潘登；第二章编撰者吴桢；第三章编撰者滕小芹；第四章编撰者王斌、罗霄；第五章编撰者王炯；第六章编撰者毕成成、杨媛媛；第七章编撰者余周弘；第八章编撰者唐静、陈恺、周灵颖、唐尹蔚；第九章编撰者陈恺、周灵颖。于凤其负责全书的统纂和定稿工作。

　　我们有充分的理由相信，既充分借鉴国际经验，又密切结合国内银行实践智慧的"特许公司银行家"认证标准体系，定能为中国的公司银行业务及其从业者带来更多更长远的利益，为中国银行业乃至整个金融行业更加规范化、国际化的发展，贡献一份力量。

薛桢梁
2014 年 12 月

目　录

第一章　职业道德规范准则与商法概论

第二章 经济学与行业分析

第三章 财务报表分析

第四章　公司金融

第一章　职业道德规范
准则与商法概论

学习要求说明：

1. 深刻认识并阐述特许公司银行家认证标准职业道德规范与从业准则的制定背景及重要性

2. 明确特许公司银行家认证标准职业道德规范与从业准则制定的宗旨和适用范围

3. 熟悉并掌握特许公司银行家认证标准职业道德规范的要求

4. 掌握特许公司银行家认证标准从业准则的五条要求

5. 掌握并能阐述特许公司银行家认证标准从业准则的具体内容

6. 阐述如何在实践中贯彻特许公司银行家认证标准职业道德规范与从业准则

7. 熟悉并掌握民事主体的概念及其分类

8. 熟悉并掌握法人的概念

9. 掌握其他经济组织的分类

10. 掌握物权法的概念、特性、分类的内容

11. 熟悉并掌握保证、抵押、质押、留置的区别，并能应用于实际工作

12. 掌握合同生效的条件、合同解除的条件

13. 掌握法定继承与遗嘱继承之间的关系及顺序

14. 熟悉股东出资方式，掌握公司的法定组织机构

15. 掌握证券的发行程序

16. 明确票据背书的法律效力

17. 掌握信托特征

18 熟悉破产受理的条件

19. 掌握提单的功能

20. 掌握劳动合同的履行与变更

21. 掌握提供虚假财会报告罪、挪用资金罪、虚报注册资本罪的定罪标准

引言

职业道德，就是同人们的职业活动紧密联系、符合职业特点所要求的道德准则、道德情操与道德品质的总和，它既是对本职人员在职业活动中的行为标准和要求，又是职业对社会所负的道德责任与义务。

职业道德是指人们在职业生活中应遵循的基本道德，是职业品德、职业纪律、专业胜任能力及职业责任等的总称，属于自律范围，它通过公约、守则等对职业生活中的某些方面加以规范。

在特许公司银行专员指定考试教材的第一章里，我们已经简要介绍了特许公司银行家认证标准职业道德规范与从业准则（试行版），在本书中我们依然需要再次强调相关认证标准所规定的职业道德规范与从业准则。此套道德规范和从业准则的制定，旨在为面临道德困境的我国公司银行业从业人员提供帮助和指导，为我国金融市场的繁荣稳定和健康发展作出积极的贡献。

在本章中，我们还将选取公司金融领域各个业务环节中可能涉及的重要商法条款进行介绍和解释。商法是调整平等主体之间商事关系的法律规范的总称，主要包括公司法、保险法、合伙企业法、海商法、票据法等。随着我国法制建设的不断完善，尤其是金融领域更加遵从有法可依、依法办事的从业原则。同时，也随着金融市场中产品和业务的不断创新，银行等金融机构除了对于从业人员在业务能力上的要求以外，在法律知识上也逐渐重视。对于熟练掌握常用法律知识的从业人员来说，在业务发展中能够帮助自己的雇主维护权益、降低风险。可见，法律知识在金融领域中的重要地位，是银行等金融机构良性发展的坚实后盾。

1 特许公司银行家认证标准职业道德规范与从业准则（试行版）

1.1 背景

在人类所有的经济活动中，金融活动因其涉及广泛的金融市场参与者、种类繁多的金融产品和高度专业的金融知识而成为相对比较复杂的经济领域。此外，由于金融体系运转过程中存在信息不对称和代理客户进行资金投资的特点，导致金融市场道德缺失现象严重并积累了大量的道德风险。过去几十年中频发的金融市场内幕交易、庞氏骗局、财务舞弊丑闻，给全世界、各个国家和地区的经济金融带来惨重的损失和沉痛的教训。其根本原因在于，大量的金融机构及其从业人员无视金融市场投资者和客户的利益，疯狂追逐高额利润而采取各种不道德的甚至是违规违法的决策和行为。凡此种种都重创了市场投资者的信心，也极大地损害了投资者和客户对金融机构及其从业人员的信任。

金融市场如果仅仅依靠政府监管并不能有效预防金融危机或金融丑闻的发生，因为那些缺乏甚至完全没有道德意识和职业操守的金融机构及其从业人员会随时寻找监管条例的漏洞，并利用法律法规的漏洞来谋取私利。所以，只有当金融机构形成一种能够促进组织本身的道德意识，促进组织内部从业人员的道德人格，使其严格遵守高水准的道德规范和职业行为准则的优秀道德文化，才能积极主动地避免为获取不正当利益而进行的不道德的行为，才能保证在面对模棱两可的道德困境或是纷繁复杂的情景中选择保护市场投资者和客户的最佳利益的决策和行为。

信任和诚信是金融市场有效运转的基础，更是商业银行正常运转的基石。在中国，银行业始终居于金融体系的中心地位。作为银行从业人员，尤其是商业银行公司业务从业人员，如果能够遵守高水准的道德规范和职业行为准则，就可以大幅度地提升社会公众和客户对于金融市场和银行业的信任，从而促进金融市场和银行自身业务的健康发展，使所有参与者最终都会从规范高效的金融市场环境和业务运行环境中获益，其中包括公司银行业及其从业人员。

相对于西方发达国家金融市场中的从业人员而言，我国金融市场中的金融机构及其从业人员，包括银行业从业人员的诚信观念比较淡薄，也缺乏职业操守的约束。中国银行业协会于 2007 年发布实施了《银行业从业人员职业操守》，旨在规范和提高银行业从业人员的职业行为和道德水准。但是，在商业银行公司业务领域至今没有主管部门统一发布的或行业公认的适用于该领域从业人员的道德规范和职业行为准则。由于该领域业务相对比较复杂，利益冲突无处不在，道德困境的挑战不断涌现，所以更加需要高水准的道德规范和行为准则来调整和规范该领域中各方的利益关系，避免或协调各方之间的利益冲突。

作为国内首个针对公司银行领域的认证标准，特许公司银行家认证标准致力于成为公司银行业的最高专业水准，坚持最严格的职业道德标准，资格认证过程采用国际上通用的 "4E" 认证方式，即：教育（Education）、考试（Examination）、经验（Experience）和道德（Ethics）。在特许公司银行家认证标准专家指导委员会的指导下，经过多次讨论、反复修改，编写了《特许公司银行家认证标准职业道德规范与从业准则》（试行版）。所有特许公司银行家认证标准的考生和持证人都必须完全遵守《特许公司银行家认证标准职业道德规范与从业准则》。同时，特许公司银行家认证标准将根据国际国内银行业的发展情况，持续修订和完善《特许公司银行家认证标准职业道德规范与从业准则》，努力为中国公司银行业及从业人员提供最高水准的道德规范和职业行为准则，提升社会公众和客户对于公司银行业的信任，促进公司银行业务的健康持续发展。

1.2 宗旨

为规范特许公司银行家认证标准考生和持证人的职业行为，提高和维持特许公司银行家认证标准考生和持证人的职业道德水准，并在此基础上推动建立健康的银行信用文化，维护公司银行的良好信誉，促进公司银行乃至整个中国银行业的健康发展，特制定本准则。

1.3 适用范围

所有特许公司银行家认证标准考生和持证人从业过程中的所有行为均须遵守本准则。

1.4 职业道德规范

考生和持证人应当：

• 以正直、诚实、胜任、尽责以及道德的方式，与公众、客户、监管者、雇主、同事等相关各方良性互动。

• 始终将公司银行的行业信誉和客户的利益置于自身的个人利益之上。

• 在开展公司银行业务分析、提供业务咨询以及执行业务操作过程中始终勤勉尽责，充分发挥自身独立专业的判断力。

• 维持和持续提升自身专业胜任力，并且努力帮助其他从业人员维持和持续提升专业胜任力。

• 遵从并鼓励他人遵从公司银行职业道德规范和从业准则，为其本人以及整个行业增添信誉。

1.5 从业准则

第一条 基本准则

第一款 守法合规

考生和持证人应当了解并遵守所有与其职业活动相关的，由政府、监管机构、授权机构或专业团体制定的法律法规、自律规范或规章制度（包括本职业守则）。当其遵守的法律法规彼此间存在冲突的时候，考生和持证人应当择其严者而从之。考生和持证人不得参与或协助他人参与任何违反这些法律法规、自律规范或规章制度的行为。

第二款 诚实守信

考生和持证人应当遵从职业道德规范行事，品行正直，恪守诚信，不得在职业活动中作出任何失信、欺诈或欺骗的行为，也不得作出任何对其职业声誉、品德或能力造成负面影响的行为。

第三款 独立客观

考生和持证人应当以其合理审慎的判断力，达到并维持其职业活动的独立性和客观性。考生和持证人不得提供、索取或收受任何可能损害其本人或他人的独立性和客观性的礼物、报酬或好处。

第四款　专业胜任

考生和持证人应当具备职业所需的专业知识、资格与能力，在其研究分析、意见咨询、业务操作等过程中履行勤勉尽责、独立透彻的义务。考生和持证人应当加强学习，不断提高业务知识水平，熟知向客户推荐的金融产品的特性、收益、风险、法律关系、业务处理流程及风险控制框架。

第二条　维护行业信誉

第一款　接受监管

考生和持证人应当诚实主动地接受银行业监管部门的监管。考生和持证人应当积极配合监管人员的现场检查，及时、如实、全面地提供资料和信息，不得拒绝或无故推诿，不得转移、隐匿或者毁损有关证明材料；按监管部门要求的报送方式、报送内容、报送频率和保密级别报送非现场监管需要的数据和其他信息。

第二款　内幕交易

考生和持证人在业务活动中应当遵守有关禁止内幕交易的规定，不得将内幕信息以明示或暗示形式告知法律和雇主许可范围以外的人员，也不得自己利用或者帮助他人利用内幕信息进行交易牟利。

第三款　交易优先级

考生和持证人应当将客户和雇主的交易请求置于以本人或亲属为直接或者间接受益人的交易请求之前。

第四款　利益冲突

考生和持证人应当及时、全面、公正地披露任何可能损害其独立性与客观性，或者影响其履行对客户或对雇主职责的事项。考生和持证人应当使用平实易懂的语言，使得披露的信息显著和有效。

第五款　同业竞争

考生和持证人应当坚持公平、有序竞争的原则，尊重同业人员和同业机构，积极促进同业信息交流与合作。考生和持证人不得使用不正当竞争手段，不得捏造、发表或传播有关同业人员和同业机构的不当言论。

第三条　对客户的职责

第一款　忠诚尽责

考生和持证人负有对客户忠诚的义务，坚持客户利益至上，把客户利益置于雇主和个人利益之上。考生和持证人在为客户服务过程中，应当衣着得体、态度稳重、礼貌周到。

第二款　了解客户

考生和持证人应当履行对客户尽职调查的义务，了解客户账户开立、资金调拨的用途以及账户安全等情况。同时，应当根据风险控制要求，了解客户的财务状况、业务状况及风险承受能力。考生和持证人应当根据客户的整体状况和长远目标为其提供合适产品或服务。

第三款　风险提示

考生和持证人应当根据监管要求，向客户充分提示所推荐产品或服务涉及的各种风险，不得为达成交易而隐瞒风险或进行虚假或误导性陈述，不得向客户作出不符合规定的承诺或保证。考生和持证人应当明确区分其雇主代理销售的产品和由其雇主自担风险的产品，向客户明示产品性质、产品风险和产品责任承担等必要信息。

第四款　公平对待

考生和持证人应当公平对待所有客户，不得因客户的国籍、肤色、民族、性别、年龄、宗教信仰、身体状况及业务繁简程度和金额大小等方面的差异而歧视任何客户。

第五款　信息保密

考生和持证人应当严格执行关于客户隐私和交易信息保密的有关法律法规，妥善保存客户资料及其交易信息档案。考生和持证人在受雇期间及离职后，均不得违反法律法规和雇主关于客户隐私保护的规定，不得违法或违规透露任何客户资料和交易信息。

第六款　反洗钱

考生和持证人应当遵守国家反洗钱有关规定，熟知自己承担的反洗钱义务，在保护客户隐私的同时，按照有关法律法规和雇主规定的要求，及时报告可疑交易。

第四条　对雇主的职责

第一款　忠于职守

考生和持证人应当恪尽职守，维护雇主利益，自觉遵守法律法规、行业自律规范和雇主的各种规章制度。考生和持证人应当保护雇主的商业秘密、知识产权和专有技术，维护雇主的形象和声誉；妥善保护和使用雇主财产，不得以任何方式损害、浪费、侵占、挪用、滥用雇主财产。

第二款　媒体采访

考生和持证人应当遵守雇主关于接受媒体采访的规定，不得擅自代表雇主接受新闻媒体采访，或擅自代表雇主对外发布信息。

第三款　争议处理

受到雇主给予的警告、降薪、扣发奖金、降职、撤职、开除、辞退等纪律处分而本人有异议时，考生和持证人应当通过正常渠道反映和解决，不得借机造谣滋事、诋毁诽谤，并尽量避免滥用诉权。

第四款　兼职

考生和持证人应当遵守雇主有关兼职的规定，未经雇主书面允许，不得从事兼职。在雇主许可的兼职范围内，考生和持证人应当妥善处理兼职与本职工作之间的关系，不得通过损害雇主利益为本人谋取不当利益。

第五款　离职交接

考生和持证人离职时，应当按照雇主规定妥善交接，未经雇主书面允许，不得擅自带走属于雇主的财物、工作资料和客户资源等。考生和持证人与原雇主有竞业条款约定的，离职后应当遵守约定，恪守诚信，不得擅自透露原雇主的商业秘密和客户隐私。

第六款　举报违法行为

考生和持证人对雇主违反法律法规、行业公约的行为，有责任予以揭露，同时鼓励其向上级机构或雇主的监督管理部门直至国家司法机关举报。

第七款　管理职责

考生和持证人应当采取有效措施预防和防止下属职员任何违反法律法规、监管规定和本职业守则的行为发生。负有管理职责的考生和持证人应当要求雇主投入足够资源，建立合理的充分的合规内控体系、管理制度、监控和实施机制。

第五条　对特许公司银行家认证标准的职责

第一款　维护特许公司银行家认证标准信誉

考生和持证人不得参与任何损害特许公司银行家认证标准证书的声誉或品质的行为，也不得参与任何损害特许公司银行家认证标准证书考试的品质、效力或安全的行为。

第二款　履行会员职责

考生和持证人应当按时缴纳相关费用，参加特许公司银行家认证标准继续教育活动。考生和持证人应当以合理方式使用特许公司银行家认证标准相关称谓、标识和头衔等，不得歪曲或夸大持有特许公司银行家认证标准证书或作为特许公司银行家认证标准证书考生的意义和含义。

2 民法

思考题:

承担法律责任、享有法定权利的主体必须具备什么样的条件?

物权具有哪些特征?

何谓抵押生效? 何谓质押生效?

合同的抗辩权对于商业银行维护自身合法权益具有哪方面的实际意义?

2.1 民事主体

民事主体也称为权利主体,是根据法律规定,能够参与民事法律关系,享有民事权利和承担民事义务的当事人。依我国法律,包括公民(自然人)、法人及其他组织,以及个别情形下的国家(如国家成为无主财产的所有人)都可以成为民事主体。

公民

一、公民的范围

公民是具有一国国籍,根据该国的法律规定享有权利和承担义务的自然人。其范围包括自然人(公民)、个人合伙、个体工商户、农村承包经营户。

二、公民的民事权利能力

民事权利能力是指法律赋予民事主体享有民事权利和承担民事义务的能力,就是民事主体享有权利和承担义务的资格,是民事主体进行民事活动的前提条件。如法律规定,国家保护公民的财产所有权,则每一个公民都享有行使财产所有权的权利能力。公民的民事权利能力始于出生,终于死亡。

具有民事权利能力,是自然人获得参与民事活动的资格,但能不能运用这一资格,还受自然人的理智、认识能力等主观条件的制约。换言之,理智不健全的权利能力者,若任其独立参与民事活动,可能会损害自己,也可能会损害别人。所以,有民事权利能力者,不一定就有民事行为能力,两者确认的标准不同。

三、公民的民事行为能力

民事行为能力是指能够以自己的行为依法行使权利和承担义务,从而使法律关系发生、变更或消灭的资格。公民的行为能力分三种情况：完全行为能力、限制行为能力、无行为能力。

民事行为能力的有无与自然人的意识能力有关。意识能力是对自己行为所发生何种效果的预见能力，自然人有无意识能力属于事实问题，中国现行立法技术对心智正常人采取年龄主义画线，即达到一定年龄即认定其有行为能力；而对成年精神病人，则采取个案审查制。

四、民事行为能力的几种情况

■ 完全民事行为能力人。我国公民具有完全民事行为能力应当满足下列两个条件：

18 周岁以上。18 周岁是我国公民成年的界限。对于 16 周岁以上而不满 18 周岁，但是以自己的劳动收入为主要生活来源的公民，法律将之视为完全民事行为能力人。最高人民法院《关于贯彻执行〈中华人民共和国民法通则〉若干问题的意见（试行）》第二条还对"以自己的劳动收入作为主要生活来源"的认定作出了具体的规定："十六周岁以上不满十八周岁的公民，能够以自己的劳动取得收入，并能维持当地群众一般生活水平的，可以认定为以自己的劳动收入为主要生活来源的完全民事行为能力人。"

精神状况健康正常。公民能够正确理解法律规范和社会生活共同规则，理智地实施民事行为。患有精神病而不能理智地从事行为的人，即使 18 周岁以上，也不属于完全民事行为能力人。

■ 限制民事行为能力人。又称为"不完全民事行为能力人"，是指在一定范围内具有民事行为能力，超出一定范围不具有相应的民事行为能力的自然人。10 周岁以上不满 18 周岁的未成年人和不能完全辨认自己行为的精神病人是限制民事行为能力人，可以进行与他的年龄、智力相适应的民事活动；其他民事活动由其法定代理人代理，或者征得其法定代理人同意。

■ 无民事行为能力人。是指不具有通过自己独立的行为来行使民事权利和履行民事义务的自然人。不满 10 周岁的未成年人和完全不能辨认自己行为的精神病人是无民事行为能力人，由其法定代理人代理民事活动；但无民事行为能力人实施的纯收益行为可以是有效的。

五、自然人作为民事主体的特殊情况：两户一伙

所谓两户一伙，即指个人合伙、个体工商户和农村承包经营户。个人合伙是两个以上的公民按照协议，各自提供资金、实物、技术等，合伙经营、共同劳动的组织形

式。个体工商户是指自然人以家庭的名义，在法律允许的范围内，经过核准登记，从事工商经营的组织形式的统称。它可以起字号、设账户、进行个人或家庭经营，可以请帮手，带学徒，但限制在七人以下。个体工商户的本质法律关系是家庭成员间的个人合伙。所谓农村承包经营户是指社区性农村集体经济组织的成员，在法律允许的范围内，按照承包合同的规定，以户为单位，使用集体所有的土地和其他生产资料，来独立自主地从事商品经济活动的组织形式。个体工商户和农村承包经营户的债务，个人经营的，以个人财产承担；家庭经营的，以家庭财产承担。

2.2　法人

一、法人的概念

法人是享有民事权利能力和民事行为能力，能以自己名义享有民事权利和负担民事义务的团体。

二、法人应具备的条件

法人的成立应当具备如下条件：依法成立，有独立的财产或经费，有自己的名称、组织机构和场所，能够独立承担民事责任。法人的本质是具有独立的组织、拥有独立财产、独立承担民事法律责任的主体。法人也享有民事权利能力和民事行为能力，从法人成立时起产生，至法人终止时消灭。具体来讲，法人应具备如下条件：

■ 依法成立，是指必须符合法律的规定和依法定程序成立。包括两方面的含义：一是符合法律规定的实质条件，如法人的目的和宗旨、法人的活动范围等须合法。二是符合法律规定的形式条件，须经法定程序而立。法人必须是经国家认可的社会组织。在中国，成立法人主要有两种方式：一是根据法律法规或行政审批而成立。如机关法人一般都是由法律法规或行政审批而成立的。二是经过核准登记而成立。如工商企业、公司等经工商行政管理部门核准登记后，成为企业法人。作为企业，必须取得企业法人营业执照才为法人。

■ 有必要的财产和经费。是法人参加民事活动、承担民事责任的物质基础和财产保障，故法人成立必须有财产或经费。这里的财产，是对企业法人的要求，是指企业法人须具有与其经营活动范围相适应的最低限额要求的财产保障；经费是对非企业法人的要求，经费一般以货币形态表现，在本质上仍属于财产。

■ 有自己的名称、组织机构和场所。名称是表示法人特征的文字符号，是一个组织特定化的必要条件。法人的名称是法人参与民事活动的表征，犹如自然人的姓名，受法律保护。法人名称的命名，须符合法律的规定，例如机关法人起名称通常由法律直接规定，而企业法人的名称必须符合企业名称登记管理规定。企业法人的名称要素中有字号的，经登记后可享有字号（又称商号）权，例如杭州市楼外楼饮食有限公司中的"楼外楼"，就属于该企业的字号。

组织机构又称法人的机关，法人要独立参与民事活动，就必须有行为的实施者，这一实施者就是法人的机关。它是形成和执行法人的意志、对内管理法人事务、对外代表法人进行民事活动的常设机构。法人机构既可由自然人一人担任，例如法定代表人，也可由自然人集体组成，例如董事会。

场所是法人的所在空间位置，包括法人办事机构的所在地和法人活动场所所在地。由于法人的活动设施属财产的范围，故这里的场所专指法人的住所。法人的主要办事机构所在地为法人的住所。

■ 能够独立承担民事责任。民事责任就是对于民事义务的清偿责任。法人作为民事主体，不仅享有权利，而且还要负担义务。所谓独立承担民事责任，就是法人要以自己的财产清偿所负债务，而不是以设立人或其成员的财产去承担这份责任。法人的本质是具有独立的组织、拥有独立财产、独立承担民事法律责任的主体。

三、法人的分类

《民法通则》将法人分为两大类：企业法人和非企业法人。企业法人是指以营利为目的，独立从事商品生产和经营活动的社会经济组织，是国民经济的基本单位。其成立必须经工商行政管理机构核准登记。非企业法人包括机关法人、事业单位法人和社会团体法人。机关法人，指依法享有国家赋予的行政权力，并因行使职权的需要而享有相应的民事权利能力和民事行为能力的国家机关。其所能进行的民事活动仅以完成其管理职能所必要者为限。事业单位法人，指从事非营利性的社会公益事业的法人。包括从事文化、教育、卫生、体育、新闻等公益事业的法人。社会团体法人，指由自然人或法人自愿组建，经批准从事社会公益、文学艺术、学术研究、宗教等活动的各类法人。如工会、妇女联合会、工商业联合会、宋庆龄基金会。

四、公司

公司是我国企业法人的主要形式。公司是指依照《公司法》在中国境内设立的以营利为目的的企业法人，包括有限责任公司、股份有限公司和国有独资公司。

公司设立需进行登记。公司设立登记是指公司设立人，按法定程序向公司登记机关申请，经公司登记机关审核并记录在案的行为。在公司设立登记前，可向公司登记机关申请公司名称的预先核准。经公司登记机关核准的公司名称，应当签发《企业名称预先核准通知书》。预先核准的公司名称可以有 6 个月的保留期，在保留期内，该名称不得用于经营活动，也不得转让。公司进行设立登记，应向各级工商行政管理机关提出申请，并应遵守《公司登记管理条例》的有关规定。依法设立的公司，由公司登记机关颁发公司营业执照。公司营业执照签发日期为公司成立日期。公司经设立登记，一是取得从事经营活动的合法身份；二是取得法人资格；三是取得公司名称专用权。

公司章程是指公司所必备的，规定其名称、宗旨、资本、组织机构等的基本法律文件。公司章程作为规范公司的组织和活动的基本规则，在公司存续期间具有重要意义。公司章程具有法定性、真实性、自治性、公开性的特征。

2.3　其他经济组织

其他经济组织是指不具有法人资格，但可以以自己的名义进行社会活动的经济组织。其他经济组织有以下特征：第一，其他经济组织是具有相应的民事权利能力和民事行为能力的组织体；第二，其他经济组织是不能独立承担民事责任的组织体。当其负债时，如其自身拥有财产和经费，则由自身承担；如其自身所拥有的财产和经费不足以清偿债务时，则由其出资人对其所欠债务承担连带清偿责任。

典型的其他经济组包括个人独资企业、合伙企业、企业法人的分支机构。

■ 个人独资企业。个人独资企业是依法在中国境内设立，由一个自然人投资、财产为投资人个人所有，投资人以其个人财产对企业债务承担无限责任的经营实体。

个人独资企业由一个自然人投资，国家机关、国家授权投资的机构或者授权的部门、企业、事业单位等都不能作为个人独资企业的设立人。投资人对企业的债务承担无限责任。当企业的财产不足以清偿到期债务时，投资人应以个人的全部财产用于清偿企业债务。在申请企业设立登记时明确以其家庭共有财产作为个人财产出资的，应当依法以家庭共有财产对企业债务承担无限责任。个人独资企业不具有法人资格。

■ 合伙企业。合伙企业是指自然人、法人和其他组织依照《合伙企业法》在中国境内设立的普通合伙企业和有限合伙企业。合伙是指两个以上的人为共同的目的，相互约定共同出资、共同经营、共享收益、共担风险的自愿联合。合伙企业是以合同关系为基础的企业组织形式。

合伙企业可以分为普通合伙企业与有限合伙企业。普通合伙企业中，全体合伙人共同出资、共同经营、共享收益、共担风险，每个合伙人对合伙企业的债务都承担无限连带责任。有限合伙企业由普通合伙人和有限合伙人组成，普通合伙人对合伙企业债务承担无限连带责任，而有限合伙人以其认缴的出资额为限对合伙企业债务承担责任。有限合伙人不执行合伙事务，不得对外代表有限合伙企业。

2.4　物权法

物权，是指权利人依法对特定的物享有直接支配和排他的权利，包括所有权、用益物权、担保物权。

物权法概念中"特定的物"包含哪些内容？作为物权客体的物，必须是存在于人身之外、能够为人力所支配，并且能够满足人类某种需要的物体。现代社会中物权的客体是十分广泛的，因此，不管是生产资料还是消费资料；无论是自然物还是劳动产物；不管是流通物还是限制流通物，都可以作为物权的客体。

2.4.1　物权的特征

第一，物权的权利主体是特定的，而义务主体则是不特定的。物权是一种人对物的直接支配、管领的排他性权利，物权的权利主体总是特定的，而物权人以外的其他人都负有不妨碍物权人行使、实现物权的义务，是不特定的。物权是一种对世权、绝对权。债权则只能由特定的权利主体对特定的义务主体享有，其权利、义务是相互对应产生的，债权也被称为相对权、对人权。

第二，物权的客体是特定的独立之物，不包括行为和精神财富。物权的客体是物，这使物权与债权、知识产权和人身权区别开来，同时，物权的客体是特定的独立之物，这就是物权作为支配权所必需的。债权的客体可以是行为等。

第三，物权的内容是对物的直接管理和支配。对物的直接支配和管领，意味着其权利主体实现其权利仅凭自己的行为即可，无须他人的行为，而债权需通过债务人的给付行为才能实现。物权的支配性是物权的本质所在。

第四，物权具有独占性和排他性。同一物上不能有内容互不相容的两个物权，因此物权有独占性。物权的支配性决定物权是具有排除他人干涉的排他性，可以对抗一切不特定的人。

2.4.2　物权的分类及内容

物权分为所有权和他物权。

财产所有权的内容，是指所有人在法律规定的范围内对自己所有的财产所享有的权利行使的可能性，即占有、使用、收益、处分。

占有是指所有人对物的实际控制的事实状态。占有权即对所有物加以实际管领或控制的权利。所有权的占有权既可以由所有人自己行使，也可以由他人行使。

第一，所有人占有和非所有人占有。所有人占有即所有人在行使所有权过程中亲自控制自己的财产。非所有人占有则指所有人以外的其他人实际控制和管领所有物。

第二，合法占有和非法占有。这是对非所有人占有的进一步分类。合法占有是指基于法律的规定或所有人的意志而享有的占有权利。非法占有则指无合法依据也未取得所有人同意的占有。

第三，善意占有和恶意占有。这是对非法占有的再分类。善意占有是指非法占有人在占有时不知道或不应当知道其占有为非法。恶意占有则指非法占有人在占有时已经知道或应当知道其占有为非法。

使用是按照物的用途、性质对其加以利用，实现物的价值。使用权是指依照物的属性及用途对物进行利用从而实现权利人利益的权利。所有人对物的使用是所有权存在的基本目的，人们通过对物的使用来满足生产和生活的基本需要。所有人在法律上享有当然的使用权，另外，使用权也可依法律的规定或当事人的意思移转给非所有人享有。

收益是指民事主体通过合法途径收取物所生的物质利益。收益权即民事主体收取物所生利益的权利。在民法上，物所生利益主要指物的孳息。孳息包括天然孳息和法定孳息两类。天然孳息是指因物的自然属性而生之物，如母牛所生牛仔；法定孳息是指依一定的法律关系而生的利益，如股票的股息。天然孳息在没有与原物分离之前，由原物所有人所有；法定孳息的取得则需依据一定的法律规定进行。

处分包括事实上的处分和法律上的处分。事实上的处分是指通过一定的事实行为对物进行处置，如消费、加工、改造、毁损等。原材料经过生产成为产品，用掉燃料就是现实的处分情况。法律上的处分是指依照法律的规定改变物的权利状态。如转让、租借，房屋的出售、在物上设定质权、抵押权等。

处分权是指所有人依法处置物的权利。处分权是所有权内容的核心，是拥有所有权的根本标志，是决定物之命运的一项权能。因此，在通常情况下，处分权均由所有人来行使，但在特殊情况下，处分权可以基于法律的规定和所有人的意志而与所有权分离。如国有企业依法处分国有财产。占有、使用、收益、处分一起构成了所有权的内容。但在实际生活中，占有、使用、收益、处分都能够且经常地与所有人发生分离，而所有人仍不丧失对于财产的所有权。

他物权是在他人所有的物上设定或享有的权利。他物权分为用益物权和担保物权。用益物权是对他人所有的物在一定范围内使用、收益的权利。常见的他物权有建设用地使用权、土地承包经营权等。担保物权是为了担保债的履行，在债务人或者第三人的特定财产上设定的物权，主要有抵押权、质押权、留置权等。

2.4.3 不动产登记

不动产登记为物权法中的重要制度，是指经权利人或利害关系人申请，由国家专职部门将有关不动产物权及其变动事项记载于不动产登记簿的事实。

不动产登记的效力，指的是登记这一法律事实对当事人的不动产物权所施加的实际作用。在中国不动产登记体制下，不动产登记具有公示力、形成力、推定力和公信力四种效力。

第一，登记的公示力。所谓公示，是指物权在变动时，必须将物权变动的事实通过一定方法向社会公开，从而使第三人知道物权变动的情况，以避免第三人遭受损害并保护交易安全。

第二，登记的形成力。登记的形成力，又称物权变动的根据效力，是指登记具有使基于法律行为的不动产物权变动能否生效的效力。

第三，登记的推定力。登记的推定力又称权利正确性推定效力，是指以不动产登记簿上所记载的当事人的权利内容为正确不动产权利的效力。

第四，登记的公信力。登记的公信力是指登记记载的权利人在法律上推定其为真正的权利人，如果以后事实证明登记记载的物权不存在或存在瑕疵，对于信赖该物权的存在并已从事了物权交易的人，法律仍然承认其具有与真实的物权相同的法律效果。也就是说，不动产登记簿所记载的权利推定为真正的权利，并赋予其公信力，基于登记的公信力，即使登记错误或遗漏，因相信登记正确而与登记名义人进行交易的善意第三人，其所得利益仍将受到法律的保护。

2.4.4 动产交付

动产交付是指将动产的占有移转给受让人的法律事实。因为交付就是占有的移转，故也被称为占有的交付。交付的法律意义是公示，即表示动产物权的设立、变更及移转的法律事实。

我国民事法律，对动产交付在立法以移转占有为物权变动的生效要件。在移转占有前，物权的变动不仅不能对抗第三人，在当事人之间也不产生效力。例如，甲与乙订立了买卖合同，在甲将财产交付于乙之前，甲仍然享有财产的所有权。对于交付的方式，应当根据法律的规定、合同的约定、交易上的习惯及其他具体情况确定。标的物是否交付，会因标的物的种类和交付的方式不同而不同。

■ 直接交付，也即现实交付，是指出卖人将标的物直接置于买受人的实际控制之下，是一种将对动产的直接管领力现实地移转于买受人的物权变动。直接交付是所有交付中的最常态。

■ 间接交付。间接交付包括以下四种类型：

第一，简易交付。又称"无形交付"，即受让人已经占有动产，如受让人已经通过寄托、租赁等方式实际占有了动产，则于物权变动的合意成立时，视为交付。

第二，占有改定。即动产物权的让与人与受让人之间特别约定，标的物仍然由出让人继续占有。这样，在物权让与的合意成立时，视为交付，受让人取得间接占有。

第三，指示交付。即动产由第三人占有时，出让人将其对于第三人的返还请求权让与受让人，以代替交付。例如，甲将其出租的家具卖给乙，但是由于租赁期限未满，暂时无法收回，甲可以把其家具的返还请求权让与乙，以代替现实交付。

第四，拟制交付。即出让人将标的物的权利凭证（如仓单、提单）交给受让人，以代替物的现实交付。这时如果标的物仍由出让人或第三人占有时，受让人则取得对物的间接占有。

案例研究：

[案情介绍]

1995 年 5 月，环宇房地产开发公司（以下简称环宇公司）欲向原告借款 2 000 万元，双方约定以环宇公司所购置的一块位于市中心的其享有使用权的地皮以及今后在该地之上建造的建筑物作为抵押。该抵押合同订立后，双方在有关部门作了登记。以后原告在仔细了解了该地皮的价值及投资情况以后，仍不放心，遂要求环宇公司还必须找第三人作担保。环宇公司便商请该市信托投资公司作保，投资公司同意作保。1995 年 6 月 1 日，环宇公司与原告在签订了借款合同以后，投资公司的负责人张某代表公司在保证人一栏中写下了"愿与环宇负连带责任"，并签字盖章。环宇公司在获得借款以后，因将资金挪作他用，因而在规定的还款期（1996 年 6 月 1 日）到来后，不能还款。原告发现环宇公司以其地皮设置了另一个抵押权（未登记），为避免抵押权实现的麻烦，遂直接请求投资公司偿还环宇公司的欠款并支付迟延利息。

[案情分析]

　　从本案来看，环宇公司向原告借款时，双方曾约定以环宇公司所购置的一块位于市中心的、其享有使用权的地皮以及今后在该地上建造的建筑物为抵押，双方不仅签订抵押合同，而且在有关部门作了登记以后，原告又要求环宇公司商请第三人作保，环宇公司找到了投资公司作保。这样，在同一债权（即原告对债务人所欠的2 000万元债务，到期要求还本付息的债权）之上同时存在了两个担保，一是物的担保即抵押，二是人的担保即保证。根据我国《担保法》第二十八条的规定："同一债权既有保证又有物的担保的，保证人对物的担保以外的债权承担保证责任。债权人放弃物的担保的，保证人在债权人放弃权利的范围内免除保证责任。"由此可见，我国法律确立了物的担保优于人的担保的原则。

　　同一债权既有保证又有物的担保，物的担保应优先于保证。当然，如果保证人自愿优先承担责任，按照合同自由原则也应允许。自愿优先承担责任的表示形式有多种，如表示愿与物的担保人共同负连带责任，不管债权人是否向物的担保人请求都要由保证人负责，等等。只要作出了此种表示，表明保证人放弃了针对物的担保人的先诉抗辩权。但是，从本案来看，投资公司只是表示"愿与环宇负连带责任"。这就是说，他只是自愿与债务人承担连带责任，放弃了针对债务人的先诉抗辩权，并不意味着他已放弃了对物的担保人的先诉抗辩权。因此，从这句话中推定保证人自愿优先承担责任的观点是不妥当的。所以，保证人针对物的担保人所享有的先诉抗辩权仍然存在，主债权人必须首先向物的担保人提出请求。

[案情结果]

　　既然设置了物的担保，则原告应先与环宇公司协商，将抵押物折价或者以拍卖、变卖该抵押物所得的价款受偿，协商不成的，原告可向法院起诉要求实现抵押权。在抵押物折价或拍卖、变卖后，其价款不足以清偿债务的，保证人应就剩余部分负责任。在本案中，由于环宇公司将资金挪作他用，在土地之上并没有作太多的投资，因此仅以价值300多万元的土地使用权显然不足以清偿2 000万元的债务。但即使该块土地价值300多万元，原告也应当以该块土地优先受偿。至于环宇公司又以该土地设定抵押，显然违背了《担保法》第三十五条关于再次抵押时，财产的价值大于所担保债权的余额部分方可再次抵押的规定，尤其是第二次抵押没有登记，因此不能生效。即使生效也不能对抗原告。在原告就300万元的土地使用权优先受偿以后，剩余1 700万元债务，则应考虑由主债务人或保证人偿还，由于投资公司已明确表示"愿与环宇负连带责任"，因而原告可以请求投资公司和主债务人负责，也可以选择其中一人负全部责任。

2.5　担保法

担保是指法律为确保特定的债权人实现债权，以债务人或第三人的信用或者特定财产来督促债务人履行债务的制度。担保是一种承诺，是对担保人和被担保人行为的一种约束。担保一般发生在经济行为中，如被担保人到时不履行承诺，一般由担保人代被担保人先行履行承诺。担保一般有口头担保和书面担保，但只有书面担保才具有真正意义的法律效力。担保在民法上指为保障债权实现而采取的保证、抵押等行为。如甲向银行借款，乙为甲提供担保，保证在规定期限内甲履行还款义务，一旦甲不履行义务时，乙予以履行。根据法律规定，担保有五种方式，即保证、抵押、质押、留置、定金。

2.5.1　保证

保证担保是指保证人与贷款人约定，当借款人违约或者无力归还贷款时，保证人按约定履行债务或承担责任的行为。具有代为清偿债务能力的法人及其他组织或公民（自然人）可以做保证人。

保证担保的范围就是指债务人不履行债务时请求保证人代为履行或负连带责任以及申请法院予以强制执行的范围。保证担保的责任范围分为全部和部分两种。全部的保证担保责任范围完全与主债成立时确定的债务人之责任范围一致。

一是主债权的全部。在保证合同中，如无具体的专门约定，应认为是担保主债权全部。

二是利息。利息有法定和约定两种，凡是因主债权所生的利息，不管是法定的还是约定的，均应列为保证担保的对象。

三是违约金。必须是就主债权所应付的违约金，才能予以保证担保。违约金虽说具有从属性，但有一定的独立性，需在主债权之外另定违约金合同或者另立独立的条款，因此，在适用保证时，与约定利息一样，采取限制性做法，也就是对于违约金的保证，应以保证合同与主债成立的同时约定为限。

四是损害赔偿。由主债而生的损害赔偿之债，应当予以保证，在这种情况下，不论损害赔偿之债的发生是因为债务不履行还是迟延履行，只要归结到债务人头上的，保证人就有代为赔偿或连带赔偿责任的义务。

五是实现债权的费用。如代理费用、公证费用、诉讼费用等原则上都是债权生出的负担，应当列于保证范围之内。

部分保证担保责任范围，则是由保证人与债权人具体商定，只就全部保证担保责任中的某一部分代债务人履行债务承担法律责任。由于我国保证人所承担的保证担保的法律责任原则上是连带责任，即与债务人连带地承担履行债务或赔偿损失的责任，因而其法律责任范围也就原则上是全部保证担保责任。只有保证人与债权人在明确的特别约定承担补偿性责任时，保证人所承担的法律责任范围才限于保证人与债权人之间明确约定的保证担保责任。所以，《最高人民法院关于贯彻执行〈中华人民共和国民法通则〉若干问题的意见（试行）》中明确规定：保证范围不明确的，推定保证人对全部主债务承担保证责任。

保证的形态包括普通保证和特殊保证两种。所谓普通保证，是指不需当事人在合同中明确约定保证人承担何种保证责任的保证；特殊保证是指当事人必须在合同中明确约定保证人承担何种保证责任的保证。如果当事人在合同中没有约定保证形式（保证人承担何种责任），则为普通保证。

2.5.2 抵押

抵押担保是指债务人或者第三人不转移对某一特定物的占有，而将该财产作为债权的担保，债务人不履行债务时，债权人有权依照担保法的规定以该财产折价或者以拍卖、变卖该财产的价款优先受偿。它主要保障债权人在债务人不履行债务时有优先受偿的权利，而这一优先受偿权是以设置抵押的实物形态变现值来实现的，所以抵押是以抵押人所有的实物形态为抵押主体，以不转移所有权和使用权为方式作为债务担保的一种法律保障行为。按揭是抵押的一种。

由此可以看出抵押担保的特点在于：第一，抵押人可以是第三人，也可以是债务人自己。这与保证不同，在保证担保中，债务人自己不能作为担保人。第二，抵押物是动产，也可以是不动产。这与质押不同，质押的对象（质物）只能是动产。第三，抵押人不转移抵押物的占有，抵押人可以继续占有、使用抵押物。这也与质押不同，质物必须转移于质权人占有。第四，抵押担保以抵押权人（债权人）行使优先受偿权而实现。优先受偿权是抵押权的核心内容。第五，抵押权的行使必须以债务人不履行债务为前提。

提供抵押财产的债务人或第三人称为抵押人；所提供抵押财产称为抵押物；债权人则为抵押权人，因此享有的权利称为抵押权，为担保物权的一种。抵押设定之后，在债务人到期不履行债务时，抵押权人有权依照法律的规定以抵押物折价或以抵押物的变卖价款较其他债权人优先受偿。抵押物可以是动产或不动产，但法律禁止流通或禁止强制执行的财产不得作为抵押物。在中国，抵押一般不移转占有。对动产或移转占有而设立的担保称为质押。抵押一经设立生效，即在抵押权人和抵押人双方产生权利义务：抵押权人除了享有优先受偿权外，有权占有或监督抵押物，有权请求抵押人偿付自己保管抵押物所支出的费用，并有权限制抵押人对抵押物的处分，但抵押权人不取得对抵押物的使用权。抵押人则享有对抵押物的处分权，但须事先征得抵押权人的同意，并有义务妥善保管自己占有的抵押物。就同一抵押物剩余的担保价值，抵押人有再设定抵押的权利。抵押由于主债履行，抵押物灭失、抵押权实现而消灭。

抵押是借款合同的一个重要特征。借贷法律关系成立时若存在抵押品，银行放款的安全性将提高，但同时借款者的成本也会增加，正因为如此，借款者愿意向银行支付的利息也会较低，对银行来说其收益未必增加。当经抵押担保的主债权出现违约时，赋予贷款人依法没收特定的企业资产的权利，被广泛用来减少与借贷相关的激励问题。

抵押也可用于金融衍生工具交易中的信用风险管理，通常的抵押条款都要明确在特定账户内必须维持的最低金额。实际上，期货市场的保证金要求就类似抵押，柜台交易的衍生工具经常使用现金或高流动性、低风险证券作为抵押。抵押金额的确定可以基于合约市值水平，也可以基于信用评级，市值或信用评级变化使所需抵押发生变化。抵押贷款的适用范围是有限制的。银行对基本客户发放的流动资金贷款，因其期限短、金额大、发生频繁，往往具有铺底性质，并且银行也不会轻易放弃这些客户，故银行针对这些刚性贷款适用最高抵押方式，而对于那些一般的，非固定客户的临时贷款，季节性贷款等弹性贷款以及中长期贷款适用传统抵押方式。

2.5.3　质押

质押是债务人或第三人将其动产或者权利移交债权人占有，将该动产作为债权的担保，当债务人不履行债务时，债权人有权依法就该动产卖得价金优先受偿。

质押财产称为质物，提供财产的人称为出质人，享有质权的人称为质权人。质押担保应当签订书面合同，质押合同自成立时生效，质押合同的内容与抵押合同的内容基本相同。

质押分为动产质押和权利质押两种。动产质押是指可移动并因此不损害其效用的物的质押；权利质押是指以可转让的权利为标的物的质押。动产质押的质权人因保管质物不善使之灭失或毁损的，应承担民事责任，在可能造成灭失或毁损质物时，出质人可以要求质权人将质物提存或提前清偿债务而返还质物，而质权人则可以要求出质人提供相应的担保，出质人不提供的，质权人可以对质物拍卖或变卖后用于优先受偿或者与出质人约定的第三人提存。

质押担保是债务的一种担保方式，即债务人可以用自己享有所有权的动产或合法的权利凭证作为质物交债权人占有，或者第三方也可以用自己享有所有权的动产或合法的权利凭证作为质物交债权人占有而为债务人提供担保。当债务人到期不能清偿债务时，债权人可以依法处分质物偿还贷款本息、罚息及费用。

目前，对权利质押物有较严格的要求，仅限于银行存款单、国家债券、国有银行发行的金融债券及银行汇票、银行本票。银行存款单必须是此项贷款经办银行的存单，且银行承诺免挂失；凭证式国债仅限于此项贷款经办银行代理发行并兑付的国债。

在使用质押担保时，当事人应注意以下五个问题：

■ 质押的财物，应符合法律的规定，即法律允许流通和可以强制执行的财物。

■ 使用质押担保，当事人必须签订书面的质押合同。

质押合同内容主要包括：被担保的主债权种类、数额；债务人履行债务的期限；质物的名称、数量、质量、状况；质押担保的范围；质物移交的时间；当事人认为需要约定的其他事项。

■ 质押担保的范围主要包括主债权及利息、违约金、损害赔偿金、质物保管费用和实现质权的费用。

■ 质权人负有妥善保管质物的义务。因保管不善致使质物灭失或毁损的，质权人要承担民事责任。

■ 实现质权的途径，一般是折价，拍卖或变卖三种途径。质物折价或拍卖、变卖后，其价款超过债权数额的部分归出质人所有，不足部分由债务人清偿。

2.5.4 留置

留置是指债权人按照合同约定占有债务人的动产，债务人不按照合同约定的期限履行债务的，债权人有权依照法律规定留置该财产，以留置财产折价或者以拍卖、变卖该财产的价款优先受偿的权利。

留置是我国经济生活中较普遍存在的一种合同担保形式。其设定的目的，是督促债务人及时履行义务，在债务人清偿债务之前，债权人有占有留置物的权利。当规定的留置期限届满后，债务人仍然不履行债务的，债权人可以依照法律规定折价或者拍卖、变卖留置物，并从所得价款中得到清偿。如果债务人在规定期限内履行了义务，债权人应当返还留置物，不得滥用留置权。

《担保法》第八十三条规定："留置担保的范围包括主债权及利息、违约金、损害赔偿金、留置物保管费用和实现留置权的费用。"债务人违反合同的约定的违约金，包括法定违约金和约定违约金。违约金是一种重要的民事责任形式。直接由法律或者条例规定的违约金，称为法定违约金。无法定违约金标准或者虽有法定违约金标准但当事人不理会这种规定，而由双方当事人在合同中商定违约金条款，此种违约金为约定违约金，法律承认约定违约金的效力。

损害赔偿金，是在保管、加工承揽、运输等合同关系中，由于一方的违法行为给另一方造成财产损失，即发生损害赔偿责任，由实施违法行为一方支付一定数额的损害赔偿金以弥补受害人因违法行为所遭受的财产损失。损害赔偿责任是民事责任中最重要和常用的责任形式，由于强调民事责任的补偿性质而有别于行政责任和刑事责任的财产责任形式。

这里损害赔偿金责任应包括两个方面：第一，由于债务人逾期不付价款所发生的违约行为所产生的损害赔偿责任；第二，留置物本身之隐有瑕疵所致的侵权损害之债。

关于保管费用。留置权人有妥善保管留置物的义务，同时也有权向留置人请求保管费用。这里要注意两个问题：一是留置人必须以善良管理人的注意尽保管义务。二是留置物保管费用如何合理限制。保管费用的开支应以必要为原则，即为留置物保全完好功能无损所必要的保管费用的支出方为合理。当留置权人与留置人对保管费用的支出发生争议时，法院将本着公平和诚实信用的原则加以裁定。

所谓实现留置权的费用，也就是实行留置权时所进行的必要支出。

2.5.5 定金

定金担保是指债权人以一定的金钱来保证债务履行的担保，定金担保实际上是物的担保的一种特殊形态。

定金担保作为一种债权担保方式，具有其自身的一些特点：

第一，定金担保是金钱质的一种，为金钱担保。

所谓金钱质即将金钱作为质物并向他人转移金钱的占有，以此担保某种行为的一种担保方式。典型的金钱质有定金、开户保证金、信用证开证保证金、封金、账户质押等。金钱质的特点是：

■ 以金钱这种特殊的动产作为质物。金钱是一般等价物，其特性与一般的财产有较大的差别。金钱可作为动产对待，但认为金钱只是特殊动产。

■ 转移金钱的占有关系。担保人向被担保人交付金钱为质权设立的标志，没有实际交付则没有质权。

■ 出质物所有权不转移。虽然金钱是种类物，但在成立金钱质后，交付的金钱只能认为是由接受的一方信托占有，金钱成为信托财产，占有人没有所有权。这与一般的金钱所有权随占有转移存在重大区别。

第二，定金担保限于合同债务的履行担保。

双务合同的当事人互负对待给付义务，任何一方当事人为担保自己的债务的履行，均可以向对方给付定金。单务合同的债务人，为担保自己债务的履行，也可以向债权人给付定金。定金担保为一种纯粹的担保合同债务履行的方式。

第三，定金担保的设定人限于被担保的主合同的当事人。

以保证担保债务的履行时，保证人为债务人以外的第三人；以抵押、质押担保债务的履行时，抵押人、出质人可以为债务人，也可以为债务人以外的第三人。但是，定金担保不得由合同债务人以外的第三人设定，定金担保的设定人仅限于被担保的合同的当事人；债务人以外的第三人为担保合同债务的履行，而向定金担保的主合同债权人给付定金的，不发生定金担保的效力。所以，定金担保是合同债务人的自己担保。

第四，定金对主合同当事人双方均有担保效果。

定金担保是由主合同债务人提供的担保，但定金担保成立后，其担保效力不限于担保定金给付人履行债务，而且包括担保定金接受人履行对待给付义务。一旦定金接受人不能履行对待给付义务，应当向定金给付人双倍返还定金。在这个意义上，定金给付人以向定金接受人移转定金权利为代价，相应取得定金接受人"双倍返还定金"以担保自己债务履行的允诺。实际上，定金的设定客观上对被担保的合同的当事人双方均有担保效果。其他担保方式与其相比有所不同，如抵押、质押，都是对债权人的担保，担保债务人或第三人向债权人履约。

2.6 合同法

合同，又称为契约、协议，是平等的当事人之间设立、变更、终止民事权利义务关系的协议。合同作为一种民事法律行为，是当事人协商一致的产物，是两个以上的意思表示相一致的协议。只有当事人所作出的意思表示合法，合同才具有法律约束力。依法成立的合同从成立之日起生效，具有法律约束力。

2.6.1　订立

合同的订立是指两方以上当事人通过协商而于互相之间建立合同关系的行为。合同订立是合同成立的基础和前提，没有合同的订立，也就不会有具体合同的成立；合同订立是当事人为订约而进行相互协商的全过程，而合同的成立仅是缔约当事人达成合意的状态；合同的订立可有合同成立与不成立两种后果，而合同成立仅是合同订立的积极后果。

2.6.2　合同订立的方式

第一，要约。要约是希望和他人订立合同的意思表示。要约应具备以下条件：内容具体确定；必须是特定人所为的意思表示；要约必须向相对人发出；表明经受要约人承诺，要约人即受该意思表示约束。

第二，要约邀请。要约邀请是希望他人向自己发出要约的意思表示。要约到达受要约人时生效。采用数据电文形式订立合同，收件人指定特定系统接收数据电文的，该数据电文进入该特定系统的时间，视为到达时间；未指定特定系统的，该数据电文进入收件人的任何系统的首次时间，视为到达时间。

第三，承诺。承诺是受要约人同意要约的意思表示。承诺应当具备这些条件：承诺必须由受要约人作出；承诺必须向要约人作出；承诺的内容必须与要约的内容一致；承诺必须在有效期限内作出。

承诺应当以通知的方式作出，通知的方式可以是口头的，也可以是书面。承诺通知到达要约人时生效。承诺可以撤回。撤回承诺的通知应当在承诺通知到达要约人之前或者与承诺通知同时到达要约人。

受要约人对要约的内容作出实质性变更的，为新要约。承诺对要约的内容作出非实质性变更的，除要约人及时表示反对或者要约表明承诺不得对要约的内容作出任何变更的以外，该承诺有效，合同的内容以承诺的内容为准。

2.6.3　成立与生效

根据《合同法》的规定，依法成立的合同，自成立时生效。

其中，合同的成立，是指双方当事人依照有关法律对合同的内容和条款进行协商并达成一致。合同成立的判断依据是承诺是否生效。而合同生效，是指合同产生法律上的效力，具有法律上的约束力。通常合同依法成立之际，就是合同生效之时。两者在时间上是同步的。但是，《合同法》还规定，法律、行政法规规定应当办理批准、登记等手续生效的，合同经批准、登记后即生效。

2.6.4　合同效力

合同效力，指依法成立受法律保护的合同，对合同当事人产生的必须履行其合同的义务，不得擅自变更或解除合同的法律拘束力，即法律效力。这个"法律效力"不是说合同本身是法律，而是说由于合同当事人的意志符合国家意志和社会利益，国家赋予当事人的意志以拘束力，要求合同当事人严格履行合同，否则即依靠国家强制力，要当事人履行合同并承担违约责任。合同的效力可分为四大类，即有效合同，无效合同，效力待定合同，可变更、可撤销合同。

所谓有效合同，是指依照法律的规定成立并在当事人之间产生法律约束力的合同。根据《民法通则》第五十五条对"民事法律行为"所规定的条件来看，主要应具有以下条件：（1）行为人具有相应的民事行为能力；（2）意思表示真实；（3）不违反法律或者社会公共利益。因为上述三个条件是民事行为能够合法的一般准则，当然也应适用于当事人签订合同这种民事行为。

无效合同"是相对有效合同而言的，它是指合同虽然成立，但因其违反法律、行政法规或公共利益，因此被确认无效。"并由此而推断其主要特征有：第一，违法性；第二，无效合同的不得履行性；第三，无效合同自始无效；第四，无效合同自然无效，无须当事人主张而可由法院或仲裁机构主动审查。并指出了无效合同由于没有法律约束力，因此应不属于合同的范畴。

所谓效力待定合同，是指合同虽然已经成立，但因其不完全符合法律有关生效要件的规定，因此其发生效力与否尚未确定，一般须经有权人表示承认或追认才能生效。主要包括三种情况："一是无行为能力人订立的和限制行为能力人依法不能独立订立的合同，必须经其法定代理人的承认才能生效；二是无权代理人以本人名义订立的合同，必须经过本人追认，才能对本人产生法律拘束力；三是无处分权人处分他人财产权利而订立的合同，未经权利人追认，合同无效。"

可撤销合同，是指当事人在订立合同的过程中，由于意思表示不真实，或者是出于重大误解从而作出错误的意思表示，依照法律的规定可予以撤销的合同。一般认为，可撤销合同的主要原因是：（1）缔约当事人意思表示不真实。这其中包括重大误解、显失公平、欺诈、胁迫或乘人之危等情形。（2）合同是否撤销必须由享有撤销权的一方当事人提出主张时，人民法院或仲裁机构才能予以撤销，人民法院或仲裁机构一般是不能依职权主动来予以撤销的。撤销权是享有撤销权的当事人一方的一项权利，该当事人既可以依法主张，当然也可以依法予以放弃，这也充分地体现当事人的意愿。（3）合同在撤销前应为有效。也就是说合同解除的意思表示只要到达了对方即告解除。

2.6.5 抗辩权

在双务合同中，合同当事人都承担义务，往往一方的权利与另一方的义务之间具有相互依存、互为因果的关系。为了保证双务合同中当事人利益关系的公平，法律作出了规定：当事人一方在对方未履行或者不能保证履行时，一方可以行使不履行的保留性权利，这就是对抗对方当事人要求履行的抗辩权。合同履行中的抗辩权有下列几种。

同时履行抗辩权。当事人互负债务没有先后履行顺序的，应当同时履行。一方在对方履行之前或对方履行债务不符合约定时，有权拒绝其履行的要求。同时履行抗辩权的适用条件为：第一，由同一双务合同产生的互负债务，且双方债务有对价关系。第二，债务同时到期，可以同时履行；双方的对等给付是可能履行的义务。第三，当事人一方的履行不符合约定，即瑕疵履行的，另一方可对有瑕疵的履行部分行使抗辩权。

先履行抗辩权。当事人互负债务，有先后履行顺序，先履行一方未履行的，后履行一方有权拒绝其履行的要求；先履行一方不符合约定的，后履行一方有权拒绝其相应的履行要求。先履行抗辩权的适用条件为：第一，由同一双务合同产生的互负债务。第二，债务有先后履行顺序，这种顺序一般由当事人在合同中约定，或按交易习惯能够确定。应先履行的债务有履行可能。第三，应先履行一方未履行或履行不符合约定，即全部或部分瑕疵履行。

不安抗辩权。应当先履行债务的当事人，有确切证据证明对方有下列情形之一的，可以终止履行：第一，经营状况严重恶化；第二，转移财产、抽逃资金以逃避债务；第三，丧失商业信誉；第四，有丧失或者可能丧失履行债务能力的其他情形。当事人没有确切证据中止履行的，应当承担违约责任。由上述规定可见，不安抗辩权的使用条件为：第一，双务合同，且后履行债务的一方当事人的债务尚未至履行期限。

第二，后履行债务的当事人有丧失或者可能丧失履行债务能力的情形。不安抗辩权是预防性的保护措施，当一方情况发生变化，另一方先履行会造成损失时，法律依据公平原则作出上述规定。为防止不安抗辩权的滥用，法律规定当事人在行使此项权利时，一定要有确切的证据。

2.6.6 合同变更

合同变更指当事人约定的合同的内容发生变化或更改，即权利和义务变化的民事法律行为。变更合同也应贯彻协商的原则。

合同变更的实质在于使变更后的合同代替原合同。因此，合同变更后，当事人应按变更后的合同内容履行。合同变更原则上向将来发生效力，未变更的权利义务继续有效，已经履行的债务不因合同的变更而失去合法性。合同的变更不影响当事人要求赔偿的权利。原则上，提出变更的一方当事人对对方当事人因合同变更所受损失应负赔偿责任。

2.6.7 合同转让

合同转让，是指合同权利、义务的转让，也即当事人一方将合同的权利或义务全部或部分转让给第三人的现象，也就是说由新的债权人代替原债权人，由新的债务人代替原债务人，但债的内容保持同一性的一种法律现象。

合同转让是指合同法律关系主体的改变。合同转让必须符合法律所规定的条件和要求才能生效，否则无效。第一，必须以合法有效的合同关系存在为前提。如果该合同根本不存在或者被宣告无效，或者已经被解除，在此种情况下发生的转让行为都是无效的。第二，必须符合法律所规定的转让程序，需要通知的依法通知；需要征得相对方同意的先经其同意；应当办理批准、登记等手续的，依照其规定办理相应手续。第三，必须符合社会公共利益，且所转让的内容要合法。第四，转让人与受让人之间达成合同转让的合意，具备民事法律行为的有效条件。

2.6.8 合同终止

合同终止指合同当事人双方在合同关系建立以后，因一定的法律事实的出现，使合同确立的权利义务关系消灭。

《合同法》第九十一条规定有下列情形之一的，合同的权利义务终止：（一）债务已经按照约定履行；（二）合同解除；（三）债务相互抵消；（四）债务人依法将标的物提存；（五）债权人免除债务；（六）债权债务同归于一人；（七）法律规定或者当事人约定终止的其他情形；（八）债务人死亡。另外，债权人免除债务人部分或全部债务的，合同的权利义务部分或者全部终止；债权和债务同归于一人的，合同的权利义务终止，但涉及第三人利益的除外。合同的权利义务终止后，当事人应当遵循诚信原则，根据交易习惯履行通知、协助、保密等义务。合同的权利义务终止，不影响合同中结算和清理条款的效力。

2.6.9　合同解除

合同的解除，是合同有效成立后，因当事人一方或双方的意思表示，使合同关系归于消灭的行为。合同解除是合同之债终止的事由之一。合同解除是指在合同有效成立以后，当解除的条件具备时，因当事人一方或双方的意思表示，使合同自始或仅向将来消灭的行为，它也是一种法律制度。

当事人一方行使解除合同的权利，必然引起合同的权利义务的终止，为了防止一方当事人因不知道对方已行使合同解除权而仍为履行的行为，从而遭受损害，当事人根据约定解除权和法定解除权主张解除合同的，应当通知对方。通知可以是口头的，也可以是书面的，合同自通知到达对方时解除。所谓通知到达，因通知形式的不同而有所不同。口头通知的，口头告知签订合同的对方当事人时即为到达；书面通知的，通知送达对方当事人或其指定的人签收即为到达。对方当事人接到解除合同的通知后，认为不符合约定的或者法律规定的解除合同的条件，不同意解除合同的，可以请求人民法院或者仲裁机构确认能否解除合同。

法律、行政法规规定解除合同应当办理批准、登记手续的，未办理有关手续，合同不能解除。比如，根据中外合资经营企业法规定，合营如发生严重亏损，一方不履行合同和章程规定的义务，不可抗力等，经合营各方协商同意，报审查批准机关批准，并向国家工商行政管理部门登记，可终止合同。如果没有履行法律规定的批准登记手续，中外合资经营合同不能解除。

合同终止与合同解除的区别主要为：

第一，适用范围不同。合同终止只适用于继续性合同，即债务不能一次履行完毕而必须持续履行方能完成的合同，如租赁合同、承揽合同、建设工程合同以及大部分以提供劳务为标的的合同；而合同的解除原则上只能适用于非继续性合同。

第二，适用的条件不同。合同终止既适用于一方违反合同，也适用于没有违反合同的情况；而合同解除主要适用于当事人一方不履行合同的情况。

第三，法律后果不同。合同终止只是使合同关系向将来消灭，并无溯及力，因此不产生恢复原状的法律后果；而合同解除可使合同关系溯及地消灭，因而产生恢复原状的法律后果。

2.7　合同法分则

2.7.1　买卖合同

买卖合同是出卖人转移标的物的所有权于买受人，买受人支付价款的合同。买卖合同是一方转移标的物的所有权于另一方，另一方支付价款的合同。转移所有权的一方为出卖人或卖方，支付价款而取得所有权的一方为买受人或者买方。买卖是商品交换最普遍的形式，也是典型的有偿合同。根据《合同法》第一百七十四条、第一百七十五条的规定，法律对其他有偿合同的事项未作规定时，参照买卖合同的规定；互易等移转标的物所有权的合同，也参照买卖合同的规定。

买卖合同具有如下特征：

■ 买卖合同是有偿合同。买卖合同的实质是以等价有偿方式转让标的物的所有权，即出卖人移转标的物的所有权于买方，买方向出卖人支付价款。这是买卖合同的基本特征，使其与赠予合同相区别，是有偿民事法律行为。

■ 买卖合同是双务合同。在买卖合同中，买方和卖方都享有一定的权利，承担一定的义务。而且，其权利和义务存在对应关系，即买方的权利就是卖方的义务，买方的义务就是卖方的权利。是双务民事法律行为。

■ 买卖合同是诺成合同。买卖合同自双方当事人意思表示一致就可以成立，不以一方交付标的物为合同的成立要件，当事人交付标的物属于履行合同。

■ 买卖合同一般是不要式合同。在通常情况下，买卖合同的成立、有效并不需要具备一定的形式，但法律另有规定者除外。

■ 买卖合同是双方民事法律行为。

2.7.2　赠予合同

赠予合同是赠予人把自己的财产无偿地送给受赠人，受赠人同意接受的合同。赠予合同可以发生在个人对国家机关、企事业单位和社会团体以及个人相互之间。赠予的财产不限于所有权的移转，如抵押权、地役权的设定，均可作为赠予的标的。

赠予合同一般具有以下性质：（1）双方行为。赠予合同须当事人双方意思表示一致才能成立，如果赠予人有赠予的表示，但受赠人并没有接受的意思，则合同仍不能成立，故与馈赠这种单方行为不同。（2）诺成行为。赠予合同在当事人双方意思表示一致时即告成立，不必等待交付赠予物，即为诺成行为。（3）无偿行为。除合同中双方约定附条件的义务外，原则上受赠人并不因赠予合同而承担义务，故为单务合同。

赠予的财产依法需要办理登记等手续的，应当办理有关手续。赠予人在赠予财产的权利转移之前可以撤销赠予。具有救灾、扶贫等社会公益、道德义务性质的赠予合同或者经过公证的赠予合同，不适用前款规定。具有救灾、扶贫等社会公益、道德义务性质的赠予合同或者经过公证的赠予合同，赠予人不交付赠予的财产的，受赠人可以要求交付。因赠予人故意或者重大过失致使赠予的财产毁损、灭失的，赠予人应当承担损害赔偿责任。

2.7.3　融资租赁合同

融资租赁合同，是指出租人根据承租人对出卖人、租赁物的选择，向出卖人购买租赁物，提供给承租人使用，承租人支付租金的合同。融资租赁集借贷、租赁、买卖于一体，是将融资与融物结合在一起的交易方式。融资租赁合同是由出卖人与买受人（租赁合同的出租人）之间的买卖合同和出租人与承租人之间的租赁合同构成的，但其法律效力又不是买卖和租赁两个合同效力的简单叠加。

融资租赁合同有以下特征：

■ 与买卖合同不同，融资合同的出卖人是向承租人履行交付标的物和瑕疵担保义务，而不是向买受人（出租人）履行义务，即承租人享有买受人的权利但不承担买受人的义务。

■ 与租赁合同不同，融资租赁合同的出租人不负担租赁物的维修与瑕疵担保义务，但承租人须向出租人履行交付租金义务。

■ 根据约定以及支付的价金数额，融资租赁合同的承租人有取得租赁物的所有权或返还租赁物的选择权，即如果承租人支付的是租赁物的对价，就可以取得租赁物的所有权，如果支付的仅是租金，则须于合同期间届满时将租赁物返还出租人。

融资租赁期间，出租人享有租赁物的所有权。因此，承租人破产时，租赁物不属于破产财产。但与一般所有人不同的是，出租人并不承担租赁物的瑕疵担保责任，对承租人占有租赁物期间租赁物造成第三人的人身或财产损害也不承担责任。出租人与承租人可以约定租赁期间届满后租赁物的归属。对租赁物的归属没有约定或者约定不明确，按照《合同法》第六十一条的规定仍不能确定的，租赁物的所有权归出租人。

2.7.4　承揽合同

承揽人按照定做人的要求完成工作，交付工作成果，定做人给付报酬的合同。在承揽合同中，完成工作并交付工作成果的一方为承揽人；接受工作成果并支付报酬的一方称为定做人。在日常生活中，如果合同中没有以承揽人、定做人指称双方当事人，也不影响对其法律性质的认定。承揽合同的承揽人可以是一人，也可以是数人。在承揽人为数人时，数个承揽人即为共同承揽人，如无相反约定，共同承揽人对定做人负连带清偿责任。

第一，承揽合同以完成一定的工作并交付工作成果为标的。在承揽合同中，承揽人必须按照定做人的要求完成一定的工作，但定做人的目的不是工作过程，而是工作成果，这是与单纯地提供劳务的合同的不同之处。按照承揽合同所要完成的工作成果既可以是体力劳动成果，也可以是脑力劳动成果；既可以是物，也可以是其他财产。

第二，承揽合同的标的物具有特定性。承揽合同是为了满足定做人的特殊要求而订立的，因而定做人对工作质量、数量、规格、形状等的要求使承揽标的物特定化，使它同市场上的物品有所区别，以满足定做人的特殊需要。

第三，承揽人工作具有独立性。承揽人以自己的设备、技术、劳力等完成工作任务，不受定做人的指挥管理，独立承担完成合同约定的质量、数量、期限等责任，在交付工作成果之前，对标的物意外灭失或工作条件意外恶化风险所造成的损失承担责任。故承揽人对完成工作有独立性，这种独立性受到限制时，其承受意外风险的责任也可相应减免。

第四，承揽合同具有一定人身性质。承揽人一般必须以自己的设备、技术、劳力等完成工作并对工作成果的完成承担风险。承揽人不得擅自将承揽的工作交给第三人完成，且对完成工作过程中遭受的意外风险负责。

2.7.5　保管合同

保管合同是保管人有偿地或无偿地为寄存人保管物品，并在约定期限内或应寄存人的请求，返还保管物品的合同。在保管合同中，寄存物品的一方称为寄存人，负责保管物品的一方称为保管人。

在签订保管合同的过程中，应注意以下事项：保管合同为实践合同，即保管合同仅有承诺生效，双方意思表示一致，该合同仍不能成立，还须寄存人将保管物送保管人，保管合同方才成立。保管凭证是保管合同的一个重要证据，需注意以下事项：若保管凭证仅为接受保管物凭证，则所记载事项较为简单，只需记明保管人及所收保管物的名称、数量等基本情况；若保管凭证即为保管合同，则签订保管合同应使用全国统一的保管合同文本，保管合同应尽量做到条款齐备、文字含义清楚、责任明确。

保管合同是以保管物品为目的的合同。委托人将自己的物品交给保管人保管，只是把该物品的使用权交给保管人保管，该物的物权仍归委托人，保管人只能按合同约定妥善管理的义务，并承担保管期间的毁损、灭失责任。保管人不得将保管物转交第三人保管，但当事人另有约定的除外。保管人违反该规定将保管物转交第三人保管，对保管物造成损失的，应当承担损害赔偿责任。

2.7.6　委托合同

委托合同是指受托人为委托人办理委托事务，委托人支付约定报酬或不支付报酬的合同。其特征有：委托合同是典型的劳务合同；受托人以委托人的费用办理委托事务；委托合同具有人身性质，以当事人之间相互信任为前提；委托合同既可以是有偿合同，也可以是无偿合同；委托合同是诺成的、双务的合同。委托合同又称委任合同，是指委托人和受托人约定，由受托人处理委托事务的合同。

第一，建立在委托人与受托人相互信任的基础上。委托人之所以选定受托人为自己处理事务，是以他对受托人的办事能力和信誉的了解、信任为基础的；而受托人之所以接受委托，也是出于愿意为委托人服务，能够完成委托事务的自信，这也是其基于对委托人的了解和信任。因此，委托合同只能发生在双方相互信任的特定人之间。没有当事人双方相互的信任和自愿，委托合同关系就不能建立，即使建立了合同关系也难以巩固。因此，在委托合同中，受托人应当亲自处理受托的事务，不经委托人的同意，不能转托他人处理受托的事务。同时，在委托合同建立后，如果任何一方对他方产生了不信任，都可以随时终止委托合同。

第二，标的是处理委托事务。委托合同是提供劳务类合同，其标的是劳务，这种劳务体现为委托人为受托人处理委托事务。关于委托事务的范围，《合同法》并没有将委托事务限于法律行为。但是，应当指出，委托事务的范围也并不是没有任何限制的，委托事务必须是委托人有权实施的，且不违反法律或者社会公共利益、社会公德的行为。

第三，受托人以委托人的名义和费用处理委托事务。受托人处理事务，除法律另有规定外，不是以自己的名义和费用，而是以委托人的名义和费用进行的。因此，委托合同的受托人处理受托事务的后果，直接归委托人承受。这是委托合同与行纪合同、承揽合同、居间合同等类似合同的重要区别。

第四，委托合同可以是有偿的，也可以是无偿的。委托合同可以是有偿合同，也可以是无偿合同，委托合同是否有偿，由当事人双方约定。如约定收取报酬，则为有偿合同。如法律没有另外规定，当事人双方又没有约定给付受托人报酬的，则为无偿合同。

2.7.7　行纪合同

行纪合同是行纪人以自己的名义为委托人从事贸易活动，委托人支付报酬的合同。以自己名义为他人从事贸易活动的一方为行纪人，委托行纪人为自己从事贸易活动并支付报酬的一方为委托人。

第一，行纪合同主体的限定性。在我国，行纪合同的委托人可以是法人或者其他组织，并无太多限制。但行纪人只能是经批准经营行纪业务的法人、自然人或其他组织，法律往往对行纪人的资格、业务范围有严格的限制并对其业务活动实施专门的监督和管理。

第二，行纪合同的标的具有特定性。行纪合同属于提供劳务类合同，由行纪人为委托人从事贸易活动，但其所提供的劳务具有特定性，各国基本都规定为物品的买进或卖出，且限于动产范围之内，不动产贸易不属于行纪范畴。我国《合同法》将行纪合同的标的规定为"从事贸易的活动"，实践中多指动产、有价证券的买卖以及其他商业上具有交易性质的行为，如代购、代销、寄售等。

第三，行纪人以自己的名义为委托人办理委托事务。行纪合同中的行纪人在为委托人从事贸易活动时，以自己的名义与第三人发生法律关系的。虽然处理事务的结果最终归于委托人承受，但行纪人是以独立的主体资格与第三人订立合同，无须向第三人披露自己与委托人的委托关系，并对该合同直接享有权利、承担义务，第三人不履行义务致使委托人受到损害的，行纪人应当承担损害赔偿责任，这也是合同的相对性原则使然。相应地，委托人与第三人之间一般不存在直接的权利义务关系，委托人无须支付与第三人的磋商、资信调查成本。这是行纪合同最重要的法律特征，也是其得以蓬勃发展的根源所在。

第四，行纪人是为委托人的利益办理事务的人。虽然行纪人是以自己的名义与第三人进行交易，但交易所产生的权利义务最终归属于委托人承受，行纪人为其买入或卖出的商品或有价证券的所有权属于委托人，而且在行纪过程中，非由行纪人原因造成的委托物损毁、灭失的风险由委托人承担，故行纪人在为行纪活动时，应为委托人的利益计，严格遵守委托人的指示，不得从事损害委托人利益的行为。

2.7.8　居间合同

居间合同，是指居间人向委托人报告订立合同的机会或者提供订立合同的媒介服务，委托人支付报酬的合同。居间合同又称为中介合同或者中介服务合同。向他方报告订立合同的机会或者提供订立合同的媒介服务的一方为居间人，接受他方所提供的订约机会并支付报酬的一方为委托人。

居间合同的特征：

第一，居间合同是由居间人向委托人提供居间服务的合同。居间人向委托人报告订立合同的机会或者提供订立合同的媒介服务，委托人是否与第三人订立合同，与居间人无关，居间人不是委托人与第三人之间的合同的当事人。

第二，居间人对委托人与第三人之间的合同没有介入权。居间人只负责向委托人报告订立合同的机会或者为委托人与第三人订约居中斡旋，传达双方意思，起牵线搭桥的作用，对合同没有实质的介入权。

第三，居间合同是双务、有偿、诺成合同。

2.8　婚姻与继承法

2.8.1　共有制度

共有是指某项财产（共有物或共有财产）被两个以上权利主体（共有人）同时所有的现象。共有可以发生在自然人与自然人之间，也可以发生在法人与法人之间，同行还可以存在自然人与法人之间。例如，上市公司的资产就可以视为所有的股东，包括国家、法人股东和自然人股东的共有财产。

共有是多个权利主体联合起来共同享有一个所有权，而不是在一个物上存在多个所有权。根据权利主体联合方式的不用，可以分为共同共有和按份共有。

共同共有是共有人不分份额，共同对全部共有物享受权利和承担义务的共有。日常生活中最为常见的是夫妻共同和家庭共有。在夫妻共同和家庭共有中，夫妻双方或任何一个家庭成员都可以对全部共同财产行使权利，必要时也应当承担全部义务。例如，某夫妻喂养了一条宠物狗（共有物），则任何一方都有权将该狗出售、赠送（当然，如果未征得另一方同意，则可能引发家庭"内战"，但是另一方的反对并不影响出售、赠予行为的法律效力），但是，如果某天宠物狗咬伤了邻居家的小孩，则该对夫妻中任何一个人也都有义务承担赔偿责任。

按份共有是指各个共有人按照一定的份额对共有物享有权利和承担义务。例如，农民甲与农民乙分别出资 1 200 元和 800 元购买了一头耕牛，则该耕牛属于甲、乙按份共有（甲、乙分别拥有 3/5 和 2/5 的所有权）。假设甲、乙除满足自己使用外，还可以将耕牛出租给其他村民使用，每年可以获得租金 500 元；数年后该牛年老体衰，甲、乙决定将该耕牛变卖，得款 1 500 元，如果甲、乙没有特别约定的话，对租金和变卖款都应该按照 3:2 的比例分配。假设该牛在出租给丙使用过程中将丙顶伤，丙在治疗过程中花费 1 000 元，伤愈后要求甲、乙承担赔偿责任，则甲、乙对于这 1 000 元的赔偿费用也应该按照 3:2 的比例支付。

2.8.2　夫妻共同财产

夫妻共同财产，是指受我国《婚姻法》调整的在夫妻关系存续期间夫妻所共同拥有的财产。所谓夫妻关系存续期间，是指夫妻结婚后到一方死亡或者离婚之前这段时间，这期间夫妻所得的财产，除约定的外，均属于夫妻共同财产。

我国的夫妻共同财产具有以下特征：

第一，夫妻共同财产的主体，是具有婚姻关系的夫妻。未形成婚姻关系的男女两性，如未婚同居、婚外同居等，以及无效或被撤销婚姻的男女双方，不能成为夫妻共同财产的主体。

第二，夫妻共同财产，是在婚姻关系存续期间取得的财产，婚前财产不属于夫妻共同财产。婚姻关系存续期间，自合法婚姻缔结之日起，至夫妻一方死亡或离婚生效之日止。不能证明属于夫妻一方的财产，推定为夫妻共同财产。

第三，夫妻共同财产的来源，为夫妻双方或一方所得的财产，既包括夫妻通过劳动所得的财产，也包括其他非劳动所得的合法财产，当然，法律直接规定为个人特有财产的和夫妻约定为个人财产的除外。这里讲的"所得"，是指对财产权利的取得，而不要求对财产实际占有，如果一方在婚前获得某项财产如稿费，但并未实际取得，而是在婚后出版社才支付稿费，此时这笔稿费不属于夫妻共同财产。同理，如果在婚后出版社答应支付一笔稿费，但直到婚姻关系终止前也没有得到这笔稿费，那么这笔稿费也属于夫妻共同财产。

第四，夫妻对共同财产享有平等的所有权，双方享有同等的权利，承担同等的义务。夫妻对共同所有的财产，有平等的处理权。特别是夫妻一方对共同财产的处分，除另有约定外，应当取得对方的同意。

第五，分割夫妻共同财产，原则上应当均等分割。根据生产、生活的实际需要、财产的来源等情况，由双方协议处理，协议不成时，由人民法院根据财产的具体情况，照顾子女和女方权益的原则判决。

第六，夫妻一方死亡，如果分割遗产，应当先将夫妻共同财产的一半分归另一方所有，其余的财产为死者遗产，按照继承法处理。

2.8.3　法定继承

法定继承是指在被继承人没有对其遗产的处理立有遗嘱的情况下，由法律直接规定继承人的范围、继承顺序、遗产分配的原则的一种继承形式。法定继承又称为无遗嘱继承，是相对于遗嘱继承而言的。法定继承是遗嘱继承以外的依照法律的直接规定将遗产转移给继承人的一种遗产继承方式。在法定继承中，可参加继承的继承人、继承人参加继承的顺序、继承人应继承的遗产份额以及遗产的分配原则，都是由法律直接规定的。因而法定继承并不直接体现被继承人的意志，仅是法律依推定的被继承人的意思将其遗产由其亲近亲属继承。

适用法定继承时，依照下列规则分配遗产：一是继承开始后，由第一顺序继承人继承，第二顺序继承人不继承。没有第一顺序继承人继承的，由第二顺序继承人继承。二是同一顺序法定继承人继承遗产的份额，一般应当均等继承，法律另有规定的除外。

■ 第一继承人。

配偶。合法婚姻关系中配偶双方互为第一顺序继承人。所以，同居关系的双方、婚姻被宣告无效或被撤销的双方互不享有继承权。配偶一方在离婚诉讼中死亡的，另一方仍为第一顺序法定继承人。被宣告死亡人（若于判决宣告时并未自然死亡）于判决宣告之后才自然死亡的，若死亡宣告的判决尚未撤销，其原配偶即使尚未再婚，也不享有继承权。

父母。父母包括被继承人的生父母、养父母和形成扶养关系的继父母。继父母继承了继子女遗产的，不影响其继承生子女的遗产。生父母对被他人收养的亲生子女不享有继承权。

子女。包括被继承人的婚生子女、非婚生子女、养子女和有扶养关系的继子女。

继子女继承了继父母遗产的，不影响其继承生父母的遗产；养子女不能继承生父母的遗产。养子女对生父母扶养较多的，可以作为法定继承人以外的人适当分得生父母的遗产。

丧偶儿媳对公、婆，丧偶女婿对岳父、岳母，尽了主要赡养义务的，无论其是否再婚，均作为第一顺序继承人。名义上为养孙子女，实际上属于养父母与养子女关系的，该"养孙子女"为第一顺序继承人。代位继承人代自己的父母参与继承，当然是第一顺序的继承人。胎儿的父亲死亡，给胎儿保留应继份额的时候，胎儿的地位相当于第一顺序的继承人。不过，胎儿出生时是死体的，胎儿的应继份额由其父亲的继承人继承。

■ 第二继承人。

兄弟姐妹。包括同父母的兄弟姐妹、同父异母或者同母异父的兄弟姐妹、养兄弟姐妹（养子女与生子女之间、养子女与养子女之间，也属"养兄弟姐妹"）、有扶养关系的继兄弟姐妹（只有彼此形成扶养关系的继兄弟姐妹才能互为第二顺序的法定继承人）。继兄弟姐妹之间相互继承了遗产的，不影响其继承亲兄弟姐妹的遗产。

祖父母、外祖父母。被继承人死亡的，其祖父母、外祖父母均可作为第二顺序的继承人参与继承。祖父母、外祖父母死亡时：孙子女、外孙子女不属于第二顺序的继承人，由其父母作为第一顺序的继承人参与继承；其父母先于祖父母、外祖父母死亡的，孙子女、外孙子女也不是"第二顺序继承人"，而是以"代位继承人"的身份参与继承，其在法律上的地位相当于第一顺序继承人。

2.8.4 遗产分配

根据《继承法》第十三条规定，法定继承人对遗产的分配份额，按照以下规则确定。

原则上，同一顺序的法定继承人应当"平分"遗产；但是，同一顺序的继承人经过协商，允许"有人分得多，有人分得少"。同一顺序继承人分配遗产份额，应当首先照顾缺乏劳动能力和无生活来源的继承人，还应考虑各继承人对被继承人生前尽扶养义务状况和各继承人的生产、生活状况。如果情况相近或者继承人协商一致，也可以平均分配。

特殊情形特殊处理：基于对弱者一贯同情和照顾的立场，对于生活有特殊困难并且缺乏劳动能力的法定继承人，"应当"多分；作为激励机制，对被继承人尽了主要扶养义务（或者与被继承人共同生活）的法定继承人，"可以"多分；作为事后惩罚，对于有扶养能力和扶养条件却不对被继承人尽扶养义务的法定继承人，"应当"不分或者少分。

对于婚姻、血缘关系以外的受死者生前扶养的未成年人和无劳动能力人，或者扶养过死者的人，他们虽然不是法定继承人，没有继承权，但是为了维持他们的正常生活，鼓励相互扶养，应当从遗产中分给他们一部分，在经济上加以照顾，体现社会主义公德和死者生前的愿望。

3 商法

思考题：

股份有限公司在遇到风险承担时，各股东的责任是如何分摊的？

证券发行有哪些形式？

商业银行在票据业务中应当避免的风险有哪些？

商业银行如何利用保险产品在信贷业务中增加风险保障？

3.1 公司法

一、有限责任公司

有限责任公司，是指股东以其认缴的出资额为限对公司承担责任，公司以其全部财产对公司债务承担责任的企业法人。

有限责任公司是一种中小企业规模的公司，它又与大规模的股份有限公司有许多不同。其突出的特征有以下几点：第一，股东人数有最高数额限制。我国《公司法》第二十四条规定，有限责任公司50个以下股东共同出资设立。第二，股东以出资额为限对公司承担责任。第三，设立手续和公司机关简易化。第四，股东对外转让出资受到严格限制。我国《公司法》第七十一条规定，股东向股东以外的人转让股权，应当经其他股东过半数同意。股东应就其股权转让事项书面通知其他股东征求同意，其他股东自接到书面通知之日起满三十日未答复的，视为同意转让。其他股东半数以上不同意转让的，不同意的股东应当购买该转让的股权；不购买的，视为同意转让。经股东同意转让的股权，在同等条件下，其他股东有优先购买权。第五，公司的封闭性或非公开性。表现在其设立程序不公开和公司的经营状况不向社会公开。有限责任公司应当按照公司章程规定的期限将财务会计报告送交各股东。

股东的出资方式可以是多样的。依据《公司法》第二十七条、第三十条的规定，股东可以用货币出资，也可以用实物、知识产权、土地使用权等可以用货币估价并可以依法转让的非货币财产作价出资；但是，法律、行政法规规定不得作为出资的财产除外。对作为出资的非货币财产应当评估作价，核实财产，不得高估或者低估作价。

公司成立后，发现作为设立公司出资的非货币财产的实际价额显著低于公司章程所定价额的，应当由交付该出资的股东补足其差额；公司设立时的其他股东承担连带责任。

二、国有独资公司

国有独资公司是指国家单独出资、由国务院或者地方人民政府授权本级人民政府国有资产监督管理机构履行出资人职责的有限责任公司。

国有独资公司的主要特征有：第一，国有独资公司为有限责任公司。第二，国有独资公司是一人有限责任公司。第三，国家是国有独资公司的唯一出资人，国务院或者地方人民政府授权的本级人民政府国有资产监督管理机构履行出资人职责。

国有独资公司的组织机构有独特之处：第一，国有独资公司不设股东会，由国有资产监督管理机构行使股东会职权。国有资产监督管理机构可以授权公司董事会行使股东会的部分职权。第二，国有独资公司的董事会成员由国有资产监督管理机构委派，董事会成员中的职工代表由公司职工代表大会选举产生。董事长、副董事长由国有资产监督管理机构从董事会成员中指定。经国有资产监督管理机构同意，董事会成员可以兼任经理。国有独资公司董事会依照《公司法》第四十七条、第六十七条的规定行使职权。

三、股份有限公司

股份有限公司是指其全部资本分为等额股份，股东以其认购的股份为限对公司承担责任，公司以其全部财产对公司的债务承担责任的企业法人。

它具有以下特征：第一，发起人须符合法定人数，我国《公司法》第七十八条规定，设立股份有限公司，应当有二人以上二百人以下为发起人，其中须有半数以上的发起人在中国境内有住所。

第二，公司的全部资本分为等额股份。股份是股东出资的计算单位，也是股东行使表决权、分配股利的计算标准。股份作为股东法律地位的表现形式，所包含的权利和义务一律平等。

第三，股东负有限责任，这表现为以下两点：其一，股东的责任仅以其认购的股份为限对公司承担责任；其二，股东只对公司承担责任，不对公司债权人负责。

第四，资本证券化和公司的公开性，这是指股份以股票这种有价证券形式来表示，股份有限公司可以通过对外公开发行股票，向社会募集资金，从而使股份有限公司具有显著的公共性。

股份有限公司采取发起设立方式设立的，注册资本为在公司登记机关登记的全体发起人认购的股本总额。股份有限公司采取募集方式设立的，注册资本为在公司登记机关登记的实收股本总额。法律、行政法规以及国务院决定对股份有限公司注册资本实缴、注册资本最低限额另有规定的，从其规定。在出资方式上，《公司法》第八十二条规定，发起人可以用货币出资，也可以用实物、知识产权、土地使用权等可以用货币估价并可以依法转让的非货币财产作价出资；但是，法律、行政法规规定不得作为出资的财产除外。对作为出资的非货币财产应当评估作价，核实财产，不得高估或者低估作价。

股份有限公司的设立方式有两种：一是发起设立；二是募集设立。发起设立，是指由发起人认购公司应发行的全部股份设立公司，在发起人认购的股份缴足前，不得向他人募集股份。发起设立的程序包括以下几方面：第一，发起人认购股份。第二，发起人应当书面认足公司章程规定其认购的股份，并按照公司章程规定缴纳出资。第三，选举董事会和监事会，由董事会向公司登记机关报送公司章程以及法律、行政法规规定的其他文件。

募集设立，是指由发起人认购公司应发行股份的一部分，其余股份向社会公开募集或者向特定对象募集而设立公司。其程序为：

第一，发起人认购不少于公司应发行股份总数35%的股份。

第二，制作招股说明书。招股说明书是发起人对非特定人表示募股意思并披露有关事实的书面陈述，是申请募股的必备文件。

第三，签订承销协议和代收股款协议。发起人就股份承销的方式、数量、起止日期、承销费用的计算与支付等具体事项，与证券经营机构签订承销协议；发起人就代收和保存股款的具体事宜，与银行签订代收股款协议。

第四，提出申请。发起人向社会公开募集股份，必须向国务院证券管理部门，即中国证券监督管理委员会递交募股申请，并报送相关文件。

第五，经国务院证券管理部门审批。未经国务院证券管理部门批准，发起人不得向社会公开募集股份。

第六，公开募集股份。发起人向社会公开募集股份，必须公告招股说明书，并制作认股书。认股人认股，应在认股书上填写所认股数、金额、住所，并签名、盖章。认股人认股后，应按所认股数缴纳股款。认股人缴纳股款后，发生下列情况之一的，可要求发起人返还所缴股款及相应利息：其一，招股说明书规定的募股期限届满，而股份尚未募足；其二，在全部股款缴足后30日内未召开创立大会；其三，公司创立大会作出不设立公司的决定；其四，国务院证券管理部门撤销募股批准。发行股份的股款缴足后，必须经法定的验资机构验资，并出具证明。

第七，召开创立大会。依照《公司法》第八十九条的规定，发起人应当自股款缴足之日起三十日内主持召开公司创立大会。创立大会由发起人、认股人组成。

第八，设立登记并公告。以募集方式设立的公司在创立大会结束后 30 日内，由董事会向公司登记机关即工商行政管理局申请设立登记，并按照《公司登记管理条例》的规定，提交有关文件。公司登记机关自接到股份有限公司设立申请之日起 30 日内，依法进行审核，作出是否予以登记的决定。股份有限公司被核准设立登记后，应于 30 日内发布设立公告，并应当自公告发布之日起 30 日内，将发布的公告报送公司登记机关备案。

四、股份有限公司的组织机构

■ 股东大会。根据我国《公司法》第九十八条的规定，股份有限公司股东大会由全体股东组成。股东大会是公司的权力机构，依照本法行使职权，并可就公司运营的重大事项作出决议。

股东大会分为定期会议和临时会议两种。定期股东大会每年召开一次，通常在每个会计年度终了后 6 个月内召开。临时股东大会则应在有下列情况之一时 2 个月内召开：第一，董事人数不足本法规定人数或者公司章程所定人数的三分之二时；第二，公司未弥补的亏损达实收股本总额三分之一时；第三，单独或者合计持有公司百分之十以上股份的股东请求时；第四，董事会认为必要时；第五，监事会提议召开时；第六，公司章程规定的其他情形。

股东大会会议由董事会负责召集，董事长主持会议，董事长不能履行职务或者不履行职务的，由副董事长主持。

召开股东大会会议，应当将会议召开的时间、地点和审议的事项于会议召开二十日前通知各股东，临时股东大会应当于会议召开十五日前通知各股东。临时股东大会不得对通知中未列明的事项作出决议。发行无记名股票的，应当于会议召开三十日前公告会议召开的时间、地点和审议事项。无记名股票的股东要出席股东大会的，必须于会议召开 5 日以前至股东大会闭会时将股票交存于公司，否则，不得出席会议。股东出席股东大会，不以亲自出席为限。股东可以委托代理人出席股东大会。但代理人出席股东大会，应向公司提交股东开具的载明授权范围的委托书。

股东大会的决议是通过股东行使表决权作出的。股东的表决权，以其拥有的股份数额确定。股东大会决议，实行股份多数决定的原则，即股东大会依持有多数股份的股东的意志作出决议。股东大会决议实行股份多数表决原则，必须具备两个条件，一是要有代表股份多数的股东出席；二是要有出席会议的股东所持表决权的多数通过。对于普通决议事项，以简单多数即可通过决议。对于特别决议事项，则要以绝对多数方可通过决议。股东大会作出决议，必须经出席会议的股东所持表决权的半数以上通过。股东大会对修改公司章程、公司合并、分立或者解散公司作出决议，必须经出席会议的股东所持表决权的2/3以上通过。当然，股东大会实行的股份多数决定原则也不是绝对的。为了防止大股东操纵股东大会，可以用公司章程来限制大股东的表决权。

股东大会的决议违反法律、行政法规，侵犯股东合法权益的，股东有权向人民法院提起要求停止该违法行为和侵害行为的诉讼。

■ 董事会。董事会是股份有限公司必设的常设的业务执行和经营决策机构，应对股东大会负责。股份有限公司董事会成员为5人至19人。董事的产生有两种情况：在公司设立时，采取发起方式设立的公司，董事由发起人选举产生；采取募集方式设立的公司，董事由创立大会选举产生。在公司成立后，董事由股东大会选举产生。董事的任期由公司章程规定，但每届任期不得超过3年。董事任期届满，连选可以连任。董事在任期届满前，股东大会不得无故解除其职务。

董事会设董事长1人，可以设副董事长1人至2人。董事长和副董事长由董事会以全体董事的过半数选举产生。董事长为公司的法定代表人。董事长主持股份有限公司股东大会会议和董事会会议，为其会议主席，主要行使下列职权：第一，主持股东大会和召集、主持董事会会议；第二，检查董事会决议的实施情况；第三，签署公司股票、公司债券。此外，根据公司的需要，可以由董事会授权董事长在董事会闭会期间，行使董事会的部分职权。

董事会主要有以下一些职权：第一，负责召集股东大会，并向股东大会报告工作；第二，执行股东大会的决议；第三，决定公司的经营计划和投资方案；第四，制订公司的年度财务预算方案、决算方案；第五，制订公司的利润分配方案和弥补亏损方案；第六，制订公司增加或减少注册资本的方案以及发行公司债券的方案；第七，拟订公司合并、分立、解散或者变更公司形式的方案；第八，决定公司内部管理机构的设置；第九，聘任或者解聘公司经理及其报酬事项，根据经理的提名，聘任或者解聘公司副经理、财务负责人、决定其报酬事项；第十，制定公司的基本管理制度等。

股份有限公司的董事会会议分为定期会议和临时会议两种。董事会定期会议每年度至少召开2次会议，每次应于会议召开10日以前通知全体董事；董事会召开临时会议，其会议通知方式和通知时限，可由公司章程作出规定。股份有限公司的董事会会议，由董事长负责召集。董事长不能履行职权时，可由董事长指定副董事长代为负责召集。董事会会议应由董事本人出席。董事因故不能出席董事会会议时，可以采用委托其他董事出席会议的方式。

股份有限公司董事会会议应由 1/2 以上的董事出席方可举行。董事会作出决议，必须经全体董事过半数通过。董事会应当对会议所议事项的决定作成会议记录，由出席会议的董事和记录员在会议记录上签名。董事应当对董事会的决议承担责任。董事会的决议违反法律、行政法规或者公司章程，致使公司遭受严重损失的，参与决议的董事对公司负赔偿责任。但经证明在表决时曾表明异议并记载于会议记录的，该董事可以免除责任。

■ 经理。经理是对股份有限公司日常经营管理负有全责的高级管理人员，由董事会聘任或解聘，对董事会负责。

■ 监事会。监事会是股份有限公司必设的常设的监察机构，其成员不得少于 3 人，由股东代表和适当比例的公司职工代表构成。其中，股东代表由股东大会选举产生；职工代表由公司职工民主选举产生。监事会应在其组成人员中推选一名召集人。监事的任期每届为 3 年，监事任期届满，连选可以连任。监事有权列席董事会会议。

五、股份发行与转让

■ 股份与股票。股份是股份有限公司资本最基本的构成单位。股票是股份有限公司股份证券化的形式，是股份有限公司签发的证明股东所持股份的凭证。股票是一种要式证券，它的制作和记载事项必须按照法定的方式进行。股票是一种证权证券，而非设权证券，即它是一种表彰股东权的证券。股票是一种有价证券，它含有财产内容，可以在市场上流通。

■ 股份发行。股份发行是公司向社会筹集资金的行为。公司在设立前，可以为募集资本而发行股份，成立后可以为增资而发行新股。

股份的发行，实行公开、公平、公正的原则。具体而言，股份有限公司发行股份时应当做到：其一，当公司向社会公开募集股份时，应就有关股份发行的信息依法公开披露。其中，包括公告招股说明书，财务会计报告等。其二，同次发行每股的发行条件和价格应当相同。其三，发行的同种股份，股东所享有的权利和利益应当是相同的。

股票发行价格可以按票面金额，也可以超过票面金额即股票溢价发行，但不得低于票面金额发行股票。以超过票面金额发行股票所得溢价款，应列入公司资本公积金。公司发行记名股票的，应当置备股东名册，记载下列事项：股东的姓名或者名称及住所；各股东所持股份数；各股东所持股票的编号；各股东取得其股份的日期。公司发行无记名股票的，公司应当记载其股票数量、编号及发行日期。

同时，新股发行应遵循以下程序。首先，公司的股东大会应作出决议，决议的主要内容有：第一，新股种类及数额；第二，新股发行价格；第三，新股发行的起止日期；第四，向原有股东发行新股的种类及数额。股东大会作出公司发行新股的决议，必须经出席会议的股东所持表决权的半数以上通过。其次，经主管部门审查批准。国务院授权部门或者省级人民政府，对公司提出公开发行新股的申请进行审查，符合法定条件的予以批准。被批准发行新股的申请，还必须送国务院证券管理部门，即证监会复审。再次，签订承销协议由证券经营机构承销。公司向社会公开发行新股，应当与证券经营机构签署承销协议。同时，经批准向社会公开发行新股的公司，必须公告新股招股说明书和财务会计报表及附属明细表，制作认股书，并应当由依法设立的证券经营机构承销。最后，办理变更登记并公告。公司发行新股募足股款后，必须向公司登记机关办理变更登记，并公告。

■ 股份的转让。股份转让是指股份有限公司的股东，依照一定程序把自己的股份让与他人，受让人取得股份成为该公司股东的行为。

股份转让实行自由转让的原则。我国《公司法》第一百三十七条规定，"股东持有的股份可以依法转让"。所以，在公司成立后，每个股东都有权依《公司法》的规定，转让自己的股份。但是，为了保护公司、股东及债权人的利益，我国《公司法》对股份转让作了必要的限制。主要有：（1）股东转让其股份，必须在依法设立的证券交易场所进行。（2）发起人持有的本公司股份，自公司成立之日起1年内不得转让。（3）公司董事、监事、高级管理人员应当向公司申报所持有的本公司的股份及其变动情况，在任职期间每年转让的股份不得超过其所持有本公司股份总数的百分之二十五。（4）对国家授权投资的机构或部门以及国有企业、事业及其他单位持有国家股份和国有法人股份的转让，由法律、行政法规另行规定。

3.2 证券法

一、证券发行

证券发行是指政府、金融机构、工商企业等以募集资金为目的向投资者出售代表一定权利的有价证券的活动。任何一个经济体系中都有资金的盈余单位（有储蓄的个人、家庭和有闲置资金的企业）和资金的短缺单位（有投资机会的企业、政府和有消费需要的个人），为了加速资金的周转和利用效率，需要使资金从盈余单位流向短缺单位。根据发行价格和票面面额的关系，可以将证券发行分为溢价发行、平价发行和折价发行三种形式。

管理制度上大体可分为两种基本的发行管理制度，即证券发行登记制和证券发行核准制。登记制是依靠健全的法律法规对发行人的发行行为进行约束。核准制下由于政府主管机关在"实质条件"的审查过程中有权否决不符合规定条件的证券发行申请，从而可以在信息公开的条件下，把一些不符合要求的低质量发行人拒之于证券市场之外，以保护投资者利益。从核准制向登记制过渡，是证券市场发展日益成熟的标志。中国基本上采用的是核准制，依次经过了试点阶段、额度制、通道制度和保荐人制度并存、保荐制度等不同阶段。

二、发行方式

公募又称公开发行，是指发行人通过中介机构向不特定的社会公众广泛地发售证券，通过公开营销等方式向没有特定限制的对象募集资金的业务模式。为适应更广大投资者的需求，公募没有份数和起点金额的限制。因为涉及众多中小投资人的利益，监管当局对公募资金的使用方向、信息披露内容、风险防范要求都非常高。在公募发行情况下，所有合法的社会投资者都可以参加认购。为了保障广大投资者的利益，各国对公募发行都有严格的要求，如发行人要有较高的信用，并符合证券主管部门规定的各项发行条件，经批准后方可发行。

私募发行又称不公开发行或内部发行，是指面向少数特定的投资人发行证券的方式。私募发行的对象大致有两类：一类是个人投资者，例如公司老股东或发行人机构自己的员工（俗称内部职工股）；另一类是机构投资者，如大的金融机构或与发行人有密切往来关系的企业等。私募发行有确定的投资人，发行手续简单，可以节省发行时间和费用。私募发行的不足之处是投资者数量有限，流通性较差，而且也不利于提高发行人的社会信誉。参加人一般应具有一定的经济实力、风险识别和风险承担能力。目前，我国境内上市外资股（B股）的发行几乎全部采用私募方式进行。

三、发行程序

■ 核准。发行人依法申请核准发行证券所报送的申请文件的格式、报送方式，由依法负责核准的机构或者部门规定。国务院证券监督管理机构依照法定条件负责核准股票发行申请。国务院证券监督管理机构或者国务院授权的部门应当自受理证券发行申请文件之日起3个月内，依照法定条件和法定程序作出予以核准或者不予核准的决定，发行人根据要求补充、修改发行申请文件的时间不计算在内；不予核准的，应当说明理由。

■ 保荐。《证券法》规定，发行人申请公开发行股票、可转换为股票的公司债券，依法采取承销方式的，或者公开发行法律、行政法规规定实行保荐制度的其他证券的，应当聘请具有保荐资格的机构担任保荐人。申请股票、可转换为股票的公司债券或者法律、行政法规规定实行保荐制度的其他证券上市交易，应当聘请具有保荐资格的机构担任保荐人。

■ 承销。证券承销是证券经营机构依照协议包销或者代销发行人向社会公开发行的证券的行为。发行人向不特定对象公开发行的证券，法律、行政法规规定应当由证券公司承销的，发行人应当同证券公司签订承销协议。

四、证券交易

证券交易是指证券持有人依照交易规则，将证券转让给其他投资者的行为。证券交易一般分为两种形式：一种形式是上市交易，是指证券在证券交易所集中交易挂牌买卖。凡经批准在证券交易所内登记买卖的证券称为上市证券；其证券能在证券交易所上市交易的公司，称为上市公司。另一种形式是上柜交易，是指公开发行但未达上市标准的证券在证券柜台交易市场买卖。众多的股份有限公司发行了股票，但不是所有的股票都可以自由上市或上柜交易的。股票要上市或上柜交易，必须按一定条件和标准进行审查，符合规定的才能上市或上柜自由买卖。已上市股票如条件变坏，达不到标准，证券交易所可以停止其上市资格。

允许交易的证券，必须是依法发行并交付的证券。所谓依法发行并交付，是指证券的发行是完全按照有关法律的规定进行的，符合法律规定的条件和程序，具有法律依据，通过发行程序并将证券已经交付给购买者。也就是说，进行证券交易的当事人依法买卖的证券，是其合法持有的证券。非依法发行的证券，即证券的发行，没有按照法律规定的条件和程序进行，这样的证券，不得买卖。

依法发行的投票或者公司债券及其他证券，都允许依法进行交易。依法发行的证券可以进行交易，但并不排除法律根据证券的性质和其他情况，对某些证券的交易作出限制性规定。在现实中，对某些证券的转让期限作出限制是可能存在的。如有些债券，只允许在发行后满一定期限才可转让。对于股票，如我国《公司法》对股份有限公司发起人持有的股份有限公司的股份的转让限定为 3 年之内不得转让。再如，对上市公司内部职工股的转让也有期限的限制。凡是法律对转让期限作出限制性规定的，在限定的期限内，该种证券不得买卖。

经依法核准的上市交易的证券在证券交易所挂牌交易，必须采用公开的集中竞价交易方式。公开的集中竞价，是所有有关购售该证券的买主和卖主集中在一个市内公开申报、竞价交易，每当买卖出价相吻合就构成一笔买卖，交易依买卖组连续进行，每个买卖形成不同的价格。公开的集中竞价具有过程公开性、时间连续性、价格合理性和对快速变化的适应性等特点。

证券交易的集中竞价实行价格优先、时间优先的原则。即买方出价高的优先买方出价低的，卖方出价低的优先于卖方出价高的，多数卖方中出价最低的与多数买方中出价最高的优先成交，以此类推，连续竞价。在出价相同时，由最先出价者优先成交。

证券交易以现货进行交易，即证券交易达成后，按当时的价格进行实物交割的交易方式。买卖双方的资金和股票发生转移，购买者以直接持有股票为目标，相对其他交易形式来讲更具有投资性。

五、上市公司收购

上市公司收购是指投资者依法购买股份有限公司已发行上市的股份，从而获得该上市公司控制权的行为。要约收购，是指投资者向目标公司的所有股东发出要约，表明愿意以要约中的条件购买目标公司的股票，以期达到对目标公司控制权的获得或巩固。协议收购，是指投资者在证券交易所外与目标公司的股东，主要是持股比例较高的大股东就股票的价格、数量等方面进行私下协商，购买目标公司的股票，以期达到对目标公司控制权的获得或巩固。

■ 要约收购程序及其规则。上市公司收购通过证券交易所的证券交易，投资者持有一个上市公司已发行的股份的5%时，应当在该事实发生之日起3日内，向国务院证券监督管理机构、证券交易所作出书面报告，通知该上市公司，并予以公告。在上述规定的期限内，不得再行买卖该上市公司的股票。投资者持有一个上市公司已发行股份的5%后，通过证券交易所的证券交易，其所持该上市公司已发行的股份比例每增加或者减少5%，应当依照前款规定进行报告和公告。在报告期限内和作出报告、公告后2日内，不得再行买卖该上市公司的股票。

通过证券交易所的证券交易，投资者持有一个上市公司已发行的股份的30%时，继续进行收购的，应当依法向该上市公司所有股东发出收购要约。收购人必须事先向国务院证券监督管理机构报送上市公司收购报告书，还应当同时提交证券交易所。收购人在报送上市公司收购报告书之日起15日后，公告其收购要约。收购要约的期限不得少于30日，并不得超过60日。

收购要约的期限届满，收购人持有的被收购上市公司的股份数达到该公司已发行的股份总数的 75% 以上的，该上市公司的股票应当在证券交易所终止上市。收购要约的期限届满，收购人持有的被收购公司的股份达到该公司已发行的股份总数的 90% 以上时，其余仍持有被收购公司股票的股东，有权向收购人以收购要约的同等条件出售其股票，收购人应当收购，收购行为完成后，被收购公司不再具备公司法规定的条件的，应当依法变更其企业形式。采取要约收购方式的，收购人在收购要约期限内，不得采取要约规定以外的形式和条件买卖被收购公司的股票。

通过要约收购方式获取被收购公司股份并将该公司撤销的，为公司合并，被撤销公司的原有股票，由收购人依法更换。收购上市公司的行为结束后，收购人应当在 15 日内将收购情况报告国务院证券监督管理机构和证券交易所，并予以公告。

3.3　票据法

票据是乙方当事人承诺自己或者委托他人在指定日期内向第三方无条件支付确定金额的书面文件。票据是一种支付工具，代替现金在现实生活中广泛使用。同时也作为信用工具和融资工具，在商业活动中得到充分的运用。票据分为汇票、本票、支票三种。

汇票

■ 基本概念。汇票是一份委托付款的书面通知，签发汇票的人委托他人在指定日期向第三方无条件支付确定的金额。汇票有三个基本当事人：出票人、付款人和收款人。如果付款人同意出票人的付款委托，可以在汇票上签字承兑。承兑后，付款人成为承兑人，承担到期向收款人支付汇票的义务。

当事人之间存在的基础关系对汇票的效力影响巨大。基础关系是产生票据关系的基础法律关系，是票据关系的原因或者前提。出票人之所以向收款人签发汇票，是因为出票人需要向收款人支付一笔款项。产生这个支付义务的法律关系就是签发汇票的基础法律关系。基础关系其实质就是民法上的债权关系，法律基础包括买卖、借贷等。但是票据关系一经形成就与基础关系相分离，基础关系是否存在、有效，对票据关系都不起影响作用。比如甲和乙进行买卖，签订了买卖合同。甲向乙签发 100 万元的银行承兑汇票，甲乙的买卖合同行为就是票据的基础关系。而甲作为出票人与乙持票人之间的这层关系就属于票据关系，两个关系是独立的。

■ 商业汇票和承兑汇票。根据出票人的不同身份，汇票分为银行汇票和商业汇票。银行签发的汇票是银行汇票，银行以外的其他法人和组织签发的汇票是商业汇票。根据付款人的不同身份，商业汇票分为商业承兑汇票和银行承兑汇票。由银行作为付款人的商业汇票是银行承兑汇票，由银行以外的人作为付款人的商业汇票是商业承兑汇票。银行汇票的付款人限于出票银行本身。

■ 票据的记载事项。票据区别于其他书面文件的原因，是票据的记载事项必须符合《票据法》的规定。从而，产生了受到《票据法》保护、支持的法律权利。

必要记载事项是使一份书面文件成为票据的记载事项。缺少任何一项必要记载事项的书面文件都不是票据。必要记载事项包括：（1）"汇票"、"本票"、"支票"字样。国内使用中国人民银行统一印制的票据格式，票据字样已经事先印制在票据上，无须出票人在出票时另行印制。（2）无条件支付的委托或承诺。票据责任的内容是付款，票据上记载的付款意思必须明确，毫不含糊。票据上不得记载任何付款条件。（3）确定金额。未记载金额或者记载金额不确定的票据，属于无效票据。比如下列记载均使票据无效：支付1万元以内，3万元以上，或者1万元或者3万元。（4）付款人名称（本票除外）。（5）收款人名称（支票除外）。（6）出票日期。（7）出票人签字。签字是出票人签发票据并同意按照票据记载事项承担票据责任的意思表示。未经出票人签字的"票据"不是票据，持有未经出票人签字的"票据"的当事人，不享有票据权利。

■ 背书。背书是指持票人在票据背面（或者粘单上）签字，或者在签字同时记载有关事项的票据行为。背书表明持票人同意将自己的票据权利转让或者授予他人行使。没有背书，无法在票据上表明原持票人的意思表示。在这一点上，背书类似于不动产的变更登记，起到了权利转让的公示效果。

背书连续及其法律效力。以背书转让的汇票，背书应当连续。持票人以背书的连续证明其汇票权利。背书连续，是指在票据转让中，转让汇票的背书人与受让汇票的被背书人在汇票的签章依次前后衔接。票据上作第一次背书的人应当是票据上记载的收款人，自第二次背书起，每一次背书的背书人必须是上一次背书的被背书人，最后的持票人必须是最后一次背书的被背书人。

首先，票据背书的连续能够在形式上证明持票人所取得票据的合法性。只要持票人占有背书连续的票据，立法上就推定其就是合法的票据权利人，除非有恶意或者重大过失存在的场合，都应当承认持票人可以依据票据行使权利，而无须提供另外的证据证明自己的合法地位或者票据权利的合法性。

其次，票据付款人在向背书连续的票据持有人付款时，只需进行形式审查。当持票人以形式上背书连续的票据向付款人要求实现票据权利时，如果没有相反的证明，有关的票据债务人应向该持票人进行债务清偿。在一般情况下，有关的票据债务人并不过问有关票据背书是否实质连续，也不管持票人是否为真正的票据权利人，而仅仅凭形式上的背书的连续推定持票人为真正票据权利人，并对其履行票据债务。当然，票据债务人在付款时必须是没有恶意或重大过失，如果他在付款时明知或者可得知持票人不是真正的权利人，因付款行为引致的法律后果由付款人自负。

最后，依连续背书而取得票据之人，当然享有票据权利。不管背书人对票据是否享有权利，也不管该背书行为是否欠缺其他实质上的有效要件，比如背书人欠缺民事行为能力等。也就是说，只要背书在形式上存在着签章连续就可以认定为该背书是连续的。即使在上述背书中存在着因实质理由而无效的背书，比如伪造的背书、无权代理人的背书等，这些实质由不具有转让票据效力的背书的存在并不影响背书在形式上成立连续性，我们仍然应当认定背书是连续的。

■ 承兑。《票据法》第三十八条规定："承兑是汇票付款人承诺在汇票到期日支付汇票金额的票据行为。"付款人在承兑之后，成为承兑人，承担到期支付票据的票据责任。

付款人在承兑之前，没有义务向持票人支付票据。为了确认付款人的付款意向，持票人需要向付款人提示承兑，要求后者在票据上签字承诺到期支付票据。付款人是根据出票人的委托承兑汇票的，他可以承兑汇票，也可以拒绝承兑。如果付款人拒绝承兑，持票人对付款人并无任何票据权利。持票人只能以付款人拒绝承兑为由，向出票人、背书人等票据债务人行使追索权。

■ 票据丧失。票据丧失是指持票人因遗失、被盗、销毁等原因而失去票据占有的情形。票据丧失分为两种情形：一种是持票人失去对票据的占有，但是票据本身仍然存在，比如遗失、被盗；另一种是票据本身不复存在，比如销毁。失票人可以通过三种方式对自己的权利进行保护：挂失止付、公示催告、诉讼。

■ 挂失止付。挂失止付是指失票人将丧失票据情形通知付款人，并要求付款人暂时止付票据额的一种临时救济措施。收到挂失止付通知的付款人应当暂停支付。如果仍然付款的，应当自行承担责任。挂失止付通知自收到时产生效力。付款人在收到通知前已经支付票据的，将不受理挂失止付通知，对已经作出的付款，付款人也不承担责任。失票人在丧失票据后未及时挂失止付的风险由失票人自己承担，除非付款人以恶意或重大过失付款。

办理挂失止付的失票人，应当在通知后 3 日内向法院申请公示催告或者提起诉讼。如果付款人自收到挂失止付通知起 12 小时内没有收到法院的《止付通知书》，自第 13 日起，挂失止付通知失效。

■ 公示催告。公示催告程序是指法院依失票人申请，以公示方式催告票据不明利害人自公告之日起一段时间内申报票据权利，如果不申报，即产生丧失票据权利的非诉程序。持票人因被盗、遗失、灭失等原因丧失票据的，可以向法院申请公示催告。

申请公示催告的失票人，是丧失票据占有以前的最后一手持票人。失票人应当在挂失止付通知后 3 日内，也可以在票据丧失后直接向法院申请公示催告。法院应当在收到申请书后 7 日之内审查完毕，决定是否受理。若法院决定受理公示催告申请，应当同时通知付款人及代理人停止支付。法院同时应当自立案之日起 3 日内发出公告，催促利害当事人申报权利。公告应当在全国性的报刊上登载。

案例研究：

[案情介绍]

原审法院查明：1998 年 9 月 11 日，农业银行白银营业部签发了两张银行承兑汇票，出票人均为白银有色金属公司（以下简称白银有色公司），收款人均为重庆市有色金属总公司（以下简称重庆有色公司），票面金额均为 500 万元，汇票到期日均为 1999 年 3 月 11 日，其他各项必要记载事项齐全。农业银行白银营业部在汇票上加盖钢印予以承兑。重庆有色公司取得上述两张汇票后背书转让给创意公司。创意公司于 1998 年 9 月 10 日与二轻公司签订了一份购销合同，为支付货款将上述汇票又背书转让给了二轻公司。同年 9 月 15 日，二轻公司向工商银行两路口分理处申请贴现。工商银行两路口分理处经审查后，于同月 17 日为二轻公司办理了贴现手续。1998 年 12 月 24 日，农业银行白银营业部向甘肃省高级人民法院提起诉讼，以创意公司与二轻公司之间无真实的商品交易关系和债权债务关系，工商银行两路口分理处违法违规贴现为由，请求判定创意公司、二轻公司、工商银行两路口分理处不享有票据权利，并解除承兑人的付款责任。另查明：创意公司与二轻公司签订的工矿产品购销合同未实际履行，二轻公司在扣除了违约金和查验费后，已将 9 562 000 元退给了创意公司。

原审法院经审理认为：本案所涉两张银行承兑汇票形式完备，各项应记载事项齐全，应为有效票据。创意公司与二轻公司在本案中仅仅是两张汇票的关系人，而不是两张汇票的现实持票人，故创意公司与二轻公司均已丧失了该案所涉汇票的票据权利。工商银行两路口分理处办理贴现符合相关法律规定，因此，农业银行白银营业部关于创意公司、二轻公司、工商银行两路口分理处对本案所涉两张汇票不享有票据权利的请求没有事实和法律依据。该院判决：驳回农业银行白银营业部的诉讼请求。

农业银行白银营业部不服一审判决，提起上诉称：二轻公司在办理贴现时，提交的增值税发票的次联是购货方创意公司的"抵扣联"，而非正常商品交易中应由售货方保存的"存根联"；工商银行两路口分理处为二轻公司违规办理贴现，属于重大过失取得票据，依法不应享有票据权利。本案所涉汇票中，有一张汇票与实际背书日期不符，而另一张汇票未记载背书日期，另外，二轻公司在背书处存在涂销问题，工商银行两路口分理处在粘单处骑缝线遗漏签章。由此，一审判决在认定事实、适用法律等方面均存在错误。请求撤销一审判决。

[案情分析]

二审法院认为：本案所涉两张银行承兑汇票，形式完备，各项必要记载事项齐全，符合《票据法》第二十二条及相关规定，应认定为有效票据。对此，本案各方当事人也均无异议。票据的无因性决定票据关系一经产生即与基础关系相分离。重庆有色公司与创意公司之间、创意公司与二轻公司之间是否存在有效的买卖关系，属于票据基础关系的范畴。持票人（即本案的贴现人）工商银行两路口分理处只需证明其所持有的两张汇票的必要记载事项齐全、其取得汇票的票据关系合法成立，没有义务对其前手取得票据的基础关系是否合法有效负责。二审查证事实证明，工商银行两路口分理处办理贴现时履行了必要的审查义务，并不存在重大过失的情形，且支付了对价。

汇票属于要式证券，必须根据法律规定的相关记载事项来确定票据当事人的权利义务关系。《票据法》第二十九条"背书未记载日期的，视为在汇票到期日前背书"。由此可见，本案所涉汇票上是否记载背书日期抑或背书日期与实际转让票据的日期是否一致，均不影响背书转让的效力。粘单是票据背书用纸的延长，根据《票据法》第二十八条"粘单上的第一记载人应当在汇票和粘单的粘接处签章"的规定，为防止票据与粘单相分离或被伪造等情形的出现，本案中粘单的第一记载人未在粘单的骑缝线上签章，因此粘单不生票据上的效力。而涂销系票据当事人故意所为，并不影响背书的连续，可以根据票据所记载的事项确定本案所涉汇票的最后持票人是工商银行两路口分理处。

在本案所涉两张汇票的票据关系中，票据背书合法并且连续，工商银行两路口分理处在办理相关贴现手续后以背书转让的方式取得票据。因而，工商银行两路口分理处是本案所涉两张汇票的最终持票人，即票据权利人。创意公司、二轻公司在将票据背书转让给其后手之后，已不再是本案所涉汇票的持票人。而工商银行两路口分理处通过办理贴现手续、以背书转让的方式取得票据，并支付了对价，且不存在重大过失的情形，理应享有票据权利。

3.4　保险法

保险是指投保人根据合同约定，向保险人支付保险费，保险人对于合同约定的可能发生的事故因其发生所造成的财产损失承担赔偿保险金责任，或者当被保险人死亡、伤残、疾病或者达到合同约定的年龄、期限时承担给付保险金责任的商业保险行为。保险法是调整保险活动中保险人与投保人、被保险人以及受益人之间法律关系的一切法律规范的总和。

一、财产保险合同

财产保险合同是投保人和保险人以财产或利益为保险标的，投保人向保险人缴纳保险费，在保险事故发生造成所保财产或利益损失时，保险人在保险责任范围内承担赔偿责任，或在约定期限届满时，由保险人承担给付保险金的责任的协议。

财产保险合同的保险人是特定的。有权作为保险人而开展各种保险业务的，只能由国家有关主管机关特别批准。除此之外的其他任何单位和个人均无权以任何方式开展财产保险业务。财产保险合同中的投保人则是不确定的，根据保险法规定，投保人可以是企业法人、事业单位、社会团体，也可以是合伙组织、农村承包经营户、私营业主和一般公民个人。

财产保险合同是诺成合同。财产保险合同不以投保方支付保险费为合同的成立要件，双方当事人只要就合同主要条款达成协议，合同即生效。投保人应按双方约定，及时缴纳保险费。保险人应对合同生效后的保险合同标的负责，包括投保人支付保险费之前的那一段时间。

财产保险合同是附条件的合同。财产保险合同生效后，只有在发生自然灾害或意外事故，并导致财产损失时，保险人才负赔偿责任。换句话说，财产保险公司是以将来事故的发生为补偿条件的，所发生的事故必须是财产保险合同中约定事故范围以内的事故，而且必须造成保险财产损失，否则，保险人不承担责任。

二、保险代理人

保险代理人是指根据保险人的委托，在保险人授权的范围内代为办理保险业务，并依法向保险人收取代理手续费的单位或者个人。

通常保险代理人分为专业代理人、兼业代理人和个人代理人三种。专业保险代理人是指专门从事保险代理业务的保险代理公司；兼业保险代理人是指受保险人委托，在从事自身业务的同时，指定专用设备专人为保险人代办保险业务的单位，主要有行业兼业代理、企业兼业代理和金融机构兼业代理、群众团体兼业代理等形式。个人代理人是指根据保险人的委托，在保险人授权的范围内代办保险业务并向保险人收取代理手续费的个人。个人保险代理人又分为保险代理从业人员和保险营销员。

保险代理人的代理权产生于保险人的委托授权，属于委托代理。委托代理应当采用书面形式。保险代理合同是保险人与保险代理人关于委托代理保险业务所达成的协议，是证明保险代理人有关代理权的法律文件。

保险代理人的代理行为是代表保险人利益的中介行为。从法律角度看，保险代理人在代理合同授权范围内，代表保险人的利益开展业务。从市场角度看，保险代理行为是保险市场的中介行为。

三、保险经纪人

保险经纪人是基于投保人的利益，为投保人与保险人订立保险合同提供中介服务，并依法收取佣金的机构。

保险经纪人和保险代理人虽然都是保险中介人，但两者之间有着根本的区别：第一，代表的利益不同。保险经纪人接受客户委托，代表的是客户的利益；而保险代理人为保险公司代理业务，代表的是保险公司的利益。第二，提供的服务不同。保险经纪人为客户提供风险管理、保险安排、协助索赔与追偿等全过程服务；而保险代理人一般只代理保险公司销售保险产品、代为收取保险费。第三，服务的对象不同。保险经纪人的主要客户主要是收入相对稳定的中高端消费人群及大中型企业和项目，保险代理人的客户主要是个人。第四，法律上承担的责任不同。客户与保险经纪人是委托与受托关系，如果因为保险经纪人的过错造成客户的损失，保险经纪人对客户承担相应的经济赔偿责任。而保险代理人与保险公司是代理与被代理关系，被代理保险公司仅对保险代理人在授权范围内的行为后果负责。

3.5 信托法

信托即"受人之托，代人理财"，是指委托人基于对受托人的信任，将其财产权委托给受托人，由受托人按照委托人的意愿以自己的名义，为受益人（委托人）的利益或其他特定目的进行管理或处分的行为。信托就是信用委托，信托业务是一种以信用为基础的法律行为，一般涉及三方面当事人，即投入信用的委托人，受信于人的受托人，以及受益于人的受益人。信托业务是由委托人依照契约或遗嘱的规定，为自己或第三者（即受益人）的利益，将财产上的权利转给受托人（自然人或法人），受托人按规定条件和范围，占有、管理、使用信托财产，并处理其收益。

一、信托财产

信托财产是指委托人通过信托行为，转给受托人并由受托人按照一定的信托目的管理或处理的财产，也叫信托标的物。信托财产是指委托人通过信托行为，转移给受托人并由受托人按照一定的信托目的进行管理或处分的财产，以及经过管理、运用或处分后取得的财产收益。法律、行政法规禁止流通的财产，不得作为信托财产；法律、行政法规限制流通的财产，依法经有关主管部门批准后，可以作为信托财产。信托财产包括资金、动产、不动产及其他财产。

信托财产既包括有形财产，如股票、债券、物品、土地、房屋和银行存款等；又包括无形财产，如保险单，专利权商标、信誉等，甚至包括一些或然权益（如人死前立下的遗嘱为受益人创造了一种自然权益）。一般只要有价值，可以计算、转让，并在法律上不禁止的物品，都可充作信托财产。为保护受益人的利益，受托人应注意：必须把自己的固有财产与信托财产相区别，受托人不能继承信托财产，也不能用信托财产抵偿自己的债务；在财务上还必须按照信托财产、固有财产及其他信托财产分别管理，不能混淆。

信托财产作为其载体，具有下列特征：

信托的成立，以信托财产由信托人转移给受托人为前提条件。因此，信托财产的首要特征是转让性，即信托财产必须是为信托人独立支配的可以转让的财产。信托财产的转让性，首先要求信托财产在信托行为成立时必须客观存在。如果在设立信托时，信托财产尚不存在或仅属于信托人希望或期待可取得的财产，则该信托无法设立。其次要求信托财产在设立信托时必须属于信托人所有。如果信托财产在设立信托时虽然客观存在，但不属于信托人所有，则因信托人对该财产不享有处分权而无权将其转移给受托人，信托无由成立。最后信托财产的转让性要求凡法律、法规禁止或限制流通的财产，都不能成为信托财产。

物替性全称为"物上替代性"，是指任何信托财产在信托终了前，不论其物质形态如何变换，均属于信托财产。例如，如在信托设立时信托财产为不动产，后因管理需要受托人将其出售，变成金钱形态的价款，再由受托人经营而买进有价证券。在这种情况下，信托财产虽然由不动产转换为价款，再由价款转换为有价证券，在物质形态上发生了变化，但其并不因物质形态的变化而丧失信托财产的性质。信托财产的物上替代性不仅使信托财产基于信托目的而在内部结合为一个整体，不因物质形态的变化而丧失信托财产的性质，而且使信托财产在物质形态变化过程中，不因价值量的增加或减少而改变其性质。

信托财产最根本的特征在于其独立性。信托一旦有效设立，信托财产即从信托人、受托人和受益人的自有财产中分离出来而成为一项独立的财产。就信托人而言，其一旦将财产交付信托，即丧失对该财产的所有权，从而使信托财产完全独立于信托人的自有财产。就受托人而言，其虽因信托而取得信托财产的所有权，但由于他并不能享有因行使信托财产所有权而带来的信托利益，故其所承受的各种信托财产必须独立于其自有财产。如果受托人接受不同信托人的委托，其承受不同信托人的信托财产也应各自保持相对独立。就受益人而言，其虽然享有利得财富权，但这只是一种利益请求权，在信托法律关系存续期间，受益人并不享有信托财产的所有权，即使信托法律关系终了后，信托人也可通过信托条款将信托财产本金归于自己或第三人，故信托财产也独立于受益人的自有财产。由于信托财产在事实上为受托人占有和控制，故信托法对信托财产独立性的维持主要是通过区别信托财产与受托人的自有财产来体现的。

二、信托当事人

信托当事人包括委托人、受托人和受益人。公益信托还应当设置信托监察人。委托人是信托的创设者，他是具有完全民事行为能力的自然人、法人或者依法成立的其他组织。受托人承担着管理和处分信托财产的责任，是具有完全民事行为能力的自然人或法人。当前，受托人主要是从事信托业务的信托投资公司。受益人是在信托中享有信托受益权的人，可以是自然人、法人或者依法成立的其他组织。除上述信托当事人外，还包括公益信托的监察人。公益信托监察人是指由委托人或者公益事业管理机构指定的、依照法律和信托文件的规定维护受益人的利益、监督受托人管理信托事务的人。

委托人可以是受益人，也可以是同一信托的唯一受益人。受托人可以是受益人，但不得是同一信托的唯一受益人。

3.6　破产法

破产，是指债务人因不能偿债或者资不抵债时，由债权人或债务人诉请法院宣告破产并依破产程序偿还债务的一种法律制度。狭义的破产制度仅指破产清算制度，广义的破产制度还包括重整与和解制度。破产多数情况下都指一种公司行为和经济行为。但人们有时也习惯把个人或者公司停止继续经营也叫做破产。

一、破产的特征

第一，债务人不能清偿到期债务。"到期债务"是指已经到了履行还债义务期限的债务；"清偿"是指全部偿还；"不能清偿"是指没有按期清偿的各种可能性。债务人资不抵债并不能当然认定为"不能清偿"。

第二，存在多数债权人。如果只有一个债权人，只需采取一般民事执行程序即可。当存在多数债权人时，如采取一般民事执行程序，由于债权人竞相请求对债务人财产强制执行，可能造成部分债权人得不到偿还或只得到少量偿还的情况，产生显失公平的结果，因而需要一种特殊的程序——破产程序，以保证各债权人的损益公平。

第三，债权人公平受偿。债务人的全部财产不足以清偿全部债务，决定了债权人无法实现全部债务。而按照"同质债权、同等地位"的要求，必须依照法定顺序，按照同一比例，将债务人的财产在各个债权人之间分配，以保证债权人之间的公平。

二、破产受理

破产受理即破产案件的受理，又称立案，是指人民法院在收到破产案件申请后，认为申请符合法定条件而予以接受，并由此开始破产程序的司法行为。法院裁定受理破产申请，是破产程序开始的标志。

由于破产程序开始具有一系列的法律效果，有关破产案件受理的规则在破产法上具有重要的意义。当债权人或者债务人向人民法院提出债务人破产的申请时，破产程序并未开始。人民法院收到破产申请后，应当在法定时限内对破产申请进行审查，包括形式审查和实质审查。法院经审查认为破产申请符合法定条件的，应当裁定受理破产申请；法院认为破产申请不符合法定条件或者申请理由不成立的，则应裁定驳回破产申请。

《破产法》第十条规定，债权人提出破产申请后，人民法院应当自收到破产申请之日起5日内通知债务人。

我国的破产程序开始制度，实行的是对破产申请审查受理制而不是当然受理制。因此，对破产申请的审查是案件受理程序的必要环节。对破产申请的审查包括形式审查和实质审查两方面。

形式审查。形式审查是旨在判定破产申请是否具备法律规定的申请形式。其内容主要包括：第一，申请人是否具备破产申请资格，即是否为《破产法》第七条规定的债权人、债务人或者清算责任人；第二，债务人是否为依法可适用企业破产程序的主体，即是否为《破产法》第二条规定的企业法人或者《破产法》第一百三十五条规定的其他组织；第三，受案法院对本案是否有管辖权，这要依据《破产法》第三条及相关司法解释确定；第四，申请文件是否符合《破产法》第八条的要求，即申请书内容完整、相关证据齐备、法定文件齐全。形式审查中，发现有可补正的形式缺陷的，法院可以在本条规定的时限内，责令申请补正。

实质审查。实质审查是旨在判定破产申请是否具有法律规定的破产申请实质条件，即债务人是否存在破产原因。破产原因的存在是一个事实问题。对这种事实的确定通常需要一个调查和证明的过程，而这个过程只能在破产程序开始以后才能进行。所以，在破产案件受理阶段的实质审查是一种表面事实的审查，即依据申请人提交的材料，对债务人是否具有《破产法》第二条或者（在债权人申请的情况下）第七条第二款规定的事由。

三、债权申报

债权申报是指人民法院审理破产案件时，债权人依法定程序主张并证明其债权，以便参加破产程序的法律行为。债权申报是有时间限制的。债权人应当在人民法院确定的债权申报期限内向管理人申报债权。人民法院应当确定债权人申报债权的期限。债权申报期限自人民法院发布受理破产申请公告之日起计算，最短不得少于三十日，最长不得超过三个月。在人民法院确定的债权申报期限内，债权人未申报债权的，可以在破产财产最后分配前补充申报；但是，此前已进行的分配，不再对其补充分配。为审查和确认补充申报债权的费用，由补充申报人承担。

3.7 海商法

思考题：

商业银行在贸易融资业务中如何防范贸易单据类风险？

一、提单的概念

提单，是指用以证明海上货物运输合同和货物已经由承运人接收或者装船，以及承运人保证据以交付货物的单证。提单中载明了向记名人交付的货物，或者按照指示人的指示交付货物，或者向提单持有人交付货物的条款，构成承运人据以交付货物的保证。

提单是作为承运人和托运人之间处理运输中双方权利和义务的依据。虽然一般它不是由双方共同签字的一项契约，但就构成契约的主要项目如船名、开航日期、航线、靠港以及其他有关货运项目，是众所周知的；有运价和运输条件，承运人也是事先规定的。因此，在托运人或其代理人向承运人定舱的时候就被认为契约即告成立，所以虽然条款内容是由承运人单方拟就，托运人也应当认为双方已认可，即成为运输契约。因此，习惯上也就成了日后处理运输中各种问题的依据。

二、提单关系人

提单的主要关系人是签订运输合同的双方：托运人和承运人。托运人即货方，承运人即船方。其他关系人有收货人和被通知人等。收货人通常是货物买卖合同中的买方，提单由承运人经发货人转发给收货人，收货人持提单提货，被通知人是承运人为了方便货主提货的通知对象，可能不是与货权有关的当事人。如果提单发生转让，则会出现受让人、持有人等提单关系人。

三、提单的功能

■ 货物收据。对于将货物交给承运人运输的托运人，提单具有货物收据的功能。承运人不仅对于已装船货物负有签发提单的义务，而且根据托运人的要求，即使货物尚未装船，只要货物已在承运人掌管之下，承运人也有签发一种被称为"收货待运提单"的义务。所以，提单一经承运人签发，即表明承运人已将货物装上船舶或已确认接管。提单作为货物收据，不仅证明收到货物的种类、数量、标志、外表状况，而且还证明收到货物的时间，即货物装船的时间。本来，签发提单时，只要能证明已收到货物和货物的状况即可，并不一定要求已将货物装船。但是，将货物装船象征卖方将货物交付给买方，于是装船时间也就意味着卖方的交货时间。而按时交货是履行合同的必要条件，因此，用提单来证明货物的装船时间是非常重要的。

■ 物权凭证。对于合法取得提单的持有人，提单具有物权凭证的功能。提单的合法持有人有权在目的港以提单相交换来提取货物，而承运人只要出于善意，凭提单发货，即使持有人不是真正货主，承运人也无责任。而且，除非在提单中指明，提单可以不经承运人的同意而转让给第三者，提单的转移就意味着物权的转移，连续背书可以连续转让。提单的合法受让人或提单持有人就是提单上所记载货物的合法持有人。提单所代表的物权可以随提单的转移而转移，提单中所规定的权利和义务也随着提单的转移而转移。即使货物在运输过程中遭受损坏或灭失，也因货物的风险已随提单的转移而由卖方转移给买方，只能由买方向承运人提出赔偿要求。

■ 合同成立的证明文件。提单上印就的条款规定了承运人与托运人之间的权利、义务，而且提单也是法律承认的处理有关货物运输的依据，因而常被人们认为提单本身就是运输合同。但是按照严格的法律概念，提单并不具备经济合同应具有的基本条件：它不是双方意思表示一致的产物，约束承托双方的提单条款是承运人单方拟定的；它履行在前，而签发在后，早在签发提单之前，承运人就开始接受托运人托运货物和将货物装船的有关货物运输的各项工作。所以，与其说提单本身就是运输合同，还不如说提单只是运输合同的证明更为合理。如果在提单签发之前，承托双方之间已存在运输合同，则不论提单条款如何规定，双方都应按原先签订的合同约定行事；但如果事先没有任何约定，托运人接受提单时又未提出任何异议，这时提单就被视为合同本身。虽然由于海洋运输的特点，决定了托运人并没在提单上签字，但因提单毕竟不同于一般合同，所以不论提单持有人是否在提单上签字，提单条款对他们都具有约束力。

4　经济法

思考题：

你如何看待商业银行在贷款业务上的发展新趋势？

4.1　商业银行法

一、商业银行设立

商业银行是专门经营货币这种特殊商品的企业，其经营活动对社会经济生活产生巨大的影响，因此，各国对商业银行的设立和组织机构都由法律作专门的规定。我国的《商业银行法》对商业银行的设立和组织机构作了专门的规定。设立商业银行，应当经国务院银行业监督管理机构审查批准。未经国务院银行业监督管理机构批准，任何单位和个人不得从事吸收公众存款等商业银行业务，任何单位不得在名称中使用"银行"字样。

设立商业银行及其分支机构，应当经国务院银行业监督管理机构审核批准；设立商业银行，应当具备的条件及应当实缴的最低注册资本；在境内设立分支机构运营资金的设定；申请设立商业银行及其分支机构应当提交的审批文件和资料；设立商业银行的申请人，需填写正式申请表并提交规定的文件、资料；由国务院银行业监督管理机构批准后，颁发商业银行或其分支机构的经营许可证，凭许可证向工商行政管理部门登记并领取营业执照；商业银行对其分支机构的管理及民事责任的承担；经批准设立的商业银行及其分支机构应当发布公告；商业银行分立、合并及变更事项的批准等。

二、组织机构

经批准设立的商业银行，由国务院银行业监督管理机构颁发经营许可证，并凭该许可证向工商行政管理部门办理登记，领取营业执照。商业银行的组织形式、组织机构适用《中华人民共和国公司法》的规定。

国有独资商业银行设有监事会。监事会的产生办法由国务院规定。监事会对国有独资商业银行的信贷资产质量、资产负债比例、国有资产保值增值等情况以及高级管理人员违反法律、行政法规或者章程的行为和损害银行利益的行为进行监督。

商业银行根据业务需要可以在中华人民共和国境内外设立分支机构。设立分支机构必须经国务院银行业监督管理机构审查批准。在中华人民共和国境内的分支机构，不按行政区划设立。商业银行在中华人民共和国境内设立分支机构，应当按照规定拨付与其经营规模相适应的营运资金额。拨付各分支机构营运资金额的总和，不得超过总行资本金总额的百分之六十。

设立商业银行分支机构，申请人应当向国务院银行业监督管理机构提交下列文件、资料：

■ 申请书，申请书应当载明拟设立的分支机构的名称、营运资金额、业务范围、总行及分支机构所在地等；

■ 申请人最近二年的财务会计报告；

■ 拟任职的高级管理人员的资格证明；

■ 经营方针和计划；

■ 营业场所、安全防范措施和与业务有关的其他设施的资料；

■ 国务院银行业监督管理机构规定的其他文件、资料。

经批准设立的商业银行分支机构，由国务院银行业监督管理机构颁发经营许可证，并凭该许可证向工商行政管理部门办理登记，领取营业执照。商业银行对其分支机构实行全行统一核算，统一调度资金，分级管理的财务制度。商业银行分支机构不具有法人资格；在总行授权范围内依法开展业务，其民事责任由总行承担。经批准设立的商业银行及其分支机构，由国务院银行业监督管理机构予以公告。商业银行及其分支机构自取得营业执照之日起无正当理由超过六个月未开业的，或者开业后自行停业连续六个月以上的，由国务院银行业监督管理机构吊销其经营许可证，并予以公告。

更换董事长（行长）、总经理时，应当报经国务院银行业监督管理机构审查其任职条件。商业银行的分立、合并，适用《中华人民共和国公司法》的规定，并应当经国务院银行业监督管理机构审查批准。商业银行应当依照法律、行政法规的规定使用经营许可证。禁止伪造、变造、转让、出租、出借经营许可证。任何单位和个人购买商业银行股份总额百分之五以上的，应当事先经国务院银行业监督管理机构批准。

三、存款业务

商业银行办理个人储蓄存款业务，应当遵循存款自愿、取款自由、存款有息、为存款人保密的原则。对个人储蓄存款，商业银行有权拒绝任何单位或者个人查询、冻结、扣划，但法律另有规定的除外。对单位存款，商业银行有权拒绝任何单位或者个人查询，但法律、行政法规另有规定的除外；商业银行有权拒绝任何单位或者个人冻结、扣划，但法律另有规定的除外。

商业银行应当按照中国人民银行规定的存款利率的上下限，确定存款利率，并予以公告。商业银行应当按照中国人民银行的规定，向中国人民银行交存存款准备金，留足备付金。商业银行应当保证存款本金和利息的支付，不得拖延、拒绝支付存款本金和利息。

四、贷款业务

商业银行根据国民经济和社会发展的需要，在国家产业政策指导下开展贷款业务。商业银行贷款，应当对借款人的借款用途、偿还能力、还款方式等情况进行严格审查。商业银行贷款，应当实行审贷分离、分级审批的制度。

商业银行贷款，借款人应当提供担保。商业银行应当对保证人的偿还能力，抵押物、质物的权属和价值以及实现抵押权、质权的可行性进行严格审查。经商业银行审查、评估，确认借款人资信良好，确能偿还贷款的，可以不提供担保。商业银行贷款，应当与借款人订立书面合同。合同应当约定贷款种类、借款用途、金额、利率、还款期限、还款方式、违约责任和双方认为需要约定的其他事项。商业银行应当按照中国人民银行规定的贷款利率的上下限，确定贷款利率。

商业银行不得向关系人发放信用贷款；向关系人发放担保贷款的条件不得优于其他借款人同类贷款的条件。关系人是指：商业银行的董事、监事、管理人员、信贷业务人员及其近亲属；前项所列人员投资或者担任高级管理职务的公司、企业和其他经济组织。

任何单位和个人不得强令商业银行发放贷款或者提供担保。商业银行有权拒绝任何单位和个人强令要求其发放贷款或者提供担保。借款人到期不归还担保贷款的，商业银行依法享有要求保证人归还贷款本金和利息或者就该担保物优先受偿的权利。商业银行因行使抵押权、质权而取得的不动产或者股权，应当自取得之日起二年内予以处分。借款人到期不归还信用贷款的，应当按照合同约定承担责任。

商业银行贷款，应当遵守下列资产负债比例管理的规定：

■ 资本充足率不得低于百分之八；

■ 贷款余额与存款余额的比例不得超过百分之七十五；

■ 流动性资产余额与流动性负债余额的比例不得低于百分之二十五；

■ 对同一借款人的贷款余额与商业银行资本余额的比例不得超过百分之十；

■ 国务院银行业监督管理机构对资产负债比例管理的其他规定。

4.2 税法

思考题：

商业银行如何根据企业缴税情况判断经营情况？

我国目前个人所得税的缴税方式是怎样的？

一、企业所得税

企业所得税是指对中华人民共和国境内的企业（居民企业及非居民企业）和其他取得收入的组织以其生产经营所得为课税对象所征收的一种所得税。企业所得税纳税人即所有实行独立经济核算的中华人民共和国境内的内资企业或其他组织，包括国有企业、集体企业、私营企业、联营企业、股份制企业、有生产经营所得和其他所得的其他组织。企业所得税的征税对象是纳税人取得的所得。包括销售货物所得、提供劳务所得、转让财产所得、股息红利所得、利息所得、租金所得、特许权使用费所得、接受捐赠所得和其他所得。

企业所得税法定扣除项目是据以确定企业所得税应纳税所得额的项目。《企业所得税条例》规定，企业应纳税所得额的确定，是企业的收入总额减去成本、费用、损失以及准予扣除项目的金额。成本是纳税人为生产、经营商品和提供劳务等所发生的各项直接耗费和各项间接费用。费用是指纳税人为生产经营商品和提供劳务等所发生的销售费用、管理费用和财务费用。损失是指纳税人生产经营过程中的各项营业外支出、经营亏损和投资损失等。除此之外，在计算企业应纳税所得额时，对纳税人的财务会计处理和税收规定不一致的，应按照税收规定予以调整。企业所得税法定扣除项目除成本、费用和损失外，税收有关规定中还明确了一些需按税收规定进行纳税调整的扣除项目，主要包括以下内容：

第一，利息支出的扣除。纳税人在生产、经营期间，向金融机构借款的利息支出，按实际发生数扣除；向非金融机构借款的利息支出，不高于按照金融机构同类、同期贷款利率计算的数额以内的部分，准予扣除。

第二，计税工资的扣除。条例规定，企业合理的工资、薪金予以据实扣除，这意味着取消实行多年的内资企业计税工资制度，切实减轻了内资企业的负担。但允许据实扣除的工资、薪金必须是"合理的"，对明显不合理的工资、薪金，则不予扣除。

第三，在职工福利费、工会经费和职工教育经费方面，实施条例继续维持了以前的扣除标准（提取比例分别为 14%、2%、2.5%），但将"计税工资总额"调整为"工资薪金总额"，扣除额也就相应提高了。在职工教育经费方面，为鼓励企业加强职工教育投入，实施条例规定，除国务院财税主管部门另有规定外，企业发生的职工教育经费支出，不超过工资薪金总额 2.5% 的部分，准予扣除；超过部分，准予在以后纳税年度结转扣除。

第四，捐赠的扣除。纳税人的公益、救济性捐赠，在年度会计利润的 12% 以内的，允许扣除。超过 12% 的部分则不得扣除。

第五，业务招待费的扣除。业务招待费，是指纳税人为生产、经营业务的合理需要而发生的交际应酬费用。税法规定，纳税人发生的与生产、经营业务有关的业务招待费，由纳税人提供确实记录或单据，准予扣除。

第六，职工养老基金和待业保险基金的扣除。职工养老基金和待业保险基金，在省级税务部门认可的上缴比例和基数内，准予在计算应纳税所得额时扣除。

第七，残疾人保障基金的扣除。对纳税人按当地政府规定上缴的残疾人保障基金，允许在计算应纳税所得额时扣除。

第八，财产、运输保险费的扣除。纳税人缴纳的财产、运输保险费，允许在计税时扣除。但保险公司给予纳税人的无赔款优待，则应计入企业的应纳税所得额。

第九，固定资产租赁费的扣除。纳税人以经营租赁方式租入固定资产的租赁费，可以直接在税前扣除；以融资租赁方式租入固定资产的租赁费，则不得直接在税前扣除。手续费可在支付时直接扣除。

第十，坏账准备金、呆账准备金和商品削价准备金的扣除。纳税人提取的坏账准备金、呆账准备金，在计算应纳税所得额时准予扣除。提取的标准暂按财务制度执行。纳税人提取的商品削价准备金准予在计税时扣除。

二、个人所得税

个人所得税是国家对本国公民、居住在本国境内的个人的所得和境外个人来源于本国的所得征收的一种所得税。在有些国家，个人所得税是主体税种，在财政收入中占较大比重，对经济也有较大影响。

个人所得税的纳税义务人，既包括居民纳税义务人，也包括非居民纳税义务人。居民纳税义务人负有完全纳税的义务，必须就其来源于中国境内、境外的全部所得缴纳个人所得税；而非居民纳税义务人仅就其来源于中国境内的所得缴纳个人所得税。我国个人所得税的纳税义务人是在中国境内居住有所得的人，以及不在中国境内居住而从中国境内取得所得的个人，包括中国国内公民，在华取得所得的外籍人员和港、澳、台同胞。在中国境内有住所，或者无住所而在境内居住满一年的个人，是居民纳税义务人，应当承担无限纳税义务，即就其在中国境内和境外取得的所得，依法缴纳个人所得税。在中国境内无住所又不居住或者无住所而在境内居住不满一年的个人，是非居民纳税义务人，承担有限纳税义务，仅就其从中国境内取得的所得，依法缴纳个人所得税。

征税内容：

■ 工资、薪金所得，是指个人因任职或受雇而取得的工资、薪金、奖金、年终加薪、劳动分红、津贴、补贴以及与任职或受雇有关的其他所得。这就是说，个人取得的所得，只要是与任职、受雇有关，不管其单位的资金开支渠道或以现金、实物、有价证券等形式支付的，都是工资、薪金所得项目的课税对象。

■ 个体工商户的生产、经营所得，包括四个方面：

第一，经工商行政管理部门批准开业并领取营业执照的城乡个体工商户，从事工业、手工业、建筑业、交通运输业、商业、饮食业、服务业、修理业及其他行业的生产、经营取得的所得。

第二，个人经政府有关部门批准，取得营业执照，从事办学、医疗、咨询以及其他有偿服务活动取得的所得。

第三，其他个人从事个体工商业生产、经营取得的所得，即个人临时从事生产、经营活动取得的所得。

第四，上述个体工商户和个人取得的生产、经营有关的各项应税所得。

■ 对企事业单位的承包经营、承租经营所得，是指个人承包经营、承租经营以及转包、转租取得的所得，包括个人按月或者按次取得的工资、薪金性质的所得。

■ 劳务报酬所得，是指个人从事设计、装潢、安装、制图、化验、测试、医疗、法律、会计、咨询、讲学、新闻、广播、翻译、审稿、书画、雕刻、影视、录音、录像、演出、表演、广告、展览、技术服务、介绍服务、经济服务、代办服务以及其他劳务取得的所得。

■ 稿酬所得，是指个人因其作品以图书、报纸形式出版、发表而取得的所得。这里所说的"作品"，是指包括中外文字、图片、乐谱等能以图书、报刊方式出版、发表的作品；"个人作品"包括本人的著作、翻译的作品等。个人取得遗作稿酬，应按稿酬所得项目计税。

■ 特许权使用费所得，是指个人提供专利权、著作权、商标权、非专利技术以及其他特许权的使用权取得的所得。提供著作权的使用权取得的所得，不包括稿酬所得。作者将自己文字作品手稿原件或复印件公开拍卖（竞价）取得的所得，应按特许权使用费所得项目计税。

■ 利息、股息、红利所得，是指个人拥有债权、股权而取得的利息、股息、红利所得。利息是指个人的存款利息（国家宣布 2008 年 10 月 8 日次日开始取消利息税）、贷款利息和购买各种债券的利息。股息，也称股利，是指股票持有人根据股份制公司章程规定，凭股票定期从股份公司取得的投资利益。红利，也称公司（企业）分红，是指股份公司或企业根据应分配的利润按股份分配超过股息部分的利润。股份制企业以股票形式向股东个人支付股息、红利即派发红股，应以派发的股票面额为收入额计税。

■ 财产租赁所得，是指个人出租建筑物，土地使用权、机器设备车船以及其他财产取得的所得。财产包括动产和不动产。

■ 财产转让所得，是指个人转让有价证券、股权、建筑物、土地使用权、机器设备、车船以及其他自有财产给他人或单位而取得的所得，包括转让不动产和动产而取得的所得。对个人股票买卖取得的所得暂不征税。

■ 偶然所得，是指个人取得的所得是非经常性的，属于各种机遇性所得，包括得奖、中奖、中彩以及其他偶然性质的所得（含奖金、实物和有价证券）。

■ 其他所得。除上述 10 项应税项目以外，其他所得应确定征税的，由国务院财政部门确定。国务院财政部门，是指财政部和国家税务总局。

个人所得税根据不同的征税项目，分别规定了三种不同的税率：

工资、薪金所得，适用 7 级超额累进税率，按月应纳税所得额计算征税。该税率按个人月工资、薪金应税所得额划分级距，最高一级为 45%，最低一级为 3%，共 7 级。

个体工商户的生产、经营所得和企事业单位适用 5 级超额累进税率。适用按年计算、分月预缴税款的个体工商户的生产、经营所得和对企事业单位的承包经营、承租经营的全年应纳税所得额划分级距，最低一级为 5%，最高一级为 35%，共 5 级。

比例税率。对个人的稿酬所得，劳务报酬所得，特许权使用费所得，利息、股息、红利所得，财产租赁所得，财产转让所得，偶然所得和其他所得，按次计算征收个人所得税，适用 20% 的比例税率。其中，对稿酬所得适用 20% 的比例税率，并按应纳税额减征 30%；对劳务报酬所得一次性收入畸高的，除按 20% 征税外，应纳税所得额超过 2 万元至 5 万元的部分，依照税法规定计算应纳税额后再按照应纳税额加征五成；超过 5 万元的部分，加征十成。

5 劳动合同法

思考题：

在我国劳动合同的形式有哪些？

滥用劳务派遣工对企业的和谐发展有怎样的不利影响？

一、劳动合同的订立

用人单位自用工之日起即与劳动者建立劳动关系。建立劳动关系，应当订立书面劳动合同。用人单位与劳动者在用工前订立劳动合同的，劳动关系自用工之日起建立。

劳动合同分为固定期限劳动合同、无固定期限劳动合同和以完成一定工作任务为期限的劳动合同。固定期限劳动合同，是指用人单位与劳动者约定合同终止时间的劳动合同。用人单位与劳动者协商一致，可以订立固定期限劳动合同。

无固定期限劳动合同，是指用人单位与劳动者约定无确定终止时间的劳动合同。用人单位与劳动者协商一致，可以订立无固定期限劳动合同。用人单位自用工之日起满一年不与劳动者订立书面劳动合同的，视为用人单位与劳动者已订立无固定期限劳动合同。有下列情形之一，劳动者提出或者同意续订、订立劳动合同的，除劳动者提出订立固定期限劳动合同外，应当订立无固定期限劳动合同：

第一，劳动者在该用人单位连续工作满十年的；

第二，用人单位初次实行劳动合同制度或者国有企业改制重新订立劳动合同时，劳动者在该用人单位连续工作满十年且距法定退休年龄不足十年的；

第三，连续订立二次固定期限劳动合同，且劳动者没有本法第三十九条和第四十条第一项、第二项规定的情形，续订劳动合同的。

以完成一定工作任务为期限的劳动合同，是指用人单位与劳动者约定以某项工作的完成为合同期限的劳动合同。用人单位与劳动者协商一致，可以订立以完成一定工作任务为期限的劳动合同。

劳动合同期限三个月以上不满一年的，试用期不得超过一个月；劳动合同期限一年以上不满三年的，试用期不得超过二个月；三年以上固定期限和无固定期限的劳动合同，试用期不得超过六个月。同一用人单位与同一劳动者只能约定一次试用期。以完成一定工作任务为期限的劳动合同或者劳动合同期限不满三个月的，不得约定试用期。试用期包含在劳动合同期限内。劳动合同仅约定试用期的，试用期不成立，该期限为劳动合同期限。

二、劳动合同的履行和变更

劳动合同的履行，是指劳动合同生效后，双方当事人按照劳动合同的约定，完成各自承担的义务而实现各自享受的权利，使双方当事人订立合同的目的得以实现的法律行为。

变更劳动合同，应当采用书面形式。变更后的劳动合同文本由用人单位和劳动者各执一份。劳动合同的变更不得违反法律、行政法规的规定。未对变更劳动合同达成一致意见的，任何一方都不得擅自变更劳动合同。如果用人单位根据工作需要调整劳动者的工作岗位，可以与劳动者协商一致，变更劳动合同的相关内容；如果因劳动者不能胜任工作而变更、调整工作岗位，则属于用人单位的自主权，用人单位可以根据需要变更劳动合同。用人单位变更名称、法定代表人、主要负责人或者投资人等事项，不影响劳动合同的履行。用人单位发生合并或者分立等情况，原劳动合同继续有效，劳动合同由承继其权利和义务的用人单位继续履行。

劳动规章制度的监督和法律责任。如果规章制度损害劳动者权益的，劳动者可以据此解除劳动合同，用人单位应当向劳动者支付经济补偿；如果该规章制度的实施给劳动者造成了损害的，用人单位应承担赔偿责任。

三、劳动合同的解除与终止

用人单位与劳动者协商一致，可以解除劳动合同。用人单位可以解除劳动合同的情形包括：

第一，在试用期间被证明不符合录用条件的；

第二，严重违反用人单位的规章制度，按照用人单位的规章制度应当解除劳动合同的；

第三，严重失职，营私舞弊，给用人单位的利益造成重大损害的；

第四，劳动者同时与其他用人单位建立劳动关系，对完成工作任务造成严重影响，经用人单位提出，拒不改正的；

第五，被依法追究刑事责任的。

劳动合同订立时所依据的客观情况发生重大变化，致使劳动合同无法履行，需要裁减人员50人以上的，用人单位应当向本单位工会或者全体职工说明情况，并与工会或者职工代表协商一致。裁减人员时，应当优先留用在本单位工作时间较长、与本单位订立较长期限的有固定期限劳动合同以及订立无固定期限劳动合同的劳动者。用人单位裁减人员后，应当将被裁减人员的数量、名单通报所在地县级人民政府劳动保障主管部门。用人单位在 6 个月内重新招用人员的，应当优先招用被裁减的人员。

四、集体合同

集体合同是指企业职工一方与用人单位就劳动报酬、工作时间、休息休假、劳动安全卫生、保险福利等事项，通过平等协商达成的书面协议。

企业职工一方与用人单位通过平等协商，可以就劳动报酬、工作时间、休息休假、劳动安全卫生、保险福利等事项订立集体合同。集体合同实际上是一种特殊的劳动合同，又称团体协约、集体协议等，是指工会或者职工推举的职工代表代表职工与用人单位依照法律法规的规定就劳动报酬、工作条件、工作时间、休息休假、劳动安全卫生、社会保险福利等事项，在平等协商的基础上进行协商谈判所缔结的书面协议，集体合同草案应当提交职工代表大会或者全体职工讨论通过。

集体合同的产生除要经过双方代表协商、职代会审议通过、首席代表签字程序以外，部门依法对集体合同进行审查，是集体合同生效的必经程序。集体合同签订后，应在 10 日内将集体合同文本及有关说明材料报送劳动保障部门。劳动保障部门在收到集体合同文本后 15 个工作日内未提出异议的，集体合同即日生效。报送单位应以适当方式予以公布。劳动保障行政部门提出异议，用人单位就异议事项经协商重新签订集体合同的，应按照报送程序重新报送劳动保障部门审查。

集体合同的法律效力是指集体合同的法律约束力。依法签订的集体合同对企业和企业全体职工具有约束力。职工个人与企业订立的劳动合同中劳动条件和劳动报酬等标准不得低于集体合同的规定。依法订立的集体合同对用人单位和劳动者具有约束力。行业性、区域性集体合同对当地本行业、本区域的用人单位和劳动者具有约束力。可见，凡符合法律规定的集体合同，一经签订就具有法律效力。

五、劳务派遣

劳务派遣又称人才派遣、人才租赁、劳动派遣，是指由劳务派遣机构（用人单位）与劳动者订立劳动合同，而实际上为用工单位工作的制度。劳务派遣业务是近年我国人才市场运用一种新的用人方式，可跨地区、跨行业进行。由要派企业（实际用工单位）向派遣员工给付劳务报酬，劳动合同关系发生于劳务派遣机构与派遣劳工之间，但劳动力给付的事实则发生于派遣劳工与要派企业（实际用工单位）之间。

劳动合同用工是中国的企业基本用工形式。劳务派遣用工是补充形式，只能在临时性、辅助性或者替代性的工作岗位上实施。临时性工作岗位是指存续时间不超过六个月的岗位；辅助性工作岗位是指为主营业务岗位提供服务的非主营业务岗位；替代性工作岗位是指用工单位的劳动者因脱产学习、休假等原因无法工作的一定期间内，可以由其他劳动者替代工作的岗位。用工单位应当严格控制劳务派遣用工数量，不得超过其用工总量的一定比例，具体比例由国务院劳动行政部门规定。

案例研究：

[案情介绍]

2008年8月，日照某公司的业务人员刘某、赵某在江苏省苏州市谈业务时，刘某想把赵某介绍给以前的同事程某认识，三人约好当日一起乘火车到无锡市，住宿在无锡市的某宾馆。19点左右，三人离开宾馆到马路对面的小吃店吃晚饭（席间三人喝了8~10瓶二两装的56°红星二锅头和一两瓶啤酒）。在回旅馆途中（晚上22时10分左右），程某吵嚷着要去KTV而上了一辆出租车，赵某将程某从车上劝下，后三人在一侧人行道路沿石上坐了一会儿，其间，赵某受伤。23时左右，程某和刘某在附近市场大门口排档发生争斗被公安机关带至当地派出所。23时左右赵某路过住宿旅馆，进入旅馆旁边的垃圾中转站的阳台上，后从阳台上坠河身亡。公安机关未作死者酒精含量检验。

莒县劳动和社会保障局对原告日照某公司作出工伤认定决定书，认定赵某受到溺水死亡的伤害为工伤。原告日照某公司不服被告莒县劳动和社会保障局的工伤行政认定决定，依法向莒县人民法院提起行政诉讼。

[案情分析]

本案的焦点：（1）赵某是否构成醉酒，是否可以根据《工伤保险条例》第十六条规定，醉酒导致死亡的不能认定工伤或视同工伤。（2）如果赵某不构成醉酒，且与刘某、程某喝酒认定为因公应酬，那么赵某，是否可以作为"工作时间、工作地点因工作原因"而受到伤害，从而认定为工伤。

一、目前，关于醉酒可参照的标准只有国家质量监督检验检疫总局2004年5月31日发布的《车辆驾驶人员血液、呼气酒精含量阈值与检验》国家标准（GB 19522—2004），驾驶人血液中的酒精含量大于（等于）20毫克/100毫升、小于80毫克/100毫升的行为属于饮酒驾车，含量大于（等于）80毫克/100毫升的行为属于醉酒驾车。本案中，没有证据证明三人各自饮的酒量，仅有证人看到赵某走路时有些摇晃，公安机关未对赵某作酒精含量检验，无法就此认定赵某醉酒。关于因公应酬陪喝酒而发生的伤亡，本着保护弱势群体的原则，应当认定为工伤。

二、对因工外出的职工来说，外出时所处的环境是相对陌生的，可能发生的状况也很难估计，故因工外出期间遭遇伤害的可能性会更大。因此，在判断职工因工外出期间所受伤害是否属于因工作原因时，应当最大限度地保护受害人的权益。职工因工外出的整个期间都可视为工作时间，职工外出经过的区域都可视为工作区域，除非有明确的证据证明职工是从事与工作无关的活动而受到伤害。本案中，因赵某入住的宾馆和垃圾中转站相毗邻，因公应酬之后，程某和刘某因为在夜排档闹事而被带到当地派出所，赵某到了毗邻宾馆的垃圾中转站的阳台上，坠河身亡。这个过程发生在赵某在无锡出差期间因公应酬完之后，具备工作时间和工作地点延续的合理性，故被告莒县劳动和社会保障局所作的工伤认定书，依据的事实清楚，证据确实充分，适用法律适当，所作认定结论正确。依照《中华人民共和国行政诉讼法》第五十四条第一款的规定，应予维持。

[案情结果]

赵某构成工伤。赵某之所以到无锡市是公司拓展业务的需要，这个过程也是因公外出的过程。当然，不能说因公外出期间所受到的一切伤害都能认定为工伤，也不能说因公外出期间因个人意志而为的一切行为导致的伤害都不能认定为工伤。鉴于本案的实际情况，晚饭之后（因公应酬之后），三人没有直接回到宾馆，而是在程某伤到赵某之后，程某和刘某因为在夜排档闹事而被带到当地派出所，赵某到了毗邻入住宾馆的垃圾中转站的阳台上，坠河身亡。这个过程也应当认定为工作的延续，因入住的宾馆和垃圾中转站相毗邻，故垃圾中转站并不是赵某和刘某、程某分开后的目的地，赵某的最终目的地还应该是入住的宾馆。

6 刑法

思考题:

银行员工所面临违法诱惑时的正确应对办法有哪些?

虚报注册资本罪的主要特征有哪些?

国家工作人员与非国家工作人员在哪些行为的认定上《刑法》是有区别对待的?

6.1 国家机关工作人员签订、履行合同失职被骗罪

国家机关工作人员签订、履行合同失职被骗罪是指国有公司、企业、事业单位直接负责的主管人员,在签订、履行合同过程中,因严重不负责任而被诈骗,致使国家利益遭受重大损失的行为。

一、本罪的主要特征

犯罪的主体方面,构成本罪人员是国有公司、企业、事业单位直接负责的主管人员。

犯罪的客观方面,表现为上述人员在签订、履行合同过程中,因严重不负责任被诈骗。这里的"严重不负责任"在实践中表现为各种各样的行为:有的粗枝大叶,盲目轻信,不认真审查对方当事人的合同主体资格、资信情况;有的不认真审查对方的履约能力和货源情况;有的销售商品时对并非滞销甚至是紧俏的商品,让价出售或赊销,以权谋私,导致被骗;有的无视规章制度和工作纪律,擅自越权签订或者履行经济合同;有的急于推销产品,上当受骗;有的不辨真假,盲目吸收投资,同假外商签订引资合作协议等。

构成本罪还必须致使国家利益遭受重大损失。"国家利益遭受重大损失"包括造成大量资金、财物被诈骗;因为被骗,对方根本不会付款或无法供货;工厂濒临破产倒闭等。具体标准应当通过司法解释来规定。

二、如何认定国家利益遭受重大损失

国有公司、企业、事业单位直接负责的主管人员,在签订、履行合同过程中,因严重不负责任被诈骗,造成国家直接经济损失数额在 50 万元以上的,或者直接经济

损失占注册资本 30% 以上的。造成国家直接经济损失 50 万元以上和直接经济损失占注册资本 30% 以上是并列、选择关系，行为人的行为具备其中任何一个条件的，即应予立案。此外，这里的"直接经济损失"不包括间接经济损失，只要直接经济损失累计达到 50 万元以上的，公安部就应当立案侦查。

如果未使国家利益遭受重大损失，可由有关部门给予批评教育或者行政处分。

6.2　虚报注册资本罪

虚报注册资本罪是指在申请公司登记时，使用虚假证明文件或者采取其他欺诈手段虚报注册资本，欺骗公司登记主管部门，取得公司登记，虚报注册资本数额巨大、后果严重或者有其他严重情节的行为。

一、本罪的主要特征

该罪的侵犯客体是我国的公司登记管理制度。公司是市场经济中的重要主体，它是指依照《公司法》在我国境内设立的有限责任公司和股份有限公司。为了适应建立现代企业制度的需要，规范公司的组织和行为，确认公司的企业法人资格，取缔非法经营，我国建立了公司登记管理制度。在我国《公司法》和《公司登记管理条例》中，对公司的登记行为都作了详尽的规定。如果行为人虚报注册资本，骗取公司登记，就侵犯了我国的公司登记管理制度，妨害国家对公司、企业的管理制度，若虚报的注册资本数额巨大，还会给社会造成严重的后果。

在客观方面，需要同时具备以下三个要件：首先，犯罪对象必须是注册资本。注册资本是公司承担风险、偿还债务的基本保证，是公司经营资本的组成部分。有限责任公司的注册资本为在公司登记机关登记的全体股东实缴的出资额；而股份有限公司的注册资本为在公司登记机关登记的实收股本总额。如果行为人虚报股东的法定人数、虚构经营场所等，则不构成此罪。其次，行为人在申请公司登记时，使用虚假的证明文件或者采取其他欺诈手段虚报注册资本，欺骗公司登记主管部门。所谓"使用虚假证明文件"，是指使用虚假的法定验资机构所出具的验资证明、验资报告、资产评估报告等证明文件。所谓"其他欺诈手段"是指采用其他隐瞒真相、虚构事实的方法，如冒充某级机关或领导的批文，来虚报注册资本。最后，行为人必须取得了公司登记的结果。如果在申请公司登记的过程中，公司登记主管部门发现其使用的是虚假的证明文件或者采取其他欺诈手段，没有予以登记，则不构成本罪。因此，本罪是结果犯，行为人是否取得了公司登记，是构成本罪的一个重要条件。

犯罪的主体，是申请公司登记的自然人或者单位。设立有限责任公司时，申请公司登记的人是全体股东指定的代表或者共同委托的代理人；股份有限公司的登记申请人是董事会。

在主观方面，必须出于故意。如果行为人因疏忽大意，或者因确实不知道公司的登记要求而导致注册资本虚假的，不构成本罪。

二、划清罪与非罪的界限

行为人虚报的注册资本必须达到数额巨大、后果严重或者由其他严重情节的程度，才构成犯罪。这是区分本罪与非罪的主要界限。如果行为人虚报注册资本的数额不大，后果不严重，也没有其他严重情节的，就不能构成本罪，可以依据我国《公司法》第二百零六条的规定，由有关部门责令改正，处以一定数额的罚款，还可以撤销公司登记。

对于上述数额巨大、后果严重或者其他严重情节，在《最高人民检察院、公安部关于经济犯罪案件追诉标准的规定》中进行了如下的量化规范。

虚报注册资本涉嫌下列情形之一的，应予追诉：

第一，实缴注册资本不足法定注册资本最低限额，有限任公司虚报数额占法定最低限额的百分之六十以上，股份有限公司虚报数额占法定最低限额的百分之三十以上的；

第二，实缴注册资本达到法定最低限额，但仍虚报注册资本，有限责任公司虚报数额在一百万元以上，股份有限公司虚报数额在一千万元以上的；

第三，虚报注册资本给投资者或者其他债权人造成的直接经济损失累计数额在十万元以上的；

第四，虽未达到上述数额标准，但具有下列情形之一的：因虚报注册资本，受过行政处罚二次以上，又虚报注册资本的；向公司登记主管人员行贿或者注册后进行违法活动的。

6.3　提供虚假财会报告罪

提供虚假财会报告罪，是指公司向股东和社会公众提供虚假的或者隐瞒重要事实的财务会计报告，严重损害股东或者其他人利益的行为。

■ 本罪的主要特征：本罪的犯罪主体是公司及其直接责任人员，包括《公司法》中所规定的在中国境内注册的股份有限公司、有限责任公司及其子公司。在中国境内注册的中外合资经营企业的组织形式依法均属有限责任公司，应为本罪犯罪主体之一；此外，在中国境内注册的具有中国法人资格，且其组织形式表现为有限责任公司的外资企业或中外合作经营企业，也能够成为本罪的犯罪主体。

本罪的客体是复杂客体，即公司财务会计管理制度和股东及其他人的合法权益。公司以营利为其目的，而健全的财务会计制度是公司正常运转的基本要素。《公司法》第一百七十四条明确规定，公司应当依照法律、行政法规和国务院财政主管部门的规定建立本公司的财务、会计制度。因此，不论是有限责任公司还是股份有限公司，都必须按照国家规定制作公司财务会计报告，以建立健全公司财务制度。只有实事求是地把公司在某一段时间的经营状况通过财务会计报告反映出来，才能让股东和社会公众全面了解本公司的经营效益的好坏以及公司的偿债能力和经营实际情况，使股东决定是否继续持有本公司的股票、更好地行使自己的权利，使债权人的合法权益得到维护，而且真实的财务会计报告也是公司纳税的依据，是公司的上级主管单位、国家工商行政管理部门对公司的经营状况进行监督的依据。反之，公司的财务会计制度不健全，将无法保障公司正常运转，对股东或其他人的合法权益势必受到侵害。

本罪的犯罪对象是财务会计报告。公司财务会计报告由会计报表及附属明细表构成。所谓会计报表，是用货币形式综合反映公司在一定时期内生产经营活动和财务状况的一种书面报告文件。它根据公司会计账簿的记录，按照规定的格式、内容和方法编制而成。其目的在于系统地、有重点地、简明扼要地反映公司的财务状况和经营成果，向公司、股东、债权人、潜在投资者、政府有关部门等会计报表使用人提供必要的财务资料和会计信息。公司应当在每一会计年度终了时制作财务会计报告，并依法审查验证。根据《公司法》的规定，公司财务会计报告应包括下列财务会计报表及附属明细表。

第一，资产负债表。资产负债表是公司在定期核算时以货币形式总体表现公司资金的运用及其来源的会计报表。资产负债表中的资产项目主要有流动资产，即流动资金的实物形态；固定资产，即土地、厂房等不动产；递延资产，即不能全部计入当年损益，应在以后年度内分期摊销的费用；无形资产，即公司长期使用而没有实物形态的资产，包括专有技术、商标权、专利权、著作权、商誉等。该表可以全面反映公司资金来源及公司资金占用情况，可用来分析公司财务状况和经营情况。

第二，损益表。损益表是反映某一阶段内公司的经营成果及其分配情况的会计报表，是公司收益与亏损的动态报告。它可以反映公司的经营情况，反映股东在公司进行投资所取得利润的情况。

第三，财务状况变动表。它是综合反映一定会计期间内营运资金来源和运用及其增减变动情况的报表。其主要作用是反映公司在某一期间财务状况变动的各项数据，说明公司资金变化的原因。

第四，财务情况说明书。它是为了帮助使用者理解会计报表的内容而对报表的有关项目所作的解释，它主要说明公司生产经营状况、公司盈亏及利润分配情况、资金周转情况、主要税费缴纳情况及其他财务会计方面应说明的问题。

第五，利润分配表。它是关于公司的利润分配和年末利润的结余情况的会计报表，主要涉及利润总额、税后利润、可供分配利润、未分配利润等。根据《公司法》的规定，税后利润的分配必须依照法定的顺序进行、股东会或者董事会违反有关规定，在公司弥补亏损和提取法定公积金、法定公益金之前向股东分配利润的，必须将违反规定分配的利润退还公司。财务会计报告不得作任何虚假、不实记载，否则就违反了《公司法》的规定，情节严重的，就应追究刑事责任。

■ 罪与非罪的界限。提供虚假财会报告罪与工作过失造成财务会计报告失实行为在客观上有相同之处，即财务会计报告虚假或遗漏，但二者区别的关键在于主观方面不同，本罪主观上表现为行为人故意提供虚假的或者隐瞒重要事实的财务会计报告，而后者在主观上则是行为人由于业务能力、工作经验和态度等方面的原因，使其所制作的财务会计报告中有错算、错记、漏记等情形，即由工作过失造成财务会计报告失实的情况，一般来说，这种失实在财务会计报告中是个别的，在审核中较易发现，行为人不是有意提供，不构成本罪。

本罪与一般财务报告欺诈行为都有故意提供虚假的或者隐瞒重要事实的财务会计报告的主观特征，其区别在于，本罪是结果犯，即行为人提供虚假的或者隐瞒重要事实的财务会计报告必须造成严重损害股东或者其他人利益的危害结果，而提供虚假或者隐瞒重要事实的财务会计报告的行为只是有财务会计报告的欺诈行为，而尚未对股东和其他人造成严重损害，因此，不构成本罪，对其行为人可以依据《公司法》的有关规定，予以民事、行政处罚。

6.4　逃税罪

逃税罪是指纳税人采取欺骗、隐瞒手段进行虚假纳税申报或者不申报，逃避缴纳税款数额较大的行为。

■ 本罪的主要特征：逃税罪的客体是指逃税行为侵犯了我国的税收征收管理

秩序。

本罪的客观方面表现为：纳税人采取欺骗、隐瞒手段，进行虚假纳税申报或者不申报，逃避缴纳税款数额较大且占应纳税额百分之十以上；扣缴义务人采取欺骗、隐瞒手段不缴或者少缴已扣、已收税款，数额较大的行为。

本罪的犯罪主体包括纳税人和扣缴义务人。既可以是自然人，也可以是单位。

本罪的主观要件是故意和过失。进行虚假纳税申报行为是在故意的心理状态下进行的。不进行纳税申报一般也是故意的行为，有时也存在过失的可能，对于确因疏忽而没有纳税申报，属于漏税，依法补缴即可，其行为不构成犯罪。因此，逃税罪的主观要件一般是故意。

6.5　挪用资金罪

挪用资金罪，根据我国《刑法》和有关司法解释规定，是指公司、企业或者其他单位的工作人员利用职务上的便利，挪用本单位资金归个人使用或者借贷给他人，数额较大、超过 3 个月未还的，或者虽未超过 3 个月，但数额较大、进行营利活动的行为。

■ 本罪的主要特征：本罪在客观方面表现为行为人利用职务上的便利，挪用本单位资金归个人使用或者借贷给他人，数额较大、超过 3 个月未还的。挪用是指利用职务上的便利，非法擅自动用单位资金归本人或他人使用，但准备日后退还。利用职务上的便利，是指利用本人在职务上主管、经管或经手单位资金的方便条件，例如单位领导人利用主管财务的职务，出纳员利用保管现金的职务，以及其他工作人员利用经手单位资金的便利条件。未利用职务上的便利，不可能挪用单位资金，也不可能构成挪用资金罪。挪用单位资金归个人使用或者借贷给他人使用，是指公司、企业或者其他单位的非国家工作人员，利用职务上的便利，挪用本单位资金归本人或者其他自然人使用，或者挪用人以个人名义将挪用的资金借给其他自然人和单位的行为。"归个人使用"，包括将本单位资金供本人、亲友或者其他自然人使用的，以个人名义将本单位资金供其他单位使用的，个人决定以单位名义将本单位资金供其他单位使用，谋取个人利益的。具体地说，它包含以下行为。

第一，挪用本单位资金归个人使用或者借贷给他人，数额较大、超过 3 个月未还的。这是较轻的一种挪用行为。其构成特征是行为人利用职务上主管、经手本单位资金的便利条件而挪用本单位资金，具体用途主要是归个人使用或者借贷给他人使用，但未用于从事不正当的经济活动，而且挪用数额较大，且时间上超过三个月而未还。根据相关规定，挪用本单位资金一万元至三万元以上的，为"数额较大"。

第二，挪用本单位资金归个人使用或者借贷给他人，虽未超过 3 个月，但数额较大，进行营利活动的。这种行为没有挪用时间是否超过 3 个月以及超过 3 个月是否退还的限制，只要数额较大，且进行营利活动。所谓"营利活动"主要是指进行经商、投资、购买股票或债券等活动。这里的"数额较大"，根据规定，是指挪用本单位资金五千元至二万元以上的。

第三，挪用本单位资金进行非法活动的。这种行为没有挪用时间是否超过 3 个月以及超过 3 个月是否退还的限制，也没有数额较大的限制，只要挪用本单位资金进行了非法活动，就构成了本罪。所谓"非法活动"。就是指将挪用来的资金进行走私、赌博等活动。

行为人只要具备上述三种行为中的一种就可以构成本罪，而不需要同时具备，上述挪用资金行为必须是利用职务上的便利，所谓利用职务上的便利，是指公司、企业或者其他单位中具有管理、经营或者经手财物职责的经理、厂长、财会人员、购销人员等，利用其具有的管理、调配、使用、经手本单位资金的便利条件，将资金挪作他用。

本罪的主体为特殊主体，即公司、企业或者其他单位的工作人员。具体包括三种不同身份的自然人：一是股份有限公司、有限责任公司的董事、监事。二是上述公司的工作人员，是指除公司董事、监事之外的经理、部门负责人和其他一般职工。上述的董事、监事和职工必须不具有国家工作人员身份。三是上述企业以外的企业或者其他单位的职工，包括集体性质的企业、私营企业、外商独资企业的职工，另外在国有公司、国有企业、中外合资、中外合作股份制公司、企业中不具有国家工作人员身份的所有其他职工以及受国家机关、国有公司、企业、事业单位、人民团体委托，管理、经营国有财产的非国家工作人员。具有国家工作人员身份的人，不能成为本罪的主体，只能成为挪用公款罪的主体。

■ 挪用资金罪与职务侵占罪的界限。侵犯的客体和对象不同。挪用资金罪侵犯的客体是公司、企业或者其他单位的资金的使用权，对象是公司、企业或者其他单位的资金；职务侵占罪侵犯的客体是公司、企业或者其他单位的资金的所有权，对象是公司、企业或者其他单位的财物，既包括货币形态的资金和有价证券等，也包括实物形态的公司财产，如物资、设备等。

客观表现不同。挪用资金罪表现为公司、企业或者其他单位的工作人员，利用职务上的便利，挪用本单位资金归个人使用或者借贷给他人，数额较大、超过 3 个月未还的，或者虽未超过 3 个月，但数额较大、进行营利活动的，或者进行非法活动的行为；职务侵占罪表现为公司、企业或者其他单位的人员，利用职务上的便利，将本单位财物非法占为己有，数额较大的行为。挪用资金罪的行为方式是挪用，即未经合法批准或许可而擅自挪归自己使用或者借贷给他人；职务侵占罪的行为方式是侵占，即行为人利用职务上的便利，侵吞、窃取、骗取或者以其他手段非法占有本单位财物。挪用本单位资金进行非法活动的，并不要求"数额较大"即可构成犯罪；职务侵占罪只有侵占本单位财物数额较大的，才能构成。

在主观上不同。挪用资金罪行为人的目的在于非法取得本单位资金的使用权，但并不企图永久非法占有，而是准备用后归还；职务侵占罪的行为人的目的在于非法取得本单位财物的所有权，而并非暂时使用。

挪用本单位资金数额较大不退还的，这里所说的不退还，是指在挪用本单位资金案发后，人民检察院起诉前不退还所挪用的资金。一般认为，在实际生活中，挪用本单位资金不退还的，分为两种情况：一种是主观上想退还，但客观上无能力退还，另一种是客观上虽有能力退还，但主观上已发生变化，先前挪用本单位资金的故意已经转化为侵占该资金的故意。

6.6 挪用公款罪

挪用公款罪是指国家工作人员利用职务上的便利，挪用公款归个人使用，进行非法活动，或者挪用公款数额较大，进行营利活动，或者挪用公款数额较大，超过 3 个月未还的行为。

■ 挪用公款罪的主要特征：该罪的犯罪对象是公款和公物。所谓"公款"，是指国家和集体所有的货币资金，人民币是公款的主要表现形式；国家或者集体所有的外汇，也应属于公款；其他支票、股票等有价证券，也可以成为挪用公款罪的对象。《刑法》第三百八十四条第二款规定："挪用用于救灾、抢险、防汛、优抚、扶贫、移民、救济款物归个人使用的，从重处罚。"可见，法律并未把公物排除在本罪侵犯的对象之外。

本罪在客观方面，表现为利用职务上的便利，实施了挪用公款归个人使用，进行非法活动，或者挪用公款数额较大，进行营利活动；或者挪用公款数额较大，超过 3 个月未归还的行为。所谓挪用公款归个人使用，进行非法活动的，主要是指进行走私、赌博、放高利贷等违法犯罪活动。所谓挪用公款数额较大，进行营利活动，要求以个人使用为前提，仅要求达到数额较大，但无挪用期限的限制。所谓挪用公款数额较大，超过 3 个月未还的行为，是指除了挪用公款进行非法活动和营利活动以外的用途，指利用挪用公款用于生活费用、偿还债务、外出旅游等。

本罪的犯罪主体只能是国家工作人员。在国家工作人员的认定上，包括国家机关中从事公务的人员，国有公司、企业、事业单位、人民团体中从事公务的人员和上列机关单位委派到非国有公司、企业、事业单位、人民团体从事公务的人员，以及其他依照法律从事公务的人员。

■ 与贪污罪的区别：

侵犯的客体上，挪用公款罪侵犯公款的占有权、使用权和收益权，而没有侵犯处分权。而贪污罪则侵犯了公共财物的全部权能。

侵犯的行为与手段上，贪污罪表现为侵吞、窃取、骗取或者其他方法占有公共财物，其手段往往采用伪造单据、涂改账目、销毁凭证等。而挪用公款罪因为准备归还，所以一般不采取上述手段来掩盖公款被挪用的事实。

目的有所区别。贪污罪的目的是非法占有公共财物，而挪用公款罪的目的，是挪用公款准备以后归还。但是，当挪用人在挪用公款后，在提起公诉前未退还的，应当认定具有"非法占有公共财物"的故意，按照贪污罪定罪处罚。

■ 与挪用资金罪的区别：

主体不同。挪用公款罪的主体是国家工作人员；而挪用资金罪的主体则是公司、企业或者其他单位的人员，不包括国家工作人员。

对象有所区别。挪用公款罪的犯罪对象是公款，包括国有或者集体所有的公款；而挪用资金罪的犯罪对象是本单位的资金，资金的性质包括国有资金、集体资金和个体资金。

6.7　反洗钱法

反洗钱，是指为了预防通过各种方式掩饰、隐瞒毒品犯罪、黑社会性质的组织犯罪、恐怖活动犯罪、走私犯罪、贪污贿赂犯罪、破坏金融管理秩序犯罪、金融诈骗犯罪等犯罪所得及其收益的来源和性质的洗钱活动。常见的洗钱途径广泛涉及银行、保险、证券、房地产等各种领域。反洗钱是政府动用立法、司法力量，调动有关的组织和商业机构对可能的洗钱活动予以识别，对有关款项予以处置，对相关机构和人士予以惩罚，从而达到阻止犯罪活动目的的一项系统工程。

■ 承担反洗钱义务的金融机构。

金融机构，是指依法设立的从事金融业务的政策性银行、商业银行、信用合作社、邮政储汇机构、信托投资公司、证券公司、期货经纪公司、保险公司以及国务院反洗钱行政主管部门确定并公布的从事金融业务的其他机构。

根据中国人民银行制定的《金融机构反洗钱规定》，反洗钱义务的承担者具体包括如下组织：

第一，商业银行、城市信用合作社、农村信用合作社、邮政储汇机构、政策性银行；

第二，证券公司、期货经纪公司、基金管理公司；

第三，保险公司、保险资产管理公司；

第四，信托投资公司、金融资产管理公司、财务公司、金融租赁公司、汽车金融公司、货币经纪公司；

第五，中国人民银行确定并公布的其他金融机构。以及从事汇兑业务、支付清算业务和基金销售业务的机构。

■ 反洗钱义务的具体内容。

金融机构应当依照本法规定建立健全反洗钱内部控制制度，金融机构的负责人应当对反洗钱内部控制制度的有效实施负责。金融机构应当设立反洗钱专门机构或者指定内设机构负责反洗钱工作。

金融机构应当按照规定建立客户身份识别制度。金融机构在与客户建立业务关系或者为客户提供规定金额以上的现金汇款、现钞兑换、票据兑付等一次性金融服务时，应当要求客户出示真实有效的身份证件或者其他身份证明文件，进行核对并登记。客户由他人代理办理业务的，金融机构应当同时对代理人和被代理人的身份证件或者其他身份证明文件进行核对并登记。与客户建立人身保险、信托等业务关系，合同的受益人不是客户本人的，金融机构还应当对受益人的身份证件或者其他身份证明文件进行核对并登记。金融机构不得为身份不明的客户提供服务或者与其进行交易，不得为客户开立匿名账户或者假名账户。金融机构对先前获得的客户身份资料的真实性、有效性或者完整性有疑问的，应当重新识别客户身份。任何单位和个人在与金融机构建立业务关系或者要求金融机构为其提供一次性金融服务时，都应当提供真实有效的身份证件或者其他身份证明文件。

金融机构通过第三方识别客户身份的，应当确保第三方已经采取符合本法要求的客户身份识别措施；第三方未采取符合本法要求的客户身份识别措施的，由该金融机构承担未履行客户身份识别义务的责任。

金融机构进行客户身份识别，认为必要时，可以向公安、工商行政管理等部门核实客户的有关身份信息。

金融机构应当按照规定建立客户身份资料和交易记录保存制度。在业务关系存续期间，客户身份资料发生变更的，应当及时更新客户身份资料。客户身份资料在业务关系结束后、客户交易信息在交易结束后，应当至少保存五年。金融机构破产和解散时，应当将客户身份资料和客户交易信息移交国务院有关部门指定的机构。

金融机构应当按照规定执行大额交易和可疑交易报告制度。金融机构办理的单笔交易或者在规定期限内的累计交易超过规定金额或者发现可疑交易的，应当及时向反洗钱信息中心报告。

金融机构建立客户身份识别制度、客户身份资料和交易记录保存制度的具体办法，由国务院反洗钱行政主管部门会同国务院有关金融监督管理机构制定。金融机构大额交易和可疑交易报告的具体办法，由国务院反洗钱行政主管部门制定。

金融机构应当按照反洗钱预防、监控制度的要求，开展反洗钱培训和宣传工作。

案例研究:

[案情介绍]

被告人：田鲁川，男，38岁，山东省高密县人，湖南省长沙电表厂工人，住长沙市望月村十片六栋四门602房。

1993年3月，湖南省食品工业技术开发总公司急需大量资金投入房地产经营，但四处贷款均遭拒绝。为此，公司总经理田某某号召全体职工借贷资金，并称"谁能贷款500万元，给奖金（回扣费）30万元；贷款1000万元，给奖金60万元。"公司职工周某将这一信息告诉了被告人田鲁川。田见有利可图，便找到湖南银洲股份有限公司财务部副经理李广（非国家工作人员），说"若能贷到1000万元，可给30万元好处费"。李广将此事向本公司副总经理李秀云（非国家工作人员，主管财务部）汇报后，二人都同意借款。李广讲"事办完后对方会给25万元回扣"，李秀云讲"由二人平分"。后银洲公司采取乙类委托存款的方式，经湖南省国际信托投资公司贷给食品工业技术开发总公司1000万元。3月23日，食品工业技术开发总公司应田鲁川的要求，经总经理田某某批准，由会计开出两张现金支票为60万元交给田鲁川。田于25日从银行将款取出。当天中午，田鲁川通知李广将事先约定的30万元好处费取回。李广自己留下 17.5 万元，存入银行据为已有；将剩下的 12.5 万元于当晚送到李秀云家中。李秀云将此款留下 5 000 元做零用，12 万元存入银行据为已有。田鲁川为感谢周某提供信息，送给周现金 7 万元，自己留下 23 万元据为已有。

［案情分析］

本案在二审审理过程中，对于改判李秀云、李广犯商业受贿罪等罪没有异议。认定田鲁川的行为不构成犯罪。理由主要有三点：（1）《刑法》第一百八十五条第三款规定的介绍贿赂罪，是指行为人在行贿人和受贿的国家工作人员之间牵线搭桥，沟通关系，撮合条件，促使行贿和受贿得以实现的行为。该罪侵犯的客体是国家机关的正常活动和国家工作人员职务活动的廉洁性；其犯罪的客观方面，表现为被介绍的受贿一方，必须是国家工作人员。而向非国家工作人员介绍贿赂，显然不符合上述特征，因此对田鲁川的行为不能以介绍贿赂罪处理。（2）不但全国人大常委会《关于严惩严重破坏经济的犯罪的决定》没有将向非国家工作人员介绍贿赂的行为规定为犯罪，而且就是以鼓励和保护公平竞争、保障社会主义市场经济秩序为目的的《中华人民共和国反不正当竞争法》，其"法律责任"一章中也没有对此作出规定。这就明确地反映了立法者认为向非国家工作人员介绍贿赂的行为的社会危害程度较轻，不予刑罚惩治的立法意图。因此，对田鲁川的行为依照《刑法》第七十九条类推定罪实无必要。（3）对向非国家工作人员介绍贿赂的行为不以犯罪处理，并不是说不作任何处理。对田鲁川的行为，可以根据有关法律、法规的规定，以违法论处，没收其违法所得，上交国库。

［案情结果］

此案经长沙市中级人民法院审理，对李秀云、李广分别以犯受贿罪等罪（还有其他犯罪行为）适用刑罚；对田鲁川以犯介绍贿赂罪，判处有期徒刑二年，缓刑三年。

职业道德规范准则与商法概论习题

一、单项选择题

1. 依我国法律，民事主体包括（　　）、法人及其他组织，以及个别情形下的国家（如国家成为无主财产的所有人）都可以成为民事主体。

　　A. 国民　　　　　　B. 公民（自然人）　　C. 自然人　　　D. 企业

　　2. 公民包括：个人合伙、（　　）、农村承包经营户。

　　A. 个体工商户　　B. 企业　　　　　　　　C. 成年人　　　　D. 法人

　　3. 民事权利能力是指法律赋予民事主体享有民事权利和（　　）的能力，是民事主体进行民事活动的前提条件。

　　A. 承担民事义务　　　　　　　　　　B. 履行民事事件

　　C. 享有民事利益　　　　　　　　　　D. 承担民事责任

　　4. 民事行为能力的情况是（　　）。

　　（1）完全民事行为能力人

　　（2）限制民事行为能力人

　　（3）无民事行为能力人

　　（4）有限民事行为能力人

　　A. （1）（3）　　　　　　　　　　　B. （1）（2）（3）

　　C. （1）（3）（4）　　　　　　　　　D. （1）（2）（4）

　　5. 法人的成立应当具备如下条件：依法成立，有独立的财产或经费，有自己的名称、组织机构和场所，（　　）。

　　A. 能够独立承担民事责任　　　　　　B. 必须设有承担法律责任的人

　　C. 必须有确认的经营产品　　　　　　D. 可以独立享有民事权利

　　6. 其他经济组织是指（　　）法人资格，（　　）以自己的名义进行社会活动的经济组织。

　　A. 具有、可以　　　　　　　　　　　B. 具有、不可以

　　C. 不具有、可以　　　　　　　　　　D. 不具有、不可以

　　7. 个人独资企业由一个自然人投资，国家机关、国家授权投资的机构或者授权的部门、企业、事业单位、（　　）等，都不能作为个人独资企业的设立人。

　　（1）国家机关

　　（2）国家授权投资的机构或部门

　　（3）企业

　　（4）事业单位

　　A. （2）（3）（4）　　　　　　　　　B. （2）（4）

　　C. （1）（2）（4）　　　　　　　　　D. （1）（2）（3）（4）

8. 普通合伙企业中，全体合伙人共同出资、共同经营、共享收益、共担风险，（　　）合伙人对合伙企业的债务都承担（　　）责任。

A. 每个、有限连带 B. 其中个别、有限连带

C. 单个、无限连带 D. 每个、无限连带

9. 物权，是指权利人依法对特定的物享有（　　）和排他的权利，包括（　　）、用益物权、担保物权。

A. 间接支配、使用权 B. 间接支配、所有权

C. 直接支配、使用权 D. 直接支配、所有权

10. 不动产登记的效力，指的是登记这一法律事实对当事人的不动产物权所施加的实际作用。在中国不动产登记体制下，不动产登记具有（　　）、（　　）、（　　）和（　　）四种效力。

A. 公示力、形成力、公信力、强制力

B. 公示力、优先力、推定力、客观力

C. 客观力、强制力、形成力、推定力

D. 公示力、形成力、推定力、公信力

11. 李明与王强订立了买卖汽车的合同，在李明将汽车交付于王强之前，李明对汽车所有权是（　　）情况。

A. 合同订立之后，汽车就归属王强

B. 汽车仍属于李明

C. 所有权情况需依据合同订立的具体条款

D. 以上都不正确

12. 保证担保的责任范围分为全部和部分两种。全部的保证担保责任范围完全与主债成立时确定的债务人之责任范围一致。利息有法定和约定两种，是因主债权所生的利息，（　　）为保证担保的对象。

A. 法定利息 B. 约定利息

C. 法定中的部分 D. 法定和约定

13. 王强向李明借款用于公司经营，于是将其朋友张军名下的一套房产抵押给了李明，张军后又将该房产抵押给了某公司用于借款。由于王强经营不善，无法归还借款，张军以房产抵押给了他人为由不愿变卖抵押房产替王强归还欠款，请问李明是否可以要求张军变卖房产抵债（　　）。

A. 可以，因为该套房产的第一抵押权人为李明

B. 可以，但是需要得到某公司同意

C. 不可以，因为该套房产又进行了再次抵押

D. 无法确认，要看当时订立的合同规定

14. 目前对权利质押物有较严格的要求，仅限于银行存款单、国家债券、（　　）及（　　）、银行本票。且银行存款单必须是此项贷款经办银行的存单，且银行承诺免挂失；凭证式国债仅限于此项贷款经办银行代理发行并兑付的国债。

A. 国有银行发行的金融债券、银行汇票

B. 国内银行发行的金融债券、银行汇票

C. 国有银行发行的金融票据、国有银行发行的银行汇票

D. 金融债券、银行汇票

15. 质押合同内容主要包括：被担保的主债权种类、数额；债务人履行债务的期限；质物的名称、数量、质量、状况；（　　）；质物移交的时间；当事人认为需要约定的其他事项。

A. 质押担保的范围　　　　　　　　　B. 质物的有效日期

C. 质押担保的具体时间　　　　　　　D. 质物的归属权

16. 《担保法》第八十三条规定："留置担保的范围包括主债权及利息、违约金、损害赔偿金、留置物保管费用、实现留置权的费用和（　　）。"

（1）损害赔偿金

（2）留置物保管费用

（3）利息

（4）手续费用

A. （1）（2）（3）　　　　　　　　　B. （2）（3）（4）

C. （1）（3）（4）　　　　　　　　　D. （1）（2）（3）（4）

17. 王明以张军的名义和他人签订了经营借款合同，该合同对张军是否有法律拘束力（　　）？

A. 无效力　　　　　　　　　　　　　B. 有效力

C. 经过本人追认　　　　　　　　　　D. 须经法院认定

18. 张女士将名下的一套房产依据法律条款办理了无偿赠予手续，将房产赠予了其好友之子小明，随后小明又向银行抵押了该房产用于贷款，张女士得知后表示自己赠予房产的目的是要小明负责其养老义务，不允许小明再将房产抵押给银行贷款自用。请分析张女士的要求是否合理，依据是什么（　　）。

A. 合理，但是必须通过法院申请重新获得房产所有权

B. 合理，小明获得房产所有权就必须承担义务

C. 不合理，合同中双方未约定养老义务，原则上受赠人并不因赠予合同而承担义务

D. 无法确认，须交由法院依据相关法律裁定

19. 厂家甲由于生产经营需要，与乙公司签订了一份 10 年期的融资租赁合同，向乙公司租赁了一套设备，但由于经营不善，厂家甲一年后破产，其债主要求厂家甲变卖该套设备用于还债，请问厂家甲是否可以变卖设备（   ）。

A. 可以，设备使用权在厂家甲

B. 可以，融资租赁合同等同于转让合同标的物的所有权

C. 不可以，承租人破产时，租赁物不属于破产财产

D. 不可以，必须等合同到期后方可变卖

20. 在承揽合同中，（   ）按照（   ）的要求完成工作，交付工作成果，（   ）给付报酬的合同。

A. 定作人、承揽人、承揽人　　　　　B. 承揽人、定作人、定作人

C. 要求方、承揽人、要求方　　　　　D. 承揽人、要求方、定作人

21. 张强将自己购买来的一套设备交由某仓库保管，并谈妥条件后立刻签订了保管合同，由于张强工作繁忙，一直未将设备送至仓库，不料在送货前检查发现设备无法正常使用，请问仓库和张强之间的责任如何认定（   ）。

A. 仓库全责，因为合同一旦签订即可生效

B. 张强和仓库各一半责任，因为合同签订立即生效，但是设备是在张强保管的时候损坏，张强也需要承担责任

C. 张强全责，张强将保管物送仓库后，保管合同方才成立

D. 张强负主要责任，仓库负次要责任，因为设备是在张强保管期间发现损坏

22. 张明委托王军代为售卖一套设备，并表示设备价格在 10 万元左右可以成交，双方签订了委托合同，几日后设备成功出售，获得 12 万元。王军将 10 万元交给张明，剩余 2 万元归自己所有，王军（   ）获得该 2 万元。

A. 不可以，委托合同的结果必须由委托人承受，受托人不得占有

B. 可以，合同中未明确规定该设备应当售卖的金额

C. 不可以，设备所有权是属于张明

D. 可以，张明表示只要求售卖 10 万元就能接受

23. 行纪合同是行纪人以（　　）的名义为（　　）从事贸易活动，（　　）支付报酬的合同。

　　A. 委托人、委托人、行纪人　　　　　　B. 委托人、自己、委托人

　　C. 自己、委托人、委托人　　　　　　　D. 自己、自己、委托人

24. （　　）负责向（　　）报告订立合同的机会或者为（　　）与（　　）订约居中斡旋，传达双方意思，起牵线搭桥的作用，对合同没有实质的介入权。

　　A. 委托人、居间人、居间人、第三人

　　B. 居间人、委托人、委托人、第三人

　　C. 第三人、委托人、居间人、委托人

　　D. 居间人、第三人、第三人、委托人

25. 夫妻共同财产是指我国《婚姻法》规定的在（　　）夫妻所共同拥有的财产。

　　A. 夫妻双方共同劳动期间

　　B. 夫妻至少一方劳动期间

　　C. 夫妻关系存续期间

　　D. 夫妻自婚姻开始至双方死亡期间

26. 法定第一继承人包括父母、（　　）、子女等。

　　A. 兄弟姐妹　　　　B. 配偶　　　　　　C. 外祖父母　　　D. 外孙子女

27. 有限责任公司的注册资本是指公司登记机关登记的（　　）。

　　A. 全体股东认缴的出资额　　　　　　　B. 全体股东实缴的出资额

　　C. 公司有权催缴的未缴资本　　　　　　D. 公司授权发行的未发行资本

28. 国有独资公司的特点包括（　　）。

　　A. 国有独资公司区别于有限责任公司

　　B. 国有独资公司是一人有限责任公司

　　C. 国有独资公司可以有一位以上出资人

　　D. 股东人数有最高数额限制

29. 股份有限公司的特征不包括（　　）。

　　A. 发起人须符合法定人数

　　B. 股东对外转让出资受到严格限制

　　C. 公司的全部资本分为等额股份

　　D. 股东负有限责任

30. 下列选项中，属于我国股份有限公司股东大会职权范围的是（　　）。

A. 决定公司的经营方针和投资计划

B. 制定公司的基本管理制度

C. 决定公司内部管理机构的设置

D. 修改公司章程、公司合并、分立或者解散公司作出决议

31. 股份收购人在报送上市公司收购报告书之日起（　　）日后，公告其收购要约。收购要约的期限不得少于（　　）日，并不得超过（　　）日。

A. 15，40，60　　　　B. 15，30，60　　　　C. 20，30，90　　D. 20，40，90

32. A 将一张汇票转让给 B，B 又将这张汇票转让给 C，那么第一次背书的被背书人是（　　），第二次背书的背书人是（　　）。

A. B，C　　　　B. A，B　　　　C. B，B　　　　D. A，C

33. （　　）是根据保险人的委托，在保险人授权的范围内代办保险业务并向保险人收取代理手续费的个人。

A. 专业代理人　　B. 个人代理人　　　C. 兼业代理人　D. 行业代理人

34. 以下不属于信托财产特征的是（　　）。

A. 与受益人自有财产的关联性

B. 物上替代性

C. 转让性

D. 信托财产在设立信托时必须属于信托人所有

35. 下列不属于提单的主要作用是（　　）。

A. 物权凭证　　　　　　　　　　B. 装船依据

C. 货物收据　　　　　　　　　　D. 运输合同的证明

36. 商业银行在中国境内设立分支机构必须经由（　　）审查批准。

A. 中国银行业协会　　　　　　　B. 财政部

C. 中国银监会　　　　　　　　　D. 中国人民银行

37. 依据《商业银行法》的规定，商业银行在境内可以设立分支机构，但其拨付各分支机构营运资金额的总和，不得超过总行资本金总额的（　　）。

A. 40%　　　　　B. 50%　　　　　C. 60%　　　　D. 70%

38. 下列项目中可以免征个人所得税的有（　　）。

A. 民间借贷利息

B. 个人举报协查各种违法犯罪行为而获得的奖金

C. 在商店购物时获得的中奖收入

D. 本单位自行规定发放的津贴补贴

39. 国内某作家的一篇小说在一家日报上连载两个月，第一个月月末，报社支付稿酬 3 000 元，第二个月月末，报社支付稿酬 15 000 元。该作家两个月所获稿酬应缴纳的个人所得税为（   ）。

    A. 1 988 元   B. 2 016 元   C. 2 296 元   D. 2 408 元

40. 劳动合同期限三个月以上不满一年的，试用期不得超过（   ）；三年以上固定期限和无固定期限的劳动合同，试用期不得超过（   ）。

    A. 两个月，三个月   B. 两个月，六个月

    C. 一个月，三个月   D. 一个月，六个月

41. 以下哪项不是构成虚报注册资本罪的条件（   ）？

    A. 行为人在申请公司登记时，使用虚假的证明文件或者采取其他欺诈手段虚报注册资本，欺骗公司登记主管部门

    B. 行为人必须取得了公司登记的结果

    C. 犯罪的主体是申请公司登记的法人或者单位

    D. 犯罪对象必须是注册资本

42. 国家利益造成巨大损失是指国家直接经济损失数额在（   ）元以上的，或者直接经济损失占注册资本（   ）以上的。

    A. 50 万，30%   B. 50 万，50%

    C. 100 万，30%   D. 100 万，50%

43. 有意提供虚假的或者隐瞒重要事实的财务会计报告属于（   ）。

    A. 逃税罪   B. 提供虚假财会报告罪

    C. 财务会计报告失实罪   D. 挪用资金罪

44. 以下哪项构成挪用资金罪（   ）？

    A. 侵占本单位财物且数额较大

    B. 客体是公司、企业或者其他单位的资金的所有权

    C. 用本单位资金进行非法活动

    D. 侵犯对象是公司、企业或者其他单位的财物

45. 以下（   ）是错误的。

    A. 金融机构通过第三方识别客户身份的，应当确保第三方已经采取符合本法要求的客户身份识别措施

B. 金融机构应当按照规定建立客户身份资料和交易记录保存制度。客户身份资料在业务关系结束后、客户交易信息在交易结束后，应当至少保存三年

C. 金融机构建立客户身份识别制度、客户身份资料和交易记录保存制度的具体办法，由国务院反洗钱行政主管部门会同国务院有关金融监督管理机构制定

D. 金融机构应当依照本法规定建立健全反洗钱内部控制制度，金融机构的负责人应当对反洗钱内部控制制度的有效实施负责

46. （　　）和（　　）是金融市场有效运转的基础，更是商业银行正常运转的基石。

A. 信任、经济形势　　　　　　　　B. 信任、诚信

C. 完善的机制、诚信　　　　　　　D. 完善的机制、经济形势

47. 特许公司银行家认证标准的资格认证过程采用国际上通用的"4E"认证方式，即（　　）、（　　）、（　　）和（　　）。

A. 考试、道德、评估、预期　　　　B. 考试、经验、道德、评估

C. 教育、考试、经验、道德　　　　D. 教育、考试、评估、预期

48. 特许公司银行家认证标准考生和持证人的职业道德规范不包括（　　）。

A. 维持和持续提升自身专业胜任力，并且努力帮助其他从业人员维持和持续提升专业胜任力

B. 遵从并鼓励他人遵从公司银行职业道德规范和从业准则，为其本人以及整个行业增添信誉

C. 在开展公司银行业务分析、提供业务咨询以及执行业务操作过程中始终勤勉尽责，充分应用团队合作能力

D. 以正直、诚实、胜任、尽责以及道德的方式与公众、客户、监管者、雇主、同事等相关各方良性互动

49. 以下（　　）属于从业准则中对客户的职责。

A. 考生和持证人应当将客户和雇主的交易请求置于以本人或亲属为直接或者间接受益人的交易请求之前

B. 考生和持证人应当根据监管要求，向客户充分提示所推荐产品或服务涉及的各种风险，不得为达成交易而隐瞒风险或进行虚假或误导性陈述

C. 考生和持证人应当及时、全面、公正地披露任何可能损害其独立性与客观性或者影响其履行对客户或对雇主职责的事项

D. 考生和持证人不得提供、索取或收受任何可能损害其本人或他人的独立性和

客观性的礼物、报酬或好处

50. 以下（　　）对雇主的职责是错误的。

A. 考生和持证人离职时，应当按照雇主规定妥善交接，未经雇主书面允许，不得擅自带走属于雇主的财物、工作资料和客户资源等

B. 考生和持证人应当遵守雇主有关兼职的规定，未经雇主书面允许，不得从事兼职

C. 考生和持证人应当遵守雇主关于接受媒体采访的规定，不擅自代表雇主接受新闻媒体采访

D. 考生和持证人对雇主违反法律法规、行业公约的行为，应先与上级部门沟通，适当时予以揭露，同时鼓励其向上级机构或雇主的监督管理部门直至国家司法机关举报

二、简答题

1. 简述民事法律关系的概念及其特点。

2. 有限合伙与普通合伙的区别是什么？

3. 法人与自然人的民事权利能力的区别是什么？

4. 简述占有的概念以及区分善意占有和恶意占有的意义。

5. 简述动产物权交付的概念和分类。

6. 抵押与质押的相同点和区别是什么？

7. 简述留置权人的权利与义务。

8. 合同成立与合同生效的区别是什么？

9. 合同法规定须根据违约的具体情况让违约方承担哪些违约责任？

10. 融资租赁合同的特征是什么？

11. 简述法定继承的概念与特点。

12. 简述有限责任公司与股份有限公司的区别。

13. 根据我国《公司法》的规定，设立股份有限公司应具备哪些条件？

14. 简述证券交易的两种形式。

15. 简述票据抗辩。

16. 设立商业银行分支机构，申请人应向国务院银行业监督管理机构提交哪些资料？

17. 简述个人所得税两类纳税义务人（居民纳税义务人和非居民纳税义务人）划

分的标准。

18. 简述集体合同与劳动合同的不同。

19. 列举三条触犯国家机关工作人员签订、履行合同失职被骗罪的严重不负责任的行为。

20. 客观上构成虚报注册资本罪的三要件是什么？

21. 列举一种触犯挪用资金罪的行为。

22. 列举金融机构的反洗钱义务。

三、案例分析题

案例概述：

美国 A 公司与中国 B 公司在深圳建立一家合资企业。2003 年 10 月，美国 A 公司派遣其副总经理汤姆逊担任合资企业董事职务，汤姆逊于同年 11 月到达深圳任职。2004 年 3 月 7 日至 2004 年 4 月 4 日，汤姆逊离境回国，向 A 公司述职。2004 年 12 月 20 日又离境欢度圣诞节和元旦。2005 年 1 月 20 日其回中国后，深圳市税务机关即通知汤姆逊就 2004 年度境内、境外全部所得申报纳税。汤姆逊认为，自己不是中国公民，按国际惯例应仅就中国境内的所得申报纳税。双方因此发生争议。

阅读以上案例并回答：

（1）本案涉及税法中哪个方面的具体问题？

（2）有哪些确定居民纳税人（自然人）的标准？

（3）有哪些确定居民纳税人（法人）的标准？

（4）我国对居民纳税人的身份如何判定？

（5）为吸引外资，我国税法上作了哪些税收优惠规定？

第二章 经济学与行业分析

学习要求说明:

1. 介绍国际贸易的理论

2. 阐述国际贸易的产生及发展历程

3. 认知国际贸易的一些基本概念

4. 解释国际分工概念、分类、阶段及对国际贸易的影响

5. 介绍自由贸易和保护贸易主义理论

6. 阐述世界贸易组织的主要特点、宗旨等,以及对国际贸易的影响

7. 讨论世界贸易组织与中国的关系问题

8. 介绍区域一体化组织的各种形式

9. 根据自由贸易区组织的形式,分析上海自贸区的情况

10. 分析关税措施

11. 阐述鼓励出口和限制出口政策

12. 回顾我国对外贸易政策措施

13. 运用产业经济学理论对主要行业进行分析

14. 掌握 S. C. P 理论范式

15. 分别解释市场结构、市场行为、市场绩效

16. 在市场结构理论下对钢铁行业进行分析

17. 在市场行为理论下对汽车制造行业进行分析

18. 在市场绩效理论下对医疗行业进行分析

19. 解释产业结构及产业结构升级理论

20. 分析电力设备行业的节能减排

21. 解释产业关联理论

22. 理解上下游行业关联情况，并对涡轮效应进行行业分析

23. 理解产业关联所带来的效应

24. 以金融服务行业为例理解产业关联

25. 解释产业生命周期理论

26. 解释波特"五力"理论

27. 分析房地产业的生命周期情况

28. 分析互联网零售业的竞争力情况

29. 概述我国产业政策，并阐述我国主要行业的产业政策要点

引言

　　在当今全球化的背景下，越来越多的国家进行经济和贸易的往来，越来越多的企业也开始正视国际贸易给自己带来的契机。在我国的企业中，特别是沿海发达地区的企业的日常经营中，有很多涉及国际贸易的相关业务。因此，学习国际贸易的相关知识已经成为当今企业经营必备的技能之一。

　　而行业分析是根据经济学原理，对行业经济的运行状况、行业竞争力、市场竞争格局、行业政策等进行分析，从而发现和掌握行业运行规律，它对指导行业内企业的经营规划和发展具有决定性的意义。

　　银行对公从业人员通过这两部分的学习，可以从理论和实践两个角度掌握国际贸易和行业经济，以便今后的日常工作所需。

1 国际贸易

国际贸易是指不同国家或地区之间进行商品和劳务的交换活动。国际贸易是商品和劳务的国际转移。国际贸易也叫世界贸易。国际贸易由进口贸易和出口贸易两部分组成，故也可称为进出口贸易。

1.1 国际贸易理论

思考题：

国际贸易是如何产生的？国际分工概念是什么？

1.1.1 国际贸易概述

一、国际贸易的产生

国际贸易是在特定的历史条件下产生的，它的产生具备两个条件：一是有剩余产品；二是商品进行交换。众所周知，在原始社会初期，生产力水平低下，人类的生活资料仅能维持其本身生存的需要，这个时期没有剩余产品，没有国家，也就没有国际贸易。随着生产力的逐步发展，社会中出现了剩余产品，也就有了交换，随着交换关系的扩大，出现了私有制，进入到奴隶制社会，进而出现了阶级，形成了国家。国家出现后，商品交换超出国界，便产生了国际贸易。

二、国际贸易的发展

■ 资本主义前期的国际贸易。在奴隶制社会，国际贸易主要是奴隶主所需要的奢侈品之间的交换；到了封建社会，封建地租由劳役和实物形式转变为货币地租，加大了贸易支付能力，从而加速了对外贸易的发展。

■ 资本主义时期的国际贸易。资本主义初期，欧洲兴起了城市，手工业兴起，商品经济得到了一定的发展，参与国际贸易的商品中工业原料和食品的比重开始增加，加快了资本原始积累的过程。

资本主义自由竞争时期，这时候生产方式得到了确立和发展。在社会化大生产的前提下，在国际分工的基础上，通过国际贸易把各个国家联系起来。到19世纪中叶，形成了全球性的统一世界市场和国际贸易。

资本主义垄断时期，国际贸易出现了一些新的变化：这个时期，国际贸易增长速度下降，贸易格局和商品结构也发生了变化。这是由于科技革命促进国际贸易增长的同时，各资本主义国家之间进行了激烈的竞争，采用的关税壁垒与非关税壁垒等贸易政策措施加深了它们之间的矛盾。随着两次世界大战的爆发，国际贸易的发展也受到了很大的冲击。

■ 当代国际贸易的发展。伴随经济全球化的发展，国际贸易增长明显加速。2004 年，国际贸易名义增长 21%，创下 25 年来的历史新高。可以说，国际贸易的高速增长是科技进步、生产力提高、国际分工深化的共同结果。20 世纪 90 年代以来，国际贸易的增长率连续超过世界生产的增长率，致使世界各国的外贸依存度呈现不同程度的上升。

之后，世界贸易组织 147 个成员就新一轮多边贸易谈判框架达成了协议。同时，以区域贸易安排为主要形式的区域经济合作加速发展。国际贸易结构也走向高级化，服务贸易和技术贸易发展。贸易投资一体化趋势明显，跨国公司对全球贸易的主导作用日益增强。贸易自由化和保护主义的斗争愈演愈烈，各种贸易壁垒花样迭出。

中国是当代国际贸易发展中的"亮点"，其在国际贸易中的份额和排名不断攀升。2004 年，中国对外贸易额达到 11 548 亿美元，成为仅次于美国和德国的第三大贸易国，占全球货物贸易总额和增量的比重分别达 6.4% 和 20%。自 2009 年起中国已连续 3 年稳居全球对外贸易第二大国的位置。

三、国际贸易的基本概念

■ 国际贸易与对外贸易。国际贸易也称世界贸易，指国际间商务和劳务（或货物、知识和服务）的交换。它由各国（地区）的对外贸易构成，是世界各国对外贸易的总和。对外贸易也称"国外贸易"或"进出口贸易"，是指一个国家（地区）与另外一个国家（地区）之间的商品和劳务的交换。

■ 出口与进口。出口是指一国将自己生产或加工的商品或劳务输往国外市场销售。进口是指一国从国外市场购进外国商品或劳务。进口和出口是对外贸易的两个组成部分。

■ 复出口与复进口。复出口也称再出口，是指外国商品进口以后未经加工制造又出口。复出口在很大程度上同经营转口贸易有关。复进口也称再进口，是指本国商品输往国外，未经加工又输入国内。复进口多由偶然原因（如出口退货）所造成。

■ 国际贸易额和国际贸易量。国际贸易额又称"国际贸易值"，是以金额表示的一国对外贸易规模的指标。一定时期内一国从国外进口货物的全部价值，称为进口贸易总额；一定时期内一国向国外出口货物的全部价值，称为出口贸易总额。两者相加称进出口贸易总额。国际贸易量是指以不变价格计算，来反映贸易规模的指标。这是为了准确反映对外贸易的实际规模，各国通常都采用以固定年份为基期计算的进口或出口价格指数去除统计年份的进口额或出口额的方法，得到相当于按不变价格计算的进口额或出口额，这样得到的贸易值由于消除了价格变动的影响，可以单纯反映量的变化。

1.1.2 国际分工

一、国际分工的概念

国际分工是指各个国家之间的劳动分工，是国际贸易和各国经济联系的基础。它是社会生产力发展到一定阶段的产物，是社会分工超越国界的结果，是生产社会化向国际化发展的趋势。

各个国家参与到国际分工后，决定了该国对外贸易的结构、地理方向和贸易利益等。与此同时，各国对外贸易又是国际分工利益实现的途径和枢纽，各国对外贸易的模式与措施影响着国际分工的发展，由此，国际分工与国际贸易二者相辅相成，互为因果关系。

二、国际分工的分类

按参加国际分工中各国自然资源、原材料供应、生产水平和工业发展等差异，可将国际分工分为如下几类。

■ 垂直型国际分工。垂直型国际分工是指经济技术发展水平相差悬殊的国家之间的国际分工。它可分为两种：一是指部分国家供给初级原料，而另一部分国家供给制成品的分工形式；二是指同一产业内技术密集程度较高的产品与技术密集程度较低的产品之间的国际分工，或同一产品的生产过程中技术密集程度较高的工序与技术密集程度较低的工序之间的国际分工。

■ 水平型国际分工。水平型国际分工是指经济发展水平相同或接近的国家之间在工业制成品生产上的国际分工。它可分为两种：一是产业内水平分工，又称为"差异产品分工"，是指同一产业内不同厂商生产的产品虽有相同或相近的技术程度，但其外观设计、内在质量、规格、品种、商标、牌号或价格有所差异，从而产生的国际分工和相互交换。二是产业间水平分工，它指不同产业所生产的制成品之间的国际分工和贸易。

■ 混合型国际分工。混合型国际分工是把垂直型国际分工和水平型国际分工相结合的国际分工。比如，德国就是这种形式的典型代表。它对第三世界是"垂直型"的，向发展中国家进口原料，出口工业品，而对发达国家则是"水平型"的，在进口中，主要是机器设备和零配件。

三、国际分工的发展阶段

国际分工的发展大体可以分为以下四个阶段。

■ 萌芽阶段。15～17 世纪，自欧洲航海者开辟新航路和发现美洲新大陆之后，世界贸易得到了迅速扩大，这促进了手工业向工场手工业生产的发展，同时也是国际分工产生和发展的基础。这个时期是资本主义国际分工的萌芽阶段。

■ 形成阶段。18 世纪的第一次科技革命，使得机器得以发明并用于实际的生产上，这时生产力空前提高，分工空前加深。这次科技革命首先在英、法等国进行，它们首先发展为工业国，而其他多数国家则处于农业国、原料国的地位，这是资本主义国际分工的形成阶段。

■ 发展阶段。19 纪末至 20 世纪初的第二次科技革命，使得发电机、电动机、内燃机得以发明，并广泛地用于生产，这使得生产力更加提高，分工更加精细。这次科技革命是在英、美、德等国进行的，其他国家在引进技术与机器设备的推动下，某些基础设施与某些轻工业和采矿业有一定发展，但仍不同程度地处于初级产品供应国的地位。这是资本主义国际分工的发展阶段。

■ 深化阶段。20 世纪 40 年代和 50 年代开始的第三次技术革命，导致了一系列新兴工业部门的诞生，如高分子合成工业、原子能工业、电子工业、宇航工业等。对国际加工的型号深化产生了广泛的影响，使国际加工的形势和趋向发生了很大的变化，从过去的部门间专业分工向部门内专业化分工方向迅速发展。这是资本主义国际分工的进一步发展阶段。

1.1.3　自由贸易理论

自由贸易理论经历了古典贸易理论、新古典贸易理论和新贸易理论三个发展阶段。

■ 古典贸易理论阶段。

一、绝对利益理论

绝对利益理论又称绝对成本理论，代表人物是亚当·斯密，他在《国民财富的性质和原因的研究》中从自由贸易思想出发，阐述了以地域分工为基础的绝对利益理论。主要是指在某种商品的生产上，一个经济体在劳动生产率上占有绝对优势，或其生产所耗费的劳动成本绝对低于另一个经济体，若各个经济体都是这样从事自己占绝对优势的产品的生产，继而进行交换，那么双方都可以通过交换得到绝对的利益，从而整个世界也可以获得分工的好处。所以，只要外国产品比自己国内生产的便宜，就不应该自己来生产，通过国际贸易各国皆可同时受益，利益来自各自发挥生产中的绝对优势而使劳动生产率提高。

绝对利益理论指出了分工对提高劳动生产率的巨大意义，但也有局限性的一面，因为绝对成本理论的基本前提是，参加交换的国家必须各自都有生产方面占绝对优势的产品。如果某国拿不出一种在生产上占绝对优势的产品，那么，它是采取保护贸易政策限制进口呢，还是采取不干涉政策，听任外国产品进口，以至于扼杀国内民族工业的萌芽和发展呢？斯密的绝对利益理论受时代的局限，未能正确地认识到这一点。

二、比较利益理论

比较利益理论的代表人物是大卫·李嘉图，他在《政治经济学及赋税原理》中继承和发展了亚当·斯密的理论，提出了比较利益理论。比较利益论以一系列简单的假定为前提，主要为：一是只考虑两个国家两种商品；二是坚持劳动是唯一的生产要素，所有劳动都是同质的，每单位产品生产所需要的劳动投入维持不变；三是生产是在成本不变的情况下进行的；四是没有运输费用；五是包括劳动在内的生产要素都是充分就业的，它们在国内完全流动，在国际之间不能流动；六是生产要素市场和商品市场是完全竞争的市场；七是收入分配没有变化；八是贸易是按物物交换的方式进行；九是不存在技术进步和经济发展，国际经济是静态的。

在上述前提下，各国不一定要专门生产劳动成本绝对低的产品，而只是专门生产劳动成本相对低的产品，便可进行对外贸易，并能从中获益和实现社会劳动的节约。认为国家间可按"两优取其重，两劣取其轻"的比较优势原则进行分工。如果一个国家两个商品的生产上都处于绝对有利地位，但有利的程度不同，而另一个国家在两种商品的生产上都处于绝对不利地位，但不利的程度不同。在此情况下，前者应专门生产相比较更有利的商品，后者应该专门生产其不利程度相对较小的商品，通过对外贸易，双方都能取得比自己以等量劳动所能生产的更多的产品，从而实现社会劳动的节约，给贸易双方都带来利益。

由于比较成本理论的前提中有不少违背现实的，基本不符合当时及后来一系列资本主义经济事实，因此比较成本理论可以说是比较理想化的学说。

■ 新古典贸易理论阶段。新古典贸易理论具有代表性的理论是要素禀赋论。生产要素禀赋论的提出者是赫克歇尔和俄林。他们认为现实生活中投入的生产要素不只是劳动力一种，而是多种，而投入两种生产要素则是生产过程中的基本条件。那么，根据要素禀赋论，一国的比较优势产品应该是要出口的产品，因为在这种商品的生产中，所需要大量使用的是该国相对充裕而便宜的生产要素。相反，该国之所以进口此类产品，是因为生产此类产品需要大量使用该国相对稀缺而昂贵的生产要素。换言之，劳动力丰富而便宜的国家出口劳动密集型商品，而进口资本密集型商品；相反，资本丰富而便宜的国家出口资本密集型商品，进口劳动密集型商品。

生产要素禀赋论突破了单纯从技术差异的角度解释国际贸易的原因、结构和结果的局限，而是从比较接近现实的要素禀赋来说明国际贸易的原因、结构和结果。

■ 新贸易理论阶段。随着科学技术的进步和生产力的不断发展，国际贸易的规模越来越大，国际贸易的商品结构和地区分布与第二次世界大战前相比发生了很大的变化。在此前提下，经济学家们不断探索，提出了许多新的国际贸易理论，主要有以下几种。

一、偏好相似说

偏好相似理论又称需求相似理论或重叠需求理论，是瑞典经济学家斯戴芬·伯伦斯坦·林德在《论贸易和转变》中提出的。林德不同于以往从供给方面寻求原因的传统贸易理论，侧重从需求方面探讨国际贸易产生的原因。该理论认为，若两国中一国具有某种产品的比较优势，而另一国没有对这种商品的需求，则两国无从发生贸易。因此，各国应当出口那些拥有巨大国内市场的制成品，即大多数人需要的商品。国内需求才是企业家决定生产的动因，它为新产品发明提供刺激力，而且国内市场还有利于新产品的试制和改进，先靠国内市场建立起生产规模与国际竞争能力，而后再拓展国外市场。

而影响一国需求结构的主要因素是人均收入水平，如果两国的平均收入水平接近，其需求结构就相似。就消费品而言，不同收入国家的需求结构存在着总的需求结构与个别需求结构两方面差异，个别需求结构还与收入分配的方式有关。就资本而言，不同收入水平国家的需求结构存在联系，人均收入水平较高的国家的现有资本存量也较多，而资本存量的丰富与否又决定着对新资本品需求的质量构成。两国间的需求结构越相似，对产品需求的品质变动范围重合的部分就越大，它们之间的贸易也就越发达。林德的偏好相似说可用作解释发达国家之间相互进行产业贸易的重要原因之一。

二、技术差距论

技术差距论又称创新与模仿论，是美国经济学家波士纳在《国际贸易和技术变化》提出的，以科学发明、技术创新的推广过程中创新国和模仿国之间的技术发展不平衡来解释国际贸易的产生和发展的原因。他认为一国的比较优势来源于产品的创新，而非较低的成本。技术被定义为是过去对研究和发展事业进行投资的结果，能够改变土地、资本和劳动在生产中的相对比例关系，即生产函数，从而提高土地、资本和劳动三者作为一个整体的全部要素生产率。

技术创新有两种：一是生产过程的创新，能够以更节约的方式生产现有的产品；二是产品的创新，包括旧产品份额改进和新产品的推出。创新国在一项技术创新尚未完全被国外掌握时，就与模仿国存在技术差距。这时，创新国就有可能享有出口技术密集型产品的比较优势。此时贸易利益的大小，取决于模仿国的消费者和模仿者对利用这项创新所生产的产品如何反应。波士纳称这种反应为"滞后"，包括需求滞后、反应滞后和掌握滞后。当度过滞后期后，模仿国由于不负担创新费用和劳动力便宜，反成出口国；创新国则由出口国变成进口国，转而再创新。

三、产业内贸易说

产业内贸易说是由格鲁贝尔和劳埃德在《产业内贸易——异质产品的国际贸易理论和度量》中提出的，它是研究发达国家之间相同产业部门内部进行的制成品贸易的理论。产业内贸易是指各部门内部以产品生产专业化为基础的交换，这种交换是产业结构相同、消费结构相似的工业国家间进行的交易。这一理论从产品差异性、偏好相似说和规模经济单方面解释产业内贸易产生的原因。比如，各国都存在规模经济的制约，每一国只能生产有限范围的产品，同时各国又在生产各具特色的差异性产品，产品质量、性能、品种、规格上的种种差异有可能满足不同层次、不同偏好的消费者的需要，从而引发差异产品的产业内贸易，扩大世界市场。

1.1.4 保护贸易主义

西方国际贸易理论的另一派别是保护贸易理论。保护贸易理论的观点与自由贸易理论是截然对立的，认为国际贸易对经济发达国家有利，而对经济落后国家不利，甚至会阻碍其经济发展，因此主张保护贸易政策。

■ 重商主义。重商主义是 15 世纪初步形成的经济思想。在这一时期，资本主义生产方式逐渐产生，使得社会财富的重心由土地转向了金银货币，货币成为全社会上至国王下至农民所追求的东西，并被认为是财富的代表形态和国家富强的象征。而当时金银货币主要来自商业资产阶级所经营的内外贸易，尤其是对外贸易。因此，对外贸易被认为是财富的源泉，重商主义应运而生。重商主义追求的目标就是在国内积累货币财富，把贵重金属留在国内。

■ 汉密尔顿的保护贸易理论。19 世纪末 20 世纪初汉密尔顿提出保护幼稚工业理论，他代表工业资产阶级的利益，极力主张实行保护贸易政策。他认为，亚当·斯密的自由贸易理论，不适用于美国。因为其经济情况不能同英国相提并论，工业基础薄弱，技术落后，生产成本高，无法在平等的基础上进行对外贸易。如果实行自由贸易政策，只会使美国的产业被限制在农业范畴，而使制造业受到极大损失，使美国经济陷入困境。所以，他强调在一国工业化的早期阶段，应当排除外来竞争，用关税壁垒保护国内市场，以促使本国新的幼稚工业顺利发展。

■ 李斯特的保护贸易理论。李斯特的理论主要包括以下几个方面：一是主张国家对经济的干预。他认为，要想发展生产力必须借助国家的力量。二是主张一定条件下的保护制度。他认为，各国经济发展一般要经历五个时代，即渔猎时代、畜牧时代（为第一时期）、农业时代（为第二时期）、农工时代、农工商时代（为第三时期），处于不同时期应实行不同的对外贸易政策。三是主张发展生产力。他认为，有了生产力的发展就有了财富，向别的国家购买廉价的商品，表面上看起来是要合算一些，但这样下去本国的生产力得不到发展。如果采取保护关税的政策，起初会使工业品的价格提高，但经过一定时期，生产力发展了，商品生产费用就会降下来，商品价格甚至会跌落到国外进口商品的价格以下。四是发展本国工业，但不排斥有利可图的国际分工。

■ 凯恩斯的超保护贸易理论。20 世纪 30 年代，资本主义出现了大危机，经济陷入长期萧条中，国外市场的争夺日益激烈。这一时期，超保护贸易理论的代表人物是凯恩斯。他认为自由贸易理论"充分就业"的前提已不存在，指导经济发展需要一种新的贸易对策。他认为古典学派的贸易理论在当时已失去使用价值，因为这种理论与社会现实已严重不符，不能解决社会上的严重的失业问题。他还认为，贸易顺差有益而逆差有害，顺差可为一国带来黄金，扩大支付手段，降低利率，刺激物价上涨，扩大投资，从而有利于缓和国内危机和增加就业。而贸易逆差则会造成黄金外流，物价下降，导致国内经济趋于萧条，失业人数增加。因此他极力鼓吹贸易顺差，主张国家干预活动，采取各种手段和保护措施，减少进口，扩大出口，促进国内经济发展。超保护贸易理论保护的是当时高度发展的资本主义工业，保护其在国际竞争中的垄断地位，从而维护资产阶级利益。

■ 当代新保护贸易理论。

一、地区经济主义新贸易保护论

英国蒂姆·朗和科林·海兹在《新贸易保护主义》中提出此理论，指通过减少国际贸易，来对整个经济重新定位，其经济体呈现多样化，并朝向一个地区或国家内生产的最大化方向发展，然后以周边地区作为依赖对象，而且只把全球贸易作为最后选择。他主张，首先要加强地区间合作，实施新型的地区主义。实行地区性贸易保护主义后，既可以利用本地资源，促进经济发展，增加福利，又可以改变发展中国家在国际贸易结构中的不利地位，同时也可以保护环境，促进可持续发展；同时，为使地区经济发展，实现贸易平衡和保护世界环境，促进可持续发展，需要一国根据预期约定的出口量控制进口量，并且要使两者严格平衡，并制定高标准的进出口限制规则。

二、战略性贸易政策

战略性贸易政策又称"新重商主义"。该理论认为，在不完全竞争和规模经济存在的条件下，一国政府通过对国内高技术企业实行生产补贴、出口补贴或保护国内市场，可以挤占更多的国际市场份额，孕育并赢得扩大规模生产的效益；还可以趁机掠夺别国企业原先享有的经济利润，在高技术密集的战略性工业中独占鳌头。实行这种扭曲性贸易政策的国家的经济福利水平不但不会降低，反而有所提高。这一理论侧重研究在战略性工业中如何战略性地运用政策手段以寻求经济利润，但它所采取的保护主义政策主张在形式上与凯恩斯乃至重商主义的政策主张极为相似，可谓重商主义在新形势下的运用。

三、管理贸易理论

管理贸易理论者主张一国政府对内制定各种对外经济贸易法规和条例，加强对本国进出口贸易有秩序发展的管理；对外签订各种对外经济贸易协定，约束贸易伙伴的行为，缓和与各国间的贸易摩擦，以促进出口，限制或减少某些产品进口，协调和发展与各国的经济贸易关系，促进对外贸易发展，它将贸易保护制度化、合法化，通过各种巧妙的进口管理方法和合法的协定来实现贸易保护。目前，管理贸易不仅盛行于发达国家，也为发展中国家所采用，并运用于区域性贸易集团。

■ 国际分工陷阱。在新一轮全球并购高潮中，发达国家实际上是在强化其在原有贸易格局中的既得利益，而发展中国家则被更加牢固地锁定在国际分工链条的末端，进而掉入"国际分工陷阱"。

在美国市场，中国出口玩具"芭比娃娃"的零售价为9.99美元，在美国海关的进口价仅为2美元，两者相差的8美元作为"智力附加值"被美方拿走。在剩下的2美元中，1美元是运输和管理费，65美分支付原材料进口的成本，中方只得到区区35美分的加工费。由此可见，包括中国在内的发展中国家在国际分工链条中处于明显的劣势和低端，而发达国家则成为最大的赢家。

案例研究：2013 年中国贸易摩擦案件增长 22%

中国商务部公平贸易局、中国贸易救济信息网数据显示，截至 2013 年年底，已有 22 个国家和地区对中国发起 94 起贸易救济调查，同比增长 22%，其中反倾销 58 起、反补贴 3 起、双反 15 起、保障措施 18 起。

近年来，中国一直是贸易摩擦重灾区，在全球遭遇贸易摩擦案件最多，增幅较高。首先，因为全球经济复苏乏力，外需减弱，一些国家频繁采用贸易保护措施抢占市场，导致全球贸易保护主义抬头。其次，中国是全球第一大出口国，虽然 2013 年出口增幅低，但存量大，遭受贸易摩擦也最多。

据悉，印度、巴西等发展中国家对中国产品发起的贸易救济案件数量和金额均超过发达国家。张莉称，中国近年来实施多元化战略，对发展中国家出口增加，这些国家本身贸易保护主义较强，与中国在国际市场竞争更趋激烈，贸易摩擦在此情况下有增无减。贸易摩擦对企业影响很大，使出口企业面临国内成本上升、国际外需减弱、贸易保护增加等多重困境。"贸易保护有不确定性，企业无从防范；甚至牵涉相关产业链，遏制中国产业发展和竞争力提升，成为对外贸最大威胁之一。"

（来源：全球纺织网）

1.2　世界贸易组织及区域一体化组织形式

思考题：

世界贸易组织的职能有哪些？中国为什么要加入世界贸易组织？

上海自由贸易区发展现状如何？

1.2.1　世界贸易组织概述

1994 年 4 月，在摩洛哥的马拉喀什市举行的关贸总协定乌拉圭回合部长会议决定成立全球性的世界贸易组织。世界贸易组织是一个独立于联合国的永久性国际组织，总部设在瑞士日内瓦莱蒙湖畔。1996 年 1 月 1 日，它正式取代关贸总协定临时机构。世界贸易组织是具有法人地位的国际组织，在调解成员争端方面具有更高的权威性。与关贸总协定相比，世界贸易组织涵盖货物贸易、服务贸易以及知识产权贸易，而关贸总协定只适用于商品货物贸易。截至 2012 年 12 月 4 日，世界贸易组织共有成员 160 个。也门被世界贸易组织列为最不发达国家，将在国际贸易中享有特殊和差别待遇。

■ 世界贸易组织的主要特点。世界贸易组织是建立并形成的一整套较为完备的国际经贸法律规则，主要有以下几个特点：

一、世界贸易组织协定具有法律权威性

世界贸易组织协定的制定，要求各国代表在草签后，须通过立法程序，经本国的立法机构批准，才能生效。1994 年 4 月 15 日在马拉喀什会议上，有 7 个国家包括美国、日本因国内立法程序的限制，不能当场草签，直到 1994 年年底美国等国家的议会才批准并生效，因而使世界贸易组织协定更具完整性和权威性。

二、世界贸易组织的机构具有正式性

世界贸易组织的成立，改变了关贸总协定临时适用和非正式的状况，根据其协定，建立起一整套的组织机构，成为具有法人地位的正式国际经济组织。从法律地位上看，它与国际货币基金组织、世界银行具有同等地位，都是国际法主体，其组织机构及有关人员，均享有外交特权和豁免。

三、世界贸易组织管辖的内容具有广泛性

世界贸易组织的多边贸易体制，不仅包括已有的和经"乌拉圭回合"修订的货物贸易规则，而且还包括服务贸易的国际规则、与贸易有关的知识产权保护的国际规则、与贸易有关的国际投资规则，这一整套国际规则涉及货物贸易、服务贸易、知识产权保护和投资措施等领域，表明世界贸易组织所管辖内容更为广泛。

四、世界贸易组织注重权利与义务的统一性

世界贸易组织要求缔约方必须无选择地以"一揽子"方式签署参加"乌拉圭回合"达成的所有协议。因此，它们是完整的、不可选择的、不可分割的统一体，权利与义务的平衡是在所有协议的基础上达成的，从而加强了缔约方的权利与义务的统一性与约束性，维护了多边贸易体制的完整性。

五、与有关的国际经济组织决策的一致性

作为世界贸易组织的职能之一，它应协调与国际货币基金组织、世界银行的关系，以保障全球经济决策的一致性。因此，它将与这两个国际组织在决策方面加强合作和协调，为国际经济和贸易的发展创造更为有利的条件。

■ 世界贸易组织的宗旨和原则。世界贸易组织宗旨，在《关税与贸易总协定》前言明确说：各成员在处理贸易和经济领域的关系时，应以提高生活水平、保证充分就业、保证实际收入和有效需求的大幅稳定增长、实现世界资源的充分利用以及扩大货物的生产和交换为目的。期望通过达成互惠互利安排，实质性削减关税和其他贸易

壁垒，消除国际贸易中的歧视待遇，从而为实现这些目标作出贡献。

世界贸易组织为了实现这个宗旨，还制定了包括实体、程序等各种规则，而这些规则主要体现了以下几个原则：

一、非歧视的贸易

这一原则包括两方面：一是最惠国待遇。成员一般不能在贸易伙伴之间实行歧视，给予一个成员的优惠，也应同样给予其他成员。二是国民待遇。国民待遇是指对外国的货物、服务以及知识产权应与本地的同等对待。

二、更加自由的贸易

减少贸易壁垒是最明显的鼓励贸易的方式，这些壁垒包括关税和配额等限制数量的措施。关贸总协定主要就是为了减少贸易壁垒。起初致力于降低关税，后来又扩大到非关税措施，同时也从货物扩大到服务和知识产权。协议允许成员逐步减少贸易壁垒，发展中国家一般有更长的过渡期。

三、可预见性

世界贸易组织成员在同意开放货物或服务市场时，必须约束关税，即未经与其他贸易伙伴进行补偿谈判不得提高关税。承诺不增加贸易壁垒有时与减少贸易壁垒一样重要，因为商业人士可以对未来的机会有一个明确的预期。除了对关税进行约束外，世界贸易组织还通过不鼓励配额和数量限制，以及要求成员保持各自规定的透明度来增加可预见性。

四、促进公平竞争

协议是一套鼓励公开和公平竞争的规则。非歧视原则就是为了创造公平的贸易条件。一些具体的规则，例如反倾销和反补贴规则，也是为了确定公平和不公平的准则。

五、鼓励发展和经济改革

世界贸易组织四分之三的成员是发展中国家和正在向市场经济转型的国家。世界贸易组织应致力于发展，最不发达国家在实施协议的时间方面需要灵活性，这已经成为共识。协议继承了关贸总协定中的规定，给予发展中国家以特别的援助和贸易减让。

■ 世界贸易组织对国际贸易的影响。世界贸易组织已经延伸到国际贸易的各个方面。从成员上看，目前绝大多数国家已经参与其中；从内容上看，已延伸国际贸易所涉及的各个领域；从地位上看，它已成为国际法人。这些都势必对国际贸易发展产生重大的影响。其可能产生的影响有以下几个方面：

一、遏制贸易保护主义的蔓延，促进贸易自由化发展，在一定程度上加速世界经济贸易的增长。世界贸易组织成立之后，关税进一步下降，非关税壁垒将会有所削减。

二、促进国际服务贸易和国际投资的加速发展。随着服务贸易和投资措施自由化的加强，国际投资增长将继续快于国际商品贸易，国际服务贸易的增长速度仍继续高于国际商品贸易增长速度。

三、世界经济和世界市场的全球化将进一步发展。由于绝大多数国家都加入该组织，这势必增加市场准入，促进各国之间经济相互依存和发展，从而有利于世界经济和世界市场的全球化进展。

四、全球范围内的经济贸易竞争将会更趋激烈。随着世界贸易自由化向多层次发展，各国之间竞争将更趋于尖锐化，而这种竞争将有利于各国加速生产结构的调整与优化，加强科研与发展能力。

五、跨国公司的经营范围将继续扩大。跨国公司的经营活动将更为活跃，并进一步渗透到世界各地、各领域，成为推动世界经济共同发展的主要力量。

1.2.2　世界贸易组织与中国的关系

1982 年 11 月，在不损害缔约国地位的前提下，中国首次派出代表团以观察员身份列席关贸总协定第 38 届缔约方大会，并与关贸总协定秘书处就中国恢复在关贸总协定缔约国席位等法律问题交换了意见。而后，中国政府代表列席了历届缔约方大会及特别会议。1984 年 1 月 18 日，中国政府正式签署第 3 个国际纺织品贸易协议，并成为关贸总协定纺织品委员会的正式成员。同年 11 月，中国又申请并获准列席关贸总协定理事会及其下属机构会议，并参加各项有关活动。1986 年 4 月，香港正式成为关贸总协定的第 95 个缔约方。1997 年后的香港特别行政区仍将以"中国香港"名义继续保持这种缔约方地位，享受原有各项权利。自 2001 年 12 月 11 日开始，我国正式加入世界贸易组织。

■ 中国的权利和义务。

加入世界贸易组织后，中国享受的权利分别是：中国的产品在所有成员方中享有多边的、无条件的、稳定的最惠国待遇；中国对所有发达国家出口制成品和半制成品享有"普惠制"待遇，以及其他给予发展中国家的特殊照顾；可利用世界贸易组织的贸易争端解决机制，较好地解决中国与其他成员的贸易纠纷；可利用世界贸易组织的基本原则，援引例外与免责条款；可获得在多边贸易组织中的发言权。而中国应履行的义务分别是：削减进口关税；逐步取消非关税措施；取消被禁止的出口补贴；增加贸易政策的透明度；开放服务贸易；扩大对知识产权的保护范围；放宽对引进外资的限制；缴纳世界贸易组织活动经费。

■ 对中国国际贸易的影响。

加入世界贸易组织对中国国际贸易的影响是多方面的。从农产品看，加入世界贸易组织有利于中国农业参与经济全球化的大趋势，在一个更加规范和稳定的国际环境下扩大开放。但随着中国对农产品关税的降低和非关税措施的逐步取消，农产品贸易发展所面临的短期形势和环境并不乐观。从工业品看，随着进口关税的降低，进口企业会用更便宜的外国商品来代替成本较高的国内商品。对出口的影响主要取决于行业的贸易取向，如果得到发展的行业是出口导向型的，加入世界贸易组织后其出口会呈现较强的增长趋势；反之，内向型的行业其出口并不会因贸易自由化而增加。从服务贸易看，在中国加入世界贸易组织承诺中，服务业的市场开放幅度最大，步伐最快，尤其是主要赚汇行业——旅游业。而且，中国开放的重点服务领域均是在价值增值中所占比例较高的行业，如金融、电信和批发零售业等。因此，加入世界贸易组织后总体上中国服务贸易总量会增加，但逆差会进一步扩大。但从长远看，中国离不开世界贸易组织，这是发展壮大中国的需要。当然，世界贸易组织也离不开中国，没有中国这个巨大市场的融入，国际市场也是不可能真正实现一体化。

■ 中国国际贸易发展方向。

加入世界贸易组织后，中国要更好地发展国际贸易，就要建立多边、区域、双边多层次立体国际贸易合作体系；积极发挥国际贸易在产业升级和经济结构调整中的作用，把国际贸易的发展与产业政策紧密结合起来；建立起符合国际规范和中国国情的国际贸易新体制；大力实施"走出去"的开放战略，鼓励发挥中国有比较优势的对外投资，建立中国外经贸发展的促进和保障体系；实现国际电子商务在国际贸易活动中的应用；实施科技兴贸战略，培育高技术出口产品和出口基地，建立高技术产品出口市场信息服务体系。

1.2.3　区域经济一体化组织形式

为了调和地区之间的关系，主张消除因地区不同造成的经济交往中的障碍，就出现了区域经济一体化的设想。按照地区经济贸易集团成员国间贸易壁垒的取消、生产要素的自由流动和经济政策统一的程度，区域经济一体化大致可分为以下几种形式。

■ 特惠贸易协定。它是指在实行特惠贸易安排的成员国之间，通过协定或其他形式，对全部或部分商品规定特别的关税优惠，如第二次世界大战后建立的东南亚国家联盟等。这是经济一体化的最松散和较低级的一种形式。

■ 自由贸易区。由签订有自由贸易协定的两个或两个以上的国家或地区组成的贸易区域。自由贸易区内逐渐减免甚至取消关税与其他贸易壁垒，使区域内各成员国的商品可自由流动，同时，保留成员国各自的原有独立的对区外国家的关税结构和其他贸易保护措施，如欧洲自由贸易联盟、拉丁美洲自由贸易协会等。

■ 关税同盟。它是指两个或两个以上的国家通过签订条约或协定取消区域内关税或其他进口限制，并对非同盟国家实行统一的关税税率而缔结的同盟。它除了包括自由贸易区的基本内容外，还包括成员国对同盟外的国家建立了共同的、统一的关税税率，结盟的目的在于使参加国的商品在统一的内部市场上处于有利地位，排除非成员国商品的竞争，它开始带有超国家的性质。

■ 共同市场。它是指除了在成员国内完全废除关税与数量限制并建立对非成员国的共同关税外，还取消了生产要素流动的各自限制，允许劳动、资本等在成员国之间自由流动。在商品自由流动方面，它既有直接对外的统一关税，又有协调间接税制度、产品标准化制度；在资本的自由流动方面，有协调筹资制度；在劳动的自由流动方面，有学历和技术等级的相互承认制度等。共同市场下经济调节的超国家性质比关税同盟更进一步。

■ 经济同盟。它是共同市场和经济共同体向超国家一体化的宏观协调机制发展的具体步骤，是一种较高层次的区域经济一体化组织形式。其特点是：在实行关税、贸易和市场一体化的基础上，进一步协调成员国之间的经济政策和社会政策，包括货币、财政、经济发展和社会福利政策，以及有关贸易和生产要素的流动政策，并拥有一个制定这些政策的超国家的共同机构，目前的欧洲联盟属此形式。

■ 完全的经济一体化。这是经济一体化的最高级形式。完全经济一体化不仅包括经济同盟的全部特点，而且各成员国还统一所有的重大经济政策，如财政政策、货币政策以及有关贸易和生产要素流动的政策。在这个一体化组织内，各成员国的税率特别是增值税税率和特别消费税税率基本协调一致；它建立统一的中央银行，使用统一的货币；取消外汇管制，实行同样的汇率管理；逐步废除跨国界的金融管制，允许相互购买和发行各种有价证券；实行价格的统一管理等。完全经济一体化组织一般有共同的组织管理机构，这种机构的权力以成员国的部分经济决策与管理权限的让渡为基础。

1.2.4 中国（上海）自由贸易试验区

一、上海自由贸易区概述

中国（上海）自由贸易试验区简称上海自由贸易区，是中国大陆境内第一个自由贸易区。试验区成立时，以上海外高桥保税区为核心，辅之以机场保税区和洋山港临港新城，成为中国经济新的试验田，实行政府职能转变、金融制度、贸易服务、外商投资和税收政策等多项改革措施，并将大力推动上海市转口、离岸业务的发展。依据上海自贸区的总体规划方案，上海自贸区规划为 4 块功能区域，范围包括上海外高桥保税区、上海外高桥保税物流园区、上海洋山保税港区和上海浦东机场综合保税区等 4 个海关特殊监管区域。

■ 上海外高桥保税区：全国第一个保税区，也是截至 2013 年中国大陆 15 个保税区中经济总量最大的保税区，主要产业有：国际贸易、现代物流和高端制造等。

■ 上海外高桥保税物流园区：设有 14 万平方米集装堆场和 70 万平方米的现代化物流仓库。

■ 上海洋山保税港区：主要功能为口岸检查、商务洽谈、加工制造、保税物流、港口增值以及配送、中转、采购等，岛域部分是集装箱深水港码头作业区域，是集装箱装卸、中转的功能区域。

■ 上海浦东机场综合保税区：主要功能为仓储、国际中转、国际配送、快件中转、研发、加工制造、检测维修、展览、分拨理货、国际贸易，包括转口贸易、国际商务、信息服务等，并将逐步拓展相关功能。

二、上海自由贸易区的金融创新

上海自由贸易区成立以来，采取了很多金融创新的举措：

一是存款利率市场化创新。自贸区率先实现了外币存款利率完全市场化。中国银行为在自贸区内就业的人员办理了首笔个人小额外币存款业务，客户获得了一张"议息"存单。目前已有多家银行开展了此项业务。

二是企业融资创新。自贸区内多家金融机构如建设银行、交通银行、招商银行等，为自贸区内多家企业和非银行金融机构办理了从境外借入人民币资金业务，进一步拓宽区内企业和非银行金融机构的境外融资渠道，降低企业的融资成本。

三是支付结算创新。银联电子支付、快钱公司等第三方支付机构与商业银行合作开展跨境电子商务人民币支付结算业务，花旗银行、汇丰银行、上海银行等金融机构为区内跨国公司办理了经常项下跨境人民币集中收付业务，简化区内企业支付结算流程，提高支付结算效率。中国银行上海市分行等金融机构为区内企业提供大宗商品衍生品交易的结售汇服务，为大宗商品企业利用国际市场开展风险管理提供新的渠道。

四是企业资金管理创新。工商银行上海市分行、中国银行上海市分行等金融机构为自贸区内企业开展了跨国公司外汇资金集中运营管理试点业务，农业银行上海市分行、浦发银行等金融机构为区内企业开展了跨境人民币双向资金池业务。这些业务让符合条件的企业可以根据自身的需要自主调配境内外资金，提高跨国公司资金使用的效率。

五是对外直接投资创新。自贸区内股权投资企业跨境投资流程大幅度简化，以备案代替审批，股权投资企业开展跨境股权投资项目较以往极大地缩短了流程时间，提高了股权投资企业境外投资的效率。

六是金融机构集聚创新。自贸区允许小额贷款公司入区经营业务，对自贸区内设立小额贷款公司给予股比和业务范围方面支持鼓励政策。同时，金融租赁公司可以利用自贸区平台和政策优势，为其开展境外融资租赁业务提供便利。

三、各大银行在上海自贸区内的表现

已有十余家中外银行获准在上海自贸区设立分支机构，工商银行、农业银行、中国银行、建设银行、交通银行、上海银行在试验区内已拥有分行；招商银行、浦发银行获准筹建分行；花旗银行、星展银行、汇丰银行、东亚银行获准筹建试验区支行。

各大银行将与上海地区多家支付机构及商户签订相关协议，正式启动自贸区内的跨境人民币结算业务。扩大人民币跨境使用主要包括跨境人民币结算业务、人民币境外借款业务、双向资金池业务等。人民币结算业务主要包括上海地区银行业金融机构可以为区内机构和个人提交的收付款指令，直接办理经常项下、直接投资的跨境人民币结算业务；为跨境电子商务（货物贸易或服务贸易）提供人民币结算服务。

截至 2013 年第三季度末，各银行自贸区分行都已经上线了分账系统，按照区内区外两套系统进行分账管理，包括工行、中行、浦发等多家银行表示万事俱备、只欠东风，就等着央行的验收。区内内资企业可开通 FTA 账户；区内外资企业可开通 FTN 账户；区内个人可开通 FTI 账户等。

案例研究：《2013 年世界贸易报告》中国商品贸易出口全球第一

世界贸易组织在日内瓦发布的《2013 年世界贸易报告》显示，在 2012 年全球商品贸易排名中，中国出口位列第一，进口排第二位。包括中国在内的新兴经济体占据了全球贸易近一半的份额。

报告显示，在 2012 年全球商品贸易额排名中，四个最大的出口国为中国、美国、德国、日本，进口国为美国、中国、德国、日本。其中，2012 年中国商品贸易出口达到 2 万多亿美元。不过在商业服务贸易进出口统计中，中国的进口大于出口，美国则同时位列进出口第一位。

同时，帕特里克·罗对 2030 年全球经济及贸易发展趋势做了预测。他在分析中采用了两项指标，即贸易和国内生产总值，将对象国家分为发达国家和发展中国家，我们得出了两个重要结论，发展中国家的动力更多依赖于良好的环境，否则就难以发展。根据报告的预测，到 2030 年，发达国家与发展中国家在世界国内生产总值和世界贸易这两项指标中所占的份额，将呈现此消彼长的趋势。其中，在世界国内生产总值中，发达国家的份额将从 71% 降至 61%，发展中国家将从 29% 升至 39%；在世界贸易中，发达国家的份额将从 53% 降至 43%，发展中国家将从 41% 升至 57%。

关于未来全球贸易趋势，报告指出，影响未来国际贸易的因素有很多，包括人口、投资、技术、能源和其他自然资源、运输成本和社会架构等。帕特里克·罗说："我们在报告中已经明确了一系列有可能影响未来趋势的主要因素，这些问题包括人口的变化，它们已经影响到世界各地的商品供应和需求模式。另外还有能源危机、投资、基础设施问题，这些因素将会对未来的贸易模式、贸易在这些领域中的作用产生直接影响。"

（来源：中国法学会世界贸易组织法研究会）

■ 上海自由贸易区金融创新的主要特点。

一是紧随金融管理部门最新金融支持政策和举措开展业务创新。如自贸区人民币跨境使用政策出台后，银行等金融机构迅速作出反应，为企业办理了人民币双向资金池、人民币境外借款等业务，从而实现相关政策的落地和实施。

二是紧紧围绕自贸区内实体经济需求开展业务创新。自贸区的金融创新都是紧紧围绕区内企业贸易和投资需求，达到便利贸易和投资行为的目的。如自贸区支付机构开展跨境人民币支付业务，为了满足支付机构开展跨境电子支付以及规避汇率风险的需求，在两岸电子商务中使用人民币计价、支付和结算，创新了两岸贸易的新形式。

三是金融创新范围不仅涉及政策突破，还包括流程优化。如以往股权投资企业开展跨境股权投资，需要经过相关部门的逐级审批，耗时较长。自贸区简化了跨境直接投资审批环节，以备案替代审批，提高了投资效率。同时，自贸区简化跨境投资审批环节，在 5 个工作日内就可以完成境外投资项目备案。

四是金融创新的主体多元化。金融创新的主体不仅包括商业银行，还有金融租赁公司、股权投资企业、第三方支付机构等非银行金融机构和类金融机构，各类型机构都参与自贸区金融创新，体现了自贸区金融开放创新的丰富性和广泛性，也证明了自贸区搭建的金融平台可以为金融创新提供更多可能性。

1.3 国际贸易政策

思考题：

我国是否鼓励出口？限制进口的措施有哪些？

我国在金融危机时采取了哪些对外贸易政策？

国际贸易政策是指一国政府根据本国的政治经济利益和发展目标而制定的在一定时期内的进出口贸易活动的准则。下文将介绍一些主要的政策措施。

1.3.1 关税措施

各国管制对外贸易的行政措施概括起来可分为两类：关税壁垒和非关税壁垒。

一、关税壁垒

关税是指进出口货物经过一国关境时，由政府设置的海关向进出口商征收的税。关税是间接税，具有强制性、无偿性、预定性和统一征收的特点。

关税作为对外贸易政策执行的重要手段，对国民经济产生重大影响，其作用主要有：增加国家财政收入；保护和调节国内经济；调节进出口贸易平衡；配合和维护对外关系。

按商品的流向分类，大致可分为进口税、出口税、过境税和特别关税。

■ 进口税是指进口商品进入一国关境时或者从自由港、出口加工区、海关保税仓库等运往进口国的国内市场销售时，由海关根据海关税则对本国进口商征收的一种关税。又分为普通进口关税和优惠进口税两种。

■ 出口税是指出口国家的海关在本国产品输往国外时，对出口商所征收的一种关税。国家征收出口税的目的是：增加本国财政收入；限制本国短缺产品的出口，以满足国内市场的需求。

■ 过境税是指一国对于通过其关境的外国货物所征收的关税。现在大多数国家都不征收过境税，只征收少量的准许费、印花费、登记费和统计费等。

按征税目的分类，大致可分为财政关税、保护关税和报复关税。

■ 财政关税是指以增加国家财政收入为主要目的而征收的关税。对于进口商品征收财政关税，必须具备以下三个条件才能使财政收入增加：第一，征收的进口商品在国内必须有比较大量的消费。第二，这些商品必须是国内不能生产的，只能从国外进口的。第三，所征收的税率必须是适中或较低的。

■ 保护关税是为保护本国的产业免受外国竞争而征收的关税。与财政税收不同，保护关税的目的是为了保护本国的工农业生产和一些商品市场，所以税率一般都较高，有时高达100%以上，等于禁止进口，这样才能达到贸易保护的作用。

■ 报复关税是指一国对别国因对其进行贸易歧视，违背协议，而对从其进口的商品征收的进口附加税。

按征收关税的标准不同，大致可分成从价税、从量税、混合税、选择税。

■ 从价税是以进口商品的完税价格为标准计征的关税。完税价格是经海关审定作为计征关税的货物价格，其税率为完税价格的百分比。计算公式为

从价税额 = 商品的完税价格总额 × 从价税率

■ 从量税是指以商品的计量单位为标准计征的关税。商品计量主要有数量、重量、体积、容量、面积等。征收从量税，大部分是以商品的重量来征收的。计算公式为

从量税额 = 商品计量总量 × 每单位从量税额

■ 混合税是指对某种货物采用从量税和从价税同时征收的一种方法。可分为两种：一种是以从量税为主加征从价税，另一种是以从价税为主加征从量税。

■ 选择税是指对某种商品同时订有从量税和从价税，征税时由海关选择其中一种征收的方法。一般是选择税额较高的一种税率征收，在物价上涨时使用从价税，物价下跌时使用从量税。

按差别待遇分类，大致可分为普通关税和优惠关税。

■ 普通关税又称一般关税，是指对与本国没有签署贸易或经济互惠等友好协定的国家原产的货物征收的非优惠性关税。这种关税税率一般由进口国自主制定，只要国内外的条件不发生变化，则长期使用，税率较高。

■ 优惠关税是指对来自特定国家的进口货物在关税方面给予优惠待遇，其税率低于普通关税税率。

又可分为：

一是最惠国待遇关税是指签有最惠国待遇的缔约国之间给予的关税待遇。其关税税率低于普通关税税率，但高于特惠关税税率。

二是特定优惠关税又称特惠关税，是指给予来自特定国家的进口货物的排他性的

优惠关税，其他国家不得根据最惠国待遇条款要求享受这种优惠关税。

三是普惠制关税，是指普遍优惠制下的关税。普惠制有三个基本原则：普遍性原则，指发达国家应对发展中国家的制成品、半制成品尽可能给予关税优惠；非歧视原则，指应当对所有发展中国家统一实施普惠制，不应区别不同国家实施不同的方案；非互惠原则，指发达国家给予发展中国家的特别优惠待遇，而不应要求发展中国家给予反向对等优惠。

按常规与临时分类，大致可分为法定关税和附加关税。

■ 法定关税是指在海关税则上列出的进出口商品的关税税目的税率。

■ 附加关税是指海关对进出口商品在征收表列关税以外，再加征额外的关税。这种税多发生在进口方面。

又可分为三种：

一是反补贴税又称抵消税或补偿税，是对在生产、加工及运输过程中直接或间接受出口国政府、同业工会或垄断组织所提供的任何补贴或津贴的进口商品所征收的一种进口附加税。

二是反倾销税是指对实行倾销的进口商品所征收的一种临时性的进口附加税。所谓倾销是指低于正常价格在其他国家进行商品销售的行为。

三是报复关税是指对特定国家的不公平贸易行为采取行动而临时加征的进口附加税。

二、非关税壁垒

非关税壁垒是指除关税措施以外的一切限制进口的措施，它和关税一起充当政府干预贸易的政策工具。表现为灵活性、有效性、隐蔽性和歧视性的特点。

据统计，目前世界各国所实施的非关税壁垒已达 2 000 多种。主要有以下几种。

■ 进口配额又称进口限额，是指一国政府在一定时期（如一个季度、半年或一年）内，对于某些商品的进口数量或金额加以直接限制。在规定的期限内，配额以内的货物准予进口，超过配额的货物则不准进口，或加征较高的关税甚至罚款以后才准许进口。

又可以分为两大类：

一是绝对配额，是指在一定时期内，对某些商品的进口数量或金额规定一个最高额度，达到了这个额度后，便不准进口。

二是关税配额，是一种进口配额与关税相结合的形式。

■ "自动"出口限制又称"自动"出口配额制，也是一种限制进口的手段，是指出口国家或地区在进口国的要求或压力下，"自动"规定在某一时期内（一般为3年到5年），某些商品对该国出口的数量或金额的限制，在限定的配额内自行控制出口，超过配额即禁止出口。

又可分为两种形式：

一是单方"自动"，是指由出口国单方面自行规定出口到某国的限额，以限制商品的出口。

二是协议"自动"出口限制，是指由出口国与进口国通过谈判的方式签订"自限协定"或"有秩序地销售协定"。

■ 进口许可制是一种凭证进口的制度。为了限制商品进口，国家规定某些商品进口必须领取许可证，若没有许可证，一律不准进口。实行进口许可制不仅可以在数量和金额以及商品性质上进行限制，而且可以控制来源国国别和地区，也可以对国内企业实施区别对待。有的国家将进口许可证的发放与出口联系起来，以达到促进出口的目的。

■ 外汇管制是各国政府通过政府法令对国际结算和外国买卖加以管制，以平衡国际收支，控制外汇的供给与需求，防止套汇、逃汇，维持本国货币币值稳定的一种管理措施。出口商必须把出口所得的外汇收入按规定卖给管理银行，进口商必须向外汇管理机构申请外汇才能向外购买。这种措施无疑为商品进口带来了一定程度的障碍。

■ 对外贸易的国家垄断是指国家指定的机构和组织集中管理、集中经营某些商品的贸易。在以私营经济为主体的西方国家，平时仅对少数商品（如军火、烟酒和粮食等）实施国家垄断，在战争或经济大萧条时期，范围有可能扩大。其目的在于，保证国内的供应和生产，防止国内市场的混乱；通过国家垄断，可以贯彻政府的意图，限制部分商品的进口。

■ 歧视性的政府采购政策，是指政府制定政策或通过制定优先购买本国货物的法律法规，国家行政部门在采购时必须优先购买本国产品，从而形成对外国产品的歧视，限制外国货的进口。

■ 最低限价政策，是指进口国就某一商品进口时规定一个最低价格，如果在进口时低于该价格，就不准进口或征收附加税。

■ 反倾销和反补贴政策，是指为了避免外国商品倾销和受补贴商品进口对本国市场和生产造成重大伤害，进口国可对实施倾销和补贴的进口商品采取反倾销税和反补贴税等附加税，实施正当的保护措施。

■ 海关估价政策，是指一国在实施从价征收关税时，由海关根据国家的规定，确定进口商品完税价格，并以海关估定的完税价格作为计征关税的基础的一种制度。

■ 进口押金制又称进口存款制，是一种通过支付制度限制进口的措施。进口商在进口货物运达以前，必须预先按进口金额的一定比率和规定的时间，在指定的银行无息存放一笔现金，方能获准报关进口，存款须经一定时期后才能返还给进口商。

技术性贸易壁垒是非关税壁垒中发展最为广泛的一种形式，是指以维护国家安全，保护人类、动植物的生命及健康，阻止欺诈，保护环境，保证质量为目的，或以贸易保护为目的所采取的技术性措施。

1.3.2 鼓励出口和限制出口

1.3.2.1 鼓励出口的措施

出口鼓励政策是一国为鼓励商品出口而采取的积极和主动的措施，是指出口国政府通过经济、行政和组织等方面的措施，促进本国商品的出口、开拓和扩大国外市场。

鼓励出口的政策分为如下几种类型。

一、出口优惠政策

出口优惠政策是指给予出口商的生产及购销各种优惠措施。具体实施措施分别为：一是享受其他企业不能享受的政策待遇；二是给予资金融通、信贷等优先权或更低的利息水平；三是给予原材料、人才使用等方面的优惠。

二、支持性的政策

分别是金融支持、直接投资支持、非营利福利支持等。

三、与出口相关的政策

■ 出口补贴，又称出口津贴。是一国政府为降低出口商品的价格，加强其在国外市场上的竞争能力，在出口某种商品时给予出口厂商的现金补贴或财政上的优惠待遇。

又分为以下两种：

一是直接补贴。是指出口某种商品时，直接付给出口厂商的现金补贴。其目的是为了弥补出口商品国内价格高于国际市场价格给出口商所带来的亏损，或者补偿出口商所获利润率低于国内利润率所造成的损失。

二是间接补贴。是指政府对某些出口商品给予财政上的优惠。如退还或减免出口商所缴纳的销售税、消费税、所得税等国内税；对进口原料或半制成品加工再出口给予暂时免税或退还已缴纳的进口税；免征出口税；对出口商实行延期付税、减低运费、提供低息贷款，以及对企业开拓国际市场提供补贴等。其目的仍然在于降低出口商品的价格，以有效地打进国际市场。

■ 出口信贷。出口国为了支持本国产品的出口，增强国际竞争力，在政府的支持下，由本国专业银行或商业银行向本国出口商或外国进口商（或银行）提供较市场利率略低的贷款，以解决买方支付进口商品资金的需要。

其方式分别为：

一是卖方信贷。卖方信贷是指出口方银行同本国出口商提供的贷款，贷款协议由出口商与银行签订。

二是买方信贷。出口方银行直接向进口商提供的贷款，而出口商与进口商所签订的成交合同中则规定为即期付款方式，买方信贷实际上是一种银行信用。

■ 出口信贷的国家担保。是指国家为了扩大出口，对于本国出口商或商业银行向国外进口商或银行提供的信贷，由国家设立的专门机构出面担保。国家担保制保险的范围不仅包括一般的商业性风险，还包括政治因素、外汇管制等引起的不能按时付款或拒绝付款的政治风险。通常担保机构对进口国发生政变、暴乱、战争以及政府实行禁运或限制对外支付等政治风险的担保金额为合同金额的85%～95%；对进口商或借款银行因破产无力偿还、货币贬值、通货膨胀等经济风险的担保金额为合同金额的70%～80%。这项措施实际上是国家替代出口商承担风险，是扩大出口和争夺国外市场的一个重要手段。

其担保对象主要有两种：

一是对出口厂商的担保。出口厂商输出商品时所需要的短期或中长期信贷均可向国家担保机构申请担保。有些国家的担保机构本身不向出口厂商提供出口信贷，但可为出口厂商取得出口信贷提供有利条件。例如，有的国家采用保险金额的抵押方式，允许出口厂商所获得承包权利，以"授权书"方式转移给供款银行而取得出口信贷，这种方式使银行提供的贷款得到安全保障，一旦债务人不能按期还本付息，银行可直接从担保机构得到补偿。

二是对银行的直接担保。通常银行所提供的出口信贷都可申请担保。这种担保是担保机构直接对供款银行承担的一种责任。有些国家为了鼓励出口信贷业务的开展和提供贷款安全保障，往往给银行更为优厚的待遇。

■ 出口退税指国家给予出口企业按出口商品的数量（一般依据出口合同、发票、支付凭据等）退其所得税或增值税等国内税负，这提高了企业的利润率。

1.3.2.2　限制出口的措施

出口限制政策是指政府出于某种目的对出口进行限制的政策。

出口限制政策分为：

■ 绝对禁止出口是指国家颁布有关法规，对某一类产品或技术的出口绝对禁止。

■ 出口关税制度是各个国家曾经普遍使用的出口商品征税制度，在现今市场条件下，各国为鼓励出口已很少使用这种方式。

■ 出口许可证制度是指只允许有许可证的公司出口，无许可证则禁止出口。是目前世界各国使用最广泛的出口限制措施。

又可分为以下几种：

一是特种出口许可证。指针对特定国家和特定产品（或技术）设定的出口许可证，这种许可证较难申请，管制也很严格。

二是一般出口许可证。是指针对所有国家的出口许可证。这种许可证往往只涉及很少种类的商品，国家对其出口进行控制。

三是最低出口限价。最低出口限价是指国家对一些商品的出口规定最低限价。低于最低限价的则禁止出口。

案例研究：匈牙利出口鼓励政策

匈牙利由于国内资源不算丰富，而且国土面积较小，政府历来重视对外贸易。匈牙利政府采取一系列鼓励出口的措施。主要包括出口信贷、出口信贷保险、出口补贴和政府机构的组织措施。

■ 出口信贷。匈牙利政府于1994年成立了进出口银行，其主要业务有出口间接贷款和买方信贷。

一、卖方信贷

第一，一般出口贷款：只要持有有效的外贸合同，并且绝大部分的出口产品价值是在匈牙利创造的，出口商都可以申请此种贷款。第二，优惠出口贷款：这是为支持中型生产出口产品期间所需的流动资金提供的贷款。该贷款最长期限为18个月，最高限额为相当于1亿福林的美元或马克，此种贷款的利率是6个月的伦敦银行同业拆放利率加2%，其中如果贷款期限为半年，则可享受50%的利息优惠。第三，中长期贷款：它提供的是生产出口产品期间所需要的流动资金和核销前所需的资金。只要持有有效的外贸合同、匈牙利原产地证书，都可申请最少为一年的中长期贷款。贷款金额不超过出口合同总值的85%，最少相当于1亿福林的美元或马克，一次性提贷不得少于 5 万美元或 7.5 万马克。

二、出口间接贷款

为鼓励中小企业出口，向其他商业银行提供出口贷款，匈牙利进出口银行设立了出口间接贷款，每笔贷款不超过出口合同总金额的 85%，最高限额为 500 万美元或等值马克。贷款期限为两年至五年，两年内固定利率为伦敦银行同业拆放利率减0.5%。凡持有有效的出口合同，其产品价值的 50% 在匈牙利生产的生产商均可申请此种贷款。

三、买方信贷

为鼓励外国进口商购买本国产品，进出口银行直接向外国进口商提供贷款，用以支付购买本出国口商品，这样的贷款即买方信贷。在匈牙利，买方信贷的期限为一年至五年，利率一般由借贷双方协商。贷款金额不超过出口合同总额的 85%，货币为美元或马克。在匈牙利注册的法人只要拥有有效的外贸合同，且有匈牙利进出口银行所接受的银行担保，均可申请此种贷款。

四、银行担保

匈牙利进出口银行还有银行担保业务，主要包括贷款抵押担保、定金偿还担保、合同执行担保、投标担保。

■ 出口信贷保险。匈牙利于 1994 年成立了出口信贷保险股份有限公司，保险种类除一般贸易险以外，还包括投标险和海外投资险。匈牙利出口信贷保险公司将同匈牙利有贸易往来的国家，按照政治风险系数分为 A、B、C、D 四类。

■ 出口补贴。可分为出口直接补贴和出口间接补贴。第一，出口直接补贴：匈牙利对农产品和食品也有补贴。第二，出口间接补贴：匈牙利于 1995 年 12 月 30 日开始实行出口退税制，即如果产品用于出口，国家向出口商退还国内流通时所征收的增值税，以鼓励出口。此外，如符合下列条件，也可以享受其他减免税：投资总额在10 亿福林以上，出口收入与上年相比增长 25%，但最低不低于 6 亿福林，自投资之日起 5 年之内享受减免公司税 50% 的优惠。在优先地区投资，投产之后 5 年内，年出口额较上年增长 1%，当年享受公司减免公司税 50% 的优惠。

■ 政府机构促进出口的组织措施。第一，匈牙利政府为鼓励企业拓展国外市场，研究国外市场信息，参加在国外举行的博览会、展览会，设立发展基金。该基金由国家工商部主管，每年通过招标的形式执行，中标者费用的 50% 由基金资助，资助的最高限额由工商旅游部每年视情况而定。第二，驻外商务机构协助本国考察团组了解海外市场情况，参加展览会，联络客户，同时，向国内通报驻在国商品供需情况、经济政策等信息。第三，如果匈牙利与某国贸易赤字过大，则由政府通过双边混委会或高层互访等机会，推介国内较有竞争力的产品，敦促贸易顺差国进口匈牙利产品以平衡贸易，从而推动了匈牙利产品增加出口。

（来源：岁月联盟）

1.3.3 我国对外贸易政策

自新中国成立以来，我国在对外贸易的发展上，经历了两个不同的发展阶段。第一个阶段是在改革开放以前，我国对外贸易进出口总额只有 206 亿美元，居世界排名第 32 位，占世界贸易总额的比重不到 1%；第二个阶段是改革开放之后，我国对外贸易的增速大幅度提升，到 2008 年时，我国对外贸易进出口总额已经高达 25 617 亿美元，居世界排名第 3 位，占世界贸易总额的比重上升到近 9%；一跃成为世界贸易大国。截至 2013 年年底，我国对外贸易进出口总值 25.83 万亿元人民币，扣除汇率因素同比增长 7.6%，年进出口总值首次突破 4 万亿美元。当然，这些与我国对外贸易的政策是密不可分的。

一、改革开放初期实行有管制的开放式贸易保护政策

这一时期大致在 1978 年到 1992 年。1978 年党的十一届三中全会明确了对外贸易在中国经济发展中的战略地位和指导思想。由于经济体制从严格计划经济体制转向商品经济体制，中国对外贸易政策开始变化。

该阶段对外贸易政策的主要标志有两个：一是 1982 年 1 月党中央书记处会议为对外经济工作确定了理论基础和指导思想；二是 1986 年"七五"计划的公开发表为对外贸易战略设计了明确的蓝图。此外，我国在 1986 年 7 月正式向关贸总协定（GATT）递交了《中华人民共和国对外贸易制度备忘录》，提请恢复中国在 GATT 的创始缔约国地位。

该阶段，我国对外贸易政策主要有：

■ 采取出口导向战略，鼓励和扶持出口型产业，并进口相应技术设备，实施物资分配、税收和利率等优惠，组建出口生产体系；实行外汇留成和复汇率制度；限制外资企业商品的内销；实行出口退税制度；建立进出口协调服务机制等一系列措施。

■ 实施较严格的传统进口限制措施，通过关税、进口许可证、外汇管制、进口商品分类经营管理、国营贸易等措施实施进口限制。

■ 鼓励吸收外国直接投资，鼓励利用两种资源、两个市场和引进先进技术。

二、改革开放深化时期有自由化倾向的贸易保护政策

1992 年以后，我国进入改革开放深化时期，对外贸易政策开始进行了深入调整，特别是进口限制方面的改革步伐加快。

在进口限制方面的改革包括：

■ 对关税政策进行调整，1992 年 1 月 1 日采用了按照《国际商品名称和编码协调制度》调整的关税税则，并降低了 225 个税目的进口税率，其后进行多次关税下调，到 1996 年我国的关税总水平已下降至 23%。

■ 减少、规范非关税措施，包括进口外汇体制改革，实行单一的有管理的浮动汇率制度，取消大量配额许可证和进口控制措施，配额分配也转向公开招标的规范化分配制度。

■ 依据关贸总协定/世界贸易组织的规则，对我国涉外法律体系进行完善，其中，包括建立大量的技术法规、反倾销条例等。

在促进出口方面的改革包括：

■ 继续执行出口退税政策。

■ 成立中国进出口银行，扶持企业对外出口。

■ 采取有管理的浮动汇率制度。

■ 成立各类商会和协会，积极组织和参与国际性贸易博览会和展览会等。

■ 大力发展出口援助等。

这一时期的出口突出表现出三个方面特点：我国出口贸易方式主要以加工贸易为主；外资企业出口比重越来越大；连续出现十年的贸易顺差，外汇储备的规模越来越大。

三、改革开放进入全方位宽领域时期的一般自由贸易政策

自 2001 年 12 月我国加入世界贸易组织后，改革开放进入全方位宽领域对外开放时期。这一时期，我国对外贸易政策一方面要适应中国市场化改革的特点，另一方面又要与世界贸易组织规则相一致。因此，我国对外开放开始从自主单向开放向相互多边开放转变；从政策导向开放向按世界贸易组织规则开放转变；从货物市场开放延伸到服务市场开放。我国外贸政策也从有贸易自由化倾向的贸易保护政策向有协调管理的一般自由贸易政策转变。

这一时期对外贸易政策的变化，集中反映在我国《对外贸易法》的修改中，该法于 2007 年颁布实施。

新外贸法主要从以下三个方面对原法进行了重大修改：一是修改了原外贸法与我国入世承诺和世界贸易组织规则不相符的内容。二是根据我国入世承诺和世界贸易组织规则，对我国享受世界贸易组织成员权利的实施机制和程序作了规定。三是根据对

外贸易法颁布实施十年以来出现的新情况和促进对外贸易健康发展的要求作了修改。这次修改的目的主要是为履行我国入世有关承诺，充分运用世界贸易组织规则促进我国对外贸易健康发展。

新外贸法的修改内容主要有：

■ 自然人可获得对外贸易经营权。

■ 取消对货物和技术进出口经营权的审批制，实行备案登记制。

■ 启动对外贸易调查程序，完善对外贸易救济制度。

■ 加强对外贸易的监督和服务。

■ 加大对外贸违法行为的处罚力度。

这些政策更加符合市场经济体制和贸易自由化的要求。同时，我国销毁和修改了两千多种与世界贸易组织规则相冲突的法律文件和规章；增加了贸易政策的透明度；建立和完善了出口贸易促进体系，健全出口退税制度；出台《反垄断法》，完善《反不正当竞争法》；参加多边贸易谈判，积极开展双边自贸区建设，签署了 8 个双边自由贸易区合作协议；开放服务贸易市场，把国际服务贸易作为发展战略目标；鼓励和推动企业"走出去"，推动开放型经济向一个全新领域发展。

四、国际金融危机背景下我国对外贸易政策的调整

国际金融危机对全球经济的不良影响也蔓延到我国，对我国外贸进出口影响尤为突出。2008 年 11 月起，我国对外贸易就出现连续性的大幅下降，这表明中国市场与世界市场的联系越来越紧密，受世界市场影响的风险越来越大。根据国际市场的变化适时调整我国对外贸易政策也成为当前的必然选择。

■ 扩大内需，缓解出口企业困难，保持对外贸易稳定增长。

加大财税政策支持力度，提高部分技术含量和附加值高的机电产品出口退税率，适当扩大中央外贸发展基金规模；稳步推进加工贸易转型升级，调整加工贸易禁止类和限制类目录，将符合国家产业政策又不属于高耗能、高污染的产品及具有较高技术含量的产品从禁止类目录中剔除，将部分劳动密集型产品和技术含量较高、环保节能的产品从限制类目录中剔除；鼓励加工贸易向中西部转移，在部分重点承接地增加保税物流功能；完善海关特殊监管区域功能，引导先进制造业和现代生产型服务业入区发展；改善进出口金融服务，适当扩大政策性银行出口买方信贷，鼓励商业银行开展出口退税账户托管贷款业务，扩大保单融资规模，缓解中小外贸企业融资困难；对广东和长江三角洲地区与港澳地区、广西和云南与东盟的货物贸易进行人民币结算试点；扩大国内有需求的产品进口，重点增加先进技术、关键设备及元器件和重要能源原材料等产品进口；促进投资和贸易互动，鼓励外资投向高新技术、节能环保产业和现代服务业，大力发展国际服务外包，将苏州工业园区技术先进型服务企业有关税收试点政策扩大到国家认定的服务外包基地城市和示范园区；提高贸易便利化水平，海关和出入境检验检疫实行 24 小时预约通关，继续减免出口农产品的出入境检验检疫费，降低出口纺织、服装产品检验费用；加强和改善多双边经贸关系，积极化解国际贸易摩擦，妥善处理出口产品质量安全问题，营造良好国际环境，支持企业开拓新兴市场。

■ 稳定外需，促进外贸发展。

扩大内需是我国应对国际金融危机、促进经济发展的长期战略方针，而稳定外需对增加就业、促进企业发展，进而拉动国内消费具有重要作用，也为调整经济结构、转变经济发展方式创造有利条件。

因此，国务院提出：要进一步加大政策支持力度，转变外贸发展方式，调整出口结构，重点促进优势产品、劳动密集型产品和高新技术产品出口，努力保持中国出口产品在国际市场的份额。并确定了进一步稳定外需的六项政策措施，包括：完善出口信用保险政策，2009 年安排短期出口信用保险承保规模 840 亿美元；完善出口税收政策，继续支持优势产品、劳动密集型产品、高科技产品出口；大力解决外贸企业融资难问题，安排资金支持担保机构扩大中小企业贸易融资担保；进一步减轻外贸企业负担；完善加工贸易政策，便利产品内销；支持各类所有制企业"走出去"，2009 年安排优惠出口买方信贷规模 100 亿美元。

■ 采取积极措施，反对贸易保护主义，扩大对外开放。

首先，坚定不移地推进改革开放。加入世界贸易组织后，我国市场更加开放，贸易自由度大幅上升。采取措施稳步改进市场经济体系和法律体系，特别是在知识产权保护、产品质量与食品安全、环境保护与劳动保障等方面已取得显著进步。

其次，实施积极的"走出去"战略。应全面调整对外投资政策体系，加强政策的协调性，增强政策灵活性，提高政策竞争性，简化前置性审批程序，缩短审批时间，让企业自主决策、自担风险，促进其在全球经济衰退中抓住机遇、扩大对外投资合作，为企业"走出去"搭建政策上的"绿色通道"。

再次，加强出口退税工作。面对国际金融危机对我国出口的严重冲击，我国出台了包括上调出口退税率在内的一揽子宏观经济政策。主要涉及具有竞争优势的产品、劳动密集型产品和高新技术产品。调整的切入点是进一步支持中国企业的结构调整，进一步增加国内就业，进一步发挥比较优势。这些政策措施起到了一定的效果，一些出口退税率上调幅度较大的劳动密集型产品其出口明显回升。

最后，应组织赴外采购团。鉴于各国经济下滑、失业增加、需求减少，各国纷纷实施贸易保护主义的外贸形势，我国确定了扩大内需、稳定外需的政策方向，采取积极的进口政策，以实际行动带头反对贸易保护主义。先后派出了赴美采购团、赴欧采购团、赴法采购团等到境外进行大单采购，采购金额达数百亿美元，受到主要贸易伙伴的热烈欢迎，我国已成为以实际行动带头反对贸易保护主义的重要国家。

案例研究：2009 年中美轮胎特保案

轮胎特保案是指美国国际贸易委员会于 2009 年 6 月 29 日提出建议，对中国输美乘用车与轻型卡车轮胎连续三年分别加征 55%、45% 和 35% 的从价特别关税。根据程序，2009 年 9 月 11 日，美国总统巴拉克·奥巴马决定对中国轮胎特保案实施限制关税为期三年。2010 年 12 月 13 日，世界贸易组织驳回中国提出的美国对其销美轮胎征收反倾销惩罚性关税的申诉，仲裁小组表示美国在 2009 年 9 月对中国销美轮胎采取"过渡性质保护措施"征收惩罚性关税未违反世界贸易组织规定。2011 年 9 月 5 日，世界贸易组织裁定中国败诉。

此案是奥巴马时代美国首起对华特保案，也是针对中国的最大特保案，可能导致其他国家和地区抵制中国产品。该案也是奥巴马对华贸易政策的风向标。2009 年 4 月 20 日，美国钢铁工人联合会向美国国际贸易委员会提出申请，对中国产乘用车轮胎发起特保调查。其在诉状中声称，从中国大量进口轮胎损害了当地轮胎工业的利益；若不对中国轮胎采取措施，到 2009 年年底还会有 3 000 名美国工人失去工作。

事件起源于 2009 年 6 月 29 日，美国国际贸易委员会（ITC）以中国轮胎扰乱美国市场为由，建议美国在现行进口关税的基础上，对中国输美乘用车与轻型卡车轮胎连续三年分别加征 55%、45% 和 35% 的从价特别关税。根据美国调查程序，在 8 月 7 日的听证会后，美国总统将于 9 月 17 日前作出是否采取措施的最终决定。

与此同时，中国也对此事件进行了反击。中华人民共和国商务部 2009 年 9 月 13 日毅然作出决定，对美国部分进口汽车产品和肉鸡产品启动反倾销和反补贴立案审查程序。

中国政府 2009 年 9 月 14 日正式就美国限制中国轮胎进口的特殊保障措施启动了世界贸易组织争端解决程序。

中国常驻世界贸易组织代表团在一项声明中说，中方当日正式就美相关措施提出世界贸易组织争端机制框架内的磋商要求。中方要求与美方磋商，是行使世界贸易组织成员权利的正当举动，是维护自身利益的切实行动。

声明指出，美方对中国输美轮胎采取特保措施，是违背世界贸易组织规则，滥用贸易救济措施的错误做法。中方希望各方能够体会到中方坚定反对贸易保护主义的决心，共同维护多边贸易体制，尊重多边贸易规则，共克时艰，推动全球经济尽快复苏。

特保案事件发生后，美国经济学家近来纷纷表示，奥巴马政府以特保名义对中国轮胎实施制裁，为的是迎合国内一些政治势力，完全是保护主义行为，有损美国利益，也不利于世界经济复苏。中美轮胎特保案对正在恢复中的全球经济来说，无疑是个坏消息。

更重要的是，特保案的通过将把中国众多产业都置于相同的威胁之下。人们担心的是，在奥巴马表示支持轮胎特保案后，美国其他行业近期内也可能对中国产品提出类似的贸易救济措施，而奥巴马政府为了转移国内矛盾，纵容更多行业对华施压甚至相继采取强硬做法。这样，钢铁、纺织、机电等行业将会受到极大冲击，其连锁反应将对中国的经济恢复产生消极影响。

（来源：http://www.baike.so.com/doc/2677632.html）

2 行业分析

行业分析是指根据经济学原理，对行业经济的运行状况、行业竞争力、市场竞争格局、行业政策等进行分析，从而发现行业运行的内在经济规律，进而进一步预测未来行业发展的趋势。行业分析是介于宏观经济与微观经济分析之间的中观层次的分析。

2.1 S.C.P 理论范式及行业分析

思考题：

S.C.P 理论范式中 S、C 和 P 分别指什么？

市场结构分为哪几大类？

2.1.1 S.C.P 理论范式

哈佛大学的贝恩等人（1959）所创立的正统产业组织学体系在理论上构造了市场结构—市场行为—市场绩效的分析范式（SCP 范式）。SCP 分析范式认为产业结构决定了产业内的竞争状态，并决定了企业的行为及其战略，从而最终决定企业的绩效。传统认为 SCP 分析范式是一个单项影响关系（如图 2－1），即市场结构在一定时期是不固定的，不同的产业结构会产生企业在产业中不同的市场地位，进而影响企业的市场行为选择，如在完全竞争的市场上，企业规模趋同，数量众多，因此企业必然会采取积极的竞争策略。迫于竞争压力不断地进行技术创新、价格战等市场行为；而完全垄断会产生高定价、寡头垄断会产生寡头间的串谋等。最后市场的行为选择又决定整个产业绩效的高低。

但实际上，三要素间的关系并非简单的单性关系，如反过来市场绩效的好坏也会进一步影响企业的行业选择，如果行业利润率高，会吸引更多的潜在进入者，进入后又会造成企业间竞争行为的调整；而且潜在进入企业进入市场行为本身也改变了原来的市场结构。由此可见，市场结构、市场行为和市场绩效之间是相互关联、相互影响的多重关系，同时政府政策在其中也会起到很关键的作用（如图 2－2）。

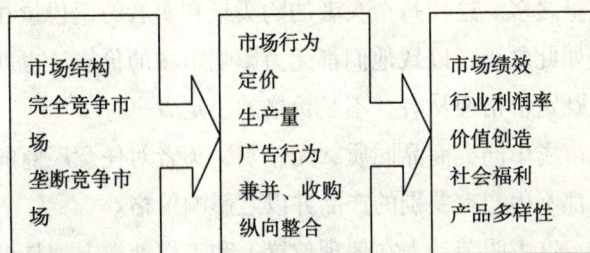

图 2-1 单向 SCP 分析框架

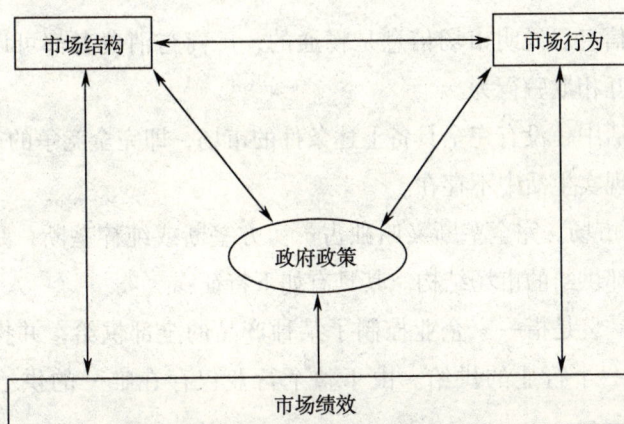

图 2-2 多重 SCP 分析框架

归纳起来,在短期内,市场结构、市场行为和市场绩效之间的关系是:市场结构从根本上制约市场行为,市场行为又直接决定了市场绩效。从长期看,市场结构也在发生变化,而这种变化正是企业市场行为长期作用的结果,有时市场绩效的变化也会直接导致市场结构发生变化。所以,在一个较长的时期内,市场结构、市场行为和市场绩效之间是双向的因果关系。

一、市场结构

市场结构是指某一经济市场的组织特征,而最重要的组织特征,是那些影响竞争性质及市场价格确定的因素。一般把市场分为四种类型:完全竞争市场、完全垄断市场、垄断竞争市场和寡头垄断市场。

■ 完全竞争市场。完全竞争是指竞争不受任何阻碍和干扰的市场结构。其具备如下特征:

自由市场。这是一个没有外在力量控制的市场。外在力量有两种:一是政府的干预;二是集体的行动或厂商的勾结。

买者和卖者数量之多。这使每个买者的购买量和卖者的销售量在整个市场的交易量中所占的份额是如此之小，以致他们都无力影响市场的价格。也就是说，市场中的生产者和消费者是既定价格遵从者，不是价格的决定者。

同质的商品。市场中同类商品同质，无差别，买者对任意厂商的商品都看作一样无偏好。任何厂商都不生产有差别的产品并以之影响价格。

资源自由流动。这表明劳动力在地理位置上和工作种类上都是可以流动的；没有一个投入所有者或生产者垄断投入；新的厂商（或新的资本）可以无困难地进出某一行业。

完备的市场信息。说明市场信息是畅通的，厂商与消费者都可以获得完备的信息，双方不存在互相欺骗行为。

但在现实生活中，没有完全具备上述条件的市场，即完全竞争的市场结构是一种纯理论模式，在现实生活中不存在。

■ 完全垄断市场。完全垄断又叫独占、卖方垄断或纯粹垄断，是指一家厂商控制了某种产品全部供给的市场结构。其具有如下特征：

企业数目唯一。是指一家企业控制了某种产品的全部供给，并排斥其他竞争对手，独自控制了一个行业的供给。由于整个行业仅存在唯一的供给者，企业就是行业。

市场价格的制定者。由于垄断企业控制了整个行业的供给，也就控制了整个行业的价格，成为价格制定者。

产品不存在替代品。垄断企业是市场上唯一的商品供给者。

要素资源难以流动。是指这种结构下存在进入障碍，其他厂商难以参与生产。

现实中绝大多数产品都具有不同程度的替代性，因此也是一种理论假设。

■ 垄断竞争市场。一个市场中有许多企业生产和销售有差别的同种商品的一种市场组织成为垄断竞争市场。其具有如下特征：

各个企业的产品不是同质的，但彼此间是非常接近的替代品。

一个生产集团中有大量企业，每个企业所占的市场份额都很小。

企业可以自由进入和退出。

■ 寡头垄断市场。寡头垄断市场是指极少数几家厂商控制整个市场的生产和销售的一种市场组织。这是种很普遍的市场结构，如汽车、钢铁、铝业、石油化工、电子设备和计算机。按产品特征可以将寡头市场分为纯粹寡头市场和差别寡头市场。纯粹寡头市场是厂商生产的产品没有差别，如钢铁、水泥等行业。差别寡头垄断市场行业是指厂商生产的产品有差别，如汽车、冰箱等行业。

其具有如下特征：

几家大企业生产和销售了整个行业的绝大部分产品，它们每家都在该行业中具有举足轻重的地位。

是一个相互依存的市场结构。由于寡头市场只有几家企业，所以，每家企业的产量和价格的变动都会显著地影响到本行业竞争对手的销售量和销售收入。

二、市场结构的测度

市场集中度（或产业集中度）是衡量产业竞争性和垄断性的常用指标。

■ 绝对集中度。一般以产业内最大的若干厂商的销售额占全产业销售额的比重来衡量。在分析各产业的集中度时，通常以最大的 4 家或 8 家厂商的销售额份额来计量，分别称为"4 厂商集中度"（CR4）和"8 厂商集中度"（CR8）。

■ 相对集中度。借用洛伦兹曲线及基尼系数，可以反映产业内企业的规模分布状况，以累计企业数目与累计市场占有率描述。

洛伦兹曲线是一种相对集中度的指标，它表明市场占有率与市场中由小企业到大企业的累计百分比之间的关系（如图 2－3）。

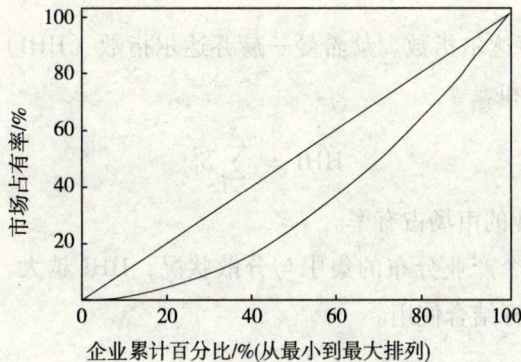

图 2－3 洛伦兹曲线

基尼系数指标用来测试产业的集中度也有其局限性。例如，两条不同形状的洛伦兹曲线所围成的面积相等时，可以得到相同的基尼系数，但不能反映市场中企业规模的不均匀程度。

基尼系数是根据洛伦兹曲线来判断收入分配平均程度的指标，是比例数值，在 0 和 1 之间。在图 2－4 中，A 表示实际收入分配曲线 b 与绝对平均线 a 之间的面积；B 表示实际分配曲线 b 与绝对不平均线 c 之间的面积、则基尼系数的表达式为：基尼系

数 = A／（A + B）

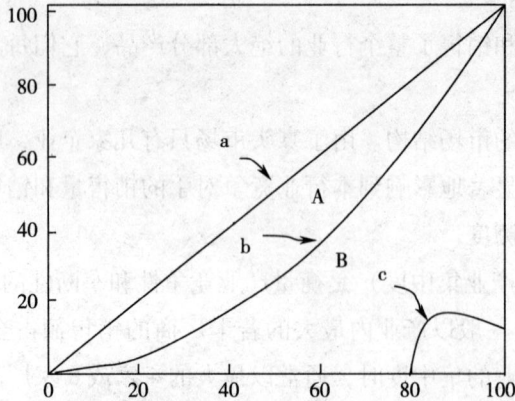

图 2 - 4　洛伦兹曲线和基尼系数

可见，基尼系数乃是在洛伦兹曲线图形上，洛伦兹曲线与三角形斜边之间的面积与整个三角形之间的面积的比例。当基尼系数 = 0 时，洛伦兹曲线与均等分布线重合，即所有企业规模完全相等；当基尼系数趋向于 1 时，企业的规模分布越来越不均等。

■ 赫希曼—赫芬达尔指数。赫希曼—赫芬达尔指数（HHI）是指市场中所有企业市场占有率的平方和。

$$HHI = \sum_{i=1}^{N} S_i^2$$

S_i 表示行业中第 i 企业的市场占有率。

HHI 指数反映整个产业分布的集中与分散状况，HHI 越大，表明行业集中度越高，一般与集中度指标结合使用。

三、市场行为

市场行为是指企业在充分考虑市场的供求条件和其他企业关系的基础上，所采取的各种决策行为；或者说是企业为实现其既定目标而采取的适应市场要求的调整行为。

市场行为的内容包括以下几个方面：

■ 营销行为。生产者要尽快把更多的商品销售出去，以补偿生产经营中的耗费并获得预期的收益。因此，他们要确定营销策略，比如促销行为、广告宣传等。

■ 定价行为。企业定价要以成本为定价的基础，考虑市场供求、竞争、政策等因素确定合理价格。在其他条件不改变的情况下，价格的高低直接影响企业的亏盈，因此企业的定价行为应该是既要考虑本企业的盈亏，又要考虑消费者，使得两者都能受益。当然，企业也会根据很多条件的不同，进行差别定价。

■ 合同行为。合同是指合同双方为了各自目的而明确相互间权利义务关系的协议。在市场经济条件下，商品生产者和经营者之间的商品交易，常以经济合同形式来实现，企业的生产和经营的目标常以经济合同确定。

四、市场绩效

市场绩效是指在特定市场结构下，通过一定的市场行为为使某一产业在价格、成本、利润、产品质量、品种及技术进步等方面达到的最终经济成果。它实质上反映的是在特定的市场结构和市场行为条件下市场运行的效率。

反映市场绩效的指标分别为：

■ 利润率（收益率）指标。行业利润的一般计算公式是：

$$R = \frac{\pi - T}{E}$$

式中，R 为税后资本收益率，π 为税前利润，T 为税收总额，E 为自有资本。利润率是比较直观地分析企业盈利水平的指标，可以反映企业的市场绩效。

■ 勒纳指数。勒纳指数是指价格与边际成本的偏离率，勒纳指数度量的是价格与边际成本的偏离率。其计算公式为：

$$L = (P - MC)/P$$

式中，L 为勒纳指数，P 为价格，MC 为边际成本。

勒纳指数的数值在 0 与 1 之间变动。在完全竞争条件下，价格等于边际成本，勒纳指数等于 0；在垄断情况下，勒纳指数会大一些，但不会超过 1。从直接的角度观察，勒纳指数越大，价格与边际成本之间的差越大，市场的竞争程度就越低，行业市场竞争程度越低则行业的绩效越差。

■ 贝恩指数。把利润分为会计利润和经济利润两种。计算公式分别是：

会计利润 = 总收益 - 当期总成本 - 折旧

经济利润 = 会计利润 - 正常投资收益率 × 投资总额

贝恩指数 = 经济利润 / 投资总额

贝恩指数代表的是行业的超额利润率。市场中假如持续存在超额利润（或者说经济利润），那么一般情况下就表明该市场上存在垄断势力，且超额利润越高，垄断力量越强。实际上，贝恩指数代表的是行业的超额利润率。

■ 托宾 q。托宾 q 表示一家企业的市场价值与企业资产的重置成本的利率关系，市场价值通过企业公开发行股票和债务衡量。托宾 q 的计算

$$q = \frac{MV}{Q}$$

式中，q 表示托宾指数，MV 表示股票市值，Q 表示企业资产重置成本。根据企业资产价值的变化来衡量市场绩效的高低。

当 $q > 1$ 时，说明企业以股票和债券计量的市场价值大于以当前市场价格评估的资产重置成本，意味着企业在市场中能获得垄断利润。q 值越大，企业能获得的垄断利润越大，社会福利损失越大，市场经济绩效越低。

市场绩效是一个比较宽泛的概念，上面提到的是产业组织理论中在评价市场绩效时常用的指标，但是反映市场绩效还可通过一些非定量的指标进行分析。如反映一个产业的市场绩效，那么资源配置效率是一个重要的核心问题，技术进步也反映企业的技术能力、行业竞争力的提高，因此，对市场绩效的评价还要综合考虑。

2.1.2 钢铁行业分析

钢铁行业是以从事黑色金属矿物采选和黑色金属冶炼加工等工业生产活动为主的工业行业，包括金属铁、铬、锰等的矿物采选业、炼铁业、炼钢业、钢加工业、铁合金冶炼业、钢丝及其制品业等细分行业，是国家重要的原材料工业之一，因此，钢铁行业的发展，牵动着国家经济的长足发展。

图 2-5 是 1990—2012 年世界钢铁企业的排名演变，从图中可以看出，我国的钢铁企业的发展越来越好。

	1990	1995	2000	2005	2010	2012
1	新日铁	新日铁	新日铁	米塔尔	安塞洛米塔尔	安塞洛米塔尔
2	UsinorSacilor	浦项	浦项	安塞洛	宝钢	新日铁住金
3	浦项	英国制铁	Arbed	新日铁	浦项	河北
4	英国制铁	UsinorSacilor	LNM	浦项	新日铁	宝钢
5	美国钢铁	Riva	Usinor	JFE	JFE	浦项
6	日本钢管	美国钢铁	科勒斯	宝钢	沙钢	武钢
7	ILVA	日本钢管	蒂森克虏伯	美国钢铁	Tata	沙钢
8	蒂森	Arbed	宝钢	纽柯	美国钢铁	首钢
9	住友	川崎	日本钢管	科勒斯	鞍钢	JFE
10	川崎	住友	Riva	Riva	Gerdau	鞍钢

资料来源：IISI，海通证券研究所。

图 2-5　1990—2012 年世界钢铁企业十强演变

图 2-6 反映的是全球前十大钢铁企业的地域变化情况，可见，中国从 2000 年到 2012 年，一跃成为钢的生产大国。

与此同时，钢厂的产能分布与经济增长的分布是一致的，经济高速增长的地区更有条件和动力进行行业整合，包括 20 世纪 70 年代战后飞速发展的日本，20 世纪 90

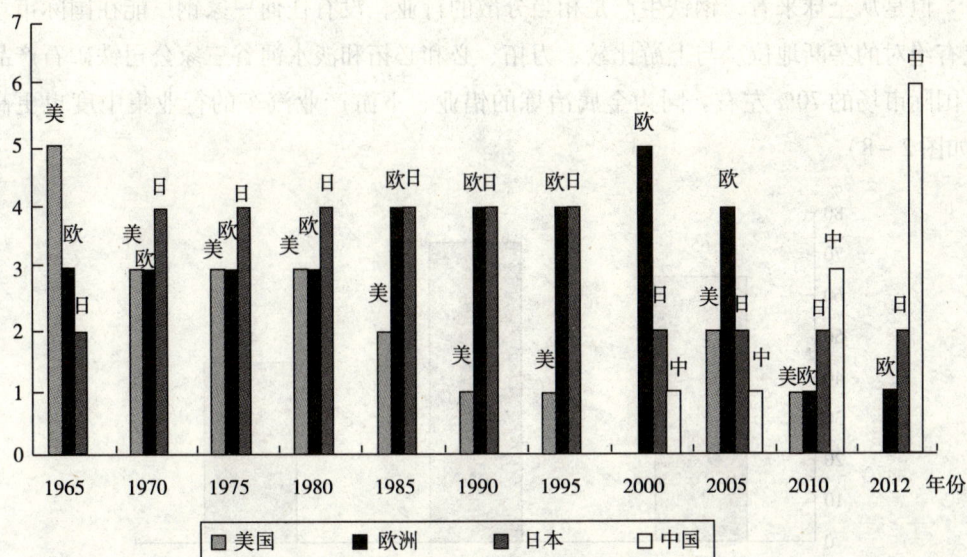

资料来源：IISI，海通证券研究所。

图 2 - 6　1965—2012 年全球钢厂十强分布

年代走向统一的欧洲，以及近十年来经济地位日趋重要的中国（如图 2 - 7）。

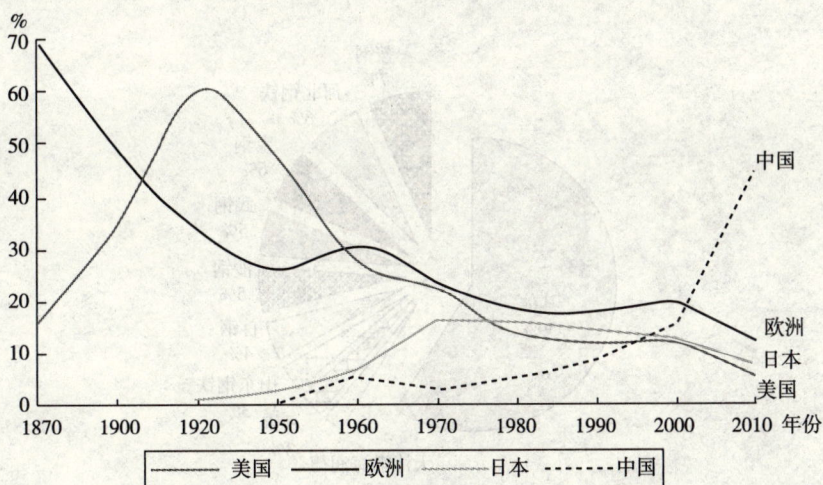

资料来源：Adams and Mueller（1986）、IISI，海通证券研究所。

图 2 - 7　1870—2010 年美日欧中粗钢产量占全球百分比

中国目前钢产约全球一半，六大钢铁集团进入世界前十，应当通过并购整合推动产能集中，提高行业影响力和国际竞争力。

141

但是从全球来看，钢铁生产是相当分散的行业，没有任何一家钢厂能在国际市场上有绝对的垄断地位。与上游比较，力拓、必和必拓和淡水河谷三家公司铁矿石产品占国际市场的70%左右。同为金属冶炼的铝业、下游产业汽车的行业集中度也更高（如图2-8）。

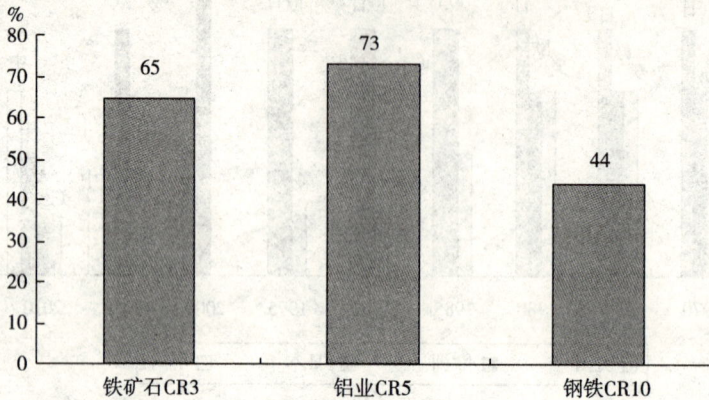

资料来源：Bloomberg、海通证券研究所。

图2-8 2012年全球钢铁与铁矿、铝业集中度比较

同时，我国钢铁产能也十分分散，前十钢企份额不足五成（如图2-9）。

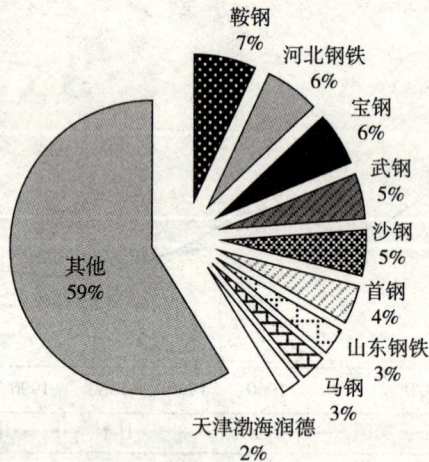

资料来源：Bloomberg、海通证券研究所。

图2-9 2012年中国钢企粗钢市场份额

由图可见，我国钢铁企业市场集中度低，面临激烈的国内和国际的钢厂竞争。不排除地方政府出于税收和地方保护考虑对跨地区整合造成一定阻碍，但从全国来看，整合是大势所趋，国企改革、环境治理、钢企连年微利、经济转型都为整合提供了有利环境，甚至不排除进一步的支持性政策出台。

2.1.3　汽车制造行业分析

随着全球经济的不断增长，人们对汽车需求一直维持相当的热度，商用车稳健成长且市场竞争结构趋向合理；乘用车价格的大幅下降和人均收入提高的综合作用，导致需求快速增长。图 2－10 是 2012 年全年世界汽车消费需求量的排名情况。本节我们将分析汽车行业的发展情况。

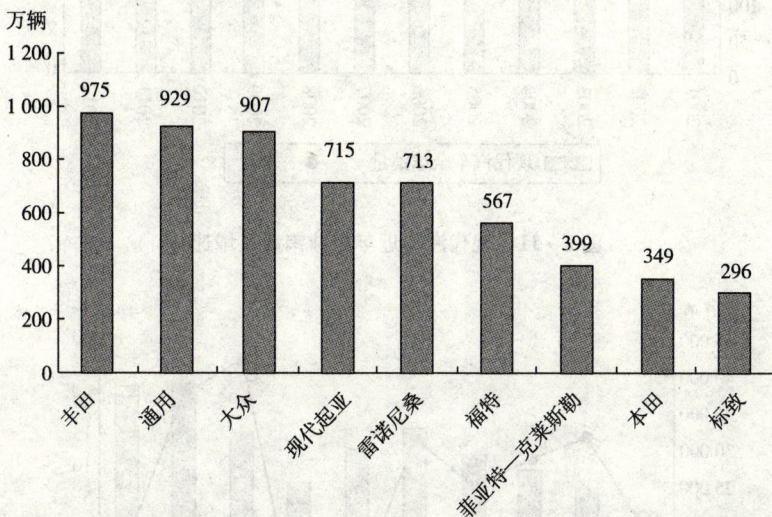

资料来源：Bloomberg、国金证券研究所。

图 2－10　汽车消费需求量

在下文中，我们以汽车行业里的现代汽车集团为例，分析从基本上"白手起家"到迅速成长为令丰田、通用也畏惧三分的全球汽车巨头，这一后发国家汽车企业是如何在市场竞争中赶超世界先进水平的。

现代汽车集团是韩国最大的汽车制造公司，也是世界领先的全球汽车巨头。2012年，现代全球销量高达 712 万辆（其中现代汽车 444 万辆，起亚 268 万辆），仅次于丰田、通用、大众，公司销售收入达到 383 亿美元，净利润则达 46.94 亿美元。图 2－11 为现代汽车的全球销量及增速情况。

图 2－12 为现代汽车的收入及增速情况。

图 2－13 为现代汽车的净利润及增速情况。

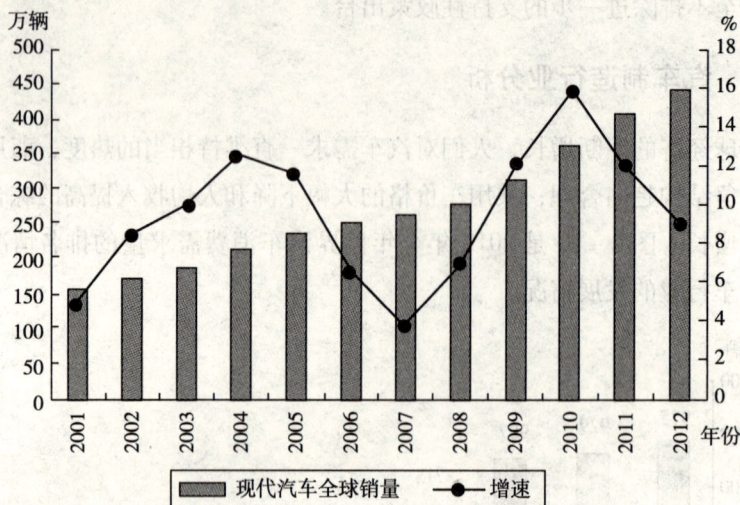

图2-11 现代汽车近年全球销量及增速

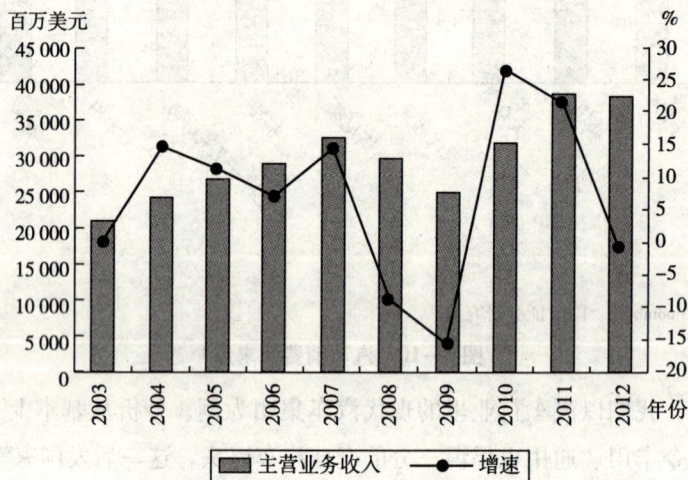

资料来源：Bloomberg、国金证券研究所。

图2-12 现代汽车近年收入及增速

现代汽车之所以能在短短的时间内发展得如此迅速，这和韩国政府的汽车产业扶植和鼓励政策分不开，当然，也和现代汽车集团制定的营销战略、技术创新、广告宣传等一系列市场行为密不可分。

研发能力显著提升。2007年公司研发投入开始超过10亿美元，2012年则已达到

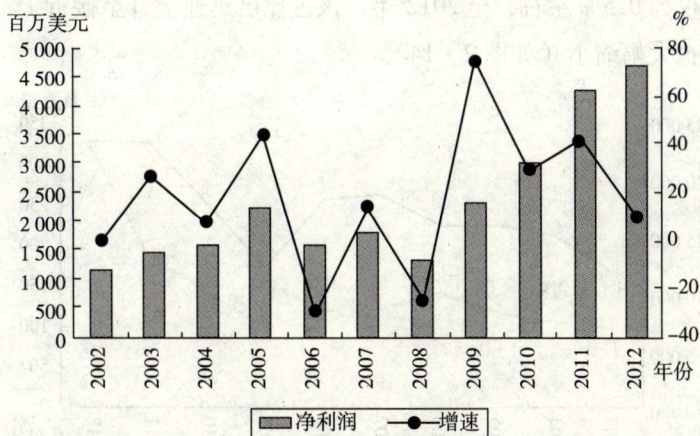

图 2 - 13　现代汽车近年净利润及增速

约 14 亿美元，研发人员达 10 000 名。从研发费用占其销售收入的比重来看，2005 年之前基本在 3% 以下，平均值为 2.6%，2006 年至今则保持了 3% 以上，2006—2012 年平均值为 3.5%。总体来看，现代的研发投入不仅额度越来越高，投入占比也呈逐渐提升之势，这也是公司研发能力显著提升的有力保障。

不断提升产品品质和品牌形象。公司从 2000 年开始提出了"品质经营"理念，"品质经营"理念促进现代产品品质不断提升。与此同时，公司产品档次也逐渐上移，公司产品品质和品牌形象很快得到了明显改观。2004 年，现代汽车获得了 J. D. Power 颁发的"综合品质满意度第二名"，索纳塔、伊兰特、圣达菲等车型获得 J. D. Power 所颁发的"品质优秀奖"、"最具价值车"等奖项。2010 年 9 月，现代又发布了"愿景 2020"的 10 年事业规划，核心是生产 10 年内无故障的车辆，这也将促进公司产品品质进一步提升。

大手笔的广告投入尤其是体育营销进一步提升公司品牌形象。产品销量以及品牌形象的提升都离不开得力的广告宣传，在这方面，现代汽车的投入一直较大。尤其突出的是，现代汽车大手笔的体育营销堪称行业内的经典案例。持续的大额投入以及独到的体育营销也帮助现代大幅度扩大了公司品牌认知度和影响力，公司品牌价值也显著提升。在全球最大的综合性品牌咨询公司 Inter - brand 发布的 2012 年全球最佳品牌排行中，现代汽车名列百强品牌第 53 位（汽车行业第 7 位），其品牌价值达到 74.73 亿美元，同比上升 24%。起亚首次上榜，即排到第 87 位，品牌价值 40.89 亿美元。现代汽车集团的广告支出从 2003 年的约 1 亿美元迅速增长至 2012 年的 3.28 亿美元，近 10 年间增长超过 2 倍。另外，从广告支出的相对值来看，2003 年左右广告支出在总收入中占比仅为 0.5% 左右，至 2012 年，该占比已迅速上升至接近 1%，与全球领先企业的差距也大幅缩小（如图 2 - 14）。

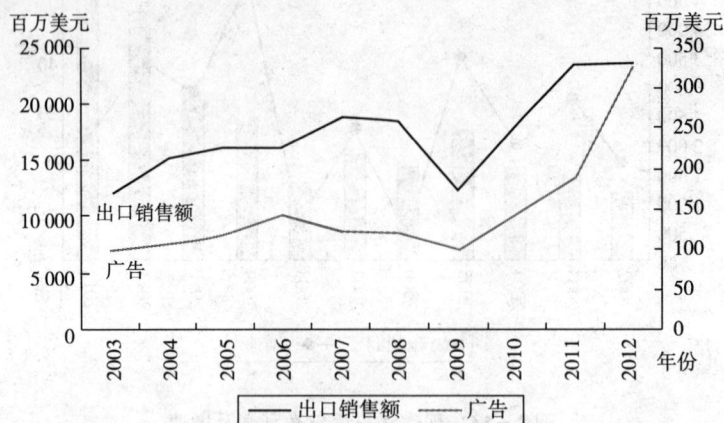

图 2 - 14　现代汽车出口销售额与广告支出

2.1.4　医疗行业——民营医院的分析

截至 2013 年 7 月底，我国民营医院数量已达 10 594 家，占全国医院总数的 44%，如此规模的一个群体，既往遭受医疗政策的冷遇，一直生存困难，这无疑是助长公立医院垄断的主因。

东部地区民营医院比例的集中度为 70%，低于县级医院 80% 的集中度，地级城市医院 71% 的集中度；中部地区民营医院比例集中度略高于县级医院和地级城市医院，民营医院在中部地区的集中度为 22%，高于县级医院 15% 的集中度和地级城市医院 21% 的集中度（如图 2 - 15）。

从省份分布来看，广东、江苏是民营医院"百强"数量最多、实力最强的两个省份。其中，广东有 18 家，主要集中在东莞、佛山、深圳等民营经济发达、公立医院资源相对分散的城市。江苏"百强"民营医院主要是外资控股医院和改制医院，特别是港台资本，如苏州九龙医院（港资）、南京明基医院（台资），改制医院主要来自宿迁地区（如图 2 - 16）。

中国"百强"民营医院主要分散在二线、三线城市。因为在二线、三线城市，当地政府财政投入有限，公立医院发展基础相对没有压倒性的优势。而在北京、上海、广州等优质医疗资源高度集中的城市，集中了中国最佳医院的 54%（复旦医院管理研究所数据），比较好的民营医院仅占 14%。北京、上海和广州的公立医院数量

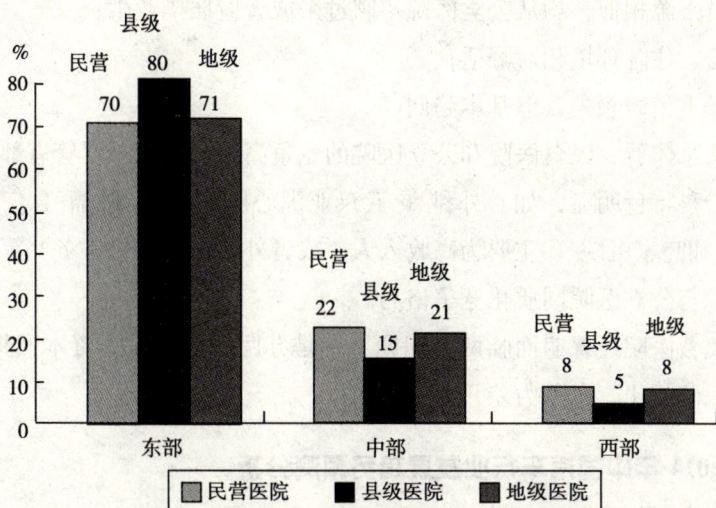

图 2 - 15　2012 年医院集中度对比

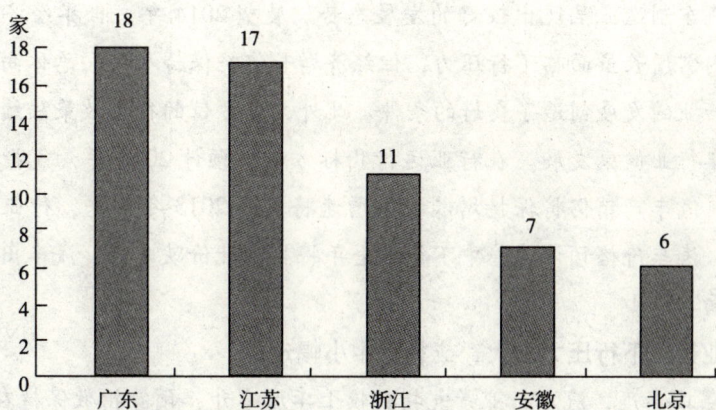

图 2 - 16　中国百强民营医院数量前五名的省市分布

众多，实力强大，压缩了民营医院的发展空间。

截至 2012 年 4 月，我国民营医院有 8 000 多家，三级医院只占 1.57%，二级医院占 8%，一级医院占 90%。民营医院床位数仅占全国医院总床位数的 12.5%，说明民营医院虽然数量众多，但规模仍偏小。

在经营策略上，民营医院采取的是与公立医院相似的竞争模式：

一是服务对象相似、技术相似，并且都申请国家医院等级评审；

二是价格相似，尽管具有医疗服务自主定价权，但实际收费向公立医院看齐；

三是人员来源相似，均从公立医院招聘过来或者应届毕业生；

四是门诊、住院环境相对舒适；

五是服务上稍微领先，但基本趋同。

因此，从总体看，民营医院和公立医院的竞争高度同质化。尽管有部分医院走差异化战略，专科特色明显，如心外科（武汉亚洲心脏医院）、肿瘤（广州复大肿瘤医院）、北京和睦家医院（主要为高收入人群或者外籍客户提供服务）等，但这并不影响民营医院与公立医院同质化竞争格局。

同时，民营医院还普遍面临两个问题：一是办医院投资大、资本回报周期较长；二是和公立医院相比，竞争力差，盈利空间少。

案例研究：2014 年中国汽车行业发展趋势预测分析

2013 年，面对错综复杂的国内外形势，党中央、国务院采取了一系列宏观调控政策以及改革举措，我国经济总体实现了 7.7% 的平稳增长。受益于经济环境的企稳向好，我国汽车制造业呈现出较好的发展态势。展望 2014 年，世界经济总体呈趋稳态势，我国内需增长虽面临下行压力，但经济增长仍将保持平稳，总体向好的宏观环境，为汽车产业的发展创造了良好的条件。此外，多方位的行业政策陆续出台，也将继续保障汽车行业健康发展。在行业运行指标方面，预计 2014 年景气指数下行压力将有所加大；汽车产销仍将保持增长，但增速将低于 2013 年水平，行业继续向中高速增长过渡；汽车价格预计将稳中下行，全年将呈量升价跌走势；汽车出口则仍难摆脱低迷的局面。

一、行业景气下行压力加大，或将稳中小幅走弱

2013 年第四季度，汽车行业景气指数较上季度略升，预警指数保持在"绿灯区"内运行，总体来看行业运行状况基本良好。预计 2014 年，我国汽车行业运行将延续这种平稳运行的态势，稳中小幅走弱。汽车刚性需求带来的中长期驱动力仍然存在，居民收入水平不断提高，城镇化建设带来更多的用车需求，这决定了景气指数将总体保持平稳运行态势。这是汽车行业未来保持稳定的基础。但从宏观经济环境来看，2014 年，世界经济仍处于危机后的恢复期，总体呈趋稳态势，新兴经济体相对减速格局仍将维持，我国内需增长面临下行压力。综合考虑，预计 2014 年经济增长略高于 7%，CPI 涨幅 3.5% 以内。经济增速的回落，将使汽车行业景气指数承受一定压力。此外，预计 2014 年我国汽车产销增速将有所回落，而目前我国汽车出口形势也不太乐观，短期内这种趋势恐怕无法改变。综合多方面因素，我们判断 2014 年汽车

行业景气指数将呈现稳中小幅走弱的局面。

二、汽车产销增速将有所回落

从保有量来看，尽管我国已跃居世界第一大汽车生产国和全球最大的汽车消费市场，并且民用汽车总保有量也仅次于美国居世界第二位，但人均水平不仅远远低于发达国家，甚至低于一些相同发展阶段的国家，说明我国汽车市场从中长期来看仍有较大的发展空间，增长仍是未来一段时间的主要趋势。宏观经济向好时，购买力提升，汽车消费信心增强，汽车需求快速提升；反之，当宏观经济走弱时，购买力下降，消费信心不足，汽车需求下降。2014 年，宏观经济增速预计将继续放缓，可能会导致居民消费预期下降，进而导致汽车需求增速不达预期。部分城市出台汽车限购、限行政策也将影响汽车销量。预计 2014 年，汽车产销仍将保持增长，但增速将较 2013 年有所下降，全年产销将达到 2 350 万辆左右，同比增长 7% ~9%。另外，从商用车需求来看，其主要与固定资产投资以及物流需求相关，若货币政策持续紧缩，固定资产投资增速持续放缓，将明显影响商用车产销。根据目前的状况，2014 年我国货币政策放松力度不会太大，预计商用车需求增长不会太快。

三、汽车价格将稳中下行，全年呈量升价跌走势

2013 年下半年在需求拉动下，到年末经销商库存已经处于合理水平，压力较大的进口品牌，其库存预警指数也降至警戒线内，这对汽车市场价格的稳定起到了一定支撑作用。预计 2014 年上半年市场供求关系不会发生太大改变，汽车价格将保持相对稳定。下半年随着厂商新产品的不断推出以及销售旺季的到来，市场竞争会进一步加剧，降价促销将推动汽车价格稳中下行。由于我国大城市汽车市场已经相对饱和，并且有限购等因素影响，近年来汽车厂商销售渠道正在逐步下沉，中小城市成为市场竞争的主要战场，但这些城市消费水平较大城市仍有差距，主要销售品种仍集中在中低档产品上，这些产品的价格需求弹性较大，因此，降价仍是促进销量增长的有效手段，激烈的竞争将促使汽车价格稳中下行。此外，2014 年，预计汽车制造主要原材料（钢材、橡胶、铝等）价格仍将低位运行，这也为汽车降价提供了一定的空间。

四、汽车出口仍将维持低迷的局面

从宏观经济形势来看，2014 年我国外部需求将逐渐回暖，有利于我国出口恢复，但碍于全球经济复苏的缓慢性与艰难性，预计 2014 年我国出口增速将保持低位温和增长趋势。在此基调下，汽车出口难以回归快速增长的局面。近年来，我国汽车出口面临的贸易环境和贸易条件已经发生变化，全球汽车贸易的环保和技术壁垒不断增强，中国汽车产品进入发达经济体的难度加大，主要市场仍然集中在拉美、西亚及非

洲的发展中国家。而这部分出口目的国的政局动荡、经济波动等都可能导致出口不顺。目前，很多发展中国家采取与我国类似的贸易政策，鼓励本土化生产，抑制整车进口，我国汽车出口之路较为曲折。与此同时，国际汇率的变化、人民币升值以及国内综合成本的上升，也给汽车出口带来很大的压力。因此，2014年汽车出口预计仍将低迷一段时间。即使在出口企业发力拓展市场的情况下，出口恢复增长，增速也将维持在较低水平。

（来源：中商情报网）

2.2 产业结构升级及行业分析

思考题：
产业结构升级的好处是什么？

2.2.1 产业结构升级概述

产业结构升级，是指产业结构从低级形态向高级形态转变的过程或趋势。主要原因是技术进步和比较优势的变化。技术水平低、劳动力资源和自然资源比较丰富的国家，其产业结构必然处于较低层次上。但是，随着技术进步和经济发展，要求对产业结构进行调整，并在条件成熟的情况下，实现产业结构升级。

产业结构升级包括几个方面：

■ 由以轻纺工业为主要经济结构上升到以重化学工业为主的经济结构；

■ 由以原材料为重心的经济结构上升到以加工组装为主的经济结构；

■ 由以低附加值的劳动密集型产业为主上升到以高附加值的技术密集型产业为主。

此外，从整个国民经济的产业结构变化看，产业结构升级还包括国民经济重心由第一产业向第二产业，进而向第三产业的升级。

加快产业结构调整，是经济发展到一定阶段的客观要求，也是实践科学发展观的必然选择。经济发展的核心是产业结构的高级化。从根本上说，经济不断发展的过程，同时也是产业结构逐步优化升级的过程。

■ 消费需求推动产业结构升级。从全社会看，消费结构升级首先表现为收入水平较高的城市居民的消费结构升级。在现阶段，城市居民基本上解决了吃、穿和部分用的问题，开始向以住、行、通信和提高生活质量的层次升级。这种消费结构的升级，将会带动一批相关产业的增长。

■ 解决当前就业问题的需要。在产业结构升级的过程中，为了解决就业问题，必须要大力发展服务业，只有通过发展服务业，才能真正解决产业结构升级中的就业机会减小的问题，从而保证社会的稳定。

■ 解决环境能源压力的需要。中国是个人口大国，但又是个资源小国。我国正处于重化工业和城市化加速发展阶段，对环境和资源的压力日益加大。为解决资源环境约束的矛盾，必须建立与经济发展相适应的资源节约型和环境友好型国民经济体系，走新型工业化道路。破坏生态，污染环境，将妨碍人民生活质量的提高。必须高度重视科技进步的重要作用，着力提高经济效益，节约和合理利用资源，保护生态环境，走可持续发展之路。

因此，寻求产业结构升级道路，就必须做到：

■ 坚持自主创新是产业结构升级的中心环节。技术进步是推动产业结构优化升级的直接动力，也有利于增强自主创新能力。自主创新不是单纯的技术创新，还包括产业创新、产品创新和品牌创新。

■ 充分发挥政府在产业政策中的导向作用。各地区要按照国家调整产业结构的总体要求和任务，结合本地实际情况，制定具体落实措施。用经济和法律的手段加强对全社会投资的宏观调控。

■ 积极合理地引导外资的流向。在积极引进外资的同时，也要通过有关政策措施的导向，使外商投资结构的变化与我国产业结构调整的步调要求基本上趋于一致，改变外商投资结构的不合理格局。

2.2.2　电力设备行业节能减排分析

我国"十二五"期间节能服务市场规模广阔，业务范围覆盖各大工业领域以及建筑市场，按照规划"十二五"期间的投资将超过 1.37 万亿元；节能服务自"十一五"期间逐步展开，法规、财税政策、补贴政策、监督机制的不断完善，为节能服务加速发展奠定了基础；能源价格上涨及环境事件的频发促使政府更加积极推进节能工作开展。

近年来，我国能源消耗强度有所下降，但相对于发达国家，我国强度的下降仍然有很大的空间。根据世界银行 2010 年的统计数据，我国单位 GDP 能耗是美国的 1.6 倍，是日本、德国的 2 倍，即便"十二五"期间单位能耗较 2010 年下降 15%，但是仍有很大的节能空间。

我国电力、钢铁、有色冶金、石化、建材、化工、轻工、纺织 8 个行业主要产品单位能耗平均比国际先进水平高 40%。钢、水泥、纸和纸板的单位产品综合能耗比国际先进水平分别高 21%、45% 和 120%。机动车油耗水平比欧洲高 25%，比日本高 20%。我国单位建筑面积采暖能耗相当于气候条件相近发达国家的 2~3 倍。我国矿产资源总回收率为 30%，比世界先进水平低 20%（如图 2-17）。

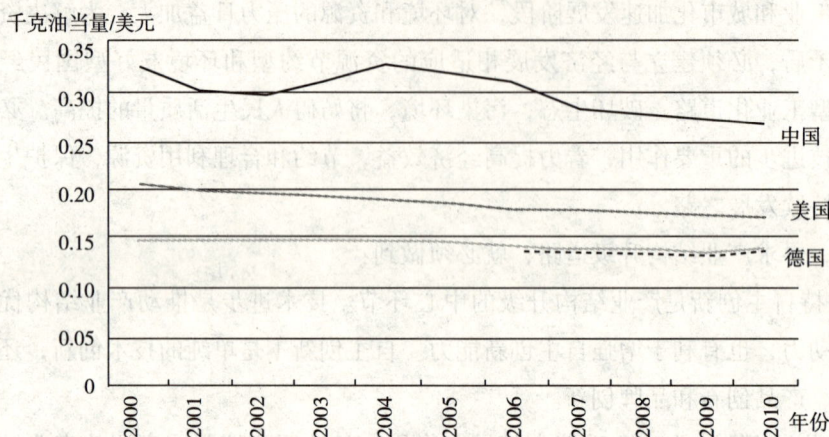

图 2-17　我国与发达国家单位 GDP 能耗对比

在这些行业中，我国电网行业具备风险控制、资金、技术、信息、市场、渠道等多项优势；2013 年国家电网的节能服务体系建设将完成布局，后期业务发展有加速可能。

我国两大电网公司相继成立了节能服务体系，南方电网公司于 2010 年年底成立南网能源，从事新能源开发以及节能业务推广。

国家电网公司对节能服务体系全面规划，并按照规划快速完成体系的建设，推进节能服务的开展。

■ 各网省公司、国网能源院成立节能服务公司。目前，国网完成 27 家省属节能服务公司的建立，2013 年年初完成国网节能服务公司的建立。

■ 建立第三方测评机构。国家电网公司依托中国电科院、国网电科院以及各省市电力科学研究院开展第三方节能量测评和审核工作。目前已有江西电科院、新疆电科院、国网电科院的测评机构通过了国家备案。

■ 建立能效管理平台。中国电科院承接了国家发改委与工信部的研究任务，正在制定国家电力能效监测管理平台的技术标准，国家电网公司已经开展四个省电力能效监测管理平台的建设，并将向其他各省推广。

电网公司开展节能服务工作的优势非常明显（如图 2 - 18 ）。

■ **风险可控的优势**：节能收益能否按时分享是节能服务开展最大的威胁，中国节能服务并不存在市场需求不足，资金不足（市场大量流动资金不知投向）等问题；电网所属节能服务公司可以最大限度地降低节能收益无法按时分享的风险，没有企业会在正常经营时因为一点节能收益而开罪电网企业。

■ **资金优势**：电网节能服务企业依托电网公司庞大的资金实力，可以承接资金占用巨大的项目。

■ **信息优势**：目前国内没有一个机构或者企业能够比电网公司更清楚掌握企业的能耗信息，电网目前已经建立了用电采集系统以及负荷控制系统，对企业外购电量以及大型能耗企业的自备电厂的发用电信息有全面了解，电网可以跨区域比较相近产业的能耗数据，及时发现节能市场所在。

■ **技术优势**：电力系统本身就是一个多学科汇集的领域，电网公司拥有国家、省市的电科院，拥有电力、热力、自动化、通信、机械等多领域的专家，并与各类高校科研院所保持良好沟通，能够为用户提供系统的解决方案。

■ **市场优势**：电网本身就有较大的节能需求，国家用电需求管理明确要求电网企业每年需完成上年售电量千分之三的节电目标，电网线路损耗的降低，需要投入的改造的设备今后可以通过节能服务的模式开展，除相关费用可以计入售电成本外，还可以申请节能补贴，有利于电网企业的盈利。

■ **渠道优势**：电网企业所属营销部门长期与用户沟通，对于用户的用能需求可以及时了解，并可以协助电网所属节能公司推广节能服务。

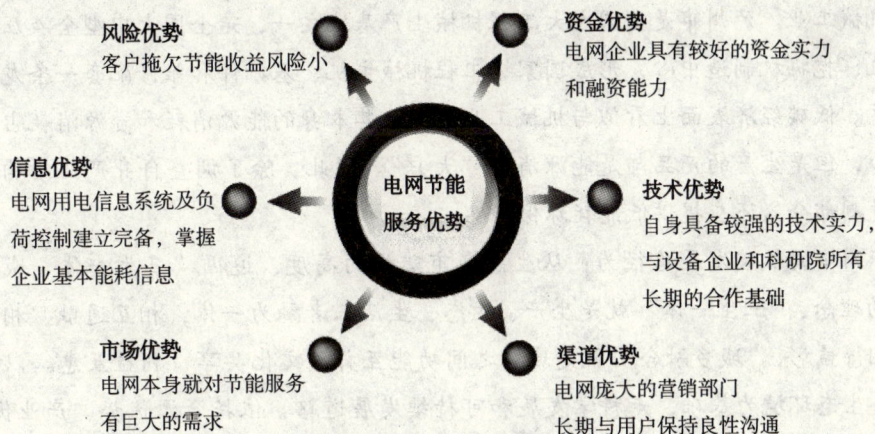

风险优势
客户拖欠节能收益风险小

资金优势
电网企业具有较好的资金实力
和融资能力

信息优势
电网用电信息系统及负
荷控制建立完备，掌握
企业基本能耗信息

**电网节能
服务优势**

技术优势
自身具备较强的技术实力，
与设备企业和科研院所有
长期的合作基础

市场优势
电网本身就对节能服务
有巨大的需求

渠道优势
电网庞大的营销部门
长期与用户保持良性沟通

图 2 - 18　电网公司开展节能减排的优势

案例研究：泸州的低碳经济发展

低碳浪潮已经到来，我们希望摒弃"先污染后治理"的传统经济发展模式，采用创新技术与创新机制，通过低碳经济模式与低碳生活方式，实现可持续发展。泸州市的四大支柱产业分别是：酿酒工业、化学工业、能源工业和机械工业。

酿酒工业。泸州市以出产泸州老窖酒和古蔺郎酒而享有"酒城"的美誉，是中国唯一拥有两个国家名酒的地区。目前，酿酒行业已将现代化高科技技术引进酿酒生产。白酒酿造业历史上一直属于高能耗、低产出、高排放的产业。泸州酿酒多采用传统酿酒生产，耗用大量煤炭，产生大量的二氧化碳和二氧化硫，废糟利用率低，废水治理成本高。如果不加有效治理，盲目推高产量，会给环境带来持续污染。

化学工业。泸州市是原化工部确定的全国 16 个大化工基地之一、14 个精细化工基地之一，是国家重要的天然气化工基地、亚洲最大的尿素生产基地，已形成具有全国意义的生产、教育、科研、设计、机械、建筑安装六位一体的化工体系，拥有一批装备精良、经济技术力量雄厚的国家级大型和特大型化工骨干企业和国家级、世界级优良产品。化学工业是耗能、用能和碳排放大户，产业结构性矛盾比较突出，急需产业结构调整和产业布局优化，淘汰一大批落后产能和过剩产能。

能源工业。泸州市拥有丰富的煤、电、气等能源储备，古叙矿区是国家 13 个大型煤炭基地之一的云贵煤炭基地的重要组成部分，初步形成了"煤—电—路—化"一体化发展。传统的能源工业是污染大户，其落后产能淘汰、环境治理的成本将会越来越高，而新能源的潜力很大。

机械工业。泸州市是全国九大工程机械生产基地之一，是全国大中型全液压汽车起重机、挖掘机制造中心，形成国家级工程机械主机、基础件和维修配套一条龙的生产体系。低碳经济表面上看似与机械工业无关，其本身的能源消耗和资源消耗占据比例较小，但是生产的产品却是能源消耗"大户"。因此，除了调整自身产业结构中的产能过剩部分，还应提供低能耗环保产品。

泸州市的低碳发展路径为：从生态城市建设的高度，遵循"三生一体、城乡融合"的理念，"三生一体"就是生产、生态、生活三者融为一体，相互通融、相互支撑、相得益彰，"城乡融合"就是城乡之间功能互补、文化共享、利益互惠。以保护和改善生态环境为基础，走科学发展和可持续发展道路，依托资源优势、产业优势、区位优势、生态优势，调整优化升级产业结构，一产调优，二产调强，三产调特，实施严格的节能减排，全面提升产业档次。培养市民的低碳意识，打造低碳泸州城市品牌。

一、制订专项规划，构建西南腹地低碳增长极

泸州市政府要尽快编制《低碳经济十年发展规划》，各项指标与国家战略一致，明确低碳发展路线图。同时在各项重大经济社会发展政策、规划中加入低碳元素。在制订规划时，充分考虑现实条件，循序渐进，分步实施，以下几方面需要重点考虑。

一是城镇化。到 2012 年，泸州将发展建设成为城市人口达到 90 万～100 万人，城区面积接近 100 平方公里的川南特大城市，川、滇、黔、渝结合部的综合交通中心、商贸物流中心、旅游组织中心。必须考虑城镇化带来的资源浪费、环境污染，重点研究城镇空间布局优化、土地集约、市民低碳素质培养等关键因素。

二是传统产业改造。泸州的四大支柱产业多为高碳产业，重点考虑如何支持和落实企业完成节能减排任务，同时避免产业竞争力下滑。

三是新兴产业替代。发展现代服务业、新能源等新兴产业。重点考虑承接产业低碳型转移，第一，争取成为成渝经济区低碳浪潮的产业链环节，实现区域合作中的资源共享，优势互补；第二，争取成为东部地区低碳产业投资的承接地，而非污染产业转移。由于东部地区已经实行更为严格的节能减排标准，很多传统产业转而投向新领域，仅浙江省在 2010 年年初就宣布有 1 000 亿元民营资本投向低碳产业。

二、培育全市上下低碳生活观念和习惯

从人口素质来看，与发达城市相比，居民收入偏低，缺乏低碳、环保的生活习惯，特别是农村人口占大多数，人们习惯了刀耕火种的高碳生活。怎样改变根深蒂固的习惯，培养能够广泛接受的生产生活方式，这是难点。

（来源：中国城市发展网）

2.3 产业关联及行业分析

思考题：

产业关联的含义是什么？

与金融行业密切相关的产业有哪些？

产业关联是指社会生产活动中各个产业之间存在的广泛而复杂的经济联系。

一、产业关联的分类

我国经济运行中各个部门之间、不同产品之间发生着各种各样的联系，这种联系有多向联系和单向联系、前向联系和后向联系、直接联系和间接联系。

单向联系是指多个产业部门间，先行产业部门为后续产业部门提供产品，以供其生产时直接消耗，但后续产业部门的产品不再返回先行产业部门的生产过程。

多向联系是指多个产业部门间，先行产业部门为后续产业部门提供产品，作为后续产业部门的生产性直接消耗，同时后续部门的产品也返回相关的先行产业部门的生产过程。

前向联系是在产业中，前一产业部门的产品为后一产业部门的生产要素，这样一直延续到最后一个产业的产品，即最终产品为止。

后向联系是指后续产业部门为先行产业部门提供产品，作为先行产业部门的生产消耗。

直接联系是指两个产业部门之间存在着直接的提供产品和技术的联系。

间接联系是指两个产业部门本身不发生直接的生产技术联系，而是通过其他一些产业部门的中介才有联系。

例如，生产资料部门为消费资料部门提供原材料，是一种单向联系；煤炭和电力之间相互提供产品，称为一种多向联系；铁矿石加工成钢铁，钢铁制造成为机器，称为一种前向联系；机器又成为开采矿石的工具之一，称为后向联系；一个部门对另一个部门产品的直接消耗是直接联系；通过中间环节进行的间接消耗称为间接联系。

二、产业关联的纽带

产业关联的纽带是指产业间连接的不同依托，分为以下几大方面。

■ 产品、劳务联系，是最基本的联系。

■ 生产技术联系，技术进步是推动产业联系方式、产业结构变动的最积极的因素。

■ 价格联系，实质上是产业间产品和劳务联系的价值量的货币表现。

■ 劳动就业联系。

■ 投资联系。

2.3.1　上下游行业关联

一、涡轮效应

通过对某个行业的上下游产业链的研究，会发现这样一种现象：上下游产业链的传导机制（如图2-19）与涡轮效应很像我们将其称为涡轮效应。

通过对产业链涡轮的研究，可以在其内部发现如下一些效应。

■ 依存效应。上下游产业之间的相互驱动、相互促进，大家彼此相连、彼此需

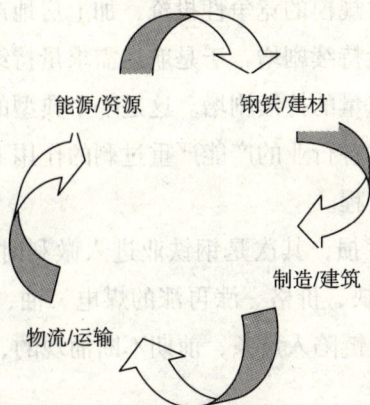

图 2 – 19　产业链的涡轮效应

要，"一个都不能少"，每一个环节都在为另一个环节创造市场需要，并周而复始、永无休止地循环着。这是企业界非常喜欢的一个效应，各家企业可以"抱团打群架"、共同创造 GDP。

■ 迟滞效应。上下游产业之间的需求传递过程明显存在着一些或长或短的时间迟滞。这表现在正反两面：一方面是上下游产业的正能量递进增长（或繁荣递进）有时间迟滞，另一方面是上下游产业的负能量衰减（或萧条衰减）也有时间迟滞。

■ 乘数效应。一个下游产业因素的变化会引起上游产业以及整个产业链的变化，在这个过程中，最初的变化所带来的影响会逐步放大，即产生乘数效应。

当下游产业投资或支出增加时，对上游产业市场需求及收入有加倍增长的作用，从而导致整个产业链的扩张；当下游产业投资或支出削减时，对上游产业市场需求及收入有加倍收缩作用，从而导致整个产业链的紧缩。

乘数效应是企业管理者制订计划及策略时必须要考虑的一个重要因素。

二、涡轮效应的行业分析

20 世纪 80 ~ 90 年代是我国经济高速发展的阶段，经济中的重工业产业链——能源（煤矿、电力、石油）、钢铁、制造业、矿山、航运等一直都是周期性很强的行业。

2000 年以后，人口红利推动我国经济总量快速增长，我国对资源的需求量大增，包括煤炭、金属矿在内的矿产资源成为稀缺资源，这些行业的周期性变化暂时显得不是那么剧烈，以火力、水力发电为主的电力供应伴随着煤、水资源的稀缺，也变成了一种暂时性的稀缺资源。

同时，我国政府对电价的管制导致电力行业的周期性变化也减弱，人们在这些具有稀缺性资源的领域展开大规模的竞争性投资，加上房地产行业的需求刺激，导致我国对全球大宗商品的需求量持续剧增，于是航运需求量持续剧增，带动了重工业的迅速发展，进而导致钢铁需求量的持续剧增。这是一个典型的涡轮效应的正传递。

随后，在宏观调控和对各行业的产能严重过剩的作用下，这个重工业产业链很快进入了涡轮效应的负传递过程。

首先是航运业全行业亏损，其次是钢铁业进入微利时代，接着造船业发生"订单荒"，最后是一度异常稀缺、价格一涨再涨的煤电、油、矿在港口堆积如山，价格大幅滑坡。整个重工业产业链陷入萧条，前期不断涌现的、量大得惊人的订单一夜之间全都消失了。

2.3.2　产业关联效应

产业链中的各产业，其产业就是一个或一些产业的投入，同时其投入又是一个或一些产业的产出，也指一个产业的生产、产值、技术等方面的变化引起它的前向关联关系和后向关联关系对其他产业部门产生直接和间接的影响，从而可以分为前向关联效应和后向关联效应。

一、产业关联效应的类型概述

■ 后向关联效应。是指移入产业的发展会对各种要素产生新的投入要求，从而刺激相关投入品产业的发展。

■ 前向关联效应。是指移入产业的活动能通过削减下游产业的投入成本而促进下游产业的发展，或客观上造成产业间结构失衡而使其某些瓶颈问题的解决有利可图，从而为新的工业活动的兴起创造基础，为更大范围的经济活动提供可能。

■ 旁侧关联效应。是指移入产业的发展会引起它周围的一系列变化，如促进有技术性和纪律性的劳动力队伍的建立，促进处理法律问题和市场关系的专业服务人员的培训，以及促进建筑业、服务业的发展等。

总之，产业的关联带动效应是产业转移的重要功能，它将在很大程度上促进行业及区域整体经济的发展。

二、产业关联效应条件

■ 技术配套。通过技术引进产业所需的上下游生产要素，在技术上要同这一产业的技术水平保持一致。

现代工业化国家由于国内各个工业部门之间的关联度比较高，要使得相关产业上下游产品技术水平一致。

■ 规模配套。在工业化发展中，在国家重点扶持产业的利益驱动下，这些产业往往保持着较高的增长率，这种高增长率必然带动相关生产要素需求量的快速增加，上下游产业的生产能力也要同步增长。

■ 管理能力配套。在产业结构升级过程中，需要整个产业的技术能力、营销能力，以及管理能力等各个方面不断提高，即新技术需要的是技术能力的配套，新产品需要的是营销能力和管理能力的提高。

2.3.3　我国金融服务行业的产业关联

众所周知，金融服务业是现代服务业中生产率增长较快、现代信息技术使用密度最高的产业之一，在服务业各行业中处于十分重要的地位。金融服务业作为全社会的资金媒介和中枢机构，将资金从盈余部门（储蓄部门）导向短缺部门（投资部门），在储蓄向投资的转化过程中发挥着十分重要的作用。

从现实经济的运行来看，金融服务业对其他行业的发展有着极其重要的影响，金融服务业的产业关联就是金融服务业与第二产业、第三产业之间的关联。了解金融服务业的产业关联对现阶段均衡发展服务业内部各行业具有重要的理论和现实意义。

金融服务业对国民经济各个产业具有明显的带动作用。下面以我国的金融服务产业为例，说明我国金融服务业产业关联效应的相关指标，包含后向关联系数、前向关联系数、总关联系数，金融服务业的影响力以及感应度等。

	后向关联系数	前向关联系数	总关联系数
中部地区	1.95	3.12	5.07
东部地区	1.87	3.37	5.25
西部地区	1.81	3.23	5.04
东北地区	1.90	3.03	4.93

图 2 - 20　国内各地区金融服务业产业关联度相关指标

从图 2 - 20 中可以看出，我国中、东、西和东北这四大区域金融服务产业关联度的相关指标数据。在这四大区域中，中部地区的金融服务业后向关联作用略大于其他三个地区；东部地区的前向关联作用以及总关联作用在四个地区中表现为最大值。

通过进一步对各省市的金融服务业影响力和感应度指标系数进行分析，发现仅青海省、江西省和海南省的影响力系数排在全国前列，均大于全国平均值 0.8。

仅有七大省市的金融服务业感应度系数大于全国平均水平 1.0，这七大省市分别为江西省、四川省、贵州省、山东省、天津市以及河南和河北两省。因此，我们可以认为，我国大多数地区的金融服务业影响力感应度指标系数偏低，金融服务业对经济的影响力略显不足。

另外，对我国金融服务业产业关联效用最大的为其产业本身。除此之外，主要集中在物质资本型产业和流通服务产业，包括房地产业、交通运输业、仓储业及化学工业等。

生产文教体育用品的制造业和造纸印刷业在东部、西部、中部及东北四大地区的金融服务业产业关联作用都较大。东部地区和中部地区还有仓储行业与交通运输业以及化学相关工业等。西部地区也有化学工业，还有电力电热相关行业；除此之外，东北地区有电力热力相关行业。

案例研究：旅游产业关联带动效应分析

旅游产业是一个关联度很强的经济产业，其增长与发展不仅与众多国民经济相关产业密切联系，而且其发展也对其他相关产业具有明显的关联带动作用。云南省旅游局和统计局应用投入—产出分析方法，编制了 1999 年云南省旅游业投入—产出表，并对旅游业的关联带动效应进行了分析。

一、旅游产业直接消耗系数，是指旅游部门在生产经营活动中单位总产出直接消耗各相关部门产品和劳务的总价值

根据对 1999 年云南省旅游业投入—产出表计算，云南旅游产业每增加 1 万元的产出，需要直接消耗第一产业即农业提供的产品 237.50 元；直接消耗第二产业提供的产品 2 041.62 元，其中食品饮料加工业产品 484.68 元，旅游商品加工业产品 130.30 元，其他工业提供的产品 1 426.64 元；直接消耗第三产业提供的服务 2 501.49 元。其中邮电通信业提供的服务 323.89 元，商业提供的服务 1 092.39 元，客运业提供的服务 479.15 元，其他服务业提供的服务 606.60 元。

二、旅游产业间接消耗系数，是指旅游部门在生产经营活动中单位总产出间接消耗各相关部门产品和劳务的总价值

云南旅游产业每增加 1 万元的产出，需要间接消耗第一产业即农业提供的产品 836.87 元；间接消耗第二产业提供的产品 3 767.72 元，其中食品饮料加工业产品 248.2 元，旅游商品加工业产品 123.06 元，其他工业提供的产品 3 396.45 元；间接消耗第三产业提供的服务 1 743.55 元，其中邮电通信业提供的服务 112.82 元，商业提供的服务 701.78 元，客运业提供的服务 260.55 元，其他服务业提供的服务 668.40 元。

三、旅游产业完全消耗系数，是指旅游部门在生产经营活动中单位总产出完全消耗各相关部门产品和劳务的总价值

云南旅游产业每增加 1 万元的产出，需要完全消耗第一产业即农业提供的产品 1 074.37元；完全消耗第二产业提供的产品 6 557.14 元，其中食品饮料加工业产品 732.89 元，旅游商品加工业产品 253.36 元，其他工业提供的产品 5 529.17 元；完全消耗第三产业提供的服务 3 854.21 元，其中邮电通信业提供服务 436.71 元，商业提供的服务 1 794.17 元，客运业提供的服务 739.70 元，其他服务业提供的服务 1 275.0 元。

四、旅游产业的影响力系数，是指旅游部门在生产经营活动中每增加单位最终产品，对国民经济各相关部门产品和劳务所产生的需求及拉动程度

影响力系数越大，表明旅游产业对相应部门的拉动作用越大。1999 年，云南旅游产业对相关部门的综合影响力系数为 1.01，其中影响力系数大于 1 的相关部门有：旅游产业内部（1.257）、客运业（1.173）、邮电通信业（1.051）、商业（1.037）、饮食业（1.020）。

五、旅游产业的感应度系数，是指国民经济各相关部门在生产经营活动中每增加单位最终产品，对旅游部门所产生的需求及影响程度

1999 年，云南旅游产业对相关部门的综合感应度系数为 0.64，说明云南省各相关部门的经济增长对旅游产业的拉动作用小于社会平均水平，同时各相关部门经济增长速度放慢对旅游产业的冲击作用也相应较小。

（来源：豆丁网）

2.4　产业发展及行业分析

思考题：
我国产业发展的现状是什么？
在国际上，我国产业的竞争力如何？

2.4.1　产业生命周期理论

产业生命周期是指产业经历的一个由成长到衰退的演变过程，是指从产业出现到完全退出社会经济活动所经历的时间。一般分为初创阶段（萌芽阶段）、成长阶段、成熟阶段和衰退阶段四个阶段（如图 2-21）。

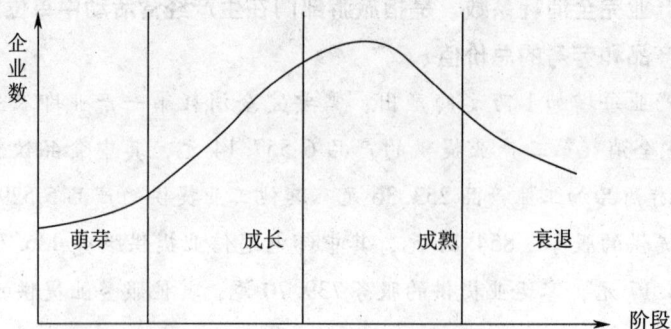

图 2-21 产业生命周期

识别产业生命周期所处阶段的主要标志有：市场增长率、需求增长潜力、产品品种多少、竞争者多少、市场占有率状况、进入壁垒、技术革新以及用户购买行为等。

产业生命周期各阶段的特征：

■ 初创期（也叫萌芽期）。在这一阶段，由于新产业刚刚诞生或初建不久，而只有为数不多的创业公司投资于这个新兴的产业，由于初创阶段行业的创立投资和产品的研究、开发费用较高，而产品市场需求狭小，销售收入较低，因此这些创业公司财务上可能不但没有盈利，反而普遍亏损；同时，较高的产品成本和价格与较小的市场需求还使这些创业公司面临很大的投资风险。另外，在初创阶段，企业还可能因财务困难而引发破产的危险，因此，这类企业更适合投机者而非投资者。

这一时期的市场增长率较高，需求增长较快，技术变动较大，产业中各行业的用户主要致力于开辟新用户、占领市场，但此时技术上有很大的不确定性，在产品、市场、服务等策略上有很大的余地，对行业特点、行业竞争状况、用户特点等方面的信息掌握不多，企业进入壁垒较低。

在初创阶段后期，随着行业生产技术的提高、生产成本的降低和市场需求的扩大，新行业便逐步由高风险低收益的初创期转向高风险高收益的成长期。

■ 成长期。在这一个时期，拥有一定市场营销和财务力量的企业逐渐主导市场，这些企业往往是较大的企业，其资本结构比较稳定，因而它们开始定期支付股利并扩大经营。

在成长阶段，新产业的产品经过广泛宣传和消费者的试用，逐渐以其自身的特点赢得了大众的欢迎或偏好，市场需求开始上升，新产业也随之繁荣起来。与市场需求变化相适应，供给方面相应地出现了一系列的变化。由于市场前景良好，投资于新产业的厂商大量增加，产品也逐步从单一、低质、高价向多样、优质和低价方向发展，因而新行业出现了生产厂商和产品相互竞争的局面。这种状况会持续数年或数十年。由于这一原因，这一阶段有时被称为投资机会时期。

这种状况的继续将导致生产厂商随着市场竞争的不断发展和产品产量的不断增加，市场的需求日趋饱和。生产厂商不能单纯地依靠扩大生产量，提高市场的份额来增加收入，而必须依靠追加生产，提高生产技术，降低成本，以及研制和开发新产品的方法来争取竞争优势，战胜竞争对手和维持企业的生存。

这一时期的特点是市场增长率很高，需求高速增长，技术渐趋定型，产业特点、产业竞争状况及用户特点已比较明朗，企业进入壁垒提高，产品品种及竞争者数量增多。

但这种方法只有资本和技术力量雄厚，经营管理有方的企业才能做到。那些财力与技术较弱，经营不善，或新加入的企业则往往被淘汰或被兼并。因而，这一时期企业的利润虽然增长很快，但所面临的竞争风险也非常大，破产率与合并率相当高。

在成长阶段的后期，由于产业中生产厂商与产品竞争优胜劣汰规律的作用，市场上生产厂商的数量在大幅度下降之后便开始稳定下来。由于市场需求基本饱和，产品的销售增长率减慢，迅速赚取利润的机会减少，整个行业开始进入稳定期。

■ 成熟期。产业的成熟阶段是一个相对较长的时期。在这一时期里，在竞争中生存下来的少数大厂商垄断了整个行业的市场，每个厂商都占有一定比例的市场份额。由于彼此势均力敌，市场份额比例发生变化的程度较小。

厂商与产品之间的竞争手段逐渐从价格手段转向各种非价格手段，如提高质量、改善性能和加强售后维修服务等。产业的利润由于一定程度的垄断达到了很高的水平，而风险却因市场比例比较稳定，新企业难以打入成熟期市场而较低，其原因是市场已被原有大企业按比例分割，产品的价格比较低。因而，新企业往往会由于创业投资无法很快得到补偿或产品的销路不畅，资金周转困难而倒闭或转产。

在产业成熟阶段，产业内行业增长速度降到一个更加适度的水平。在某些情况下，整个产业的增长可能会完全停止，其产出甚至下降。由于丧失其资本的增长，致使产业的发展很难较好地保持与国民生产总值同步增长，当国民生产总值减少时，产业甚至蒙受更大的损失。但是，由于技术创新的原因，产业中的某些行业或许实际上会有新的增长。在短期内很难识别何时进入成熟阶段，但总而言之，在这一阶段一开始，投资者便希望收回资金。

这一时期的特征表现为市场增长率不高，需求增长率不高，技术上已经成熟，行业特点、行业竞争状况及用户特点非常清楚和稳定，买方市场形成，行业盈利能力下降，新产品和产品的新用途开发更为困难，行业进入壁垒很高。

■ 衰退期。这一时期出现在较长的稳定阶段后。由于新产品和大量替代品的出现，原产业的市场需求开始逐渐减少，产品的销售量也开始下降，某些厂商开始向其他更有利可图的产业转移资金。因而原产业出现了厂商数目减少，利润下降的萧条景象。至此，整个产业便进入了生命周期的最后阶段。

在衰退阶段里，厂商的数目逐步减少，市场逐渐萎缩，利润率停滞或不断下降。当正常利润无法维持或现有投资折旧完毕后，整个产业便逐渐解体了。

这一时期的特征为市场增长率下降，需求下降，产品品种及竞争者数目减少。从衰退的原因来看，可能有四种类型的衰退。

■ 资源型衰退，即由于生产所依赖的资源的枯竭所导致的衰退。

■ 效率型衰退，即由于效率低下的比较劣势而引起的行业衰退。

■ 收入低弹性衰退，即因需求——收入弹性较低而衰退的行业。

■ 聚集过度性衰退，即因经济过度聚集的弊端所引起的行业衰退。

2.4.2　产业竞争力——波特"五力"理论

波特"五力"分析模型是迈克尔·波特于20世纪80年代初提出，用于竞争战略的分析，可以有效地分析客户的竞争环境，对企业战略制定产生全球性的深远影响。

波特"五力"分别是供应商的议价能力、购买者的议价能力、潜在竞争者进入的能力、替代品的替代能力，以及行业内竞争者现在的竞争能力。

这五种力量的不同组合变化最终影响行业利润潜力变化。

波特"五力"分析模型将大量不同的因素汇集在一个简便的模型中，以此分析一个行业的基本竞争态势。波特"五力"分析模型确定了竞争的五种主要来源，即供应商的议价能力、购买者的议价能力、潜在进入者的威胁、替代品的威胁以及最后一点，来自目前在同一行业的公司间的竞争。

一种可行战略的提出首先应该包括确认并评价这五种力量，不同力量的特性和重要性因行业和公司的不同而变化，如图2-22所示。

■ 供应商的议价能力。供方主要通过其提高投入要素价格与降低单位价值质量的能力，来影响行业中现有企业的盈利能力与产品竞争力。供方力量的强弱主要取决于它们所提供给买主的是什么投入要素，当供方所提供的投入要素其价值构成了买主产品总成本的较大比例、对买主产品生产过程非常重要，或者严重影响买主产品的质量时，供方对于买主的潜在讨价还价力量就大大增强。一般来说，满足如下条件的供

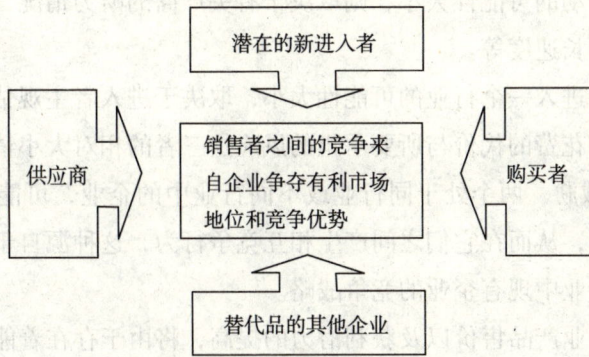

图 2 – 22　波特"五力"作用图

方集团会具有比较强大的讨价还价力量。

供方行业为一些具有比较稳固市场地位而不受市场激烈竞争困扰的企业所控制，其产品的买主很多，以致每一单个买主都不可能成为供方的重要客户。

供方各企业的产品各具有一定特色，以致买主难以转换或转换成本太高，或者很难找到可与供方企业产品相竞争的替代品。

供方能够方便地实行前向联合或一体化，而买主难以进行后向联合或一体化。

■ 购买者的议价能力。购买者主要通过其压价与要求提供较高的产品或服务质量的能力，来影响行业中现有企业的盈利能力。一般来说，满足如下条件的购买者可能具有较强的讨价还价力量。

购买者的总数较少，而每个购买者的购买量较大，占了卖方销售量的很大比例。

卖方行业由大量相对来说规模较小的企业所组成。

购买者所购买的基本上是一种标准化产品，同时向多个卖主购买产品在经济上也完全可行。

购买者有能力实现后向一体化，而卖主不可能前向一体化。

■ 新进入者的威胁。新进入者在给行业带来新生产能力、新资源的同时，将希望在已被现有企业瓜分完毕的市场中赢得一席之地，这就有可能会与现有企业发生原材料与市场份额的竞争，最终导致行业中现有企业盈利水平降低，严重的话还有可能危及这些企业的生存。竞争性进入威胁的严重程度取决于两方面的因素，这就是进入新领域的障碍大小与预期现有企业对于进入者的反应情况。

进入障碍主要包括规模经济、产品差异、资本需要、转换成本、销售渠道开拓、政府行为与政策、不受规模支配的成本劣势、自然资源、地理环境等方面，这其中有些障碍是很难借助复制或仿造的方式来突破的。预期现有企业对进入者的反应情况，主要是采取报复行动的可能性大小，则取决于有关厂商的财力情况、报复记录、固定资产规模、行业增长速度等。

总之，新企业进入一个行业的可能性大小，取决于进入者主观估计进入所能带来的潜在利益、所需花费的代价与所要承担的风险这三者的相对大小情况。

■ 替代品的威胁。两个处于同行业或不同行业中的企业，可能会由于所生产的产品是互为替代品，从而在它们之间产生相互竞争行为，这种源自于替代品的竞争会以各种形式影响行业中现有企业的竞争战略。

第一，现有企业产品售价以及获利潜力的提高，将由于存在着能被用户方便接受的替代品而受到限制。

第二，由于替代品生产者的侵入，使得现有企业必须提高产品质量，或者通过降低成本来降低售价，或者使其产品具有特色，否则其销量与利润增长的目标就有可能受挫。

第三，源自替代品生产者的竞争强度，受产品买主转换成本高低的影响。

总之，替代品价格越低、质量越好、用户转换成本越低，其所能产生的竞争压力就强；而这种来自替代品生产者的竞争压力的强度，可以具体通过考察替代品销售增长率、替代品厂家生产能力与盈利扩张情况来加以描述。

■ 同业竞争者的竞争程度。大部分行业中的企业，相互之间的利益都是紧密联系在一起的，作为企业整体战略一部分的各企业竞争战略，其目标都在于使得自己的企业获得相对于竞争对手的优势，所以，在实施中就必然会产生冲突与对抗现象，这些冲突与对抗就构成了现有企业之间的竞争。现有企业之间的竞争常常表现在价格、广告、产品介绍、售后服务等方面，其竞争强度与许多因素有关。

一般来说，出现下述情况将意味着行业中现有企业之间竞争的加剧：行业进入障碍较低，势均力敌竞争对手较多，竞争参与者范围广泛；市场趋于成熟，产品需求增长缓慢；竞争者企图采用降价等手段促销；竞争者提供几乎相同的产品或服务，用户转换成本很低；一个战略行动如果取得成功，其收入相当可观；行业外部实力强大的公司在接收了行业中实力薄弱企业后，发起进攻性行动，结果使得刚被接收的企业成为市场的主要竞争者；退出障碍较高，即退出竞争要比继续参与竞争代价更高。在这里，退出障碍主要受经济、战略、感情以及社会政治关系等方面考虑的影响，具体包括：资产的专用性、退出的固定费用、战略上的相互牵制、情绪上的难以接受、政府和社会的各种限制等。

行业中的每一个企业或多或少都必须应付以上各种力量构成的威胁，而且客户必须面对行业中的每一个竞争者的举动。除非认为正面交锋有必要而且有益处，例如要求得到很大的市场份额，否则客户可以通过设置进入壁垒，包括差异化和转换成本来保护自己。

根据上面对五种竞争力量的讨论，企业可以采取尽可能地将自身的经营与竞争力量隔绝开来、努力从自身利益需要出发影响行业竞争规则、先占领有利的市场地位再发起进攻性竞争行动等手段来对付这五种竞争力量，以增强自己的市场地位与竞争实力。

2.4.3　房地产行业的生命周期

房地产经济作为整个宏观经济的一部分，其走势虽与宏观经济不完全相同，但也像宏观经济一样，受到各种因素的影响，存在明显的周期波动现象。在房地产波动过程中，也存在复苏、繁荣、衰退和萧条四个阶段。

在这四个阶段中，房地产市场表现出几个不同的特征。

■ 复苏阶段。随着经济的复苏、生产的恢复和需求的增长，价格也开始逐步回升，这时需求拉动使得房地产供给也开始增加，少数房地产投机者开始寻求机会。随着房地产市场的进一步回升，市场参与者充满乐观情绪，土地市场和房屋置换市场开始活跃。银行纷纷加大对房地产的按揭贷款数量，其他渠道的新资金也开始进入房地产领域，推动房地产业向前发展。

■ 繁荣阶段。此阶段是经济周期的高峰阶段，投资需求和消费需求的不断扩张超过了产出的增长，将刺激价格迅速上涨到较高水平。房地产开发项目和建设数量进一步增加，大量其他行业的企业因为对高额利润的渴望，纷纷进军房地产业。房地产价格上涨速度明显加快，房地产泡沫显现并不断膨胀。银行按揭贷款量猛增，房地产市场上投机炒作成风，参与者普遍获利，参与热情空前高涨，房价高不可攀，价格泡沫成分极大。

■ 衰退阶段。当经济周期高峰过去之后，由于宏观基本面或政策的突然改变，使得许多人对房地产市场开始悲观，纷纷抛售房地产。从事房地产投资的投资者出现亏损，也加入到抛售的行列。房地产价格出现暴跌，房地产泡沫开始破裂。房地产企业开始出现破产，银行也由于房地产领域的不良贷款而面临金融风险。衰退的房地产业拉动国民经济开始滑坡，由于需求的萎缩，供给大大超过需求，价格迅速下降。

■ 萧条阶段。房地产销售价格和租金水平继续沿着衰退期的跌势下降，房地产价格跌幅惊人。由于房价的长期下跌，使得房价接近甚至跌破建造成本，房地产泡沫完全破灭。此时市场交易清淡，市场空置率居高不下，房地产企业破产现象普遍，银行在房地产方面的呆、坏账现象严重。由于市场需求的存在和房地产供给的调整，房价开始不再下跌，并维持在一个较低水平上。

2.4.4 互联网金融产业——阿里金融的竞争力分析

阿里打造了涵盖 B2B、B2C 以及 C2C 的强大商务平台之后，金融自然成为其下一个目标，为的是"让天下没有难贷的款"。阿里金融经历了十年，形成了五大核心板块，涵盖支付、信贷、担保、保险等（如图 2 - 23）。

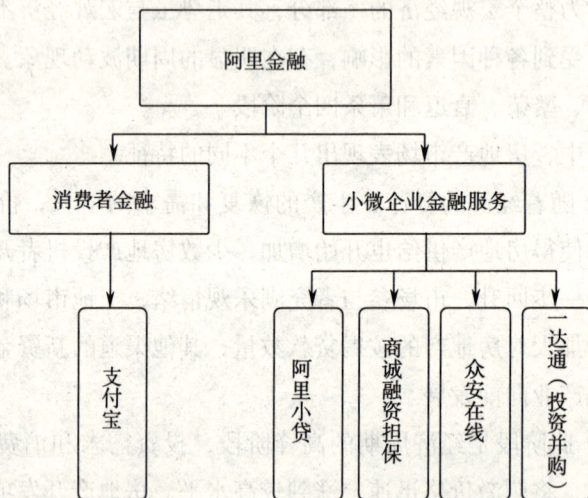

图 2 - 23 阿里金融五大核心板块

■ 支付宝（第三方支付）。在阿里的金融体系里，支付宝是起步较早、发展得最好的一个板块。截至 2012 年 12 月，支付宝的注册账户已经突破 8 亿，日交易额峰值超过 200 亿元人民币，日交易笔数峰值达到 1.058 亿笔。根据 EnfoDesk 易观智库最新数据显示，2012 年中国第三方互联网在线支付市场交易规模达 38 039 亿元，支付宝占据 46.6% 的市场份额，位列第一。

■ 阿里小贷（小额信贷）。小贷和微贷是阿里金融的重要组成部分。阿里巴巴的信贷业务主要是通过浙江和重庆两家小贷公司进行的。就贷款的比例而言，阿里小贷中的 80% 为淘宝贷款，投向了淘宝、天猫和聚划算的商家，一般情况下这部分贷款的最高额度为 100 万元；剩余的 20% 为阿里巴巴贷款，投向了阿里巴巴的会员企业，一般最高额度为 300 万元。截至 2012 年 6 月末，主要负责运营阿里巴巴旗下小贷公司的阿里金融业务部门，已累计为超过 12.9 万家小微企业提供融资服务，贷款总额超过 260 亿元。而到了 7 月 20 日，阿里小贷已经实现单日利息收入 100 万元。

■ 众安在线（互联网保险）。关于众安在线涉足的险种，目前并没有明确的说法。预计开始很可能会是运费保险和阿里巴巴小额贷款保证保险。

■ 商诚融资担保有限公司（金融担保）。阿里推出一款"信用支付"产品，支付宝根据用户交易数据进行授信，授信额度由银行参与并执行，信用额度可用于在淘宝购物支付。在这一过程中，银行的每笔信用支付都将由阿里巴巴旗下的担保公司全额担保。

■ 一达通（投资并购）。一达通的金融中心，主要是通过与中国银行等金融机构合作开发面对中小微企业的信用证融资、备货融资、货款买断、远期外汇保值等多项金融服务产品，全面解决中小微企业贸易环节的资金和风险控制需求。截至 2012 年 9 月，一达通当年已经为近 5 000 家中小企业发放贸易融资 16 000 笔，累计金额达 8 亿元人民币，平均每笔融资 5 万元，每家企业 16 万元。这些贷款无抵押担保，100% 用于实体经济、100% 投向中小企业融资。

阿里金融已经覆盖金融领域的方方面面，可以说在金融行业中有很大的竞争力。其主要的竞争力表现为：以数据和信用为核心的金融平台战略。即在现有的体制和技术条件下，围绕集聚小额需求和产生规模效应出发，利用自身互联网运作的经验、积累的商家信用数据库，建立的信用评价体系以及海量的商家和用户资源等，搭建一个金融平台。这种小额需求集聚在一起的绝对数字将是无比庞大的，如果再能产生规模效应，这块收益将远高于银行传统的贷款业务。

2.5　产业政策及行业分析

思考题：

我国产业政策的利弊有哪些？

2.5.1　我国产业政策概述

产业政策是政府为了实现一定的经济和社会目标而对产业的形成和发展进行干预的各种政策的总和。

产业政策的功能：弥补市场缺陷，有效配置资源；保护幼小民族产业的成长；熨平经济震荡；发挥后发优势，增强适应能力。

产业政策的特点：

■ 调控产业结构、产业组织结构、产业区域布局结构，使社会资源在各产业、行业、企业、地区之间得到合理配置，逐步实现产业结构的优化。

■ 影响经济的长期发展。即改造产业结构，实现产业结构的优化，促进经济的增长，必须经过长期的努力。

■ 以市场机制的调节为依据，对市场起着直接调控、对企业起着间接调控的宏观作用。

■ 调节供给。使供给总量和结构都能满足需求，实现供给和需求的总量、结构的平衡。

产业政策制定原则：

■ 以产业政策为导向，加强宏观控制，指导市场发育，协调各方面行动，逐步缓解总需求与总供给、消费结构与产业结构的矛盾。

■ 压缩和控制长线产品的生产和建设，增加和扩大短线产品的生产和建设。

■ 按照市场需求、产业关联、技术进步、创汇作用、经济效益等因素，安排好产业发展序列并制定相关的各项政策，明确支持什么、限制什么。同时，要妥善处理好重点产业与一般产业协调发展的关系，处理好生产要素存量调整与增量配置的关系，处理好产业总体配置与发挥地区优势的关系。

■ 产业政策要点是根据长远与当前结合、以当前为主的原则制定的。在治理整顿过程中，将视经济发展情况，对产业政策作相应调整。

■ 产业政策的制定权在国务院。为了保证国家产业政策的实施，各部门和各省、自治区、直辖市及计划单列省辖市人民政府，应根据国家产业政策，结合本部门、本地区的特点，拟定实施办法，并报国务院备案。

■ 产业政策的实施，要运用经济的、行政的、法律的和纪律的手段，同时加强思想政治工作。

2.5.2 主要行业的产业政策

■ 钢铁行业"十二五"发展规划。

加快产品升级。全面推进钢材品种、质量和标准的提升；提高铁水预处理、炉外精炼比例，注重铁合金等辅料对产品质量的影响，以洁净钢平台建设为重点，理顺工艺流程，推广使用新一代控轧控冷等工艺技术；加大高强钢筋的推广应用；发展关键钢材品种；鼓励有实力的钢铁企业开发高端钢材品种，同时防止产品高档次同质化发展，避免投资浪费和高端产品的无序竞争；促进特钢品质全面升级。支持特钢企业兼并重组。

深入推进节能减排。按照国家节能减排总体要求和地区分解任务指标，降低钢铁企业单位增加值能源消耗、二氧化碳排放和用水量，减少二氧化硫排放总量。健全能源计量管理制度，完善能源管理体系，依法开展能源审计、清洁生产审核和清洁生产方案的实施。

实施加快技术改造，促进钢铁工业优化升级。围绕品种质量、节能降耗、清洁生产、"两化"融合和安全生产等重点，加快应用新技术、新工艺、新装备，对企业现有生产设施、装备、生产工艺条件进行改造，不断优化生产流程，升级企业技术装备，提高资源综合利用水平，增强新产品开发能力，加快产品升级换代，加强安全生产保障。

淘汰落后生产能力。"十二五"时期是淘汰落后的攻坚期，继续严格执行节能、土地、环保等法律法规，综合运用差别电价、财政奖励、考核问责等法律手段、经济手段和必要的行政手段，加大淘汰落后产能力度，公告淘汰落后产能企业名单，切实落实淘汰落后年度计划，严禁落后产能转移。要将上大与压小相结合，淘汰落后与新上项目相结合，根据各地区淘汰落后产能情况，优先核准淘汰落后任务完成较好地区和企业的技术改造项目。

优化产业布局。结合兼并重组和淘汰落后，在不增加生产能力的前提下，围绕提高产品质量和降低物流成本，统筹考虑市场需求、交通运输、环境容量和铁矿、煤炭、供水、电力等资源能源保障条件，有保有压，优化产业布局。重大布局调整项目要进行能耗、水耗、环境容量、运输等综合平衡，把完成能耗和环保约束性指标作为项目核准的必要条件。

增强资源保障能力。强化铁矿石资源保障体系建设。积极优化铁矿资源全球配置，鼓励钢铁企业建立与资源所在国利益共享的对外资源开发机制，实施投资区域多元化，在具有资源优势国家和地区以及周边国家，有序建立稳定、可靠的铁矿石、铬矿、锰矿、焦煤等原燃料供应基地和运输保障体系。

加快兼并重组。按照市场化运作、企业为主体、政府引导的原则，以符合国家钢铁产业政策和《钢铁行业生产经营规范条件》的企业为兼并重组主体，结合淘汰落后、技术改造和优化布局，加快钢铁企业兼并重组步伐。鼓励社会资本参与国有钢铁企业兼并重组。

加强钢铁产业链延伸和协同。转变服务理念、增强服务意识，建立钢铁企业与下游用户战略合作机制，发展钢材深加工，完善物流配送体系，提升产品价值和企业服务功能，促进由钢铁生产商向服务商转变。加强政府引导，推进产业结合，推广钢材新产品应用。

提高国际化水平。充分利用两个市场、两种资源，统筹"引进来"与"走出去"，加强国际化经营，深化经济技术合作。进一步扩大钢铁工业对外开放程度，鼓励国外先进知名钢铁企业参股和投资国内钢铁企业和项目，在钢材产品深加工领域投资设立企业和研发中心，提升我国钢铁企业的创新能力和管理水平。

■ 汽车行业产业政策。

提高自主创新能力，大力发展自主品牌。重点包括整车技术、高效低排发动机技术、先进的自动变速器技术、智能电子控制技术、NVH控制与测评技术、轻量化设计与应用技术等几个方面的产品和技术。

做大做强企业集团。针对我国汽车生产企业数量多、规模小的结构特点，应按照"由专业化到规模化"的原则，通过横向并购实现资源的整合。

加快汽车产业国际化发展。国家《关于促进我国汽车产品出口持续健康发展的意见》明确提出了：到2015年，汽车及零部件出口达到850亿美元，年均增长约20%；到2020年实现出口额占世界汽车产品贸易总额10%的战略目标。

开拓二、三级市场及农村市场。加大向二、三级市场和农村市场的营销力度，把营销网络尽快覆盖到乡镇，加强对两个市场规范和投入。

推进"两化融合"，提升行业综合竞争力。实施"汽车行业'两化'融合工程"国家专项计划：一是探索汽车行业新型制造模式和服务模式，实践具有中国特色的汽车产业发展道路；二是开展汽车行业信息化共性技术研发，支撑产品创新、管理创新和服务创新；三是推进具有行业特色和行业需求的信息化软件产品研发，为汽车行业信息化提供支撑；四是搭建产业共性服务平台，支撑产业链协同，推进中小企业信息化，促进产业集群式供应链的形成和产业集聚区域的发展；五是积极开展应用示范，发挥示范带头作用，营造信息化发展环境；六是培养既懂汽车行业又精通信息化、能融合信息化和工业化知识的综合性人才。

进一步完善零部件发展体系。重点发展的汽车零部件技术：汽车安全、节能环保技术，以适应汽车标准、法规日益严格的要求；注重改进传统动力与积极研发新能源汽车相结合，以实现节能与能源多元化；运用汽车电子技术，提高汽车产品水平；促进新型轻质、环保材料应用，实现汽车轻量化、洁净化；发展汽车零部件再制造技术，实现循环经济。重点发展的零部件产品：先进汽车发动机总成及其零部件；具有自主知识产权的汽车关键零部件；新能源汽车零部件。

实施新能源汽车发展战略。我国新能源汽车的发展重点是推进混合动力汽车的产业化，并以混合动力的市场化应用为基础，形成电池和电机的产业链，实现我国汽车的节能减排减碳总目标。

提升节能减排水平，提高综合利用效率。提高传统汽车节能、减排技术水平和标准要求；加快能源战略转型，推广混合动力和电动汽车的应用；建立、完善我国汽车产业综合回收利用规范；扩大试点范围，提高再制造技术水平。

着力发展汽车服务业，尽快缩小与国外的差距。要以品牌营销为主体，完善汽车服务行业的服务体系；大力发展汽车金融、汽车保险以及汽车租赁等高附加值现代汽车服务业；支持大型汽车集团顺应向服务领域延伸的国际趋势，拓展汽车金融服务和售后服务业务。

经济学与行业分析习题

一、单项选择题

1. 国际贸易的产生过程是（　　　）。

A. 生产力的发展—出现私有制—剩余产品交换—形成国家—产生国际贸易

B. 剩余产品交换—出现私有制—生产力的发展—形成国家—产生国际贸易

C. 生产力的发展—剩余产品交换—出现私有制—形成国家—产生国际贸易

D. 剩余产品交换—出现私有制—形成国家—生产力的发展—产生国际贸易

2. 各资本主义国家竞争激烈，采用的关税壁垒与非关税壁垒等贸易政策措施，国际贸易增长速度下降，这种现象出现在（　　　）。

　　A. 资本主义前期　　　　　　　　B. 资本主义初期

　　C. 资本主义竞争时期　　　　　　D. 资本主义垄断时期

3. 经济技术发展水平相差悬殊的国家之间的国际分工称为（　　　）。

　　A. 纵横型国际分工　　　　　　　B. 水平型国际分工

　　C. 垂直型国际分工　　　　　　　D. 混合型国际分工

4. 第二次科技革命出现在资本主义国际分工的（　　　）。

A. 形成阶段　　　　B. 发展阶段　　　　C. 萌芽阶段　　　　D. 发展阶段

5. 生产要素禀赋论的提出者是（　　　）。

A. 赫克歇尔和俄林　　　　　　　　B. 大卫·李嘉图

C. 亚当·斯密　　　　　　　　　　D. 波士纳

6. 提倡各国而只是专门生产劳动成本相对低的产品，不一定要专门生产劳动成本绝对低的产品，便可进行能获益的对外贸易，这种理论是（　　　）。

A. 新贸易理论　　B. 比较利益理论　　C. 绝对利益理论　　D. 新古典贸易理论

7. 创新国享有出口技术密集型产品的比较优势时，模仿国的消费者和模仿者对利用创新国的创新所生产的产品的反应不包括（　　　）。

A. 供给滞后　　　B. 需求滞后　　　C. 掌握滞后　　　D. 反应滞后

8. 以下哪一项是凯恩斯超保护贸易理论的观点？（　　　）

A. 加强地区间合作，实施新型的地区主义

B. 贸易顺差有益而逆差有害

C. 在一国工业化的早期阶段排除外来竞争，用关税壁垒保护国内市场

D. 国家对经济进行干预，在一定条件下采取保护制度

9. 以下哪一项不是世界贸易组织的主要特点？（　　　）

A. 世界贸易组织的机构具有正式性

B. 世界贸易组织注重权利与义务的统一性

C. 世界贸易组织协定具有法律权威型

D. 世界贸易组织管辖的内容具有合理性

10. 中国于（　　　）正式加入世界贸易组织。

A. 1984 年 1 月　　B. 2001 年 12 月　　C. 1995 年 11 月　　D. 2000 年 12 月

11. 在成员国内完全废除关税与数量限制，建立对非成员国的共同关税，取消生产要素流动的各自限制，允许劳动、资本等在成员国之间自由流动，这属于哪一种区域经济一体化组织形式？（　　　）

A. 共同市场　　　　　　　　　　B. 关税同盟

C. 完全的经济一体化　　　　　　D. 经济同盟

12. 以下哪一项不是上海自由贸易区的金融创新？（　　　）

A. 支付结算创新　　　　　　　　B. 外汇管理创新

C. 对外直接投资创新　　　　　　D. 企业资金管理创新

13. 以下是对非关税壁垒描述的是（　　）。

A. 按征税目的分类，大致可分为财政关税、保护关税和报复关税

B. 具有灵活性、有效性、隐蔽性和歧视性的特点

C. 具有强制性、无偿性、预定性和统一性的特点

D. 对国民经济产生重大影响

14. 从量税额的计算公式为（　　）。

A. 商品的完税价格总额×商品计量总量

B. 商品的完税价格总额×从价税率

C. 商品计量总量×每单位从量税额

D. 商品计量总额×从量税率

15. 按征收关税的标准不同，关税大致可分为（　　）。

A. 普通关税、优惠关税

B. 法定关税、附加关税

C. 进口税、出口税、过境税、特别关税

D. 从价税、从量税、混合税、选择税

16. 发达国家对发展中国家的制成品、半制成品尽可能给予关税优惠，这是普惠制关税的（　　）原则。

A. 普遍性原则　　　B. 互惠原则　　　C. 非互惠原则　　　D. 非歧视原则

17. 国家指定的机构和组织集中管理、集中经营某些商品的贸易，属于下列哪种非关税壁垒？（　　）

A. 外汇管制　　　　　　　　B. 歧视性的政府采购政策

C. 对外贸易的国家垄断　　　D. 进口配额

18. 以下哪项不是出口优惠政策？（　　）

A. 给予出口商原材料、人才使用等方面的优惠

B. 出口商享受其他企业不能享受的政策待遇

C. 给予资金融通、信贷等优先权或更低的利息水平

D. 在出口某种商品时给予出口商现金补贴或财政上的优惠待遇

19. 出口方银行直接向进口商提供贷款是一种（　　）。

A. 出口补贴　　　B. 出口信贷　　　C. 出口退税　　　D. 出口优惠政策

20. 出口限制政策不包括（　　）。

A. 出口许可证制度　　　　　　B. 出口关税制度

C. 出口担保制度　　　　　　　　　　D. 绝对禁止出口

21. 我国改革开放进入全方面宽领域时期的对外贸易政策为（　　）。

A. 有自由化倾向的贸易保护政策

B. 开放式贸易保护政策

C. 完全自由化的贸易政策

D. 一般自由贸易政策

22. 我国改革开放初期对外贸易政策不包括（　　）。

A. 实施较严格的传统进口限制措施

B. 鼓励吸收外国直接投资

C. 鼓励和扶持出口型产业，限制外资企业商品的内销

D. 依据 GATT/WTO 的规则，对我国涉外法律体系进行完善

23. 以下哪一项不是改革开放深化时期我国出口的特点？（　　）

A. 开放服务贸易市场，把国际服务贸易作为发展战略目标

B. 连续出现十年的贸易顺差，外汇储备的规模越来越大

C. 出口贸易方式主要以加工贸易为主

D. 外资企业出口比重越来越大

24. 国际金融危机时期我国对外贸易政策为（　　）。

A. 扩大外需，促进外贸快速发展

B. 扩大内需，保持对外贸易稳定增长

C. 稳定外需，维持贸易保护主义

D. 反对贸易保护主义，谨慎对外开放

25. SCP 理论范式是指（　　）的分析范式。

A. 市场结构—市场行为—市场绩效

B. 市场行为—市场结构—市场绩效

C. 市场结构—市场竞争—市场绩效

D. 市场竞争—市场绩效—市场结构

26. SCP 理论范式的三要素（　　）。

A. 之间呈单性关系　　　　　　　　　　B. 相互关联、相互影响

C. 政府政策不做干预　　　　　　　　　　D. 在短期内是双向的因果关系

27. 完全竞争市场是（　　）的市场。

A. 产品不存在替代品　　　　　　　　　　B. 企业互相依存

C. 企业数目唯一   D. 资源自由流动

28. 垄断竞争市场是（   ）的市场。

A. 企业数目唯一   B. 商品同质

C. 企业可以自由进入和退出   D. 要素资源难以流动

29. （   ）借用洛伦兹曲线及基尼系数反映产业内企业的规模分布状况。

A. 勒纳指数   B. 贝恩指数   C. 相对集中度   D. 绝对集中度

30. 市场行为不包括（   ）。

A. 合同行为   B. 经营行为   C. 营销行为   D. 定价行为

31. （   ）反映的是在特定的市场结构和市场行为条件下市场运行的效率。

A. 市场结构   B. 市场竞争   C. 市场绩效   D. 市场行为

32. （   ）比较直观地分析企业盈利水平的指标。

A. 利润率   B. 贝恩指数   C. 勒纳指数   D. 托宾 q 指数

33. （   ）代表的是行业的超额利润率。

A. 利润率   B. 贝恩指数   C. 勒纳指数   D. 托宾 q 指数

34. 产业结构升级包括从（   ）为重心上升到（   ）为重心。

A. 低附加值的技术密集型产业；高附加值的劳动密集型产业

B. 经济结构以轻纺工业；经济结构以重化学工业

C. 国民经济以第二产业；国民经济以第一、第三产业

D. 经济结构以加工组装；经济结构以原材料

35. 产业关联的分类不包括（   ）。

A. 横向联系和纵向联系   B. 前向联系和后向联系

C. 直接联系和间接联系   D. 多向联系和单向联系

36. 铁矿石加工成钢铁，钢铁制造成机器，称为（   ）；机器又成为开采矿石的工具之一，称为（   ）。

A. 横向联系和纵向联系   B. 前向联系和后向联系

C. 直接联系和间接联系   D. 多向联系和单向联系

37. 上下游产业链的传导机制产生的是（   ）。

A. 依存效应   B. 迟滞效应   C. 涡轮效应   D. 乘数效应

38. 产业管理按条件不包括（   ）。

A. 管理能力配套   B. 技术配套   C. 规模配套   D. 营销配套

39. 金融服务业（   ）。

A. 将资金从投资部门导向储蓄部门

B. 对其他行业的发展没有直接影响

C. 产业关联就是金融服务业与第一产业、第二产业之间的关联

D. 是现代服务业中生产率增长较快、现代信息技术使用密度最高的产业之一

40. 在产业的成长期，（　　）。

A. 市场增长率较高，需求增长较快，技术变动较大

B. 在后期产品的销售增长率减慢，迅速赚取利润的机会减少

C. 投资于新产业的厂商数量开始增加

D. 生产厂商通过扩大生产量，提高市场的份额来增加收入

41. 供方主要通过供应商的（　　）来提高投入要素价格与降低单位价值质量的能力，影响行业中现有企业的盈利能力与产品竞争力。

A. 替代能力　　　B. 议价能力　　　C. 竞争能力　　　D. 进入市场的能力

42. （　　）的购买者可能具有较强的讨价议价能力。

A. 购买者所购买的基本上不是同质产品

B. 购买者的总数较少，每个购买者的购买量较大，占了卖方销售量的很大比例

C. 购买者有能力实现后向一体化，卖主有能力前向一体化

D. 卖方行业由大量相对来说规模较大的企业所组成

43. （　　），所能产生的竞争压力就强。

A. 替代品价格越高、质量越好、用户转换成本越低

B. 替代品价格越低、质量越好、用户转换成本越高

C. 替代品价格越低、质量越好、用户转换成本越低

D. 替代品价格越高、质量越好、用户转换成本越高

44. 出现（　　）将意味着行业中现有企业之间竞争加剧。

A. 竞争者提供不同质的产品或服务，用户转换成本很高

B. 市场趋于成熟，产品需求增长缓慢

C. 退出障碍较低

D. 行业进入障碍较高

45. 市场参与者充满乐观情绪，土地市场和房屋置换市场开始活跃，银行加大对房地产的按揭贷款数量，这时房地产市场处于（　　）。

A. 复苏阶段　　　B. 繁荣阶段　　　C. 衰退阶段　　　D. 萧条阶段

46. 产业政策的功能不包括（　　）。

A. 保证国有企业的稳定发展　　　B. 熨平经济震荡

C. 弥补市场缺陷，有效配置资源　　D. 发挥后发优势，增强适应能力

47. 以下哪项不是产业政策的特点？（　　）

A. 调节供给

B. 调控产业结构、产业组织结构、产业区域布局结构，使社会资源在各产业、行业、企业、地区之间得到合理配置，逐步实现产业结构的优化

C. 影响经济的长期发展

D. 市场机制的调节为依据，对企业起着直接调控、对市场起着间接调控的宏观作用

48. 波特"五力"分析模型是迈克尔·波特于（　　）提出，用于竞争战略的分析，可以有效地分析客户的竞争环境。

A. 80 年代初　　　B. 80 年代末　　　C. 90 年代初　　　D. 90 年代末

49. 产业政策制定原则不包括（　　）。

A. 压缩和控制短线产品的生产和建设，增加和扩大长线产品的生产和建设

B. 产业政策要点是根据长远与当前结合、以当前为主的原则制定的

C. 产业政策的制定权在国务院

D. 以产业政策为导向，加强宏观控制，指导市场发育，协调各方面行动，逐步缓解总需求与总供给、消费结构与产业结构的矛盾

50. 我国汽车行业产业政策不包括（　　）。

A. 提升节能减排水平，提高综合利用效率

B. 进一步完善零部件发展体系

C. 开拓二、三级市场及农村市场

D. 本土品牌收益最大化

二、简答题

1. 自由贸易理论经历了哪几个发展阶段？

2. 简述要素禀赋论的基本内容。

3. 为什么俄林认为要素价格均等化只是一种趋势？

4. 如何正确评价保护贸易理论的政策主张？它在哪些方面是合理的？

5. 上海自由贸易区采取了哪些金融创新的举措？请列举三个。

6. 什么是非关税措施？与关税措施相比，它有什么特点？

7. 简述世界贸易组织对国际贸易的影响。

8. 改革开放后我国对外贸易政策经历了哪几个阶段？

9. 简述 S－C－P 三者间的关系。

10. 市场结构有哪些类型？其主要决定因素有哪些？

11. 简述完全垄断市场的特征。

12. 简述产业结构高度化的特征。

13. 产业关联效应有哪些类型？

14. 简述处于生命周期中成长期的产业特征。

15. 论述产业政策有哪几方面的作用。

三、案例分析题

1. 2008 年英国某公司推出了一款新型打印机，在英国商场的零售价为 60 英镑，由英国公司设计经销，在上海和浙江两地生产。英国公司将订单下给了一家台湾公司，每件 30 英镑。台湾公司将订单交给了相熟的一家深圳外贸公司，每件 20 英镑。外贸公司再以每件 15 英镑交给工厂，工厂的原料和生产成本为 10 英镑。英国公司以每件 55 英镑的价格卖给商场。

要求：

试结合所学的比较优势理论对该案例进行分析。

2. 辽宁汽车产业及其集群发展：

作为装备制造业龙头的汽车产业，辽宁的汽车产量 2003 年达到 143 677 辆，同比增长了 55.88%，高出全国平均增幅 20 个百分点，创造了历史最高水平。现在，以轿车、多功能车、轻型汽车（含轻型客车和轻型货车）、大中型客车、车用发动机和汽车零部件已经构成了辽宁汽车工业体系，辽宁汽车产业集群已初现轮廓，形成了沈阳、丹东两大汽车生产基地，沈阳—辽阳—营口—大连，沈阳—锦州—朝阳两条汽车长廊的产业聚集分布。从地域分布看，辽宁汽车产业集群分布较散，企业只是生产的地域集中而不是集群；从地理分布看，辽宁汽车产业更多地表现的是生产集中的特点，生产集中仅仅是相关企业集中在一个地区，但相互之间的联动作用非常少，竞争制约非常严重。而集群则要求整车厂和相关配件厂的关系非常密切，要实现专业化的分工协作，而不是目前的这种局面。

近几年来，借助政府的高度重视和大力扶持以及现有的工业基础与中国汽车产业的良好发展态势，辽宁汽车产业飞速发展，实力不断增强，其中沈阳市汽车产业集群初步形成。截至 2004 年年底,沈阳汽车产业集群共有华晨金杯、华晨宝马、上海通用(沈阳)北盛、金杯车辆、沈飞日野、沈阳中顺、沈阳奥克斯 7 家整车生产公司;专用改装车、农用运输车 21 家;汽车零部件企业 95 家。

辽宁汽车产业链较为完整,在整车制造、零部件生产、经销、售后服务等各大环节均有一定实力。到 2003 年年底,辽宁地区共有汽车工业企业 148 家,其中汽车制造厂 11 家,改装车厂 50 家,车用发动机厂 6 家,汽车零部件生产企业 81 家;固定资产 350.73 亿元。另外还有科研院所 3 家,汽车经销企业 100 多家。华晨金杯集团是辽宁汽车工业的龙头企业,是华晨宝马、华晨金杯、金杯车辆三大核心汽车生产企业的控股公司,2004 年产量达 110 505 辆,销量达 99 572 辆,华晨金杯集团的工业总产值、销售收入、汽车生产、销售量占沈阳市汽车全行业的 80% 以上,产销量排在全国大型汽车企业的第九位。辽宁的汽车零部件企业主要是随着辽宁整车生产企业的发展而发展起来的,全省现有汽车零部件生产企业主要有 100 余家,占全国比重 4.1%。其中以生产曲轴、座椅、车桥、弹簧、发电机、活塞等零部件企业为主,这些企业虽然年销售收入 60 多亿元,但实现利润不大;更重要的是这些企业生产的汽车零部件能够提供给高档轿车,高档轻型客车和越野车型的零部件却很少。

辽宁汽车产业的快速发展应该从沈阳金杯从日本引进全套的丰田技术和管理生产海狮面包车开始,海狮面包的产销率也在全国同类车型中占有绝对优势,2003 年达到 50% 以上。尽管金杯海狮轻型客车连续七年产销量居全国第一位,但其市场份额在逐步下降,遇到了前所未有的冲击和挑战;另外中华轿车于 2001 年成功推出,作为自主知识产权的代表,中华轿车给中国的汽车工业带来了生机和活力,丰富和推动了民族汽车产业的发展,对辽宁汽车产业也做了很好的补充和壮大,结束了辽宁不能生产轿车的历史;2003 年沈阳宝马轿车的下线和投放市场,标志着一个以高档轿车、中档轿车、轻型客车、轻型卡车、大型客车为主的辽宁汽车产品格局的初步形成。辽宁专用车企业的产品以轻型、中型车辆为主,其中包括:环卫汽车、商品运输车、市政专用车、清扫车、高空作业车等,其中许多产品正处于换型期,在全国市场的占有率一直稳定在 2% 左右。

结合本案例,请回答下面问题:

(1) 辽宁汽车产业集群的特征及其形成因素。

(2) 试进行汽车产业群成长与发展的环境分析。

3. 钢铁和汽车产业振兴规划(1 月 14 日)、纺织工业和装备制造业调整振兴规划（2月4日）、船舶工业调整振兴规划（2月11日）、电子信息产业振兴规划（2月18日）、轻工业和石化产业振兴规划（2月19日）、有色金属和物流业振兴规划（2月25日）获国务院常务会议通过。至此，十大产业调整和振兴规划全部出齐，其实施时间将从2009年至2011年。

要求：

从产业经济学理论角度分析，2009年国家出台的钢铁、汽车产业调整振兴规划的背景、核心主旨和预期效应。

4. 大福烤鸭店（以下简称大福）创办于清朝康熙五年。烤鸭以梁氏秘制酱汁加工后放入特别设计的砖砌烤炉内烤炙，大福由创办至今仍是家族生意。大福的总店在北京王府井大街，并在北京各区设有四家分店，均由梁氏三兄弟及几位近亲打理。大福为独资企业，由梁氏三兄弟共同拥有。由于店面及设备均为祖传，因此除几百万元营运资金外，并无融资需要。

大福的经营方针一向为以家族方式经营，严格按照祖传方法，以真材实料炮制质量第一的烤鸭。梁氏历来视之为大福的使命及企业目标。虽然发展至今大福已有几十种以鸭为主题的冷热菜式，但客人进店主要是享用其主菜即荷叶饼裹烤鸭片。这道菜的销售额占大福销售总额的75%。大福烤鸭选料十分严格，所用的鸭全部都由北京市郊密云水库的一家名为凤凰鸭场供应。凤凰鸭场采用自行调和的饲料饲养当地特有的密云黑羽鸭，为大福多年的独家供应商。由于鸭场规模有限，所有产品均用于供应大福。由于品种独特，鸭的进价较一般烤鸭店所用的贵30%，但因其风味独特，品质优良，大福烤鸭比市面其他一般烤鸭的售价贵50%，但仍然门庭若市，各店每天均座无虚席，不能全数招待想光顾的客人。大福的顾客一半是北京城中的老主顾。有的家庭好几代人都是吃大福烤鸭的，较喜爱及习惯大福烤鸭的独有风味。另一半顾客是慕名而来的国内外游客，之前从来未尝过任何烤鸭，只是好奇尝试这道北京名菜。不少旅游指南均推荐大福为到北京旅游必须一试的国宝级老字号名店。北京城内还有许多其他吃烤鸭的地方，基本上可以分为三类：数家传统老字号——口碑很好但仍然不及大福。走高档路线，售价比大福略低但仍高于一般烤鸭店，生意也很好。几十家中、低档的一般烤鸭店——并无任何特色，质量一般并较为参差，但售价比大福低50%。高档饭店内餐厅——并非专门店，只是应付食客的偶尔需要，质量较一般烤鸭店稳定但并无特色。由于在高档饭店内，价钱与大福相若。由于生意实在太好，而且利润很高，梁氏三兄弟的老二和老三多次向大哥建议扩大经营规模，以加盟店方式在北京城加开大量分店以及到国内其他大城市开业，实行连锁经营。梁氏大哥对此则较有保留。梁氏的老二和老三表示，若不加开分店，大福最少也应开设门市外卖服务，让等不到桌子的客人将荷叶饼裹烤鸭拿回家中享用。

要求：

（1）就波特的"五力"法中的以下三方面的竞争力对大福所处的烤鸭行业进行简要分析，并说明对大福的影响：①消费者；②供应商；③竞争对手。

（2）评价梁氏老二和老三提出的：①加盟店方式连锁经营；②提供外卖服务这两个扩张方案的适宜性、可接受性和可行性。

第三章 财务报表分析

学习要求说明：

1. 掌握财务报表的分析原理、步骤和基本方法

2. 掌握企业存量、流量以及重新编制财务报表的原理

3. 理解综合全面分析企业财务报表的意义

4. 了解审计报告的审计师意见和作业过程

5. 理解合并财务报表的信息掩盖性

6. 了解资产的质量特征，掌握资产项下各重点科目的质量分析方法

7. 了解负债的质量特征，掌握负债项下各重点科目的质量分析方法

8. 掌握所有者权益项目的构成及其质量分析方法

9. 了解对企业资产负债表进行总括分析的方法

10. 掌握企业收入的确认与计量原则及披露原则

11. 掌握对形成核心利润的各个相关项目进行深度分析

12. 掌握利润表本身的结构所包含的质量信息分析，以及了解其与资产结构和现金流的趋同性对应关系分析

13. 了解企业的盈利模式种类以及其与企业利润的关系

14. 掌握企业的经营、投资、筹资三类活动的现金流量的主要用途

15. 了解经营性、投资性、筹资性现金流在企业发展中需要满足的标准

16. 了解现金流量的变化结果与变化过程的关系；各部分现金流量净额变化状况的质量含义；以及现金流量表附注对企业现金流量质量分析的信息含量

17. 掌握影响企业现金流量变化的原因

18. 掌握利润表、现金流量表和资产负债表之间的钩稽关系

19. 了解在某些假设前提和条件下，财务报表中某些项目间的钩稽关系
20. 了解国内外上市公司粉饰财务报表的动机
21. 了解财务报表粉饰的类型
22. 了解财务报表粉饰的风险特征

引言

　　财务报表分析起源于西方银行家对企业贷款者的信用分析，之后又广泛应用于投资领域和公司内部。银行家为确保发放贷款的安全，一般要求企业提供资产负债表等资料，以便对企业的偿债能力进行分析。所以，信用分析又称资产负债表分析，主要用于分析企业的流动资产状况、负债状况和资金周转状况等。然而，企业良好的偿债能力必须以良好的财务状况和强大的盈利能力为基础。因此，现代企业的财务报表分析，不再只是单纯对资产负债表进行分析，而是朝着以利润表为中心的方向转变。

　　企业财务报表分析的框架和分析方法因分析者而异，分析的侧重点也会有所不同。在实践中，银行家往往是混合采用不同的方法来作出是否贷款的决策。银行家为了选择信贷对象、衡量信贷风险、作出信贷决策，不仅需要了解毛利率、资产报酬率等指标包含的有关企业盈利能力和发展趋势方面的信息；还要了解流动类比率、资产负债率等指标包含的有关企业偿债能力方面的信息；更要了解企业所处行业、竞争地位以及经营战略等方面的非财务信息。我们将在本章中为银行家们提供解读资产负债表、利润表和现金流量表的指南。在此基础上，可以通过进一步分析借贷后的风险程度、评价企业的信用等级等，作出更为科学的信贷决策。

　　在本章的最后，我们还将特别介绍财务报表的钩稽关系和财务报表粉饰的问题。虽然金融市场在不断持续地发展完善，但某些特定现象却一再翻新出现。从这点上来说，某些公司也将不断创新方法来粉饰其业绩。通过认真学习这些内容，银行家们将可以针对这些方法在未来可能的变形进行有效的预测。

1 财务报表分析的原理

思考题：

财务报表分析的框架是怎样的？

主体的存量和流量是什么？重新编制财务报表的目的是什么？

审计师意见在财务报表分析中起到什么作用？可以从和审计师相关的事项中看出哪些和企业财务质量相关的信息？

传统的财务分析有哪些可能存在的缺陷？怎样利用这些"缺陷"帮助我们更有效地鉴别企业财务质量？

背景分析包括哪些方面？为什么进行财务报表分析的第一步是背景分析？

企业财务报表是企业在某一特定日期（报表编制日）对过去一段时间内经营状况的一个汇总报告，是对企业经营活动中各项决定所产生后果的总体揭示。对企业财务报表进行分析，是从结果到原因的分析，通过对其中结构和非结构的数据关联的分析，最终得到对企业过去一段时间内经营行为的评价，并对未来进行一定程度的预测。一份全面的财务报表分析，可以为企业所有的利益相关者提供决策依据。财务报表的信息使用者也会依据其所掌握的报表信息的全面程度和其所需要的分析结论，制定侧重不同的财务报表分析报告。本章将介绍财务报表分析的方法、流程以及在一些分析过程中需要注意的事项。

1.1 财务报表分析的基本方法

财务报表的分析方法因分析者而异，且可供选择的方法很多。不同的人员或经济实体给予各自不同的经济利益，分析的侧重点也会有所不同。但不管采用何种方法，就企业财务报表分析的目的而言，基本上都是为了揭示企业的财务状况与经营状况，进而为经济决策提供线索。

一、结构分析法

结构分析法，又称垂直分析法或纵向分析法。这种方法以财务报表中某个指标为总量，对总量进行拆解，分析每个子项目占有的比例。企业所处的行业不同，具有不同的子项目占比，例如：大型连锁超市通常不会有赊销，因此其应收账款在总资产中的份额应该较小。如果一家企业子项目占比与同行业其他企业有明显的不同，那么在之后的分析中应该警惕这些占比不同的项目，例如：大型连锁超市大量的应收账款是从哪儿来的。

二、趋势分析法

趋势分析法，又称水平分析法。它是将两期或两期以上的财务报表中相同的指标进行对比，从而确定特定财务指标在不同期间的变化趋势。观察到这种变化趋势后，趋势分析法强调分析者应该试图去解释造成这种变化的原因，例如：企业年度间毛利润率上升，经调查后发现，是因为本年度部分原材料价格明显下降，而企业产品售价没有下调。

三、比率分析法

比率分析法是财务报表分析中最为常见也是最成熟的方法，它是指将存在关联的项目进行对比，计算出比率，据此确定经营活动的变化或者状态。在特许公司银行专员考试教材中，我们学习了最基本的财务比率，这些基本的财务比率也是进行财务分析的基础。

四、比较分析法

比较分析法是指通过比较同类型不同企业的数据，通过绝对量和相对量的差距来判断企业经营活动的变化。这种方法依赖大量的同行业数据以及行业经验，分析者基于自身对该行业的经验，来分析这种数据的差距是否是合理的。这一方法类似于标准普尔公司在进行信用等级评级时使用的专家法。另外，分析者也可以将实际数与计划数比较，通过分析解释造成计划与实际数目不一致的原因来判断企业经营者对企业经营状况的把握能力。

五、项目质量分析法

这一方法是基于定量数据的定性分析，分析者需要在数据的基础上，为各项财务指标设定定性的质量评价。这种分析的目的在于依据财务报表中的"结果"还原企业实际经营活动和理财活动。再归总各项活动和财务指标的质量，得到总体的资产质量、利润质量、现金流质量，最终得到企业整体的财务质量。

六、综合分析法

最终形成一份财务分析报告的全文，必然会结合上面所有的分析方法，从而避免单一方法的局限性。同时也需要认识到，采取综合分析法时，由于需要考虑的元素增多，会使得分析成本上升，这需要我们在分析过程中进行权衡。权衡分析成本与收益是否相适应，具体的就是指我们花费在一份分析报告上的时间、资金相较于其可能带来的收益（这份分析报告背后的业务所带来的收益）。

1.2　财务报表分析的步骤

　　无论信息使用者的身份如何，都可以参照一套完整的财务报表分析框架，来完成一份财务报表分析报告。这个框架为我们编撰一份全面详细的财务分析报告提供了一个参考流程。在实际分析中，受信息获取能力的限制（外围分析者不可能知道企业所有的经营信息，内部分析者有时候也无法考证一些财务上的细节），我们并不能完整地执行这个流程中的所有步骤，但这个框架存在的意义，更多的是给我们提供一个分析的思路和方向，帮助信息使用者进行决策。

　　框架如图 3 - 1 所示。

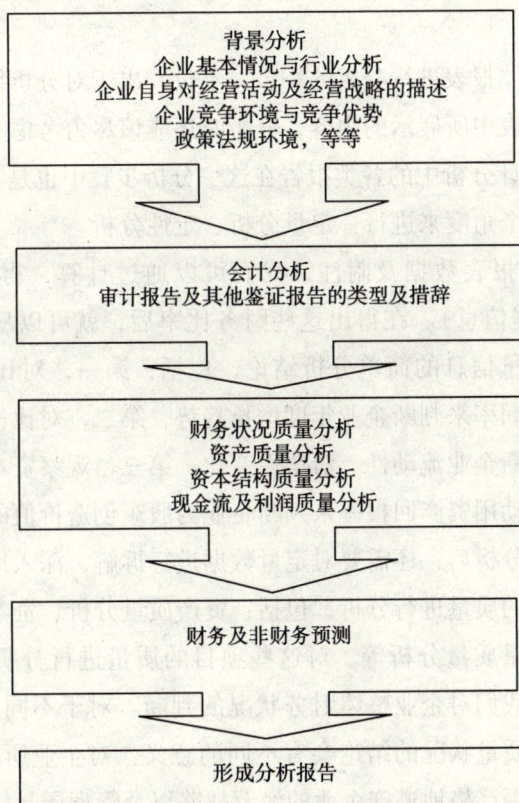

背景分析
企业基本情况与行业分析
企业自身对经营活动及经营战略的描述
企业竞争环境与竞争优势
政策法规环境，等等

会计分析
审计报告及其他鉴证报告的类型及措辞

财务状况质量分析
资产质量分析
资本结构质量分析
现金流及利润质量分析

财务及非财务预测

形成分析报告

图 3 - 1　财务报表分析路径

一、背景分析

根据管理层说明以及中观、宏观经济数据，对企业基本情况与行业情况进行分析。背景分析中，可以使用这样一种逻辑：首先从描述企业经营业务开始，然后考虑与经营业务相关的外围的宏观经济形势，再考察宏观经济因素对企业发展的影响。接下来，要进行行业层面的分析，这一分析需要结合法律法规以及一些行业技术规范，以确定企业的竞争环境以及当前的行业地位，最终为我们判断其行业竞争力、确定其竞争优势提供依据。

二、会计分析

这一分析步骤以分析各类外部、内部报告为主，常见的可供分析的报告包括：审计报告、资产评估报告、管理层经营说明、企业内部控制规则、内部审计报告等，分析的目的在于确定企业经营活动的流程是否合理、信息交换是否准确及时，最终在源头上保证我们分析的财务报表所呈现的信息是准确的。

三、财务分析

财务分析是对具体报表进行分析的一步。不过，出于对分析结论全面性和可靠性的考虑，除了财务报表中所展示的内容，分析时还应该尽力考虑有效的、可靠的财务报表以外的信息（会计分析中的各类报告在这一分析步骤中也是有用的）。

财务分析需从两个角度来进行：定量分析、定性分析。

结合准确的会计报表数据及附注，我们可以通过计算，得到大量的财务比率（或者其他类型的数据信息）。在得出这些财务比率后，就可以从常见的财务比率入手，得出一些基于定量信息的简单分析结论，包括：第一，对比年度间净利润绝对值、净利润率、毛利润率来判断企业年度增长趋势；第二，对比权益—负债比、流动比率、速动比率来判断企业流动性、清偿性变化；第三，观察资本回报率、资产回报率、权益回报率、已动用资产回报率来判断企业为股东创造价值的能力。

完成简单的定量分析后，还需要对定量数据进行拆解，深入地分析财务数据形成的本质，对财务状况的质量进行分析，包括：资产质量分析、资本结构质量分析、利润质量分析、现金流量质量分析等。对这些项目的质量进行分析，并形成一定的评价，这些评价会影响我们对企业整体财务状况的判断。对于不同身份的信息使用者，最终的企业整体财务质量状况的结论会有不同的意义：对企业所有者、投资者而言，反映了企业管理层是否严格地遵守企业的经营战略以及管理层具体的管理结果；对管理者而言，反映出自己设计安排的运营模式与内部控制制度是否有效，以及企业在市场上是否被接受；对债权人而言，反映了企业经营的风险，这为具体的企业信用评级提供了依据。

四、企业发展前景预测

对现时数据的分析都是为未来决策提供依据的。因此，一份全面的财务分析报告的最后，应该是分析者对企业未来经营状况的判断。这种判断，可能是一种定性的描述，例如：企业未来一年内盈利性会增强、流动性会下降；抑或是一种定量的数据结论，例如：企业下一年度的经营收益增长多少个百分点。不论是哪一种预测，这种判断都会显得比较具体、可感知，可以更为形象地为决策者提供决策依据。

五、形成分析报告

完成以上四个分析步骤后，便可以开始撰写财务报表分析报告了。撰写报告的过程其实就是将四个分析步骤以文字方式表述出来的过程。在附录中，我们为读者提供了一份财务报表分析报告的模板，模板中的分析报告包含了尽可能多的项目，而在实际撰写报告过程中，可能由于信息获取能力的限制，模板报告中的有些项目是无法完成的。

1.3 企业经营中的存量与流量

企业经营过程中会产生大量的财务记录，这些记录其实都是对公司经营活动中存量与流量的记载。审计工作验证了这些存量流量记载的真实公允性，而财务分析的目的在于求解每个存量与流量的驱动因素，通过观察驱动因素的状态，来判断整个企业的财务状况。存量与流量相互影响、相互制约。这种影响制约的关系也让我们在分析过程中，可以通过分析财务数据反映出的制约关系是否正确，从而验证财务报表信息的有效性。可以用图 3－2 表示企业经营过程中与经营活动密切相关的流量与存量。

流量存量图中用八个符号表示了最为重要的八个流量，每个符号的意义，我们将会在下文重新编制财务报表时进行具体介绍。

1.4 重新编制的财务报表

为便于理解一个企业的流量存量图，我们需要调整传统的三张财务报表的列报形式。重新编制财务报表的目的，在于从另外一种角度来分析造成某一财务比率结果的动因，用"质量"的观点来判定这些动因是否如计算结果那样，从而证明企业财务状况处于某一种状态。举一个典型的例子：一家企业具有较高的流动比率，但参与流

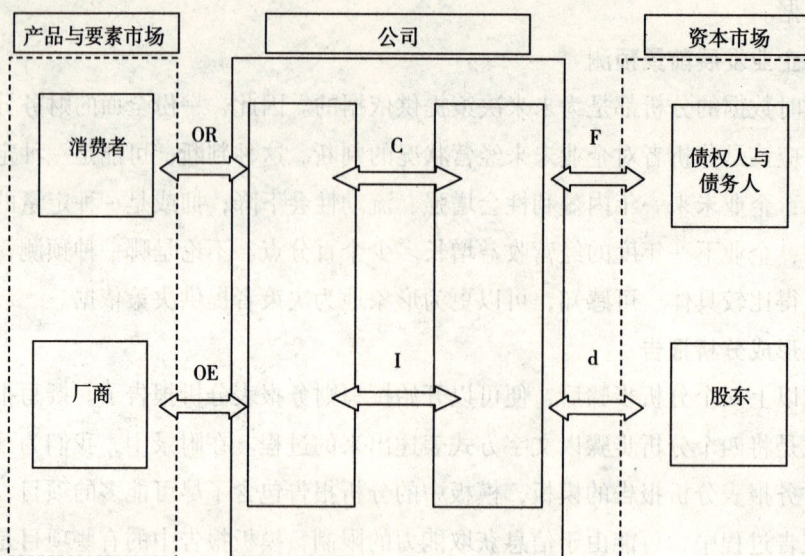

图3-2　企业经营过程中的存量与流量

动比率计算的存货后来被证明是质量极低的（不能及时变现），因此，虽然有较高的流动比率，该企业实际上的流动性并不是很高。通过重新编制财务报表，可以更加清晰地反映出企业收益来源、支持这种收益的资产，企业最终可以自由支配的现金流。图3-3列示了重新编制过的现金流量表、资产负债表、利润表的形式。

重新编制现金流量表		
经营活动的现金流量		C
现金投资		(I)
剩余现金流量		C-I
权益融资流：	××	
股利和股票回购	(××)	d
股票发行		
债务融资流：		
金融资产净购买量		
金融资产利息		
净债务发行		
债务利息		F
总融资流		d+F

重新编制的资产负债表			
经营资产		金融负债及所有者权益	
经营资产	OA	金融负债	FO
经营负债	（OL）	金融资产	（FA）
		净金融负债	NFO
		普通股东权益	CSE
净经营资产	NOA		NFO + CSE

重新编制的利润表		
经营收入		OR
经营费用		（OE）
经营收益		OI
金融费用	× ×	（FE）
金融收入	（× ×）	（FI）
净金融费用（收益）		（NFE）

图 3 – 3

下面对重新编制报表中的一些项目进行具体说明。

经营资产：与且仅与企业经营活动相关的资产。经营资产在企业没有经营活动时一定不产生回报，但在有经营活动时不一定可以获取高于资产损耗价值的回报。货币资金中的银行存款，有时会以定期存款的形式存在，此时这部分现金应当被视作金融资产（因为没有经营活动时也会有定额的利息收入）。

金融负债：为经营业务或金融投资而融入的资金，并且这些负债通常都会负担利息费用，具体包括短期借款（包括透支）、应付票据、一年内到期的非流动负债、长期借款、交易性金融负债。

经营负债：只承担为经营业务融入资金功能的负债，实际重新编制报表时，我们把除金融负债以外的负债全部列为经营负债。

经营费用：与且仅与企业经营活动相关的费用。常见的包括销售成本、营业税金及附加、销售费用、管理费用、经营资产的减值损失。

税费调整：在计算来自经营活动的净收益时，我们需要对税费进行调整，因为损益表中记载的所得税是基于综合收益的，我们需要将总的所得税拆解开，分别计算出经营收益所承担的税费和金融收益（费用）所承担的税费（或税费减免）。

金融费用：用于支付金融负债的成本（即利息）的费用，通常包括财务费用、被列入其他费用的利息费用。金融费用有时会呈负值，这时候，金融费用实质上是收入的一部分。

金融收入：来自各类投资的收入，包括投资收益、各类金融工具公允价值变动损益。

结合上述三张重新编制的财务报表以及存量流量图，可以清楚地看到企业运营过程中各项流量与存量的来源。而在后面的小节中，我们将对报表中科目进行具体的质量分析，这些科目通过适当的重新编制，便可以放置到上述表格中，进而，影响一个企业财务的流量与存量。需要强调的是，重新编制的现金流量表通常会用在证券分析中。公司银行业务中，只需对传统的现金流量表进行分析就可以提供给信息使用者足够多的决策依据。

1.5　综合全面分析的理念

我们希望为报表分析者呈现一套完整全面的财务报表分析方法，这样的方法没有显著的缺陷，或者，让使用者清楚其缺陷存在于什么地方，进而有意识地避免分析方法的缺陷对结论的影响；需要强调的是，我们的分析建立在传统的财务比率分析之上，因此，有必要了解传统比率分析方法自身天然存在的缺陷。事实上，会计报表本身也是有缺陷的。

1.5.1　会计报表本身的局限性

一、会计政策的选取与运用的差异导致企业与自身的历史对比和预算对比中，以及在与其他企业进行对比过程中难以发挥预期的作用。虽然会计准则对许多实务的会计处理都作出了说明，但企业依然有很大的选择空间，这使得企业在不同年度间，或不同企业在同一事件的处理上可能有极大的不同，因此，降低了财务报表展示处理的信息之间的可比性。

二、报表信息并未完全反映企业可以利用的一切经济资源。列入会计报表的，仅是在会计准则上符合一定要求，可以用货币计量的经济资源，这表明报表上的信息忽略了企业许多无法用货币计量，但确实在经营活动中起到重要作用的因素，例如人力资源、自创商誉、专利的专有技术。

三、会计报表列报的数据具有历史成本计量属性，降低了报表资料对企业未来决策的支持度。即使是引入了公允价值计量属性，企业相当多的资产仍然以历史成本确认价值，在一些特定时期，如高通胀或者产业物价剧烈波动的时期，会导致报表中反映出的资产价值有一定程度上的失真。

四、企业对会计信息的人为操纵可能会将信息使用者引入歧途。一种典型的观点是，企业会按照银行的喜好，在申请公司银行业务前，修订其资产负债表、利润表、现金流量表，以期获得更高的审核通过率，由于会计准则的可变通性，使得这种操纵在有些时候也是合法的，但其很大程度上掩盖了企业的真实经营情况，使报表信息使用者难以作出最为正确的决策。

1.5.2 会计报表局限性的启示

正如本节开头谈到的一样，我们通过了解会计报表、会计报表分析方法的局限性，来使自己的分析更加准确、全面。根据会计报表自身的局限性，我们可以提出分析过程中需要注意的四点。

一、关注企业会计政策的选择，尽量保证会计政策的一致性，在确定一致性后，再进行进一步的分析；在会计方法一致性得不到保证的情况下，通过调整，得到相同方法下的财务信息；如果这种调整无法完成，就应该在报告中做相应的附注，降低该分析结论的可靠性。

二、通过对企业全面的了解，来判断其"表外"经济资源的数量，其竞争优势是否巨大，其技术创新是否在行业中占有一定地位，其积累的商业信誉是否巨大，以至于使得更多的客户愿意与之开展业务。

三、在特定时期（高通胀或产业物价剧烈波动时期），单独调整特定资产项目的价值。对未来进行预测时，要考虑到货币的时间价值，充分利用折现方法，使结论更加真实准确。例如：在对比两年利润率时，用通货膨胀率（GDP 平均指数或 CPI）来处理收益和收入，以保证两个比率的可比性。

四、利用表外信息（商业网站、客户反馈、新闻资料）来逆向验证财务报表表现出的经营状况是否真实。一家企业财务报表显示其过去一年利润率很高，但当年关于其经营的负面新闻却占主导，说明我们需要关注其报表的真实性，即是否存在大量的不合理的人为修饰。

1.5.3 财务比率的局限性

财务比率分析的正确运用，离不开财务比率本身的科学性。但是，目前流行的财务比率，不可否认地存在一些局限性，特别在"质量"观点下，这些局限性显得更为突出。下面仅就偿债能力、活力以及盈利能力等方面的比率分析指标作一些剖析，其他的比率分析指标也存在类似缺陷。

一、偿债能力指标的局限性

■ 流动比率。流动比率是流动资产与流动负债的比率，它表明企业每一元流动负债中有多少流动资产作为偿还的保证，反映企业用可在短期内转变为现金的流动资产偿还到期流动负债的能力。不过，流动资产和流动负债并非流动性的全部内容，在特殊时期，管理层强大的经营能力可以为企业进行短期融资，这种能力并没有反映到财务报表中，但实际上的确可以为企业解决一定程度上的短期流动性困境。此外，该比率没有考虑短期内资产变现与债务到期的时间差。同样是在一个营业周期以内，明天到期的负债和 11 个月后才能收到的应收款是不匹配的。当这种时间差异普遍存在时，单纯的流动比率就难以反映企业真实的短期流动性。

■ 速动比率。速动比率是企业速动资产与流动负债的比率。速动比率是一个行业性极强的比率，不同行业由于其销售特征不同，行业的速动比率的平均水平差异很大，因此很难界定一个企业的速动比率应该处于怎样的数值才算健康。相反，如果我们一味地追求很高的速动比率，会促使企业通过突击偿还债务、不合理延长应收款期限来提高速动比率。并且，该比率并没有反映出流动资产中可能存在不良账款现象，这可能使得速动比率虚高（实际并没有那么强的流动性）。

■ 利息保障倍数。利息保障倍数又称已获利息倍数，是指企业息税前利润与利息费用的比率，它反映了获利能力对债务偿还的保证程度，是目前经营方式下，会计利润对当前利息费用的覆盖倍数。但会计利润并不是当期真正流入企业的现金流，并不能作为支付本金或利息的保证。

二、活力评价指标中存在的局限性

■ 应收账款周转率。应收账款周转率是一定时期内商品或产品赊销收入净额与应收账款平均余额的比值，反映应收账款的周转速度。在实务中，该指标有可能存在以下诸多局限性。

第一，不能反映年度内收款进程以及其中的机会成本。

案例研究：

假设 A、B 两个企业均于 2007 年 3 月 10 日赊销一批商品 800 万元，A 企业于 5 月 10 日收回 600 万元，B 企业于 12 月 10 日收回 600 万元，A、B 两个企业应收账款周转率次数均为 $8\left(\dfrac{800}{\dfrac{0+200}{2}}\right)$ 次。显然，这并没有真实准确地反映实际情况，A 企业收款效率明显好于 B 企业，按年利率 5% 计算，B 比 A 迟回收 600 万元 7 个月，将产生 17.5 万元的机会成本。

第二，存在高估应收账款周转率的倾向。

案例研究：

若某企业年初应收账款余额为 1 000 万元，该年 1 月 5 日赊销商品一批，价款为 8 000 万元，于当年 12 月 5 日回收销货款 8 000 万元。则应收账款周转次数为 8 次，应收账款周转天数为 45 天。但事实上，其中 8 000 万元近一年（11 个月）才回收一次，还有 1 000 万元仍未回收。

第三，该指标难以对跨年度的应收账款收款情况进行连续反映；而且企业销售具有季节性时，该指标不能反映实际情况。

案例研究：

如 A 企业某年年初没有应收账款，而当年 12 月 5 日赊销一批商品 1 000 万元，于第二年 2 月 5 日收回 800 万元，4 月 5 日收回 200 万元。则当年应收账款周转次数为 2 次。假定第二年没有发生赊销业务，计算结果为 0 次。而事实是，第一年根本就没有收回款项，而第二年收款工作却做得很出色，即应收账款变现速度很快。因此，现行的应收账款周转率并不便于对跨年度业务进行分析和评价。

第四，不便于及时提供应收账款周转信息。现行该指标反映某一时期的周转情况，因此，只有等到期末时，才能根据年销售额、应收账款平均占用额计算出结果。即使将该期间缩短为季度、月度，也存在这个问题。它与当今社会信息传递如此迅速的状况不合拍，特别是当电子实时财务报告系统成为现实之时，这种指标将难以满足信息使用者的需要，最终将丧失信息的相关性。

■ 存货周转率。存货周转率是一定时期内企业主营业务成本与存货平均资金占用额的比率。它是反映企业销售能力强弱、存货是否过量和资产流动性的一个指标，也是衡量企业生产经营各环节中存货运营效率的一个综合指标。根据存货周转率计算方法，我们会发现存货计价方式对该比率的影响较大，因此，如果不同企业间，或相同企业不同时期间存在存货计价方式的改变，应注意这种改变对该比率的影响。在分析中，另一个不可忽视的因素是存货水平太高或太低而带来的一些相关成本，如存货水平低会失去顾客信赖和销售机会，造成生产延后，而存货水平高会导致存货占用过多资金引起高额的机会成本、高额的储存和保险成本、过高的陈废和被盗风险等。值得注意的是，存货水平过高，存货周转率低，未必表明资产使用效率差。存货增加可能是特殊政策的结果，如对因短缺可能造成未来供应中断而采取谨慎行动，预测未来物价上涨的投机行为，预计商品需求增加的预防行为，等等。近年来，在管理学上越来越多地提到了一个新的库存管理方法——"just in time"，目前很多企业实施该方法，实现零库存，对这些企业进行考核时，使用该比率则会失去意义。

■ 流动资产周转率和总资产周转率。比率分子分母分别是企业一定时期的营业收入与平均流动资产余额或者平均资产总额。但是，在改革开放几十年以后，我国企业的投资与经营活动已经出现了相当大的变化。我们经常会看到，在从事经营的企业中，流动资产包含着数量可观的流动性较强的交易性金融资产；而在总资产中，既包括交易性金融资产，也包括较长期股权投资和持有到期投资，而这些资产的收入类型绝非常规的为营运提供支持，而是单纯地通过投资收益来获得收入。因此，这种计算流动资产周转率和总资产周转率的方法根本无法满足对外投资企业运营能力的需要。为了解决此问题，我们认为，应该考虑将流动资产周转率和总资产周转率进行改造，分别改造为经营性流动资产周转率和经营性资产周转率，即在流动资产周转率和总资产周转率的计算中，分母分别以扣除了金融性（投资性）资产后的经营性流动资产、经营性资产来代替。

经营性流动资产周转率＝营业收入/经营性流动资产平均余额

经营性资产周转率＝营业收入/经营性资产平均余额

三、盈利能力评价指标中存在的局限性

■ 净利率。净利率是净利润与营业收入的比值，用以揭示企业在一定时期总的获利水平。但现代企业业务中不仅包括营业业务，还包括营业外业务，因此利润总额中包含了不稳定和不持久的临时波动的营业外收支因素。另外，利润总额中的投资收益、资产减值损失、公允价值变动以及上述营业外收支净额等因素均与营业收入毫无关系，但这些非常规因素又的确会影响到净利率的计算结果。另外，该比率还受到企业筹资决策的影响，财务费用作为筹资成本，是企业新创造价值的一部分，但在计算利润总额时却被扣除了。这将导致在销售收入、销售成本等因素相同的情况下，企业的资本结构不同，财务费用水平也不同，据此计算的销售利润率也会有所差异，但这种差异是与经营活动没有直接关系的。以上三点构成了利润率指标的局限性，我们排除这种局限性的思路，在于分解毛（净）利率，观察三个因素对其影响方式，然后再作出新的决策。

■ 资本保值增值率。资本保值增值率是指所有者权益的期末总额与期初总额的

比值，用以考核管理层对投资者投入资本的保值和增值的能力。通过对该指标的硬性要求，一方面符合法律上对资本保全的要求，另一方面能抑制企业资产流失的现象。但该比率在提供有关资本增值保值的信息时却存在以下的局限性：（1）该指标没有考虑企业利润分配政策、外围物价环境的影响。（2）该指标的分子分母为两个不同时点上的数据，缺乏时间上的相关性，若考虑到货币的时间价值，应将年初的净资产折算为年末时点上的价值，再将其与年末净资产进行比较，或一并折算为年初的数值再进行比较。（3）一些非经营事件，例如"投资者追加投资、企业接受捐赠、资本溢价以及资产升值等达到一定程度后，依然会使报告期内资本保值增值率大于1，但这并非管理者经营的结果，无法对企业的财务状况起到批判性评价的作用。

1.5.4　财务比率分析的局限性的启示——从定量到定性再到定量

前文中，我们具体地指出了传统比率分析的缺陷。其中重要的一个缺陷在于传统的比率分析十分依赖财务数据（而财务数据是很容易被造假的），因此，也就忽略了一些不能量化的非财务信息，例如：管理层风险偏好、商业信誉等。我们要求分析者关注这些不直观具体的非数据信息，从而保证分析的"全面性"。这样的要求，我们称为"从定量到定性"的要求。

不过，信息使用者通常更偏好直观简单的数量信息以及结论，实际上，财务分析报告最终还是建立在一些数据之上的，所以，我们在进行质量的定性分析之后，会回归定量分析。

定量到定性再到定量，实际上就是一个对财务报表信息逐步分解的过程，这样的过程保证了信息使用的全面性（即考虑到各种财务与非财务信息的影响），从而保证了财务分析结论的全面性、准确性和正确性。

定性到定量的过程还表现在，依据企业所处行业的特点，调整我们使用的比率计算公式。具体地，当一个企业交易表现出笔数少、单次交易量大的特点时，应该使用日均、周均应收账款数值来计算应收账款周转率；企业经常性出现大额跨年度结算支付业务时，借助配比性原则调整应收账款归属；计算净利率、资本保值增值率时排除非经常性事件的影响。

1.6　关注审计报告

一般情况下，各国公司法会要求上市公司定期提供经过审计的年度财务报告。审计报告由会计师事务所指派的审计团队完成，并且由注册会计师认定其是否符合会计准则与审计准则。参考审计报告，我们在开始财务分析之前，可以对该公司的财务信息有一个大体的了解。非上市公司不被要求公开经过审计的财务报告，但有些公司出于社会责任或建立良好财务形象的目的，会主动公开财务报告。同时，在银行公司业务中，银行方也可以主动要求公司提供经过审计或者其他鉴证（保证）的财务报表。

1.6.1　审计师意见

同样是作为外部观察者，审计师拥有其独特的观察财务分析的方法并且相较普通财务信息使用者有更多的资料获取途径。在法律和道德约束下，审计师以专业的视角评价公司财务信息的质量，在一定程度上保证公司财务信息的真实公允披露。一般情况下，我们认为经过审计的财务报告可靠性高于未经过审计的财务报告；经过鉴证的财务信息可靠性高于未经过鉴证的财务信息。所以，我们在阅读公司财务报告时，如果报告经过审计或鉴证，我们应该重视审计师对财务报告发表的意见。

审计师意见分为四种，分别表示四种不同的对财务报告信息的认可程度。

一、无保留意见（unmodified opinion）

无保留意见表示在现有外部资料和内部可用资料的条件下，审计师经过尽职地审查后，认为该公司财务信息在报告中真实公允地被披露出来，并且符合审计准则、会计准则的各项规定。

无保留意见又分为标准无保留意见和带强调事项的无保留意见。后者是当审计师认为公司在未来存在重大不确定事项时出具的意见。

二、保留意见（modified opinion）

保留意见的审计报告是指审计师认为该公司财务信息基本真实公允地披露，但在某些方面存在重大的错报。

三、否定意见（adverse opinion）

出具否定意见时，表明审计师认为该公司财务报表完全没有真实公允地披露，或者存在多方面不符合会计准则或审计准则的会计行为。此时，该财务报告所披露的任何信息都应该被采纳到我们的报表分析中。

四、无法表示意见（disclaimer opinion）

无法表示意见是指审计师在审计过程中，出现财务信息不足的情况。例如：被审计公司拒绝或无法对某一财务数据出示足够的财务证据。此时，财务报告在一定程度上是真实公允的。对于审计师无法审核的财务信息，我们不能直接在财务报表分析中使用，而是应该要求公司出具相应的财务证据或者谨慎地使用这些信息。

1.6.2 审计作业的过程

作为单纯的审计报告使用者，我们不用太过细致地研究审计报告的完成过程，我们这里所说的审计作业过程，更多的是指一些分析者需要关注的影响企业财务质量的事件。

一、注册会计师（会计师事务所）与被审计单位

我们需要关注这样一个问题——被审计单位与注册会计师是否具有关联性。当然，作为一个高度职业化的团体，审计师本身就是一种客观公正的代表。但是我们需要考虑到，关联单位在执行审计作业时存在的"施压"行为，可能会导致审计报告出现些许偏差。只有保证审计人员充分独立，我们才能完全信任审计报告的内容。

二、审计师资质

这里的审计师资质，并不是指审计人员是否具备注册会计师执业资格（毫无疑问，最终发表审计意见的审计师必然是具备注册会计师执业资格的），而是指审计师对某一行业是否具有足够的知识。如果一个审计师对某一行业有充分的了解，那么他在审计过程中就能更敏感地发现被审计公司财务信息的异常。例如：远超过同行水平的库存、财务杠杆等。审计人员对被审计公司所在行业了解得越清楚，他所发表的审计意见价值越高。

三、审计师变更

审计师的委任通常具有较高的稳定性，这种稳定性通过两个方面来加以保证：一是审计合同通常会一次性签订多年，或者许诺未来业务；二是公司的内部控制总是期望稳定的外部环境，而外部审计团队的不变，也是这种稳定性的体现。审计团队的变更会发生在这两种时期：审计工作开始前、审计工作进行时。前者一般视作正常情况，这种变更通常是因为公司章程的要求或是公司经营需求（降低审计费用或者选择资质更优秀的事务所）。后一种审计师变更，就需要我们特别关注，因为这种情况的出现，通常是因为审计师与管理层对会计信息的处理存在无法调和的分歧。作为外部的信息使用者，我们更趋向于相信审计人员的专业性，所以，存在审计过程中审计人员变更时，我们应该要求企业对其中的原因加以说明，据此判断财务信息在真实公允方面的质量。

1.7 合并会计的信息掩盖性

在现行的会计准则下，要求母公司将实际控制下的子公司的经营状况纳入合并财务报表，一并呈报。而合并报表编制过程中涉及项目合并、抵消内部往来账等程序，使得合并会计报表所呈现出的信息不再是一个独立财务主体的状况，而是以母公司为核心的一系列实体整体的财务信息、经营状况。这意味着，单纯地对合并财务报表进行比率计算、质量分析，其结论将会显得毫无意义（没有特定的对应的主体），而且，通过适当的调整和对会计政策的选择，母公司可以灵活地"调整"合并财务报表，以掩盖企业某些财务特征。

作为公司银行家，通过对合并财务报表的分析，要能够很好地鉴别合并财务报表的客观真实性，即认清企业试图"掩盖"的信息。那么，这一目标应该怎样实现呢？本节将就此展开讨论。

在叙述具体方法之前，需要明确一个问题——我们是在分析哪一个主体的财务状况？母公司、子公司抑或整个集团。这个问题的答案将取决于具体的公司银行业务主体，这项业务是针对整个集团的供应链融资，或是针对母公司的无担保抵押贷款，还是母公司担保下的子公司贷款？这一问题的一个基本原则是，我们关注业务主体的财务报表，所有分析的最终结论都应该指向该报表和该报表代表的主体。

在确定分析主体后，就可以选择以下两种方法之一就具体的报表项目进行分析。

1.7.1 平行对比法

这里的"平行"，是指同一比率在集团不同公司（母公司、子公司或整个集团合并）间的对比。合并报表的列报形式和个别报表是十分相似的，因此，可以利用合并报表内的数据计算出一系列财务比率，同时，对这几个比率进行平行分析，从而得出对比性的结论。根据集团内子母公司的合并类型不同，我们重点关注不同的报表内容。

一、关注资产的利用效率

当子母公司属于纵向合并（即同一产业链的上下游企业之间的合并），我们更多地关注资产的利用效率，这一点，可以通过分析营业成本、各项费用占营业收入的比例来确定。在后面章节的分析中，我们会提到资源结构的质量，在合理的组合下，既定的资产可以取得更加高额的回报。例如：当子公司管理费用率更低时，我们认为其具有更有效的管理方法，因而，将产业链中更多的环节交给子公司经营可以取得更多回报；反之亦然。类似的营运能力比率、负债比率都可以提供相似的分析依据。

二、关注盈利能力

当子母公司以横向合并的方式联合（即同一行业的两家企业处于扩大经营规模、

产生规模效益为目的而合并），我们应更加关注其合并报表中盈利指标表现出的区别。具体地，包括毛利率、净利率、ROCE 在内的利润比率都可以为分析和结论提供依据，例如：母公司的利润率高于集团平均水平，说明母公司所在地区或瞄准的客户群带来的利润回报更高，这暗示在未来的经营中，应该向扩大母公司业务范围的方向进行决策。

1.7.2　质量分析法

由于合并已经不再展示某个实际存在的经济个体的财务状况，对于合并报表的质量分析，我们不再关注报表上实际表示的资产和负债的质量状况，而是更加关注这样一些方面。

一、合并报表中展示出的集团与母公司的资产结构

集团母公司可能持有大量的有形资产，本身就在从事具体的生产经营活动；也有可能以投资为主导，通过持有子公司股权，取得投资收益来获得收入。这两种类型的企业的资产结构呈现不同特点，通过查看财务报告中企业组织结构和母公司财务报告中资产结构的相关内容，我们可以校验这种一致性，只有当这种一致性得到保证时，才认为集团或母公司的资产配置处于质量较高的状态。

二、通过合并报表判断集团内关联交易的强度

合并报表编制过程中的抵消程序，提供了一个判断内部关联交易强弱的依据。例如：母公司个别报表中应收账款数额巨大，但合并报表中该项目数额却很小，说明母公司有大量的与子公司形成的关联交易。类似地，存货、应收票据、某些固定资产、内部债权关系都会反映集团内关联交易的强度。通常情况下，我们认为关联交易产生的收入是属于质量较低的收入。由于交易双方的关联属性，使其可以很大程度上调整交易标的的价格，因此，关联交易中涉及的资产的定价可能与其市值出现较大的偏差，这也就使得相关的资产项目的质量下降（可变现市值可能低于交易后账面价值）。

2　资产负债表分析

思考题：

什么是资产负债表？它是依据什么样的信息编制完成的？

资产负债表中有哪些比较重要的科目，对这些科目的质量分析的要点有哪些？

分析资产类科目时，主要关注其哪方面的性质？

分析负债类科目时，主要关注其哪方面的性质？

一家企业完成其经营、投资活动，是有一定的物质基础的，具体包括各类厂房、设备、存货、原材料，以及支持生产的专利技术、支持销售的商标权、支持扩张的特许经营权等，这些项目或具有实体形态，或可以通过票证权力加以确认。但在财务会计中，将这些"物质"货币化，统一用某一种货币来对其进行计量，我们不再说企业拥有多少座工厂，而是说企业拥有账面价格为多少的工厂，这些货币化的"物质"汇集到一起，使用会计恒等式进行处理，最终形成了分析使用的资产负债表。由于资产负债表的账面价格脱离了实际的物质，导致我们在分析时，有时会无法把握其真正的价值，质量观下的财务报表分析，则要求分析者在可以获取相应信息的前提下，尽量回归会计科目的物质本质，对其最真实的价值进行分析。

2.1　资产负债表的概述

资产负债表（Statement Of Financial Position，SOFP）是反映企业在某一特定日期（通常为各会计期末）账面价值的会计报表，表明企业在某一时点所拥有或控制的经济资源、所承担的现有义务和所有者对净资产的要求权，它是一张揭示企业在一定时点财务状况的静态报表。

资产负债表利用会计平衡原则，根据"资产 = 负债 + 所有者权益"这一平衡公式，依照一定的分类标准和一定的次序，将某一特定日期的资产、负债、所有者权益的具体项目予以适当地排列编制而成；并将合乎会计原则的资产、负债、股东权益科目分为"资产"和"负债及股东权益"两大区块，在经过分录、转账、分类账、试算、调整等会计程序后，将特定日期的静态企业财务情况，通过一张报表加以展示。

资产负债表的功用除了企业内部除错、制定经营方向、防止弊端外，也可让所有阅读者在最短时间了解企业经营状况。

资产负债表不仅反映了企业资产结构的相关变化，也从一定的角度反映了企业与银行之间的业务情况，无论是企业借款还是还款的过程，都伴随着企业资产结构的变化，通过分析资产负债表上的一些指标，可以确定企业的偿还能力，而通过指标分析和对比不同年度间报表上的数据，可以确定企业的贷款产品品种和需求量，最终帮助银行确定企业授信业务产品和金额等因素。

资产负债表中被分为两块——"资产"和"负债及所有者权益"，分别表示了企业资金的来源和占用。通过了解资产绝对值和变化值，我们可以了解企业资产的使用情况和流动情况。

资产负债表中所提供的信息资料，对企业管理部门、上级主管部门、投资者、银行及其他金融机构、税务部门，都有重要的作用。

一、可据以解释、评价和预测企业的短期偿债能力

偿债能力指企业以其资产偿付债务的能力，短期偿债能力主要体现在企业资产和负债的流动性上。流动性指资产转换成现款而不受损失的能力或负债离到期清偿日的时间，也指企业资产接近现金的程度，或负债需要动用现金的期限。在资产项目中，除现金外，资产转换成现金的时间越短，速度越快，转换成本越低，表明流动性越强。

例如，可随时上市交易的有价证券投资，其流动性一般比应收款项强，因为前者可随时变现；而应收款项的流动性又比存货项目强，因为通常应收款项能在更短的时间内转换成现金；而存货一般转换成现金的速度较慢；负债到期日越短，其流动性越强，表明要越早动用现金。

短期债权人关注的是企业是否有足够的现金和足够的其他资产可及时转换成现金，以清偿短期内将到期的债务。长期债权人及企业所有者也要评价和预测企业的短期偿债能力，短期偿债能力越低，企业越有可能破产，相应的债权、股权投资也越得不到保障。资产负债表分门别类地列示流动资产与流动负债，本身虽未直接反映出短期偿债能力，但通过将流动资产与流动负债的比较，并借助于报表附注，可以解释、评价和预测企业的短期偿债能力。

二、可据以解释、评价和预测企业的长期偿债能力和资本结构

企业的长期偿债能力主要指企业以全部资产清偿全部负债的能力。一般认为资产越多，负债越少，其长期偿债能力越强；反之，若资不抵债，则企业缺乏长期偿债能力。资不抵债往往由企业长期亏损、蚀耗资产引起，还可能因为举债过多所致。所以，企业的长期偿债能力一方面取决于它的获利能力，另一方面取决于它的资本结构。

资本结构通常指企业权益总额中负债与所有者权益，负债中流动负债与长期负债，所有者权益中投入资本与留存收益或普通股与优先股的关系。负债与所有者权益的数额表明企业所支配的资产有多少为债权人提供，又有多少为所有者提供。这两者的比例关系，既影响债权人和所有者的利益分配，又牵涉债权人和所有者投资的相对风险，以及企业的长期偿债能力。资产负债表为管理层和债权人信贷决策提供重要的依据。

三、可据以解释、评价和预测企业的财务弹性

财务弹性指标反映企业两个方面的综合财务能力，即迎接各种环境挑战，抓住经营机遇的适应能力，包括进攻性适应能力和防御性适应能力。所谓进攻性适应能力，指企业能够有财力去抓住经营中所出现的稍纵即逝的获利机会，不致放任其流失。所谓防御性适应能力，指企业能在客观环境极为不利或因某一决策失误使其陷入困境时转危为安的生存能力。

企业的财务弹性主要来自资产变现能力、从经营活动中产生现金流入的能力、对外筹集和调度资金的能力以及在不影响正常经营的前提下变卖资产获取现金的能力。财务弹性强的企业不仅能从有利可图的经营活动中获取现金，而且可以向债权人举借长期负债和向所有者筹措追加资本，投入新的有利可图的事业，即使遇到经营失利，也可随机应变，及时筹集所需资金，分散经营风险，避免陷入财务困境。

资产负债表本身并不能直接提供有关企业财务弹性的信息，但是它所列示的资产分布和对这些资产的要求权的信息，以及企业资产、负债流动性、资本结构等信息，并借助利润表及附注、附表的信息，可间接地解释、评价和预测企业的财务弹性，并为管理层增强企业在市场经济中的适应能力提供指导。

四、可据以解释、评价和预测企业的绩效，帮助管理部门作出合理的经营决策

企业的经营绩效主要表现为获利能力，而获利能力则可用资产收益率、成本收益率等相对值指标衡量，这样将资产负债表和利润表信息结合起来，珠联璧合，可据以评价和预测企业的经营绩效，并可深入剖析企业绩效优劣的根源，寻求提高企业经济资源利用效率的良策。

2.2 浅述资产负债表科目

2.2.1 货币资金

货币资金项目下有二级科目：库存现金和银行存款。

库存现金是指企业为满足日常经营需要而留备的现金，其金额一般在企业 7 天的开支范围内。

银行存款是指企业存入银行或其他金融机构的货币资金。按照国家规定，企业所有的收入，除留备现金外，应按相关规定，全部留存于银行。

在分析货币资金科目时，要注意以下几点。

一、货币资金的规模是否符合企业实际经营需求

为了保证日常经营活动正常运转，企业必须保有一定规模的货币资金。货币资金规模的多寡对企业的正常经营活动有着一定的影响力：若货币资金规模过大，占用了企业的流动资金，可能会浪费企业的投资机会，增加企业的经营成本；若货币资金规模过少，使企业的资金链出现问题，导致延误付款或影响企业正常经营活动，将会损坏企业声誉。货币资金的规模量应该在一个适当的区间范围内，既能保证企业日常经营活动的正常进行，又不过多地占用企业的流动资源。

二、货币资金的监管是否到位

为保证企业货币资金的安全和完整性，必须对货币资金项目进行完善的监管，建立有效的货币资金内控制度。如现金的支出、审查、记账要分人负责，不同的工作人员负责不同的过程；资金的收支情况要及时入账，有合法合理的会计凭证；定期对货币资金进行盘点，编制余额调节表，确保账实相符。

三、货币资金的构成组合是否合理

货币资金由库存现金和银行存款构成，在对其进行分析时，需分析企业库存现金和银行存款的构成比例是否合适，是否在国家限定的范围内，是否符合行业基本情况。

银行存款又分为活期存款、定期存款和保证金存款。需注意这几类存款的资金是否在合理范围内，对比同行业别家企业的银行存款构成比例，结合企业自身的发展阶段和规模，判断企业资金量组合的合理性。

在此特别要提出的是保证金存款，保证金存款是企业向银行申请办理信用证、银行承兑汇票、贷款或担保等业务时按银行的要求存入的一笔资金，银行按规定对该笔资金进行专项账户管理。需要注意的是，保证金存款具有风险抵押性质，企业不可以自由支取，拥有该类存款，通过取得银行低成本贷款，可以有效地降低企业经营风险。但是前文述及的保证金存款的专项资金特殊性，要求分析者在分析货币资金组合构成时，将保证金存款排除到自由资金的范围以外，即使企业拥有大量保证金存款，也不能认为其流动性很高。

2.2.2　应收票据

应收票据是一种债权凭证。在我国，应收票据是指企业持有的、尚未到期兑现的商业票据，是一种载有一定付款日期、付款地点、付款金额和付款人的无条件支付的流通证券，也是一种可以由持票人自由转让给他人的债权凭证。

对于应收票据科目，可以将其与利润表中的主营业务收入进行比对，应收票据金额的大小，代表企业下游客户使用票据付款方式的多寡，若一个企业的应收票据款项较高，表明下游客户较多使用票据进行支付货款，这对企业的资金回笼是不利的，因为票据的支付日期一般是在 6 个月后，在这 6 个月的时期中，企业的资金链有一部分会被卡在应收票据项目上，如果企业急需使用这笔资金，则需要到银行进行贴现业务或进行票据质押业务，又在一定程度上加重了企业的资金成本。

2.2.3　应收账款

应收账款是指企业在正常的经营过程中因销售商品、产品、提供劳务等业务，应向客户收取的款项，包括应由客户或接受劳务单位负担的税金、代客户垫付的各种运杂费等。应收账款金额的确认应该与收入的确定相匹配。

对于应收账款，企业应积极采取措施组织催收，确保其款项的可回收性，以弥补各种在日常经营过程中的耗费，保证企业的持续经营；如确实有应收账款无法正常收回，企业应分析其状态，取得相关证明并按程序上报，作坏账损失处理。

应收账款的主要产生原因有：

一、市场经济的竞争机制。市场经济下，行业内部和外部都存在着激烈的商业竞争。在这种竞争机制下，企业为扩大销售，提升收益，除了更新产品、提高服务质量、加强售后服务等行为外，对下游企业的赊销也是强有力的手段之一。由于赊销可以让客户支配的资源更多（相当于无息短期借款），所以在同等产品价格、类似质量水平、一样售后服务的条件下，实行赊销的产品的销售额会比现金销售的销售额大。

由此，也使得销售方出现了应收账款。

二、行业或产品的性质。有些行业或是企业产品的性质决定了应收账款的出现。如外销企业由于企业产品要销往国外，在途时间过长，销售和收款的时间差较长，无法使用现金进行结算，因此会导致应收账款的出现，而这种方式出现的应收账款账龄与在途时间和结算方式有着紧密的联系，在途时间越长、结算方式越落后，应收账款账期越长；反之亦然。再比如大型机械行业的产品性质就决定了企业在销售产品时会出现一定的应收账款金额，因为企业在销售产品时，需经过运输、安装、调试、保质期和结账期等几个步骤，销售方一般情况下在全部流程完成之后才可收回全部款项，这些步骤的出现也在一定程度上造成了应收账款的产生。

三、企业的诚信意识不强。一方面，购货方企业有时候为保证自己流动资金的充足性，会故意不按合同规定日期进行付款，拖欠供货方货款，导致应收账款的出现。另一方面，供货方为追求利润最大化，未按合同规定制作产品、按时交货，使得商品出现质量不符或交货期拖延的问题，引起购货方的不满，导致其延期付款甚至拒绝付款，造成应收账款的发生。

四、企业管理不当。企业管理不当表现在以下方面。

■ 企业在调动销售人员积极性时，只将薪酬与销量和利润挂钩，未将应收账款列入考核体系。在这样的情况下，销售人员会因追求个人利益，只关心销售任务的完成，大量使用赊销，而不管货款的回收，导致应收账款的大量出现。

■ 企业内部管理应收账款时缺乏明确的职责分工，没有设立专门的责任部门或没有将应收账款责任合理分配给销售部门、财务部门等相关部门，导致权责不明，各部门都不担负应收账款的回收责任，造成了应收账款的追回无人问津，直至发生坏账。

相对于应收票据而言，应收账款与其的区别就在于债务人是否向债权人签发了经银行承兑后可以保证付款的票据，且债务人可以选择在票据到期前将其转让给银行，即办理"贴现"业务，补充流动资金。因而可以看出，应收账款的风险系数较高，变现指数较低，而应收票据更可靠，也更加灵活。

应收账款的期限一般与行业有关，一般来说制造业由于其安装、调试时期较长，应收账款期限也相对而言较长，而消费品行业的应收账款期限则较短。一般而言应收账款的期限分为 6 个月以下、6 个月至 1 年、1 年以上。对于应收账款的期限，分析者应着重于期限较长的应收账款，分析其是否具有回收性，企业是否相应地计提了坏账准备，是否有虚增资产的现象。

应收账款对企业造成的影响主要体现在企业的资金链上，应收账款的产生本质是占用了企业的流动资金链，首先就影响了企业的资金周转速度，如果该金额过大，会限制企业的正常开支和生产经营，对企业的发展是一大挑战；其次被应收账款占用的流动资金实际上可以在经营活动中加速周转，获得回报，但是由于应收账款项目的存在，使得这部分资金无法被企业运用到经营中，对企业来说是一项机会成本；最后如果一家企业应收账款的金额较高，说明企业对下游企业的付款方式和时间较为宽松，可能会使下游客户认为该企业处于产业链中的弱势地位，对企业的商誉造成一定的不利影响。

2.2.4　预付账款

预付账款是指经买卖双方合同规定，由购货方企业预先支付给供应方一部分货款而产生的债权。预付账款一般包括预付的货款、预付的购货定金。施工企业的预付账款主要包括预付工程款、预付备料款等。预付账款是企业已经预先支付，但尚未获得商品或劳务的款项，也是公司债权的组成部分，构成企业的一项流动资产。

预付账款经常与应收账款放在一起进行讨论。它们都是企业的债权部分，但预付账款是由于企业购货行为而产生的，已支付给供货方的款项；而应收账款是由于企业销货行为而产生的，未收取购货方的款项。

分析预付账款时需注意的是，在许多企业中，"预付账款"账户仅发挥着"回收站"的作用。例如一个企业想要偷逃税金、隐匿收入，那么该企业在销售商品时可以不确认收入，而是暂时存放在"预付账款"账户中，作为预付款，日后，做一笔反向的会计分录，将预付款视作退款转回。分析者通过报表附注信息可以看出企业预付款的回转情况，如果发现有很奇怪的回转事项，那就需要考虑企业是否利用这样一个方法进行报表粉饰。

另外，企业为预付账款设计的内部管理制度，也会在很大程度上影响预付账款的质量。如果企业关于预付账款的管理制度十分完善，那么可以有效地提升预付账款质量，分析者可以就企业预付账款给予较高的评价。企业管理者可以考虑的管理制度包括以下几个方面。

一、预付账款的发生必须要有合法的合同与之相对应。企业根据该合同的相关条款和市场供需情况支付预付账款时必须通过相关行政审批工作和办理收款手续，保证交易业务的真实有效性以及自身企业的资金安全。

二、企业应加强对预付账款科目的监管。预付货款支付后，企业应建立预付账款台账，及时反映其增减变动情况，并在月末将相关发生额和余额进行上报。相关部门还应及时跟进货物的到货情况，及时对照合同中所述的收货时间，检查货物是否准时到库。

三、对预付账款应定期进行清查分析工作，对长时间未得到处理的预付账款应查明其原因，制订清查方案。若有确实证据表明其无法再收回时，应转入"其他应收款"科目，并按规定计提坏账准备。

分析者对预付账款质量的评价，主要就在于评价企业预付账款的真实性和管理的有效性。

2.2.5　其他应收款

其他应收款是指企业除应收票据、应收账款、预付账款以外的其他各种应收和暂付的款项，例如应收的各种罚款和赔款、存出的保证金和备用金等。据此，我们容易看出，其他应收款一般包括企业对外的债权和单位内部的相关借款等。

其他应收款由于其核算内容规定得较为广泛，会计上对该科目要求的凭证也不是很严格，故其他应收款的核算就显得较为随意，经常把一些无法区别或是不方便计入其他科目的往来账计入该科目内，因此其他应收款的监管就显得较为复杂。

类似于预付账款和应收账款，分析者需要关注企业在管理其他应收款时所使用的制度是否有效。由于其他应收款科目包含的内容较为杂乱，有时会致使其规模较大，管理难度也十分巨大，所以分析者应格外关注企业是否为之设立合理的管理制度。对其他应收款的管理一方面是企业制定相应的制度，规范操作流程，进行职责分离和轮岗制度；另一方面是对金额较大、账期较长的其他应收款应派专人进行跟踪和催收，若是确认无法收回，应上报确认为坏账。

为了对其他应收款的质量进行评价，分析者应该注意以下几点：

一、是否有相对应的发票和凭证与之相匹配。其他应收款因其款项的复杂性，往往有一些款项只是一笔虚账，没有相应的凭证，以挂账的方式存在于账户中。因此应确定每笔款项的真实性，在可能的情况下，利用函证或其他方式提供相关证明。

二、是否为股东虚假投资。股东在企业完成验资后，可能通过第三方做账，将其投资款利用其他应收项目转走，对此，分析者应关注企业验资前后几个月的大额资金往来，判定该事项的真实性，通过检验相应会计报表附注中的披露来进行相互验证。

三、是否为虚假关联交易。在集团型企业，由于资金是集中管理、统筹使用的，不可避免地出现大量的关联企业往来款项，这些款项经常被记录在其他应收款中，对于这些关联交易的真实性需要进行凭证查询、账账核实、账实核查和发函调查，检查是否存在单方入账和代垫费用等情形。分析者分析过程中可以在报告主体的允许下，联系其审计师，让其提供相关项目审计过程中的报告，以辅助确认该项目质量。

其他应收款作为企业债权的一部分内容，其期限不能过长，如果一笔其他应收款的期限过长，会释放出一种不真实的会计信息。

2.2.6　存货

存货指企业为保证经营活动正常进行而持有以备出售的原材料、在产品、产成品、耗材和物料等。

存货区别于固定资产等非流动资产的最基本的特征是，企业持有存货的最终目的是为了出售，不论是可供直接销售的，如企业的产成品、商品等，还是需经过进一步加工后才能出售的，如原材料等。

依据企业所处行业不同，其存货的抗挥发能力不同，但有一点是普遍存在于所有企业中的——存货减值准备。存货不论抗挥发能力强弱，随时间流逝，其价值总会下降，并且，在外部环境发生重大变化（技术进步、竞争加剧、重置成本变动）时，这种挥发表现得更加明显。因此，企业需要对其存货计提减值准备。分析者在分析减值准备时，应结合报表附注，以及不同年度间计提数额的变化情况，来判断企业存货当前的抗挥发性。

除了存货的抗挥发性，存货流动性也是评价存货质量的重要方面。根据企业所处行业不同，存货保有量不同，一个传统观点是保证企业 1～2 个月生产所需即可。存货数量过多，会无效地占用资金，而数量过小，又会影响生产的正常进行。存货的流动性，是指存货直接出售或经过加工形成的产品出售所需要的时间长度。企业存货结构应与不同存货的流动性相匹配，具体是指根据不同阶段所耗费的时间，企业应该存储相应规模的存货。例如企业采购原材料到库需要 2 个月，原材料加工成产品需要 3 个月，那么，企业就应该随时保持不少于 2 个月使用量的原材料，以及 3 个月销售的产成品，在信息充分的情况下，还可以进一步分解库存品结构。同时，我们可以在分析中得出库存品的流动性，如上例中，可以认为将要采购原材料的流动性是 5～6 个月，因为从采购开始到形成产品销售并回笼资金，需要 5～6 个月的时间，而库存的原材料流动性是 2～3 个月，即生成为产品并销售回笼资金的时间。

综合考虑存货结构及各部分流动性后，就可以得出库存总体的流动性。

在分析存货质量时，还应该考虑到的一点是存货的盈利性，即存货公允价值和当前账面价值的差。企业每年对存货进行重新估值，并据此计提减值损失，但公允价值的上升却不允许回转，所以单纯利用减值准备不能反映企业存货的盈利能力。在可以取得更多信息的情况下，分析者可以具体地分析每一类产品的利润率，据此计算出存货中每一类产品的利润率，再加权平均即可得存货的总体盈利性。

2.2.7　长期应收款

长期应收款是指企业由于融资租赁而产生的应收款项和具有融资性质的采取递延方式分期收款而产生的应收款项。

一、对于融资租赁而产生的长期应收款，出租人将资产的长期使用权转让给承租人，在整个租赁期内向承租人收取租金，因此，出租人的长期应收款金额应该为租赁收款人与租赁方合同签订时的初始可入账的直接费用之和。对此类长期应收款的分析，重点在于是否真实正确地记录相关的数据，并且保留了相应的单据。

二、对于采用递延分期收款方式销售而产生的长期应收款，分析时应检查相关合同是否满足确认销售的条件、检查合同相关要素和入账日的公允价值等。

2.2.8　长期股权投资

长期股权投资指通过投资取得长期持有的被投资单位股份以及通过股权投资达到控制被投资单位，或对被投资单位施加重大影响，或为了与被投资单位建立密切关系，以分散经营风险的，并且在活跃市场中没有报价、公允价值不能可靠计量的权益性投资。

长期股权投资是对核心经营活动的一项有力补充投资，从而提升企业业绩的总体水平。一般来说，长期股权投资的投资额较大、期限较长，对企业财务状况的影响较大，尤其是在进行投资的第一年，企业需将一笔较大金额的投资款项注入被投资单位，导致企业在相当长的时间内无法随意支配这笔资金。这便要求企业在进行长期股权投资时，必须意识到投资的资金投入量和投资风险，并且必须拥有充足的资金链，以至于不陷入资金紧张状况或是财务困境中。

长期股权投资按其对被投资单位的影响程度及是否存在活跃市场、公允价值是否可靠取得可分为成本法和权益法进行核算。

一、成本法

成本法核算的范围：第一，企业能够对被投资的单位实施控制的长期股权投资，即企业对子公司的长期股权投资；第二，企业对被投资单位不具有控制、共同控制或重大影响，且在活跃市场中没有报价、公允价值不能可靠计量的长期股权投资。使用成本法进行计量时，长期股权投资项目仅计入投资的初始成本，追加和收回投资可对长期股权投资科目的成本进行调整，在投资发生重大不可逆转的贬值时对"长期股权投资"项目进行减值处理，确认投资损失；只有当被投资单位宣布发放现金股利时，确认投资收益。

二、权益法

权益法的核算范围：对被投资单位具有共同控制或重大影响的长期股权投资。使用权益法进行计量时，只要被投资单位在投资之后的会计期间有利润，不管被投资单位是否宣布分发现金股利，投资方均按所占股份与净利润值确认投资收益和长期投资资产金额的增加。在被投资单位进行现金股利分配时，冲减长期股权投资的金额。

在使用成本法和权益法进行核算时需注意企业对被投资单位的控制程度，以20%～50%为界。20%～50%为重大影响通常会使用权益法，而其他比例适用成本法。在由成本法转为权益法时，应将成本法下的账面价值调整为权益法下的初始投资价值，并以此比较初始投资价值与应享有被投资单位可辨认净资产公允价值的份额，确定是否需要对账面价值进行调整。而由权益法转为成本法时，应将权益法下的账面价值加减最新支付对价或回收价值的公允价值之和作为成本法下的初始投资价值，不作追溯调整。

在对长期股权投资进行分析时需注意的事项是：企业是否能对公司进行实质上的控制、在本年度内是否发生了对被投资单位实质控制上的重大变化、是否采用了正确的方法对长期股权投资的收益和成本进行确认，是否对资产减值准备进行回转以达到操纵利润的目的。

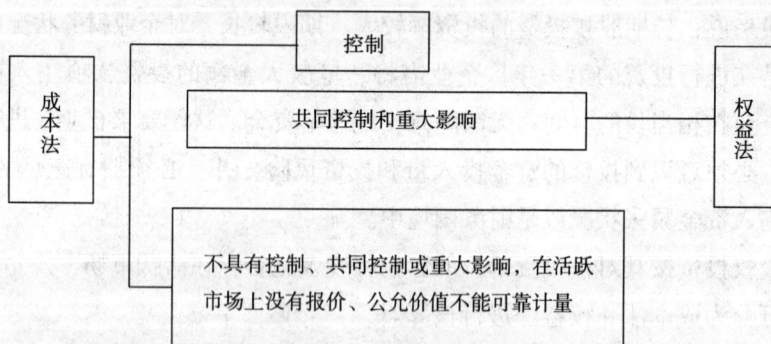

图3-4 成本法和权益法的适用范围

2.2.9 固定资产

固定资产指企业为生产产品、提供劳务、出租或经营管理而持有的，使用寿命超过一个会计年度的非货币性资产，包括房屋建筑物、机械设备、运输工具及其他相关的设备等。固定资产在企业的生产经营中发挥着重要的作用，也是企业获取利润的主要物质基础。固定资产一般来说期限较长、初始的投资金额较大、对企业的经营效益和财务状况影响较大、变现速度较慢、变现成本较高，且固定资产也在一定程度上反映了企业的技术水平和在行业内的竞争实力。

固定资产可以通过外购、自建、接受投资和租赁等方式取得，不同的取得方式有着不一样的优缺点。例如外购取得的固定资产由于是按市场价值购入，故成本较为可靠，但是这种方式的另一表现是企业营运资金的占用，可能在购入年度造成资金链的紧张，对经营活动产生一定的影响。接受投资取得的固定资产可以增强企业资本，但该项资产未经过市场交易，成本具有主观性。

固定资产具有使用期限长、在期限内几乎保持原有实物形态而价值由于损耗而逐渐减少的特征，故固定资产一般将减少的价值以折旧的方式分期转移到产品成本或费用中，并在销售收入中得到补偿。因此，固定资产折旧反映了固定资产在当期生产中的转移价值。这一转移主要受四大因素的影响：固定资产原值、折旧年限、折旧方法、净残值。

目前，固定资产折旧的主要方法有：年限平均法、工作量法、年数总和法、双倍余额递减法。前一种为直线法，后三种为加速折旧法。分析者在分析过程中比较重要的一步，就是考察企业目前使用的折旧方法的合理性以及准确性。后者是指根据企业资产规模和折旧方法，试算折旧费用是否使用合理；而前者，主要是指检查折旧方法选取的合法合理性。根据企业现状和国家的财政承受能力，我国对实行加速折旧法的范围作了限定，对在国民经济中具有重要地位、技术进步快的电子生产企业、船舶工业企业、生产"母机"的机械企业、飞机和汽车制造企业、化工和医药生产企业以及其他经财政部批准的行业企业，及其设备可以用双倍余额递减法或者年数综合法加速计提折旧，并且折旧方法一经确定，不得随意变更。

无论采取何种折旧方法，其折旧总额是相同的，对企业的净收益总额也无影响，但是不同的折旧方法在固定资产使用期限内的各个年限中的折旧金额是不一样的。如采用年限平均法，每年的折旧额相等；但若是采用双倍余额递减法，折旧额在固定资产使用前期计提较多而后期计提较少，从而导致企业利润总额前期相对较少而后期相对较多。企业具体采用何种折旧方法，需要根据企业的实际情况进行分析，选择合理有效的折旧方法。从整体上来说，选择的折旧方法，应既不降低企业市价，又尽可能地满足企业特定时期资金链的需求，所以选择折旧方法的准则是：（1）当企业盈利水平处于上升期时，可采用长期的年限平均法，使各期可分配利润不致下降，价值盈利水平的上升，是可分配的利润上升。（2）当企业盈利水平处于下降期或先高后低时，可采用加速折旧法，使各期的可分配利润不致下降，并且将折旧政策与财务目标结合起来，使财务报表所揭示的利润信息或活力水平显示出稳定和稳步增长的趋势，稳定企业市价。

目前，我国的企业对于固定资产科目有着"重购买、轻管理"的倾向，企业都知道固定资产在生产经营中的重要性。为保证企业经营的持续稳定增长，不断购入固定资产，但对固定资产的管理意识却较为淡薄，再加之固定资产的使用期限较长、类型多样化程度高，从而加大了固定资产的管理难度，导致大多数企业对固定资产的管理制度不健全、管理方式较为落后、管理责任不明确。

此外，在对固定资产进行分析时，应该关注企业管理其固定资产的制度，观察企业是否具有完善的管理固定资产的制度。较为重要的固定资产管理的方面包括：

一、企业是否做到从资产源头抓起，以"优化增量，盘活存量，提高质量，降低总量"为原则，强化固定资产投资计划管理。这一条要求企业首先做好存量清查，通过存量分析来摸清家底；再以存量分析为基础，对固定资产的技术适用性、先进性进行鉴定分析，据此指导固定资产的购置计划；接下来进行固定资产效益评价，完善固定资产的投资论证制度，建立效益责任跟踪体系，保证购置的固定资产具有较高的回报率。

二、企业是否针对目前固定资产管理现状，与成本预算管理相结合，推进固定资产管理信息化的应用，形成一套包括固定资产最小类别、固定资产代码、生产或非生产使用、维修情况、固定资产现状等内容的完整资产档案。

三、企业是否着手加强固定资产管理人员的培训工作，建立固定资产运营能力分析机制，做好固定资产运营分析工作。企业应该试图建立一套科学合理的固定资产经营考核机制，进一步减少无效资产，降低低效资产，优化固定资产结构，进而不断提高固定资产使用效益。

总之，企业固定资产项目的利用效率和利用效果大小，与企业所处的不同历史时期、不同发展阶段以及不同的客观经济环境有着直接联系，因此，在对固定资产进行分析时，一定要强调其盈利性，或者支持企业盈利的能力。

此外，还应关注企业固定资产在规模、配置以及分布等方面与企业战略的吻合程度，高度吻合的资产结构和企业战略可以有效地提高企业固定资产的盈利性、周转性和变现性。同时，合理地安排使用固定资产，还可以与其他资产产生协同效应，给企业带来超额收益。

2.2.10　在建工程

在建工程指正在建设但尚未竣工投入使用的项目，包括固定资产项目的新建、改扩建、大修理等，我国"在建工程"科目反映的是企业期末未完成工程的实际支出和尚未使用的工程物资的实际成本。分为"自营"和"外包"两大类，自营是指企业自行购买原材料、自行施工建造并自行管理的工程；外包是指企业与其他单位签订合约由其他单位承包建设的工程。

在建工程本质上是正在建设中的固定资产，是企业固定资产的一种特殊表现形式。需要注意的是在建工程所占用的资金虽属于资金链中的长期资金，但这笔资金在投入前还是属于流动资金的范畴。所以如果在建工程出现问题，会造成大笔资金沉淀，甚至会导致企业流动资金的周转困难，这就要求在建工程需要按时按质地完工，早日投入生产以产生补充资金链的现金流。因此我们分析在建工程项目时，需分析工程进度是否按时按质地完成、各项原材料的规格和建造标准是否与合同约定相符、企业的相关借款费用是否正确资本化（例如某些公司有可能以某项固定资产还处于试生产阶段或安装调试阶段为借口，将理当计入当期费用的借款利息资本化为该项资产的成本，从而虚增资产和当期利润）。

2.2.11　待处理财产损益

待处理财产损益指公司尚未处理的各项财产物资的净损益。按我国会计制度的规定，年底核算时，待处理财产损益科目余额应该调整至零。

2.2.12　无形资产

无形资产指企业拥有或控制的没有实物形态的可辨认非货币性资产，主要包括土地使用权、专利权、商标权、著作权、特许权、非专利技术等。无形资产的特征主要有：不具有实物形态、属于长期资产、为经营活动使用而不是为了用于出售而持有的资产、不确定地创造经济利益。需注意的是：企业自创的商誉属于不可辨认的资产，因此不属于无形资产，只能算作"无形项目"，不计入资产负债表，只有当企业在并购过程中产生的外购商誉才满足资产确认条件，确认为资产，并在资产负债表中单列"商誉"这一科目进行核算。

无形资产科目的金额与相关的项目的开发阶段有着密切的联系，在现行会计准则中，将无形资产的开发划分为两大阶段：研究阶段和开发阶段。研究阶段的支出成本应计入当期损益，即费用化；而开发阶段的支出成本如能满足相关规定可以进行资本化处理，计入无形资产。因此，在分析无形资产时，主要是通过参考财务报表附注和管理层说明，明确其开发阶段，分析是否有账内无形资产的不充分性和账外无形资产存在的现象。

随着科技经济在市场中重要性的提高，无形资产和商誉对企业的生存和发展的影响力越来越大。企业拥有的无形资产和商誉越多，意味着企业可持续发展的潜力和竞争力越强。但是由于无形资产不具有实物形态，若不经过市场交易，其价值很难被确定，这也使得众多企业的无形资产在其报表上所反映的价值一般为其初始价值，通常低于其目前的市场价值，这就要求在分析无形资产的时候要注意无形资产类型、市价以及盈利性，以准确地确认无形资产的规模。

对于无形资产科目，企业应定期对其价值进行检查，评估其可回收金额，确认评估价值与账面价值是否相等，若账面价值超过可回收金额应确认减值准备。常见的使无形资产价值突然重挫的事件包括：已有新技术的出现替代了原有无形资产，对企业的经营状态造成重大的不利影响，致使该无形资产的市值在当期大幅下跌，且在可预见的期限内不会恢复。

需要注意的是，无形资产是一项不具有实物形态的特殊资产形式，其自身并不能直接为企业带来利润，必须与其他资产如存货、生产线等相结合时才能发挥其价值，因此在对无形资产进行分析时应该与有形资产进行结合分析，关注企业是否可以利用技术、管理、品牌等无形资产对有形资产进行增值。通过无形资产与有形资产的组合所达到的增值效果来确定无形资产的盈利能力和质量好坏。

2.2.13　商誉

商誉是指企业并购时，所支付的大于并购取得被购买方各项资产公允价值份额的差额。商誉无法单独存在且不具有可辨认性，不属于资产负债表中的无形资产范畴。

对于商誉的会计处理要区分是否是同一控制下的并购行为。对于同一控制下的并购行为，会计准则规定其资产和负债均按账面价值进行计量，合并溢价只能调整资本公积和留存收益，并不确定商誉。只有对非同一控制下的并购行为，才会涉及商誉的会计处理。

由于商誉是在并购中出现的企业的一项特殊资产，代表了被收购企业的超额获利能力和企业整体的盈利水平。因此对商誉的分析，必须将被收购企业的财务情况和盈利能力结合起来分析，才能客观、公允和具体。

会计准则规定，商誉至少应当在每年年末进行减值测试，对已发生减值的商誉要计提减值准备，商誉减值损失一旦确认，在以后各期均不得回转。因此，可以根据商誉计提减值准备的情况来对其进行质量分析，即商誉减值比率较大的投资项目具有较差的质量。并且，通过观察连续多个年度同一项投资的收益和减值，可以基本确认该项投资的增长（减值）趋势，例如对某项投资的年度商誉减值准备一再提高，预示该项投资可能最终完全无法回收。

2.2.14　长期待摊费用

长期待摊费用指企业已经发生但尚未摊销的，摊销期在一年以上（不含一年）的各种费用，主要包括大修理费用、固定资产改良费用等其他待摊费用。其实质是按权责发生制原则进行资本化式的支出，其本身并无交换价值，不可进行转让交易。一般来说科目数值越大，表明企业未来的费用负担越重。

在对长期待摊费用进行分析时，需注意其金额的合理性。企业是否又将当期的费用资本化进行挂账至长期待摊费用，延期摊销，虚增利润。对照固定资产、无形资产增长的速度，与报表附注中关于长期待摊费用的说明，可以判断长期待摊费用的合理性。

2.2.15　短期借款

短期借款指企业向银行或其他金融机构借入的、还款期限在一年以下（含一年）的各种借款，主要包括短期流动资金借款、临时借款、结算借款、票据贴现借款、卖方信贷、预购定金借款、专项储备借款等。这些借款都是为了满足企业日常生产经营的短期需要而举借的，其利息费用作为企业的财务费用，计入当期损益。

每一笔短期借款都有一个信贷限额（授信额度），这一额度是该项借款中，企业可以向银行举借的最高数额由银行为借贷企业设定。信贷限额有限期限通常为1年，到期如需继续使用需要进行贷款周转；企业可以在已批准的信贷限额内，随时使用银行借款。但是如果企业信誉恶化，即使银行曾批准按信贷限额提供贷款，银行也可以拒绝继续向企业供款，在现行法规下，银行不承担相应的法律责任。

短期借款的主要特性有：筹资速度快，较易取得、成本较低、风险高。短期借款必须要定期支付借款利息，到期进行还本。

企业的短期借款主要是为了补充经营活动流动资金而产生的，所以短期借款的金额大小对企业的经营活动有着重要的影响。短期借款金额过大，所需支付的借款利息过高，增加不必要的财务费用和融资成本，而且过大的短期借款列表会造成企业严重缺乏自由资金的形象，对企业的商誉造成不利影响；但是如果企业刻意将短期借款规模控制得过小，会使得企业经营活动缺乏必需的现金流，阻碍企业发展，甚者可能会导致企业资金链的断裂，致使企业倒闭。所以如何确定短期借款金额的大小是企业所需要认真研究的。短期借款规模应该是保证企业有充足的现金流条件下，压低短期借款规模，减少财务费用。

对于短期借款的质量分析主要在账面数目真实性、规模合理性、管理制度完善性三个方面进行。

一、短期借款账面数目真实性通常由审计师来保证。如果审计师在短期借款科目上出具标准无保留意见或没有强调事段，则通常可以认为该科目真实性有所保证；反之，分析者需要在企业的允许下，联系其审计师，寻找科目出现异常的原因，并且，当第三方认定的短期借款数目和账面数目有差异时，我们更偏向于使用无利益冲突的第三方所提供的信息。在可以获得足够信息的条件下，分析者可以通过检查企业之前的借款合约来确认短期借款规模的真实性。

二、短期借款规模的合理性主要体现在短期借款是否和经营活动的规模相适应。在企业以赊销方式进行销售的前提下（现金销售可以看作即时支付的赊销），通过应收账款周转期、应付账款周转期和存货周转期可以大致找出企业对流动现金的需求能力。具体的估计方法如下：假定各项费用和收入在年度中平滑地出现，费用总和除以会计年度的长度（365 天），可以得到每天的平均费用支出，应收账款周转期加存货周转期减去应付账款周转期，再乘以之前算出的日平均费用，就可以得到流动资金需求数量的估计值，将这一估计值与企业实际的短期借款规模进行对比，来判断企业短期贷款规模是否合理（显然两者应该近似相等或后者大于前者）。当然，如果企业有其他临时的经营战术，例如出于投机，在原材料价格较低时囤积原材料等，会增大对短期贷款的需求量，不过，这一类事项是会在相关附注中说明的。

三、企业对短期负债的管理制度也会影响该科目的质量。企业应该做到基本的职责分离，举借短期借款的各步骤经手人应该明确自身的责任，管理层对短期借款科目的管理有制定详尽的执行制度。另外，企业需要制定相应的流程，来保证专款专用，相关的文件、合同、协议应该有专门的部门进行保管，在调用相关资金时有足够的审批程序和授权流程。在申请短期借款时，企业通常需要制定相应的借款计划，通过查看该计划，分析者可以更加清楚地了解企业为取得贷款在设计相应控制流程所作出的努力。同时，分析者在查看计划时，应更多地关注计划本身的合理性，通过参照企业所处行业其他公司的短期借款规模、计划中成本效益的分析文段以及向技术专家质询借款需求是否合理来判断企业短期借款计划的合理性。

2.2.16　应付票据

应付票据是指企业在商品购销活动和对工程价款进行结算时，因采用商业汇票结算方式而发生的，由出票人出票、委托付款人在指定日期无条件支付确定的金额给收款人或者票据的持票人的一种凭证。

应付票据按承兑人不同可以分为银行承兑汇票和商业承兑汇票，若承兑人是银行，则为银行承兑汇票；若承兑人为购物单位，则为商业承兑汇票。按是否带息可以分为带息票据和不带息票据，带息票据是指按票据上注明的利率，到期承兑时，需支付票据金额加上利息的票据。我国一般使用不带息票据。

应付票据的优势有：

一、对于购货企业来说，使用票据进行结算，可以暂时缓解资金链的紧张状况，及时购入材料物资，保证生产经营的顺利进行。对于销货企业，接受票据方式支付可以按期收回货款，防止拖欠行为，相比于赊销方式会更具有安全性和可信度，而且企业若急需资金，还可向银行申请票据贴现缓解资金紧张现象。

二、应付票据与同等金额和期限的短期借款相比，其财务成本更低，减少了利息支出，所以在对方企业接受票据支付的前提下，企业一般都会选择票据进行付款。

三、企业使用自身在银行的授信限额开立银行承兑汇票，其保证金一般低于50%，这有利于企业加强资金链的稳定性，满足融资需求。

四、企业开立银行承兑汇票进行付款时，其存入银行的保证金被列入资产负债表的银行存款科目，使得企业报表的可支配现金科目金额增大，这不仅加强了企业的支付能力，也加强了企业的外部信誉度。

类似于短期借款，分析者对短期借款项目的质量分析，也是考虑真实性、合理性和管理制度三方面，在此就不再赘述。

2.2.17　应付账款

应付账款指因购买材料、商品或接受劳务供应等而发生的债务，是由于购进材料、商品或接受劳务等业务发生时间与付款时间不一致造成的，在购进商品的所有权转到购货方或是企业实际已接受劳务的供应时，就需要确认并应予以入账的流动负债。应付账款一般按应付金额入账，而不按照到期应付金额的现值入账。如果购入的资产在形成一笔应付账款时是有折扣的，应付账款的入账金额应按发票上记载的应付金额总值（不扣除折扣）记账，获得的现金折扣冲减财务费用。

随着市场经济的发展、竞争的加剧，为了提高市场占有率，利用赊销手段进行促销成为供应商的常用手段，企业的应付账款金额也明显增大，在负债总额所占的比重也呈现不断上升的趋势，但是应该知道的是应付账款的实质仍是企业负债的一部分，虽然利用应付账款可以暂时缓解企业资金链的紧张状态，暂时节约了企业的资金成本，但是应付账款过高会使得企业与上游客户的合作产生负面因素，给企业带来信用危机，影响企业声誉和发展，因此对企业应付账款科目的管理必须建立在提高企业信用度、合理处理与供应商之间的合作关系和企业自身采购的顺利进行、资金链稳定的前提下。

类似于应付票据和短期借款，对应付账款的质量分析也集中在前文所讲的三个方面。除此之外，对于应付账款的质量分析，需要额外关注企业的支付计划，即企业是否为支付应付账款而制订相应计划，防止到期无法支付的现象发生。虽然应付账款的支付通常不会有法定强制，但拖欠应付账款会使企业与上游供应商的贸易关系恶化，同时对外界释放出企业现金管理出现问题的信号，影响企业商誉。

2.2.18 其他应付款

其他应付款指企业所有应付和暂收其他单位和个人的款项，如应付租入固定资产的租金、包装物的租金、应付保险费、存入保证金、应付统筹退休金等。

类似于其他应收款，由于会计准则定义的模糊性，企业经常会将一些收入隐藏于该科目或直接将损失冲减该科目，以达到减少应纳税款的目的。

一、企业将应计入营业收入科目计入其他应收款科目，将一些本应通过银行存款的收入款项，先行转入其他应付款账户，再伺机使用现金从其他应付款账户提出，从而藏匿收入、逃税漏税。

二、将部分其他应收账款长期挂账。其他应付账款属于流动负债，理论上应该在一年内偿还，但由于该科目内容琐碎，会计记录数量庞大杂乱，很多时候企业审计师无法做到对每一笔记录都进行审计，因此，某些时候企业会利用该账户隐匿收入、转移费用。

虽然其他应付款账户由于本身的特性，容易出现被操纵以粉饰企业盈余的现象，但通过对比不同年度间的该账户余额，以及财务报表附注中对账户组成的说明，从而分析企业对该项目的处理是否正确，是否有借该账户隐匿收入、操纵利润的嫌疑。

2.2.19　长期借款

长期借款指企业向银行或其他金融机构借入的还款期限在一年以上（不含一年）的各种借款，一般用于企业大额的永久性流动资产和固定资产构建、改扩建和大修理工程等，资产负债表中的长期借款科目一般包括企业尚未归还的长期借款本金和利息。

需要注意的是，为建设某项固定资产举借的长期借款的借款费用（包括利息、汇兑损失），属于筹建期间的，计入"长期待摊费用"，于生产经营开始当月一次转入损益；属于生产经营期间的，计入"财务费用"；属于与构建固定资产有关的专门借款的借款费用，在所构建固定资产达到预定可使用状态前按规定应予以资本化的，计入有关固定资产的构建成本，如"在建工程"等相关项目；当固定资产达到预定可使用状态后发生的借款费用以及按规定不能予以资本化的借款费用时，计入"财务费用"科目；属于清算期间的，计入"清算损益"。

企业的长期借款项目一般与大额的永久性流动资产和固定资产相关。因此，长期借款的主要用途同样是为了弥补企业大额流动资金的不足，满足企业施工生产所必需资金的要求，也满足了企业扩大施工生产经营范围、添置固定资产等目的的需求。并且相比于发行股票、债券等其他长期负债科目，长期借款筹资所耗时间较短，程序较简单，融资迅速；长期借款利息还可在税前支付，具有减少利息支出的效益，筹资所需的费用也较少，相对而言筹资成本较低；而且，长期借款的弹性较大，企业可与银行进行协商，对借款数量和还款期限等进行商讨，具有较好的灵活性；此外，长期借款科目可以使用银行票据、信用证等方式从银行提取借款，可以发挥财务杠杆的作用。

除了上述长期借款的优势以外，也要看到长期借款项目由于是银行借款而固有的风险。长期借款会对企业产生固定的利息负担并且有固定的偿付期限，企业必须在期限内将一定金额的资金进行偿付，到期要还本，若公司经营不善，可能反而缩紧企业资金链，产生无法偿付的风险，严重时会引起企业破产。而银行或其他金融机构对长期借款的限制性条款较多，可能会影响企业今后的筹资能力。此外，长期借款的筹款规模相比企业债券和发行股权而言较小，无法完成对某些资金需求巨大的项目的融资。

对企业长期借款的关注点应在于企业内部控制制度与借款项目的盈利性。企业应该使用正确的会计方法处理长期借款，包括及时预提利息、不可对长期借款利息进行挂账、设置内控防止资本化混淆、及时监督长期借款项目的盈利性等。

在信息可以获取的情况下，分析者应该关注企业现有的重要的长期借款的偿付、使用情况，观察企业是否有效地使用通过银行取得长期借款，重点关注以前取得的长期借款相应的资产项目的盈利性，以确保企业管理层有能力合理地使用通过举债得来的资金，并使之产生足够的利润。

2.2.20　应付债券

应付债券指企业为筹集长期资金而发行的债券的本金和利息。同增发股票相比，当投资报酬率大于债券利率时，发行公司债券可以为股东带来较大的经济利益；而且因为公司债券的利息支出属于正常经营活动中发生的财务费用，可以用于抵免所得税。

需要注意的是，如果公司债券利率高于企业投资报酬率，则利息费用将成为企业的沉重负担。在分析公司经营收益的时候，需要剥离这部分费用，以确定真实的企业收益状况。但同时，又要考虑到这部分超额利息费用对企业收益的拖累程度，以保证企业仍然有能力为新的借款偿付利息和本金。

不论企业债券是按溢价发行还是折价发行，应付债券均以实际收到的款项入账（但要分为面值和利息调整两个项目分别核算）。

2.2.21　长期应付款

长期应付款指企业除长期借款、应付债券以外的各种长期应付款项，包括应付融资租入固定资产的租赁费、以分期付款方式购入固定资产发生的应付款项等。

企业采用融资租赁方式租入固定资产，应在租赁期开始日，将租赁开始日租赁资产公允价值与最低租赁付款额现值取两者中较低者，加上初始直接费用，作为租入资产的入账价值，同时在负债中确认长期应付款。

企业购买资产时有可能延期支付有关价款，如果延期支付的购买价款超出正常信用条件，实质上是具有权益融资性质的，所购资产的成本应当以延期支付购买价款的现值作为基础确定，并相应确认长期付款。

2.2.22 实收资本

实收资本是指企业投资者按照公司章程或合同、协议的约定形成法定资本的价值，是企业持续经营最稳定的经济基础。一般来说，在企业足额缴纳资本之后，企业的实收资本与注册资本的金额是相同的，而且实收资本无须归还投资者，可以长期周转使用。投资实收资本可以是由国家、集体、法人或个人运用货币、实物和无形资产投资形成的。需注意的是通过实物和无形资产进行投资时，实物价值需按投资各方确定的价值入账，且无形资产的价值不得超过企业注册资金的20%。

2.2.23 资本公积

资本公积指企业收到投资者超过其在企业注册资本中所占份额的投资，以及直接计入所有者权益的利得和损失，是企业来源于盈利以外的资本积累。

其内容主要包括资本溢价或股本溢价、接受捐赠资产、股权投资准备、拨款转入、外币资本折算差额和其他资本公积等。按用途可以直接分为：（1）直接用于转增资本的资本公积；（2）不可以直接用于转增资本的资本公积。后者为资本公积各准备项目，包括接受捐赠非现金资产准备和股权投资准备。

在我国，资本公积的主要用途是转增资本，虽然转增资本并不能导致所有者权利总额或者说是资产总额的增加，但转增资本可以完善企业投入资本结构，体现其稳健、持续、健康发展的态势；另外，相对于股份有限公司而言，转增资本会增加投资者持有的股份额，增加公司股票的流通量，进而激励股价，提升股票的交易量和资本的流动性，对于债权人而言，实收资本的增加体现了公司抗风险能力的增强和实力的稳固，转增资本也在一定程度上巩固了债权人对公司的信心。

2.2.24 盈余公积

盈余公积指企业从净利润中提取的具有特定用途的资金。可分为：（1）法定公积金，按税后利润的10%提取（非公司制企业也可按照超出10%的比例提取），在此项公积金已达注册资本50%时企业可不再提取。（2）任意公积金，按股东大会等类似权力机构的决议提取，用于其他企业认为需要的方面。

提取盈余公积的主要用途：（1）用于弥补公司的亏损，公司由董事会提议，经股东大会批准后，以提取的盈余公积弥补亏损。（2）用于转增公司资本，公司经股东大会批准后，将盈余公积转增资本时，要按股东原有持股比例进行结转，用法定盈余公积转增资本后，其留存数额不得小于注册资本的25%。提取盈余公积的实质就是将企业当期实现的净利润分配给投资者的一种限制，一旦进行提取形成盈余公积，一般情况下不得用于向投资者分配股利或利润。

2.2.25　未分配利润

未分配利润指企业未作分配的利润，即净利润中尚未指定用途的，归所有者享有的部分。从金额上，未分配利润等于期初未分配利润加上本期实现的净利润，减去盈余公积的余额，对所有者权益而言，企业对未分配利润有着较大的使用自主权。

对于未分配利润科目，由于其直接关系到企业的利润分配方式，故其经常会出现一些漏洞或错弊。如将本应计入本期损益的其他业务收入、营业外收入、汇兑损益等直接计入未分配利润；或通过故意多计费用少计收益减少未分配利润；或是多计收入少计费用增加未分配利润；或是企业不经股东大会同意将未分配利润直接用于发放奖金或职工福利，损害企业所有者的利益。因此对于未分配利润，首先我们可以编制未分配利润内部控制制度调查表，用于审查未分配利润。企业在期末应该将科目余额的实际数与上期进行比较，分析变动情况和是否有异常情况，检查其金额的正确性，保证公司实现利润和利润分配的合法性和真实性。

2.3　资产负债表整体分析

2.3.1　资产负债表横向分析

资产负债表的横向比较有：（1）将资产负债表中的期末数与期初数比较，分析企业资产、负债和所有者权益在年度内的增减变化情况；（2）将资产负债表中的期末数与以前年度的期末数比较，分析企业资产、负债和所有者权益的变动趋势；（3）将资产负债表中的期末数及变动数与同行业同类企业同期的相关数据进行比较，分析企业所处的状况和行业地位，发现企业的优缺点并完善。

横向分析通过对报表中各个项目的增减情况进行分析，以观察公司财务状况和经营成果的变化趋势。尤其是对一些重大的或异常变动的科目运用例外原则进行重点分析，具体可以从以下几个角度进行分析。

一、从投资角度分析

■ 分析总资产规模的变动状况以及各项资产的变动状况，揭示出资产变动的主要方面，从总体上了解企业经过一定时期经营后资产的变动情况。

■ 发现变动幅度较大或对总资产变动影响较大的重点类别和重点项目，进行着重分析。

■ 分析资产变动的合理性与效率性。

■ 分析资产规模变动与所有者权益总额变动的适应程度，进而评价企业财务结构的稳定性和安全性。

■ 分析不同时期会计政策的变动对资产负债表各科目的影响。

二、从筹资角度分析

■ 分析权益总额的变动状况以及各类、各项筹资的变动状况，揭示出权益总额变动的主要方面，从总体上了解企业经过一定时期经营后权益总额的变动情况。

■ 分析变动幅度较大或对权益总额变动影响较大的重点类别和重点项目，为进一步分析指出方向。

■ 分析评价表外业务的影响。表外业务是指不列入资产负债表，却和资产负债项目密切相关的经营活动，如担保业务、期货期权业务和相关的咨询等。表外业务虽不在资产负债表中列示，但随着表外业务的开展，企业还是承担着一定的风险或是获取一定的收益，这些将在表内反映。表外业务在其特定的可能事项成为现实时，会转化为表内业务，转变为表内核算。

如开出信用证，在"客户未能按合同付款"这一特定可能事项出现之前，在表外科目"开出信用证"、"应付信用证款项"中核算，一旦"客户未能按合同付款"成为现实，银行向收款人支付合同款项后，就转化到表内，作为资产业务核算。此时，会计部门需要销记表外科目，会计分录为：

借：应付信用证款项（或有负债科目）

　　贷：开出信用证（或有资产科目）

同时，在表内借记"信用证垫款"，贷记相关的资金账户，完成表外核算到表内核算的转化。

三、从资产变动的合理性与效率性分析

对总资产变动情况进行分析，不仅要考察其增减变动额和变动幅度，还要对其变动的合理性与效率进行分析。分析资产变动合理性与效率性，可通过资产变动与产值变动、营业收入变动、利润变动及经营活动现金净流量变动的比较得到结果。

案例研究：以 WMI 公司的资产负债表为例

单位：元

资产	期末余额	年初余额	负债和所有者权益（或股东权益）	期末余额	年初余额
货币资金	436 449 770.26	678 493 543.82	短期借款	1 501 000 000.00	1 365 339 448.20
结算备付金			应付短期融资券	400 000 000.00	400 000 000.00
拆出资金			交易性金融负债		
交易性金融资产			应付票据		150 000 000.00
应收票据	913 536 135.48	923 323 693.23	应付账款	1 342 777 165.24	1 108 210 860.78
应收账款	53 260 849.89	63 891 850.01	预收款项	324 900 321.67	366 975 967.99
预付款项	417 818 612.85	165 997 711.11	卖出回购金融资产款		
应收保费			应付手续费及佣金		
应收分保账款			应付职工薪酬	100 545 714.32	99 638 672.80
应收分保合同准备金			应交税费	23 785 084.20	41 993 900.08
应收利息			应付利息	16 746 582.20	21 935 784.42
应收股利			应付股利	268 824 354.74	166 282 552.97
其他应收款	32 167 446.91	9 333 330.96	其他应付款	208 728 935.71	196 334 948.05
买入返售金融资产			一年内到期的非流动负债		
存货	2 007 624 700.06	1 374 943 384.58	其他流动负债	18 749 601.71	12 683 489.06
一年内到期的非流动资产			流动负债合计	4 206 057 759.79	3 929 395 624.35
其他流动资产	78 760 904.68	48 415 777.75	非流动负债：		
流动资产合计	3 939 618 420.13	3 264 399 291.46	长期借款		
非流动资产：			应付债券		
发放委托贷款及垫款			长期应付款		
可供出售金融资产			专项应付款		
持有至到期投资			预计负债		
长期应收款			递延所得税负债	7 395 956.79	5 228 177.37
长期股权投资	470 664 102.01	473 431 283.87	其他非流动负债	27 502 700.00	24 051 900.00
投资性房地产			非流动负债合计	34 898 656.79	29 280 077.37
固定资产	3 406 643 543.96	3 829 560 149.06	负债合计	4 240 956 416.58	3 958 675 701.72
在建工程	52 137 922.64	40 381 458.80	所有者权益（或股东权益）：		
工程物资			实收资本（或股本）	1 576 265 552.00	1 576 265 552.00

续表

资产	期末余额	年初余额	负债和所有者权益 （或股东权益）	期末余额	年初余额
固定资产清理			资本公积	21 904 550.60	24 839 049.32
生产性生物资产			减：库存股		
油气资产			专项储备	10 048 825.98	2 084 235.72
无形资产	425 190 184.22	442 992 853.18	盈余公积	39 761 617.75	10 313 168.62
开发支出			一般风险准备		
商誉			未分配利润	703 301 378.46	705 363 988.22
长期待摊费用	40 953 407.43	52 218 418.91	外币报表折算差额		
递延所得税资产	40 049 768.33	39 392 348.78	归属于母公司所有者权益合计	2 351 281 924.79	2 318 865 993.88
其他非流动资产	7 112 283.05	10 712 939.93	少数股东权益	1 790 131 290.40	1 875 547 048.39
非流动资产合计	4 442 751 211.64	4 888 689 452.53	所有者权益合计	4 141 413 215.19	4 194 413 042.27
资产总计	8 382 369 631.77	8 153 088 743.99	负债和所有者权益总计	8 382 369 631.77	8 153 088 743.99

通过对该公司资产负债表的横向结构分析，我们可以发现该公司财务状况的变化主要表现在以下几个方面。

一、公司期末流动资产比期初增加了 67 522 万元，增加了 20.68%，主要是由于存货增加了 63 268 万元、预付账款增加了 25 182 万元、其他流动资产增加了 3 035 万元所致，除此之外的其他流动资产项目的绝对数额变化并不很大。由此应该对存货和预付账款的较大增加引起足够重视，应当对存货进行及时清算，分别从进货、加工、行销等环节进行把关，加速存货周转。对于存货大幅增加应考虑的事项有：第一，存货的品种：是库存商品？是原材料？还是相关的在产品？第二，大幅增加的原因：是由于生产的商品未能及时销售？或是由于目前行业市场处于供大于求的状态？还是由于企业对行业发展处于乐观状态并预计有大订单需要生产，从而大批次地囤入原材料？在分析时一定要注意是存货内何种物品在大幅增加——原材料金额的增加和库存商品金额的增加对公司的影响是不一样的。而对于预收账款金额的增加可以将其与存货的增加进行关联分析，分析是否是由于企业扩大生产，加大了存货金额，从而在下一个会计年度满足下游企业的订单需要，如果这一情况属实，则对企业来说是有利的。而货币资金的减少必须要注意资金的使用情况，是否用于购买原材料，或是还清贷款，或是用于购买固定资产货款等，不同的货币资金使用情况预示着企业不同的发展计划。

229

二、公司期末固定资产比期初减少了 42 292 万元，在建工程金额增加了 1 175 万元，说明企业在今年并未扩大生产线或是购入固定资产。但由于固定资产金额减少了 42 292 万元，应检查固定资产折旧计提是否正确或是发生了固定资产清理，需对固定资产进行存量清查，检验是否有多计提折旧的情况或是虚减资产的错误计量。

三、公司期末流动负债比期初增加了 27 666 万元，增加了 7%，主要是由于短期借款增加了 13 566 万元、应付账款增加了 23 456 万元，而应付票据减少了 15 000 万元。对此，需检查公司短期借款单据和银行合同，对短期借款进行函证，了解借款数额、借款用途、借款条件、借款日期等相关信息，并与会计记录相核对。对于应付账款金额的大幅增加，可与销售收入进行结合分析检查，查询交易是否真实，是否有长期挂账的应付账款，是否存在确实无法支付的应付账款，该账款是否按规定转入资本公积科目，相关手续是否完备，对减少的应付票据金额可检查明细表和函证银行检查该票据是否按时全额归还。

四、公司期末总资产金额比期初增加了 22 928 万元，增长 2.8%，主要是由于债务融资的增加，需注意的是公司今年的未分配利润金额减少了，这要求分析其在今年是否有将为未分配利润用于发放奖金或职工福利，检查其变动值是否可以相匹配。

2.3.2 资产负债表纵向分析

所谓资产负债表的纵向结构分析，是将常规形式的资产负债表换算成结构百分比形式的资产负债表，即分别以资产合计数和负债及所有者权益合计数为共同基数，列为 100%，然后求出表中左右两方各项目相对于共同基数的百分比，进一步结合企业的规模、经营性质、销售状况以及行业风险等因素，分析企业在资产运用以及资金筹措等方面存在的问题。在此基础上，还可将前后几期的结构百分比报表汇集在一起，以判断企业财务状况的发展趋势。具体地说，资产负债表的纵向结构分析可分为企业的资产结构分析和理财结构分析两部分。

通过资产结构分析，可以及时发现和揭示与企业经营性质、经营时期不相适应的资产结构比例，并及时加以调整；也可以及时发现企业的长期资产、固定资产占用资金过多现象并且可帮助企业查找有问题资产，以减少资金沉淀、保持资产足够的流动性、加速资金周转、有效防止或消除资产经营风险。总之，通过资产结构分析，有助于帮助企业管理层判断企业财务的安全性、资本的保全程度以及资产的收益能力。

通过理财结构分析，则可以及时了解企业资金的来源渠道、衡量财务风险、发现其中存在的某些不合理因素，并结合企业自身的盈利能力、发展机遇以及外部的市场经济环境，进一步优化理财结构、降低理财成本、规避财务风险。

以 WMI 公司的资产负债表为例，通过对该公司资产负债表的纵向结构分析，我们可以发现该公司资产负债表的变化主要表现在以下几个方面。

一、公司固定资产比重较大，但是固定资产金额却是下降状态，而在建工程金额是在上升过程，说明该公司为技术密集型企业，但是企业却并未扩大原有业务的基建投资而是随着业务的扩展，寻找新的增长点、扩大生产规模，可见公司对未来的发展前景较为乐观，有望取得新的利润增长点。

二、公司当年存货和预付账款的比重增加，而应收账款和应收票据的金额却没有较大的增长。尽管公司采取了加大短期借款筹资的策略，但仍然影响了货币资金的存量、降低了公司的支付能力。应进一步加强对应收账款和存货的管理、加速资金周转、减少资金沉淀、提高资产的运营效率。

三、公司的理财结构中负债比重尽管逐年有所增加，但总体水平仍然较低。这样的资产负债率可能会令债权人感到满意，但对公司来说，则意味着财务杠杆作用发挥不够充分。公司应进一步加大举债融资的力度，考虑到公司固定资产比重较大的特点，应主要采取长期负债融资的方式，以保证较为充足的资金来源，从而最终提高公司的总体收益水平。

由以上分析可以看出，纵向结构百分比报表反映了同一报表内有关项目之间的比例关系，显示了各项目的相对重要地位，也利于分析比较同一报表内各项目变动的适当性，同时应按照会计的重要性原则加以区别对待。

另外，纵向结构百分比报表可以克服由于企业规模不同而导致的绝对数字的不可比。例如，不能简单地将一个公司的存货与同行业另一家企业的存货相互比较，而两家公司的结构百分比报表则具有一定的可比价值。

此外，在进行纵向结构分析时，还要注意并比较百分比所赖以计算的绝对数字，才不至于发生分析上的误导。

2.4　资产负债表指标分析

2.4.1　短期偿债指标分析

流动资产的质量是指其"流动性"即转换成现金的能力，需注意的是：（1）资产是经过正常交易程序变现的；（2）流动性的强弱主要取决于资产转换成现金的时间和资产预计出售价格与实际出售价格的差额（即变现时价值损失的多少）；（3）流动资产的流动性期限在 1 年以内或超过 1 年的一个正常营业周期。

流动负债也有"质量"问题，主要是关注债务偿还的强制程度和紧迫性。

■ 流动比率 = $\dfrac{流动资产}{流动负债}$

该指标一般情况下不低于 1，大于 2 比较合适。过高的流动比率反映企业财务结构不尽合理，表现有：（1）企业某些环节的管理较为薄弱，从而导致企业在应收账款或存货等方面有较高的水平；（2）企业可能因经营意识较为保守而不愿扩大负债经营的规模；（3）股份制企业在以发行股票、增资配股或借入长期借款、发行债券等方式筹得的资金后尚未充分投入营运。但就总体而言，过高的流动比率主要反映了企业的资金没有得到充分利用，而该比率过低，则说明企业短期偿债的安全性较弱。

■ 速动比率 = $\dfrac{速动资产（总流动资产 - 存货 - 预付费用 - 待摊费用）}{流动负债}$

速动比率相对于流动比率将一些变现能力较差的资产（存货、待摊费用、预付费用）扣除，可以更好地反映企业能够立即还债的能力和水平。该指标一般情况下不低于 0.5，保持在 1 比较好，代表安全性有保证。但是在现实中，应考虑到企业的行业性质，如大型工业设备建造企业，由于其设备工期及安装时期较长，回收的货款中有很大一部分是应收账款，即使其速动比率远远大于 1，也并不代表企业的偿债能力很强，因为对应收账款的回收能力并不能有很强的确定性，所以，在分析速动比率时，还需考虑应收账款的质量。

■ 现金比率 = $\dfrac{现金（货币现金 + 交易性金融资产）}{流动负债}$

指衡量资产中最具流动性科目的偿债能力，也是最能反映企业直接偿付流动负债的能力。一般情况下保持在 0.2 左右，如比率值过高，意味着企业的现金流未能合理利用，投入生产，获得杠杆收益，但是如果比率值较低，则企业的现金流不足，有可能陷入资金链紧张的危机。

2.4.2 长期偿债指标分析

■ 资产负债率 = $\dfrac{负债总额}{资产总额}$

代表企业的资产中有多少负债，一旦企业破产清算，债权人得到的保障程度。一般情况下保持在 0.5 左右。

从会计的角度来看，资产负债率过低或过高都不正常，如果过低表明企业的经营非常保守或对于所处的行业属于看空状态。如果过高则表明企业的长期负债能力较低，资金链异常紧张。

从公司债券人的立场来看，资产负债率越低越好，表明公司的偿债能力有保证，借款的安全系数较高。

从公司投资者的角度来看，如果公司总资产利润率高于借款利息率，则资产负债率越高越好；反之则越低越好。

从公司管理者的角度来看，资产负债率普遍较低表明公司的财务成本较低，风险较小，偿债能力较强，经营较为稳健，对于投资行为的态度较为慎重。

■ 产权比率（债务股权比率）$= \dfrac{\text{负债总额}}{\text{股东权益}}$

主要反映公司基本财务结构是否稳定，可反映股东所持股权是否过多，或是尚不够充分等情况，从另一个侧面表明企业借款经营的程度，是企业财务结构稳健与否的重要标志，是由债权人提供的和由投资者提供的资金来源的相对关系，反映企业基本财务结构是否稳定。该指标越低表明企业自有资本占总资产的比重越大，从而企业的资产结构越合理，长期偿债能力越强。一般来说，股本权益大于负债的金额情况较好，但也不能一概而论，在通货膨胀加剧时期，企业多借债可以把损失和风险转嫁给债权人；在经济繁荣时期，多借债可以获得额外的利润；在经济萎缩时期，少借债可以减少利息负担和财务风险。产权比率高，是高风险、高报酬的财务结构；产权比率低，是低风险、低报酬的财务结构。同时也表明债权人投入的资本受到股东权益保障的程度，是企业清算时对债权人利益的保障程度，因为国家规定债权人的索偿权优先于股东。

■ 长期资产与长期资金比率 $= \dfrac{\text{资产总额} - \text{流动资产}}{\text{长期负债} + \text{所有者权益}}$

代表企业的财务状况及偿债能力，该比率应低于100%。若高于100%，则代表企业动用了一部分短期债务用于购置长期资产，影响企业的短期偿债能力，经营风险也会加大。

2.5　资产负债表对公司银行家的意义

资产负债表作为企业三大财务报表之一，如何选用适当的方法和角度进行阅读、分析资产负债表，从而正确评判企业的财务状况、偿债能力和发展势头，对于一名公司银行家来讲是极为重要的。但由于资产负债表反映的是时点的数据，相对而言造假难度较低，因此公司银行家必须学会从报表中抽取真实信息进行深入分析，对资产负债表的分析就在于了解企业对其财务状况的披露程度，所提供会计信息的质量，并据此对企业资产和权益的变动情况以及财务状况作出恰当的评价。具体的分析过程中，分析者（这里特指公司银行家）应该注意以下几个方面，以使得对资产负债表的分析更加准确。

首先，应对资产负债表进行"全面预览"，对企业的资产、负债及股东权益的总额及其内部各会计科目的构成和增减变化有一个初步的认识。一个企业的总资产的增减变化与企业负债和股东权益的变化有着极大的联系，当企业股东权益的增长幅度大于总资产的增长幅度时，说明企业的资金实力有了相对的提升，反之则说明企业总资产的增加、规模的扩大是来源于企业负债的大幅度增加，反而显示的是企业资金实力的相对降低和偿债能力的下降。

其次，对资产负债表的重大会计科目进行检查，对期末金额变化较大的或是出现大额赤字的会计科目进行深度分析，如流动资产、流动负债、固定资产、应收账款以及所有者权益中的相关科目等，分析的内容我们在上文介绍各个科目时已经讲到，这里不再赘述。然后，沿着这些会计科目的变化进一步调查，找出企业现存的问题或是发展走势。例如企业若是当年固定资产金额增长过快且占总资产比重较高，需检查增长的真实性和核算的准确性，若为真实合理的增长，说明企业可能由于企业产品的更新换代需要更换设备，或是寻找到了新的利润增长点或是新技术的推出，对固定资产进行了改进或是增加，推测出企业目前对行业的发展呈现了积极的态度，发展态势较好。但此外也应该注意企业的资金链是否可以承受固定资产增长的压力，是采取缩减货币资金还是加大筹资力度方式增强企业的资金链，关注资金链的偿债能力是否正常。

再次，对资产负债表进行解读时需结合其行业特点、企业自身盈利模式等非财务因素进行分析。是否与行业平均值均等？是否与企业目前所处的地位匹配？是否与企业的发展潜力匹配？例如就大型工业制造型企业而言，由于其产品的制造工期和安装时间较长，一般而言企业的存货和应收款项金额较大，如该企业的固定资产或在建工程金额增加，意味着企业有可能为满足销量的大幅扩张或是自身生产技术的更新，加大了基建力度，一旦这些项目完工，一般情况下会给企业带来较高的经济效益。

最后，对资产负债表的分析需要考虑其数据的来源，可以直接从资产负债表中获得，如相关科目的数值和相关指标的计算，这些数据的真实性一般需要与资产负债表的真实度挂钩；可以通过函证取得，如货币资金中银行存款的真实性调查，需函证银行获得相关账户的余额和发生额，或是应收账款金额中较大的发生值，可以通过函证下游客户进行验证，这些数据一般来说较为真实可靠；可以通过计算得出，如固定资产折旧额的确定，需通过企业固定资产金额、固定资产清理值和折旧年限，根据适合的折旧方法进行计算得出。当对该金额进行分析检查时，需结合相关科目数据一并进行核查。

3 利润表分析

思考题:

三类主要的营业收入在确认条件上有什么共同特点？

所谓费用与收入的匹配原则是指什么？

利润的质量结构分析可以从哪些方面入手？

利润与现金流的关系是什么？两者是怎样互相影响的？

四类不同盈利模式下的企业，其利润特点是什么样的？

利润表，是企业财务报表中最为重要的报表之一，公司银行家察看企业利润表，以确定其过去一个或几个年度的收益状况，但单纯从报表账面数据得出的数值的参考价值有时是不高的。例如近年来房地产价格飙升，致使一些拥有地产的企业在连续几个年度间都存在资产重估利得虚增的现象，这实际上不是企业经营的成果，是不可控、不可靠且难以持续的收益。因此，质量观下的对利润表的分析，就应把注意力集中在利润确认的合法性、利润结构的合理性、利润增长的可持续性上。在本章，我们将具体介绍利润表的这三个方面的分析方法。

3.1 综述

利润表也称为损益表或者收益表，是反映某企业一定时期内经营成果的会计报表。对利润表的分析能够了解企业的盈利能力和发展趋势。企业的盈利能力关系到企业的生存和发展，是会计报表系统中的主要报表之一。

利润表通过把一定期间内的营业收入与其同一会计期间相关的营业费用进行配比，以计算出企业一定时期的净利润（或净亏损）。利润表反映的收入、成本和费用等情况，能够反映企业生产经营的收益情况、成本耗费情况，表明企业生产经营成果；同时，通过利润表提供的不同时期的比较数字（本月数、本年累计数、上年数），可以用来分析企业未来年度利润的发展趋势、获利能力，了解投资者投入资本的完整性。报表使用者可以通过分析利润表得出企业在一定时间内产生了多少营业收入，为实现这些营业收入企业投入了多少成本和费用，以及减去所有账单和税单后最终收获如何，即利润情况如何。

资料分享：

神华财务公司 2013 年度利润表

编制单位：神华财务公司　　　　　　　　　　　　　　　　　　　　单位：元

项目	本期金额	上期金额
一、营业收入	1 253 634 404.96	1 020 995 928.12
利息净收入	1 138 110 917.68	923 947 532.56
利息收入	1 925 502 369.60	1 365 934 834.57
利息支出	787 391 451.92	441 987 302.01
手续费及佣金净收入	7 519 249.28	4 934 725.11
手续费及佣金收入	10 212 085.66	7 605 732.79
手续费及佣金支出	2 692 836.38	2 671 007.68
投资收益（损失以"－"号填列）	25 301 367.81	26 021 850.45
其中：对联营企业和合营企业的投资收益		
公允价值变动收益（损失以"－"号填列）	－6 547 129.81	2 341 820.00
汇兑收益（损失以"－"号填列）		
其他业务收入	89 250 000.00	63 750 000.00
二、营业支出	321 185 335.94	244 332 387.91
营业税金及附加	88 164 680.85	55 868 579.61
业务及管理费	46 722 155.09	42 298 708.30
资产减值损失	186 298 500.00	146 165 100.00
其他业务成本		
三、营业利润（亏损以"－"号填列）	932 449 069.02	776 663 540.21
加：营业外收入	1 822 795.34	1 087 367.82
减：营业外支出	88 643.91	16 733.19
四、利润总额（亏损总额以"－"号填列）	934 183 220.45	777 734 174.84
减：所得税费用	227 205 087.23	191 012 838.61
五、净利润（净亏损以"－"号填列）	706 978 133.22	586 721 336.23
六、每股收益：		
（一）基本每股收益		
（二）稀释每股收益		

资料来源：2014 年 1 月 14 日《中国神华能源股份有限公司关于神华财务有限公司 2013 年度未经审计的资产负债表、利润表的公告》。

3.2 利润表收入的确认与计量

《企业会计准则第 14 号——收入》（以下简称《收入》准则）规定："收入是指企业在日常活动中形成的、会导致所有者权益增加的、与所有者投入资本无关的经济利益的总流入。"《收入》准则所涉及的收入，包括销售商品收入、提供劳务收入和让渡资产使用权收入。企业代第三方收取的款项，应当作为负债处理，不应当确认为收入。其中，日常活动是指企业为完成其经营目标所从事的经常性活动以及与之相关的其他活动。

通过定义，我们可以发现利润表中的收入具有以下特点。

一、收入是企业从事日常活动所产生的，而不是从事偶发交易或事项产生的，前者如销售商品收入、提供劳务的收入等。有些交易或事项也能为企业带来经济效益，但不属于企业的日常活动，其流入的经济利益属于利得，而不属于营业收入。另外，对一般企业而言，收入是指企业通过自身生产经营活动所产生的收入，有别于从事投资活动所获得的投资收入。

二、收入可能表现为企业资产的增加，如银行存款、应收账款的增加等；也可能表现为企业负债的减少，如以商品或者劳务来抵偿债务；或者两者兼而有之。

三、收入能导致企业所有者权益的增加。由于收入能增加资产或减少负债，或者两者兼而有之，因此根据"资产 – 负债 = 所有者权益"公式，企业获得收入能增加所有者权益。收入扣除相关成本费用后，可能增加所有者权益，也可能减少所有者权益。

四、收入只包括本企业经济利益的流入，不包括为第三方或者客户代收的款项，如增值税、代收利息等。代收款项一方面增加了企业的资产，另一方面也增加了企业的负债，所以并不增加企业的所有者权益，也不属于本企业的经济利益增加，不能作为企业收入。

企业在进行收入的确认与计量时，应当按照收入的确认原则、根据收入的性质，合理确认和计量各项收入。收入的确认与计量实际是指收入在何时入账，以多少的金额反映在利润表上。

3.2.1 销售商品收入

《收入》准则规定，销售商品收入同时满足下列条件的，才能予以确认。

一、企业已将商品所有权上的主要风险和报酬转移给购货方。

二、企业既没有保留通常与所有权相联系的继续管理权，也没有对已售出的商品实施有效控制。

三、收入的金额能够可靠地计量。

四、相关的经济利益很可能流入企业。

五、相关的已发生或将发生的成本能够可靠地计量。

确认收入的一般原则是实现原则。商品所有权上的主要风险是指商品由于贬值、损坏、报废等造成的损失。报酬是指商品中包含的未来经济利益，包括了商品未来升值给企业带来的经济利益。判断商品所有权上的主要风险和报酬是否转移给了购货方，需要根据不同情况而定。大多数情况下，所有权上的主要风险和报酬会随着所有权凭证的转移或者实物的交付而转移，如零售交易；有时企业已将商品所有权上的主要风险和报酬转移给购货方而实物尚未交付，此时应该在所有权上的主要风险和报酬转移时确认收入，无论实物是否交付，如交款提货。如企业将商品所有权上的主要风险和报酬转移给购货方后，仍然保留通常与所有权相联系的继续管理权，则此项销售不成立，不能确认相应的销售商品收入。销售商品的收入，应该根据购销双方签订的合同或者协议的金额确定，若无合同或者协议的，则应按购销双方协议的价格来确定。企业在销售商品时，有时会发生现金折扣、销售折让和销售退回等情况，如发生这些情况，则需要对收入作出相应的调整。

3.2.2　提供劳务收入

《收入》准则规定，提供劳务交易的结果能够可靠估计需同时满足下列条件。

一、收入的金额能够可靠地计量。

二、相关的经济利益很可能流入企业。

三、交易的完工进度能够可靠地确定。

企业在资产负债表日提供劳务交易的结果能够可靠估计的，应当采用完工百分比法确认提供劳务收入。完工百分比法，是指按照提供劳务交易的完工进度确认收入与费用的方法。

企业确定提供劳务交易的完工进度，可以选用下列方法：已完成商品数量的比例、已经提供的劳务占应提供劳务总量的比例、已经发生的成本占估计总成本的比例。

四、交易中已发生和将发生的成本能够可靠地计量。在同一会计年度内开始并完成的劳务，应当在完成劳务时确认收入，确认的金额应为合同或协议的总金额，确认方法可参考销售商品收入的确认原则。若劳务的开始和完成分别属于不同的会计年度，那么在提供劳务交易的结果能够被可靠估计的情况下，企业应该在资产负债表日按完工百分比法来确认相关的劳务收入。提供劳务收入一般根据双方签订的合同或者协议注明的交易总额来确定，其中现金折扣应该在实际发生时作为当期费用。企业要根据接收劳务方的信誉、以往的经验以及双方就结算方式和期限所达成的协议等，来判断和交易相关的经济利益是否能流入企业。

3.2.3　让渡资产使用权收入

《收入》准则规定，让渡资产使用权收入包括利息收入、使用费收入等。让渡资产使用权收入同时满足下列条件的，才能予以确认。

一、相关的经济利益很可能流入企业。

二、收入的金额能够可靠地计量。

企业应当按下列情况确定让渡资产使用权收入金额：利息收入金额，按照他人使用本企业货币资金的时间和实际利率计算确定；使用费收入金额，按照有关合同或协议约定的收费时间和方法计算确定。让渡资产使用权收入主要包括因他人使用本企业现金而取得的利息收入以及因他人使用本企业的无形资产（如商标权、专利权、专营权等）而形成的使用费收入。

3.2.4　收入的披露

《收入》准则规定，企业应当在附注中披露与收入有关的下列信息。

一、收入确认所采用的会计政策，包括确定提供劳务交易完工进度的方法。

二、本期确认的销售商品收入、提供劳务收入、利息收入和使用费收入的金额。

3.3　利润表费用类科目及其他科目的确认与计量

费用类科目，是利润表中引起企业净利润下降的因素，包括营业成本、销售费用、管理费用、财务费用等；其他科目包括营业税金及附加、资产减值损失、公允价值变动损益、投资收益、营业外收入、营业外支出以及所得税等。

费用是指企业为销售商品、提供劳务等日常活动所发生的经济利益的流出，是企业在生产经营过程中所发生，并因此而引发资产减少或负债增加的各项耗费。企业应当将当期已销产品或已提供劳务的成本转入当期的费用；商品流通企业则应将当期已销商品的进价转入当期的费用。由于费用是为取得收入而发生的，因此费用的确认应当与收入的确认相联系，确认费用应该遵循权责发生制原则和配比原则。

下面将具体介绍主要的费用科目。

3.3.1 营业成本

营业成本是指与营业收入相关的、已经确定了归属期和归属对象的成本。在不同类型的企业里，营业成本有不同的表现形式。

在制造业或工业企业中，营业成本表现为本期生产成本，即所销售产品的实际生产制造成本，是企业为生产商品和提供劳务等发生的各项生产费用，它与一定品种和数量的产品相联系，直接计入所生产的产品、提供劳务的成本，包括直接材料、直接工资和制造费用。它是根据已销产品的数量和实际单位成本计算出来的。在实务中，通常是每月汇总清缴后结转一次，或者按照产成品入库的批次分批结转。编制利润表时，根据已售产品的数量乘以产成品平均单位成本计算求得。平均单位成本的确定，可采用加权平均法、先进先出法和个别计价法等计价方法。

在商品流通企业中，营业成本表现为已销产品进价，是已销售商品的购进成本，即商品采购时商业企业为销售商品而在采购时支付的成本。它又分为国内购进商品成本和国外购进商品成本。国内购进商品成本包括国内购进商品的原始进价，即实际支付给供货单位的进货价款、购入环节缴纳的税金和国内购进商品并已出口所收取的退税数（作为当期出口商品成本的减项）；国外购进商品成本包括企业支付的进价（商品价款、运输费用、保险费、佣金等）、进口商品缴纳的税金（包括关税、消费税、增值税）、购进外汇价款以及支付给委托代理进口单位的海外运保费、佣金等。已销售产品的进价可采用个别计价法、先进先出法和加权平均法等加以确定。

企业确定的成本核算对象、成本项目和成本计算方法一经确定，不得随意更改，如需变更，应当根据管理权限，经股东大会或董事会或经理（厂长）会议或类似机构批准，并必须在会计报表附注中予以说明。

3.3.2 期间费用

期间费用是当期发生的费用中重要的组成部分，是指本期发生的、不能直接或间接归入某种产品成本的、直接计入损益的各项费用。期间费用常常表现为固定费用，除非扩大销售或生产范围，否则一般是不会变动的，但又确实与销售或生产间接相关，因此计入费用项目，用来冲减当期利润。这些费用容易确认其发生期间和归属期间，但很难判别其归属对象，因此应在发生的当期从损益中扣除。期间费用一般包括销售费用、管理费用和财务费用三部分，在利润表中分项目列示。

■ 销售费用。销售费用是指企业销售商品和材料、提供劳务等日常经营活动中发生的各项费用。主要包括：应由企业负担的运输费、装卸费、包装费、保险费、差旅费、展览费、广告费、租赁费（不包括融资租赁费用），以及为企业专设的销售机构（含销售网点、售后服务网点等）的职工工资及福利费、类似工资性质的费用、业务费和其他经营费用等。企业发生的销售费用，在"销售费用"科目核算，并在"销售费用"科目中按费用项目设置明细账，进行明细账目核算。到期末，"销售费用"科目的余额结转"本年利润"科目后无余额。

■ 管理费用。管理费用是指企业行政管理部门为管理和组织企业生产经营活动而发生的各项费用支出，主要包括公司行政管理部门的职工工资、办公费、差旅费、劳动保险费、待业保险费、折旧费、工会经费、董事会会费、职工教育经费、业务招待费、研究与开发费、咨询费（含顾问费）、聘请中介机构费、修理费、诉讼费、房产税、土地使用税、车船使用税、印花税、商标注册费、技术转让费、排污费、矿产资源补偿费、无形资产摊销、排污费、存货盘亏或盘盈（不包括应计入营业外支出的存货损失）、计提的坏账准备和存货跌价准备、审计费以及其他管理费用。企业发生的管理费用，在"管理费用"科目核算，并在"管理费用"科目中按费用项目设置明细账，进行明细账目核算。到期末，"管理费用"科目的余额结转"本年利润"科目后无余额。

■ 财务费用。财务费用指企业为筹集生产经营所需资金和运用中所发生的各项费用，主要包括：企业生产经营期间发生的利息净支出（减利息收入）、汇兑损失（减汇兑收益）、金融机构的相关手续费以及筹资发生的其他财务费用等。在利润表中，"财务费用"项目所反映的是利息收入、利息支出以及汇兑损失的净额，因而其数额可能是正数，也可能是负数。如果是正数，表明为利息、融资净支出；如果为负数，则表明为利息、融资净收入。企业发生的财务费用，在"财务费用"科目核算，并在"财务费用"科目中按费用项目设置明细账，进行明细账目核算。到期末，"财务费用"科目的余额结转"本年利润"科目后无余额。

除上述三种主要的费用科目外，在利润表中还会出现以下其他科目。

3.3.3 营业税金及附加

营业税金及附加是指企业进行日常经营活动而应负担的税金，具体包括：营业税、消费税、城市维护建设税、资源税及教育附加费等。

一、营业税（增值税）

营业税是指对提供劳务、转让无形资产或者销售不动产的单位和个人所征收的一种税。营业税按照营业额和规定的税率计算应纳税额，其计算公式为：

应纳营业税额＝营业额×规定税率

二、消费税

消费税是指对在境内生产、委托加工和符合规定所进口的烟、酒、化妆品等应税消费品的单位和个人征收的一种税。消费税的征收会根据不同的应税消费品分类以固定的比例税率或定额税率来计算。

三、城市维护建设税

城市维护建设税是指国家对缴纳增值税、消费税、营业税的单位和个人就其实际缴纳的"三税"金额为计税依据而征收的一种税。

四、资源税

资源税是指国家对在境内开采矿产品或生产盐的单位和个人征收的一种税。资源税的应纳税额，一般按照应税产品的课税数量和规定的单位税额来计算，计算公式为：

资源税应纳税额＝课税数量×单位税额

五、教育费附加

教育费附加是指为加快发展地方教育事业、扩大地方教育经费的资金来源而征收的一种税。它以各纳税单位和个人实际缴纳的增值税、消费税和营业税的税额为计税依据，按一定的附加税率计征。

3.3.4　资产减值损失

资产减值损失是指企业在资产负债表日，经过对资产的测试，判断资产的可收回金额低于其账面价值而计提资产减值损失准备所确认的相应损失。会计准则规定应计提资产减值损失的资产包括固定资产、无形资产及特殊规定的其他资产。《企业会计准则第8号——资产减值》准则更改了以前固定资产、无形资产等的减值准备计提后可以转回的做法，规定资产减值损失一经确认，在以后会计期间不得转回。这一做法消除了一些企业通过随意计提减值损失来调节利润的可能，限制了利润的人为波动。

3.3.5　公允价值变动损益

公允价值变动损益是指企业以交易性金融资产、投资性房地产等各类资产公允价值变动形成的应计入当期损益的利得或损失，即资产公允价值与账面价值之间的差额。该项目反映了资产在持有期间因公允价值变动而产生的损益。根据会计准则的有关规定，相关资产的期末账面价值是其在该时点上的公允价值，与前次账面价值之间的差异，即公允价值变动金额，需要计入当期损益。

3.3.6　投资收益

投资收益是指企业对外投资所取得的收益，减去发生的投资损失和计提的投资减值准备后的净值。通常企业出于盈利、避税或多元化经营的目的，将多余的资金投资到其他企业，形成企业的长期投资和短期投资。企业的各种投资也是企业经营的重要内容，其投资收益或损失是企业经营成果的重要组成部分之一。对外投资的损益，可通过设置"投资收益"科目进行核算。

投资收益包括长期股权投资收益和金融资产投资收益。一般而言，长期股权投资所取得的投资收益是企业在正常的生产经营中所取得的可持续投资收益，如持有的经营状况优良的子公司的股权。投资的价值应按照其公允价值来计量，且这种计量最终不会改变投资收益的金额。在资产负债表日，企业应将公允价值的变动计入公允价值变动损益。处置该金融资产和负债时，其公允价值与初始入账金额之间的差额确认为投资收益，同时将公允价值变动损益转移至投资收益。在持有可供出售金融资产期间取得的利息和现金股利，也应当计入投资收益。在资产负债表日，应当以公允价值计量可供出售金融资产，且将公允价值变动计入资本公积。处置该资产时，应将取得的价款与账面价值之差计入投资收益，同时将资本公积转入投资收益。在持有至到期投资与贷款和应收款项期间，企业应采用实际利率法，按照摊余成本和实际利率来确定其利息收入，并将利息收入计入投资收益。处置该投资时，应当将所取得的价款与持有到期投资账面价值之间的差额，计入投资损益。

由于在持有期间的公允价值变动没有计入投资收益，而是分别计入了"公允价值变动"科目和"资本公积"项目，只有在处置时公允价值的变动损益才转入投资收益，所以从本质上说，公允价值计量方法的引入并没有改变投资收益的金额。

3.3.7　营业外收入与营业外支出

营业外收入是指企业发生的与其生产经营无直接关系的各项收入的总和。营业外收入并不是由企业经营资金耗费所产生的，实际上是纯收入，不需要企业付出相应代价，不可能也没必要与有关费用进行配比。所以，在会计核算中，应当严格区分营业外收入与营业收入的界限。营业外收入主要包括：非流动资产处置利得、非货币性资产交换利得、债务重组利得、政府补助、盘盈利得、捐赠利得等。

营业外支出是指不属于企业生产经营费用，与企业生产经营活动没有直接关系，但应当从企业实现的利润总额中扣除的支出的总和。这些支出的发生没有相应的收入可以弥补，因此实际上也就是损失。营业外支出主要包括非流动资产处置损失、非货币性资产交换损失、债务重组损失、公益性捐赠支出、非常损失、盘亏损失等。

营业外收入和营业外支出应当分别核算，并在利润表中分列项目反映。营业外收入和营业外支出还应当按照具体收入和支出设置明细账目来进行明细核算。由于营业外收入和营业外支出均不是经营活动引起的，一般不会涉及流转税，但它们也是企业盈亏的一部分，因此应将其计入利润总额，与营业利润一起缴纳企业所得税，当然需要按照税法相关规定先行调整为应纳税所得额。

3.3.8　所得税

所得税是指企业在会计期间内发生的利润总额，经调整后按照国家税法规定的比率计算出缴纳的税款。利润总额减去所得税后的差额，即为净利润。

营业利润 = 营业收入 – 营业成本 – 营业税金及附加 – 销售费用 – 管理费用 –
财务费用 – 资产减值损失 + 公允价值变动收益 + 投资收益

利润总额 = 营业利润 + 营业外收入 – 营业外支出

净利润 = 利润总额 – 所得税

所得税是国家对企业或者个人就其经营所得和其他所得而征收的一种税。"所得"是指纳税所得或应税所得，是按照国家税法规定的标准确定的纳税人一定时期的收益（或者损失）金额，包括生产经营所得和其他所得。应交所得税的计算基数虽然是利润总额，但并非简单地根据利润总额的数字乘以相应的所得税税率计算而出。会计利润（也称会计收益）是根据《企业会计准则》所确认的收入与费用的差额。应纳税所得额（也称应纳税收益）是根据国家税法规定所确认的收入总额与准予扣除项目金额的差额，是计算应缴纳所得税的依据。在很多情况下，会计利润总额并不等于应纳税所得额，而造成两者差异的根本原因是在于，会计准则下确认的费用与税法下确认的费用存在许多纳税调整因素。在会计利润与应纳税所得额之间存在两项差异：一是永久性差异，如国债利息收入、罚款等；二是暂时性差异，这部分差异以递延税资产（负债）列示在报表中，暂时性差异随着时间的流逝而消失。为了符合期间原则和配比原则，现行准则强调确认暂时性差异对当期所得税费用的影响，与其他的费用摊销相类似，需要将其分配到所属的期间。而永久性差异因为不可能对以后的所得税费用产生影响，因此不予考虑。

对于一个企业而言，只要会计法和税法规定存在差异，会计利润与税法利润之间就存在这两项差异，所得税就永远不会简单地等于会计利润乘以所得税税率。在现行准则和税法下，会计利润、所得税、递延所得税资产、应交所得税之间存在的关系可以大致通过下列公式予以简单表示：

所得税 =（会计利润 – 永久性差异）×所得税税率

递延所得税资产 = 应交所得税 – 所得税

当所得税大于应交所得税，则确认递延所得税负债。

3.4　利润的质量分析

所谓利润质量，是指企业利润的实现过程、利润的结构以及利润结果的合规性、效益性及公允性，通俗而言就是利润的含金量。对于反映企业目前的利润增长和未来的利润水平而言，利润中各组成部分的重要性并不都一样。

高质量的企业利润，应当表现为资产运转状况良好、企业所依赖的业务具有较好的市场发展前景、企业对利润具有较好的支付能力（缴纳税金、支付股利等）、利润所带来的净资产的增加能够为企业的未来发展奠定良好的资产基础。反之，低质量的企业利润，则表现为资产运转不灵、企业所依赖的业务具有企业主观操纵性或者没有良好的市场发展前景、企业对利润具有较差的支付能力（推迟缴纳税金、无力支付股利等）、利润带来的净资产的增加不能为企业的未来发展奠定良好的资产基础等。

利润的质量分析，可以从三个方面来进行：第一，对企业核心利润实现过程的质量分析；第二，对企业利润结构的质量分析；第三，对企业利润结果的质量分析。

3.4.1　对企业核心利润实现过程的分析

核心利润是企业利用经营资产从事自身经营活动所产生的直接利润。对一般企业而言，经营活动还是主要集中于自身的生产经营活动，对其利润进行分析的核心内容应该是对其核心利润的分析。核心利润是由企业经营者的管理能力决定的，也是对企业来说最可控的部分。核心利润与我们在重新编制的利润表中所讲到的经营收益类似，是由经营资产支撑的收益。

核心利润具体计算方式如下：

核心利润＝营业收入－营业成本－营业税金及附加－销售费用－管理费用－财务费用

现行会计准则扩大了营业利润的概念内涵，在企业对外投资规模较大的情况下，有必要重新选择计算利润率的方式，通过核心利润率，分析者可以更加准确地把握企业的盈利能力。

对企业利润实现过程的质量分析，主要是指对企业核心利润实现过程的质量进行分析，主要应当从以下几个方面入手。

一、营业收入

营业收入是指企业在从事销售商品、提供劳务和让渡资产使用权等日常经营业务过程中所形成的经济利益的总流入。营业收入是企业补偿生产经营耗费的资金来源，是企业的主要经营成果和企业取得利润的重要保障，也是企业现金流入量的重要组成部分。

在可以取得足够多的信息的前提下，分析者应该关注以下几个反映企业营业收入质量的方面。

■　企业营业收入的品种构成。由于现今的企业大多从事多种商品或劳务服务的经营活动，因此在从事多品种经营的条件下，分析企业的不同品种商品或劳务服务的营业收入构成就具有十分重要的意义：占总收入比重大的商品或劳务是企业过去利润的主要来源。此外，还可以通过对体现企业过去主要利润来源的商品或劳务的未来发展趋势进行分析，初步判断企业业绩的持续性，进而分析企业的未来发展趋势。在可取得更为详尽的企业内部数据的条件下，甚至能够具体计算出同一企业的不同产品对其营业收入的贡献，以及分别的利润率。不同产品的利润率，结合其对营业收入的贡献占比所求的加权平均数，得出企业总体的核心利润率。

■　企业营业收入的地区构成。若企业为不同的地区提供产品或劳务，则分析企业在不同地区商品或劳务的营业收入构成也具有重要价值：占总收入比重大的地区是企业目前重点的业务区域。通常不同地区的消费者对不同品牌的商品具有不同偏好。实际上，不同地区的市场潜力不同，且市场潜力本身制约着企业未来的发展。通过财务报表中相关附注，或者其他的信息来源，分析者在分析中需要确认企业进行销售的地区是否与其产品相适应，企业在该地区进一步拓展市场的潜力怎样。

■　与关联方交易的收入在总收入中的比重。在企业形成集团化经营的条件下，集团内各个企业之间就可能发生关联方交易。关联方交易有企业间正常交易的情况，也有可能出现关联方之间为了包装业绩而故意制造的某种交易。因此，分析关联方交易时必须关注以关联方销售为主体形成的营业收入在交易价格、交易的实现时间等方面的非市场化因素。结合报表中附注信息，可以轻易地计算出企业营收中关联交易所占的比率。

■ 部门或地区行政手段对企业业务收入的贡献。企业在发展新兴产业的初级阶段，通常会获得部门或地区行政手段的支持。当企业发展步入稳定发展阶段或行业发展成熟后，部门或地区行政手段的支持功能应该逐渐淡化和减弱。如果企业是受到部门或地区行政手段影响较大的企业，那么即使之前其利润情况是较好的，今后发展的前景也未必非常确定。在分析中，我们更多的是将这类行政手段带来的收入视作递延收入，在信息充足的条件下，分析者应该考虑将这类收入排除在外（对应的税费也应该相应地排除），以更准确地确定由于企业经营带来的收益。

二、营业成本

营业成本是指与营业收入相关、已经确定了归属期和归属对象的成本。在不同类型的企业里，营业成本有不同的表现形式：在制造业或工业企业中，营业成本表现为已销售产品的生产成本；在商品流通企业中，营业成本表现为已销售商品的进货成本。企业营业成本水平的高低，既有企业不可控的因素（如受市场因素的影响而引起的价格波动），也有企业可以控制的因素（如在一定市场价格水平条件下，企业可以通过选择优惠供货渠道、批量购货等来控制成本水平），还有企业通过成本会计系统的会计核算对企业制造成本的人为处理因素。因此，对企业营业成本降低或提高时的质量评价和分析，应该结合多方面的因素影响来考虑。财务报表中通常会有关于营业成本会计政策选择的说明，但是单纯从报表中很难得到更多、更为详细的关于企业营业成本的说明，所以分析者需要在可能的情况下向企业索取关于营业成本组成的说明，以使对营业成本的分析可以顺利进行。

从企业利润的实现过程来看，企业的营业收入减去营业成本后的余额为毛利润。毛利润是核心利润的基础。所以追求一定规模的毛利润和较高水平的毛利率是企业的普遍心态，也是分析企业利润表所需要关注的。

三、营业税金及附加

分析企业利润时，应该将企业的营业税金及附加与企业的营业收入相配比，并进行前后期的对比。因为企业在一定时期内取得了营业收入后，必须遵守国家的法律法规按规定缴纳各种税金及附加。如果二者不能相配比，则企业可能存在偷税漏税嫌疑，或者企业的营业收入是虚假的。

四、销售费用

从销售费用的基本构成分析，有的与企业销售业务活动有关（如运输费、装卸费、整理费、包装费、保险费、销售佣金、差旅费、展览费、委托代销手续费、检验费等），有的与企业从事销售活动人员的待遇有关（如营销人员的工资和福利费等），也有的与企业未来发展、开拓市场、扩大企业品牌的知名度有关（如广告费等）。

在企业进行市场扩张的条件下，可以控制销售费用的增长，但是不应该强求其降低。片面追求在一定时期的费用降低，可能会影响有关人员的工作积极性，进而对企业的长期发展不利。销售费用的增减速度与营业收入的增减速度，长期来看应该是方向相同、速度相近的。

五、管理费用

与销售费用类似，从企业管理层对各项费用的有效控制来看，尽管管理层可以对管理费用中的项目采取控制或降低其规模等措施，但是这种控制或降低也会像销售费用一样，要么对企业长期发展不利，要么会影响有关人员的工作积极性。另外，折旧费、摊销费等是企业以前各个会计期间已经支出的费用，不存在控制其支出规模的问题，对这类费用的处理更多地受企业会计政策的影响。所以，在企业业务发展的条件下，企业的管理费用也不应盲目降低。管理费用的水平必须与公司的总资产规模和销售水平结合起来分析。销售的增长会使得相应的应收账款和存货的规模扩大，资产规模的扩大导致企业会增加管理要求，比如扩充人员等，由此管理费用会相应增加。

六、财务费用

财务费用包含多种成分，但其中最为主要的一项即是企业利息费用，因此，分析者分析时关注的重点也应该是企业贷款利息。企业贷款利息水平的高低主要取决于三个因素：贷款规模、贷款利息率和贷款期限，以及贷款的币种。

■　贷款规模。如果企业因贷款规模降低导致其计入利润表的财务费用下降，则企业会因此而改善其盈利能力。但同时也应该注意的是，企业可能也会因为贷款规模的降低而限制了自身的发展。如果企业的借款成本低于其经营资产的收益率，更多的借款实际上会提高企业总体利润。

■　贷款利息率和贷款期限。从企业融资的角度来看，贷款利息额度的具体水平主要取决于几个方面的因素：一定时期资本市场的供求关系、贷款规模、贷款担保条件以及贷款企业的信誉等。在利率的选择上，企业可选用固定利率、变动利率或浮动利率等。贷款的利率既有企业不可控制的因素，也有企业可以控制的因素。在不考虑贷款规模和贷款期限的条件下，企业的利息费用将随着利率水平而波动。从总体来看，贷款期限对企业财务费用的影响主要体现在利率因素上。企业的利率水平主要受一定时期资本市场利率水平的影响，不应对企业因贷款利率的宏观下调而导致的财务费用降低给予过高的评价。

■ 贷款的币种。货币币值的稳定是相对的。如果人民币在未来一段时间内对世界主要货币如美元、欧元、日元等缓慢升值，那么有这些币种外币负债的国内企业将会受益。需要兑换这些外币用于偿债的企业将付出比升值前更少的人民币，所以这对外币负债型的企业是有利的，在这类企业的利润表上会出现汇兑收益。但当企业有外币负债时，这种升值就会使企业存在汇兑损失，因此，管理层应该对外币储备进行必要的对冲操纵，以减少汇率波动带来的经营风险。

3.4.2　对利润结构的质量分析

对利润结构的质量分析可以从四个方面入手：一是利润结构与企业发展战略的符合性分析；二是利润自身结构的协调性分析；三是利润结构与资产结构的匹配性分析；四是利润结构与对应现金流量的趋同性分析。

一、利润结构与企业发展战略的符合性分析

企业经营首先会面临的是一系列的战略选择，不同的战略模式会直接影响其盈利的结构模式。比如，若企业在产品和服务的定位上采取差异化战略，那么企业对特定的细分市场提供独特的产品和服务所创造的收益（毛利润）会较高；若企业实施行业分散化程度的战略，则分散化程度越高，其收入的构成就会越丰富，主营业务收入和投资收益可能会各显其能、平分秋色，若分散程度越低，则收入的构成就越简单，主营业务收入的贡献就越突出；若企业在新产品的开发战略中越重视其新产品开发和创新，其研发费用所占的比重就越高。

企业发展战略的成功实施应该在企业的利润结构中有所体现。分析企业利润结构与企业发展战略的符合性的意义在于通过利润结构质量的分析可以透视企业发展战略选择的合理性和有效性。具体地，分析者可以在财务报表管理层说明段落中找到管理层对企业战略的描述，据此进行相关的分析。

二、利润自身结构的协调性分析

在利润表自身结构所包含的质量信息方面，可以从利润表的主要阶段性利润概念（如核心利润、营业利润、利润总额和净利润等）以及相关项目（销售费用、管理费用、财务费用等）变化状况的协调性方面进行分析。

■ 核心利润和核心利润率的行业竞争性。

在以自身经营为主的企业，核心利润应该成为企业一定时期财务业绩的主体。值得注意的是，应当特别关注企业的核心利润年度间的非经营性变化。非经营性变化是指通过会计调整办法来达到在报表上使核心利润提高或降低的效果。实际上，毛利润变化、销售费用变化和管理费用变化中的会计调整因素，必然会综合反映到核心利润的变化上。而核心利润率是企业经营活动基本盈利能力的表现。将企业的核心利润率与其目标核心利润率、历史同期利润率以及特定企业的核心利润率进行比较，可以更恰当地对企业的基本盈利能力进行评价。

核心利润和核心利润率是企业经营活动基本盈利能力的综合体现，依此可以分析与评价企业基本盈利能力的发展态势以及在行业中所处的竞争地位和相对竞争实力，由此可预测企业未来业绩的走向。

■ 主营业务的核心性。

无论企业采用战略的分散化程度是高是低，其主营业务收入和主营业务利润始终是分析师关注的焦点。

主营业务收入是毛利润的基础，而毛利润是核心利润的基础。管理学中，主导产品或主导业务被认为是集中体现企业核心竞争力的盈利对象，即使企业为了分散经营风险或延伸价值链，扩大了对外投资的规模，也都是建立在具备核心竞争力的基础之上的。因此，企业主营业务收入和主营业务利润是否具有核心性（在利润结构中的比重，以及其构成中单一产品贡献的集中度），有助于判断企业是否具有核心竞争力。追求一定规模的毛利润和较高水平的毛利率是企业的普遍心态，也是分析企业利润表时所需要关注的。

第一，较高的毛利润率所包含的质量信息。

下面我们列举可能会使得企业毛利润率较高的原因，以及在该情况下分析时需要关注方面。

企业所从事的产品经营活动在行业中具有垄断地位，此时，分析者应该关注企业保持垄断地位的能力和持续时间。

企业所从事的产品经营活动由于自身的努力（如因质量、技术、品牌、服务等因素）而具有较强的核心竞争力，此时的分析则需要关注企业核心竞争力还能够保持多久的时间，目前行业中是否有其他企业会对该核心竞争力产生冲击。

企业所从事的产品经营活动处于行业生命周期的发展期或者成熟期，此时，分析者应该关注管理层把握该行业周期变化规律的能力以及目前企业管理盈利能力的制度是否与行业所处的周期阶段相符。

企业由于多生产产品导致产大于销、存货积压而引起毛利润率提高，分析者则应关注企业的产品生产决策是基于市场的未来需求还是纯粹的决策错误。

企业由于会计处理不当，故意调高毛利润率，此时，分析者应注意注册会计师出具的审计报告的意见类型和措辞。

第二，较低的毛利润率所包含的质量信息。

毛利润率下滑意味着当期企业单位产品的盈利能力在下降。企业拥有较低的毛利润率，可能是因为以下原因。

企业所生产产品的生命周期已经到达衰退期，此时，通常会伴随着全行业的毛利润率下滑与存货周转速度的下降，分析者应该关注企业在产品转型、新产品开发等方面的努力，以及企业管理层是否着手调整企业盈利模式以适应发展的需要。

企业所生产产品的品牌、质量、成本和价格等在市场上的竞争力下降，此时企业需要改变对现有产品的营销战略、提升存货的周转速度，或改变企业的产品结构，分析者则主要关注管理层为提升盈利能力作出的努力。

■ 各项费用开支的合理性。

当企业以产品经营为主时，其核心利润应该在利润总额乃至净利润中占有重要地位。因此，构成核心利润的各种费用项目（销售费用、管理费用、财务费用及其相关比率）都包含着极为重要的质量信息。

在企业的产品结构、销售规模、营销策略、组织结构、管理风格以及管理手段等方面变化不大的情况下，企业的销售费用和管理费用的发生规模应基本保持稳定。如果两项费用在年度间发生巨额变动，则可能是会计调整的结果。因此可以通过销售费用率（销售费用与营业收入的比率）和管理费用率（管理费用与营业收入的比率）来初步判断两项费用开支的合理性和有效性。而对于财务费用而言，其更多地受到贷款规模、利率和贷款环境等外部环境的影响，同时，财务费用的变化也反映了企业的理财状况。

第一，销售费用与销售费用率。

一般在企业的产品结构、销售规模、营销策略等方面变化不大的情况下，其销售费用规模变化不会太大。变动性销售费用会随着业务量的增长而增长，固定性销售费用则不应有较大变化。但在某些特定会计期间，企业的销售费用在年度间发生了巨额增加或巨额下降。这种变化在相当多的情形下是进行会计调整的结果。至于有关会计调整是否恰当，应该关注注册会计师出具的审计报告。在会计调整合理的情况下，需要确定这种变动的原因，进而确定其是否合理。

销售费用率是指销售费用与营业收入的比率，反映了企业销售费用的有效性。在企业面临行业竞争时，通过对同行业不同企业销售费用率的比较，能够在一定程度上反映企业所面临的市场竞争的激烈程度和企业间的相对竞争优势。

第二，管理费用与管理费用率。

一般在企业的组织结构、管理风格、管理手段、业务规模等方面变化不大的情况下，企业的管理费用规模变化不会太大。变动性管理费用会随着业务量的增长而增长，固定性管理费用则不应有太大变化。但在某些特定会计期间，企业的管理费用在年度间出现巨额增加或巨额下降。同样这种变化在相当多的情形下是进行会计调整的结果。至于有关会计调整是否恰当，也应该关注注册会计师出具的审计报告。

管理费用率是指管理费用与营业收入的比率，反映了企业管理费用的有效性。即在不同年度，企业利润率一定的情况下，管理费用所占的比重是否下降（管理效率提高）；当企业年度利润率提升的情况下，管理费用增长幅度是否低于利润率上升的比率。

第三，财务费用与财务费用率。

一般财务费用规模的变化与企业的产品结构、销售规模、营销策略等方面的联系不存在正相关的关系。财务费用更多与贷款规模、贷款利率和贷款环境等相关联。因此，企业财务费用的规模变化反映了企业的理财效率和理财质量。

在财务费用与企业经营活动的关系并非正相关的情况下，将财务费用与营业收入相比较，得出财务费用率就显得意义不大。但在企业的贷款融资主要用于补充流动资金和拓展企业经营活动的条件下，财务费用率也可以说明企业的产品经营活动对贷款使用的有效性。通过了解具体贷款的用途，可以确定财务费用的发生是否与企业的经营活动有较强的联系。

■ 核心利润和投资收益的互补性。

从会计核算的过程来看，企业的核心利润与投资收益在数量上并没有直接关系：企业的核心利润规模主要与经营活动有关；而投资收益则主要与企业的对外投资活动有关。但部分企业在扭亏为盈或保持盈利势头的关键年份，往往出现了核心利润与投资收益在数量上呈互补的态势，即在核心利润较高的年份，投资收益较低；而在核心利润较低、企业实现目标净利润的压力较大的年份，投资收益却以较高的贡献帮助企业扭亏为盈或者继续保持盈利状态。

核心利润与投资收益在数量上互补的原因可能是：

第一，投资收益的数量变化是企业通过预防性投资组合调整政策的反映。

预防性投资组合是指企业预见到其核心利润将不可避免地下降，于是就利用和控制各方面资源，对企业投资结构进行调整，或将企业盈利能力较差的投资置换为盈利能力较强的投资，或直接用企业的现金购买优质股权。这是企业管理层经营能力较强的表现。

第二，原有对外投资表现出较高（或较低）利润是投资内在质量变化的正常反应。

在企业投资组合没有重大调整的情况下，由于企业的投资方向所对应的产品生命周期存在较大差异，会出现核心利润下降（或上升）的同时，其对外投资项目表现出较高（或较低）的盈利能力和利润规模。投资收益的数量变化是投资内在质量变化的正常反应。

第三，投资收益的数量变化仅仅是企业对投资进行了不恰当会计处理的反应。

在企业投资组合没有重大调整、投资结构的盈利能力并无根本性变化的情况下，企业的投资收益在年度间一般不应出现重大变化。企业投资收益的数量变化是否反映了企业对投资进行了不恰当的会计处理，既可以通过对注册会计师出具审计报告的措辞进行分析来考察，也可以通过对企业的投资方向进行结构分析来验证。

■ 盈利能力的可持续性。

第一，小项目对利润的影响程度。

小项目是指利润表中的那些正常经营条件下较难成为企业利润贡献主体的项目，如公允价值变动损益、非流动资产处置损益等。这些项目通常不对企业的利润总额乃至净利润产生主要贡献。即使在某些特定时期，小项目对利润的贡献较大，但这种贡献也是难以持久的。若在企业扭亏为盈或保持盈利势头的关键年份，出现了小项目的金额对其利润总额乃至净利润起到举足轻重作用的情形，应该对这种利润的可持续性进行考察。

第二，资产减值损失与公允价值变动损益。

关于资产减值损失，需要注意的是：

资产减值损失的确认，本质上属于会计估计问题，可能会发生偏差。因此，资产减值损失在某些年度的估计可能会高一些，而另一些年份的估计可能会低一些。但有些企业为了达到集中亏损或者转亏为盈的目的，可能会把本年的估计全部朝加大亏损的方向或全部朝有利于盈利的方向发展。对比两年或多年之间资产减值损失变动的方向，可以一定程度上加以甄别。

恰当确认的资产减值损失，在一定程度上反映了企业的管理质量。在经营活动中资产出现减值是正常的，恰当确认的资产减值损失，在一定程度上反映了企业的管理质量。高水平的企业管理者，会在恰当的时候增加其资产，在恰当的时候处置或者出售其资产，甚至在此过程中获得利润，实现企业资本的增值。经常出现高规模资产减值的企业，如果会计确认恰当，则说明在其管理过程中一定存在着某些方面的问题，这可能意味着其管理质量仍需要提高。

关于公允价值变动损益，应该注意的是：相关损益的确定并不会为企业带来相应的现金流入或流出；如果此项变动引起的损益在净利润中所占比例过大，则在一定程度上说明企业的主体经营活动的盈利能力不高，盈利的可持续性较差。

三、利润结构与资产结构的匹配性分析

企业的资产结构决定了企业的利润结构。企业的总资产可以分为投资资产（主要指对外投资资产）和经营资产（指除对外投资以外的其他资产）；相应的利润也可以由投资收益（包括利润表中的投资收益与公允价值变动损益）和经营利润（核心利润）组成。所以，企业利润结构与资产结构的匹配性，是通过将投资资产与投资收益、经营资产与经营利润相对比，来分析不同类型资产的相对盈利能力。

企业对外投资的盈利能力高于其他资产的盈利能力，可能代表企业在经营资产方面存在着不良占用（或非经营性占用）、资产周转过慢、产品在市场中没有竞争优势等问题。在管理方面，企业应该重点考虑提高资产的利用效率、消除不良占用和提高产品在市场中的竞争优势等。若现有的经营状况难以维系，企业还应考虑进行产品结构的战略调整。

企业对外投资的盈利能力低于其他资产的盈利能力，一般代表企业对外投资的盈利质量存在问题。企业管理中应该重点考虑的是作出继续持有还是出售有关投资的决策，或是通过加强对投资项目的管理来提升企业对外投资的盈利能力。

四、利润结构与对应现金流量的趋同性分析

企业获得利润和获得现金流量，是衡量企业收益的两种不同途径。企业拥有较高质量的利润，意味着无论是在经营利润还是投资收益上，企业都具有较强的获得现金的能力。因此，需要分别考察在利润结构下经营利润和投资收益各自获取现金的能力并进行比较。

经营利润获取现金的能力，可通过将经营利润与对应的经营活动所产生的现金净流量进行比较加以考察。在企业以长期股权投资和长期债权投资为主、年内不发生投资转让的情况下，投资收益获取现金的能力，可以通过与本期投资收益相对应的现金回款金额相比较而加以分析。结合经营资产回报率、金融资产回报率，我们还可以对比两者对现金流入的贡献程度，如果利润率高且现金流贡献大，那么我们认为其盈利能力、流动性都较佳，进而反映出企业管理层在经营或投资上的管理能力很强。类似

地，如果利润率高而现金流贡献小，可能意味着在将来利润会因坏账而减少；当然，利润率较低的情况下经营或投资活动都是无法带来大规模的净现金流入的（纯粹的处置资产除外）。

3.4.3　对企业利润结果的质量分析

对企业利润结果的质量分析，主要是指对利润各个项目所对应的资产负债表项目的质量分析。从利润主要项目所对应的资产负债表项目来看，主要涉及货币资金、应收账款、应收票据、其他应收款（或应收股利、应收利息）、存货（在易货贸易的条件下，企业营业收入的增加将对应存货的增加）、待摊费用、递延资产、长期投资、短期投资、固定资产、无形资产等。

从结果来看，企业利润表项目的变化均会引起资产负债表项目的相应变化：企业收入的增加，对应资产的增加或者负债的减少；企业费用的增加，对应资产的减少或者负债的增加。在对利润的质量进行分析时，可以考虑其影响的对应资产负债表项目，通常与对应的项目应具有类似的质量状况。

3.5　利润结构与盈利模式分析

从利润表的结构和内容来看，构成企业利润主体的主要是核心利润和投资收益。而从企业业绩形成的实际情况来看，企业的盈利模式可以归结为四种：经营主导型、投资主导型、资产重组型和会计操纵型。

一、经营主导型

经营主导型模式是以经营活动为内容，以消耗经营性资产为基础，以产生核心利润和经营活动引起的现金流为主要业绩表现的企业盈利模式。

经营活动主要指企业的销售活动和生产活动，在这种模式下，经营活动应该产生核心利润和相应的现金净流量。在企业以产品经营为主体的情况下，企业的核心利润将成为其利润总额的主体，为企业增长和发展提供稳定的资金来源。

二、投资主导型

投资主导型模式是以投资活动为内容，以消耗投资性资产为基础，以产生广义投资收益和投资活动引起的现金流入为主要业绩表现的企业盈利模式。

投资活动是指与企业利润表中形成投资收益有关的活动，主要包括企业取得或处置交易性金融资产、持有至到期的投资以及长期股权投资等各项对外投资活动等。投资活动应产生投资收益和相应的现金流量净额。在企业对外投资为主体的情况下，企业的投资收益将成为其利润总额的主体。企业投资收益的产生方式或者表现主要有：公允价值变动损益、股权收益（成本法和权益法确认）和债权收益、投资转让价差、收取现金股利和利息（也可理解为已包含在股权收益和债权收益中）等。

三、资产重组型

资产重组型模式是以对企业的经营性资产或者投资性资产进行重组为内容，以优化企业的经营性资产或者投资性资产为基础，以产生利润和相应的现金流量为业绩指标的企业盈利模式。

若企业已有的经营活动和投资活动产生的业绩难以满足投资者经营目标，则企业的控股股东完全可以凭借其自身拥有的资源对企业的资产进行重组。资产重组的方式有：可通过资产置换或者改善其结构的方式优化企业的经营性资产、投资性资产，使其恢复或者达到股东对企业盈利能力和盈利规模的预期。这种重组的基础和条件使控股股东拥有可以驾驭的资源。重组成功后企业的盈利模式又可以重新归于经营主导型模式或者投资主导型模式。

四、会计操纵型

会计操纵型模式是以会计方法对财务信息进行账目调节为主要手段，在报表中直接"产生"利润的企业盈利模式。

有些企业的经营活动和投资活动产生的业绩难以满足投资者的经营目标、企业的控股股东又没有可以利用的重组资源，于是企业的控股股东通过提高财务会计手法对企业的利润进行报表调节或者操纵，使其恢复或者达到股东对企业盈利能力和盈利规模的预期。但是，这种会计调节缺乏现实根据，且难以调节出相应的现金流入量。因此，可以利用将利润表和现金流量表进行对比的方法对这种盈利模式加以辨别。

案例研究：简析上市公司新太科技股份有限公司 2010 年利润操纵

上市公司新太科技股份有限公司为 2010 年年报的 ST 公司之一，利润同比增长 100% 以上，且营业收入同比增长 20% 以上。

仔细研究该家公司的利润表可以发现：新太科技股份有限公司 2010 年的净利润同比增长 1426.34%，营业收入同比增长 58.89%。该公司的这两项指标在一年内有如此巨幅的增长，使得大家难免会对其是否存在利润操纵行为产生怀疑。

通过进一步计算该公司（净利润+财务费用-经营现金流-投资现金流）/平均总资产这一综合性指标，得到的数值为 41.73%，远远高于计算机应用服务行业的平均值4.68%。

　　对其进行进一步的利润操纵分析可以发现，该公司通过收入操控利润以及通过成本操控利润导致了这样的结果，有利润操纵的嫌疑。

企业盈利模式与其质量含义

模式	经营主导型	投资主导型	资产重组型	会计操纵型
主要消耗资源	经营性资产	投资性资产	控股股东持有其他公司的经营性资产	不直接消耗有形资产和无形资产
财务业绩表现	核心利润，经营活动产生的现金净流量	广义投资收益，取得投资收益收到现金，收回投资引起现金增加	核心利润，经营活动产生的现金净流量；广义投资收益，取得投资收益收到现金，收回投资引起现金增加	利润得以迅速提升，但对现金流入量没有贡献
良性发展特征	核心利润小于经营活动产生的现金净流量	以权益法确认投资收益，回款大于相应投资收益的1/3（经验数据）	成功后归于经营主导型或投资主导型	无
良性发展财务后果	经营活动产生的现金支付能力显著增强	对投资收益有一定支付能力	成功后归于经营主导型或投资主导型	无

4 现金流量表分析

思考题：

企业的经营、投资、融资活动具体包含企业日常运转中的哪些事项？

一家公司从出现到消亡，会经历哪些阶段？这些阶段表现出的现金流特点是怎样的？

常见的影响经营、投资活动现金流大小的因素有哪些？分别会怎样影响现金流？

经营活动主导型和投资活动主导型的企业的现金流分别呈现出什么样的特点？

现金流量表，是反映企业在会计期间现金和现金等价物账户所发生的变化的报表。它提供了企业在会计期间内经营活动、投资活动以及筹资活动中有关现金产生和使用的信息。由于管理者对权责发生制下的盈利信息的计算具有选择权，以往很多实例证明，利润是一个极其容易操纵的数据，容易被放大或缩小来迎合管理层的需求。所以，相比之下，按照收付实现制原则编制的现金流量表显得更具客观性，少了一些人为操纵的可能，为信息使用者（如贷款银行）评价企业的支付能力、偿债能力和周转能力，预测企业未来现金流量提供重要的依据。

4.1 现金流量分类和运转规律

现金流量表有三个必需的组成部分，即来自经营活动产生的现金流量、来自投资活动产生的现金流量以及来自筹资活动产生的现金流量。

一、经营活动产生的现金流量

经营活动的现金流量是企业现金的主要来源。经营活动指的是企业投资活动和筹资活动以外的所有交易和事项。根据上述定义，经营活动主要包括销售商品、提供劳务、经营型租赁、购买商品、接受劳务、广告宣传、推销产品、缴纳税款等。

经营活动的现金流量需要维护企业经营活动的正常周转外，还需有足够的现金流来补偿经营性固定资产的折旧和无形资产的摊销，以及支付利息和现金股利的能力。在企业经营活动的现金流量用于上述用途还有富余的情况下，企业经营活动剩余的现金流量还可以用于企业对内扩大再生产、对外进行股权和债权投资。

二、投资活动产生的现金流量

投资活动是指企业购建和处置不动产、厂房与设备，兼并子公司或机构部门、购买与出售，以及对其他公司的投资。这些资产的购建和处置都与企业的正常经营活动无关。现金流量表中的投资活动现金流提供了管理层对公司未来发展方向的信息。购建厂房以及设备方面的投资可能反映了企业的扩张信号，或者反映出管理层对企业基础设施建设的重视程度。

三、筹资活动产生的现金流量

企业筹资活动的现金流反映了其进行筹资的渠道。这里所说的筹资渠道包括权益资本和债务资本。权益资本指的是吸收投资、发行股票和分配利润等。而债务资本是指企业对外举债所借入的款项，比如债券发行、向金融机构贷款以及偿还债务等。

据专门向创业企业提供资本的某公司董事 Bradley Feld 称，许多企业家似乎并不重视企业的财务状况。而在 Bradley Feld 的财务状况评价检查清单上，最重要的财务项目是什么呢？那就是现金。很多企业的破产都是因为它们没能有效地计划好现金流量，低估它们需要的资金额。换句话说，企业失败是因为它们没有足够的钱，并且没有好好计划如何利用好手里的钱。当需要支付账单时，它们手头缺乏足够的资金。因此对任何公司而言，现金流量表是财务报告中最重要的内容。它不仅反映了公司现金的来源和去向，对于管理者来说，现金流量表中所反映的信息还与企业预算密切相关。

4.2 现金流量与公司生命周期

企业一般要经历几个发展阶段，这些阶段在很多方面与人类生命的阶段是类似的。企业生命周期如同一双无形的巨手，始终左右着企业发展的轨迹。所谓"企业的生命周期"，是指企业从诞生、成长、壮大、衰退甚至到死亡的过程。正像小孩容易感染的疾病和折磨成年人的疾病是不同的一样，年轻的公司和成熟的公司所面临的风险也是不一样的。因此，了解企业所处的生命周期阶段和在这个阶段最可能面临的财务困境，是很有必要的。同时，在不同阶段，企业表现出的现金流状态也是不同的。

图 3-5 是根据销售额和收益的增长所描述的企业生命周期图。在初创阶段，收入以较为缓慢的方式逐渐上升，这个时期公司处于组织生产和投放产品的阶段。在萌芽成长阶段，由于公司的产品开始深入市场，并且生产达到了可盈利的规模，收入和

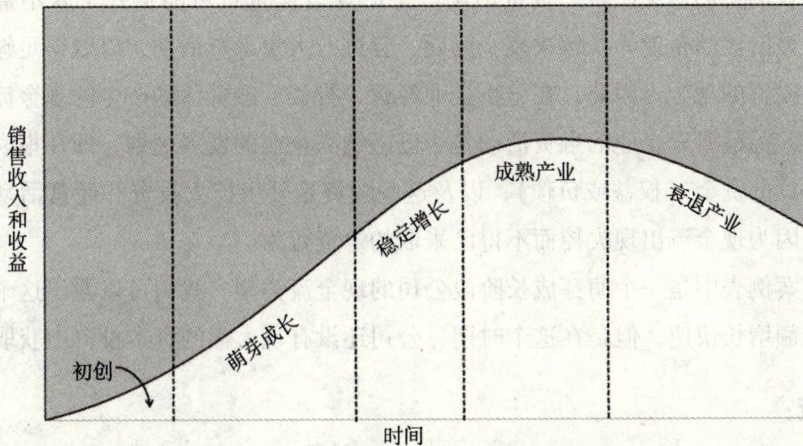

图 3 - 5　企业生命周期

利润呈现加速增长状态。在稳定增长阶段，市场接近饱和，销售额和收益的增长速度放缓，但销售额和收益的绝对量已经处于较高水平。在成熟产业阶段，销售额的来源仅限于对之前售出产品的替代和人口增加所带来的新销售额。在这个阶段，通常价格竞争加剧，公司试图通过提高市场份额来寻求销售额的增长。衰退产业阶段并不总在成熟期后出现，但是从长期来看，一些产业由于技术的变化确实会被淘汰。衰退阶段的主要特点是销售额和收益已大幅下降，最终带来公司的破产。

公司在生命周期的不同阶段所特有的增长类型，和现金产生以及运用的类型是相对应的。

4.2.1　初创/萌芽阶段的公司

从企业的成长过程来分析，在企业的初创阶段是典型的现金使用者，它们需要资金来支付员工的薪酬，在还没有收入流入时，企业不能成功整合的风险很高。萌芽成长阶段的公司是那些存在一段时间后，达到进入公开市场阶段的初创公司，其市场快速增长，但是在这个时期，企业还没有从大额的资本投资中获取利润。因为在企业从事经营活动的初期，由于生产阶段的各个环节都处于磨合状态，设备、人力资源的利用率相对较低，材料的消耗量相对较高，导致企业的成本消耗较高。同时，企业有可能为了开拓市场投入较大资金，采用各种手段将自己的产品推向市场，从而有可能使企业在这一时期的经营活动现金流量表现为入不敷出的状态。但是，如果企业在正常生产经营期间，仍然出现这种状态，应当认为企业经营活动现金流量的质量不高。

在企业的初创萌芽阶段，投资活动产生的现金流量也可能会处于入不敷出的状态。处在该阶段的企业为了解决现金问题，会进行大量筹资活动，以取得足够多的用于经营和投资的现金。因此，在分析企业经营、投资、融资活动产生的现金流入不敷出的时候，关键要看企业的融资活动是否已经纳入企业的发展规划，即在报表中披露未来拟募集的资金（权益或负债）；以及这些融资是处于扩大投资和经营活动为目标的，还是因为现金流出现失控而不得已采取的筹资行为。

下面案例表中是一个萌芽成长阶段公司的现金流类型。我们可以看出这个公司虽然市场份额增长快速，但是在这个时期，公司还没有从大额的资本投资中获取利润。

案例研究：

公司 A（萌芽成长类型公司）

单位：千元

合并现金流量表截至 2013 年 12 月 31 日			
	2013 年	2012 年	2011 年
经营活动产生的现金流量			
净利润	（105 857）	（22 386）	（7 969）
将净利润调整为经营活动产生的现金流量：			
折旧和摊销	56 985	23 763	6 671
融资租赁义务下的摊销	2 275	1 077	—
非现金赔偿费用	6 360	7 186	3 070
优先贴现票据折价摊销	23 487	20 713	16 080
固定资产处置损失	—	609	—
联营投资出售利得	（199）	—	—
应收账款坏账准备	6 987	7 090	720
营运资产和负债的变动			
应收账款	（26 563）	（24 545）	（8 157）
其他流动资产	（16 526）	（3 699）	（718）
应付账款和应计负债	105 755	8 522	12 491
其他非流动资产和负债净额	（508）	219	319
经营活动产生的现金流量净额	52 196	18 549	22 507
投资活动产生的现金流量			
资本性支出	（309 617）	（128 550）	（64 229）

续表

	2013 年	2012 年	2011 年
短期投资变动	(320)	(2 040)	(7 960)
投资活动产生的现金流量净额	(309 937)	(130 590)	(72 189)
筹资活动产生的现金流量			
递延债务发行成本	(14 549)	—	—
发行长期债务的现金流入	273 020	31 768	163 103
长期负债的偿付	(9 254)	(5 985)	(3 537)
发行普通股的现金流入	1 799	138 359	13 900
筹资活动产生的现金流量净额	251 016	164 142	173 466
现金及现金等价物的净增加（减少）	(6 725)	52 101	123 784
期初现金及现金等价物	178 142	126 041	2 257
期末现金及现金等价物	171 417	178 142	126 041

如上表所示，在过去的三年里，这家公司的经营损失呈逐年增加之势，其大部分的报告损失来源于非付现费用，如固定资产折旧、债券折价摊销。而应付账款和应计负债的增加使经营活动表现出正的现金流。并且，这家公司的资本预算是其折旧费用的好几倍，显示出由于耗损，企业有置换现有厂房和设备的需要。这个大型的在建项目需要进行外部融资，包括借入长期负债和发行股票。

4.2.2　稳定增长阶段的公司

相比处于萌芽成长阶段的公司，其现金流具有较低的不确定性。企业通过正常的商品购、产、销所带来的现金流入量，至少能够支付因上述经营活动而引起的货币流出，并且还有余力补偿一部分或者全部当期的非现金消耗性成本。在这种状态下，企业在经营活动中的现金流量方面的压力已经基本解脱。如果这种状态持续下去，从长期来看，企业经营活动的现金流量刚好能够维持企业的正常经营活动，但是却不能为企业扩大投资等发展提供货币支持。企业的经营活动为企业扩大投资等发展提供货币支持，只能依赖于企业经营活动产生现金流量的规模继续加大。

案例研究：

公司 B（稳定增长类型公司）

单位：百万元

合并现金流量报表截至 2013 年 12 月 31 日			
	2013 年	2012 年	2011 年
经营活动产生的现金流量			
净利润	497.20	350.30	251.30
将净利润调整为经营活动产生的现金流量			
折旧和摊销	251.4	200.4	134.6
非现金利息费用	52.5	18.5	—
与行使股票期权相关的税收利益	60.1	35.4	11.5
将合并收购调整至统一会计年度	(11.8)	—	—
开办成本会计政策变更的累积影响	3.5	—	—
固定资产处置收益	(8.7)	(4.6)	(2.3)
其他与经营活动相关的现金流量	20.9	5.5	(0.6)
经营性资产和负债的变化			
应收账款	(934.1)	(505.2)	(271.2)
存货	(2 069.00)	(329.7)	(165.2)
预付费用和其他流动资产	(102.9)	16.2	(38.7)
应付账款	1 710.70	294.8	248.8
应计费用和其他流动负债	214.5	15.0	44.1
经营活动产生的现金流量净额	(315.7)	96.6	212.3
投资活动产生的现金流量			
短期投资的购买和出售	982.0	(598.0)	(244.9)
短期投资的购买、出售和到期	(1 498.6)	327.8	358.1
收购产地和资产	(1 097.9)	(164.2)	(204.0)
资本性支出	(506.0)	(449.4)	(279.1)
固定资产出售流入	88.9	41.7	60.4
其他与投资活动相关的现金流量	(35.1)	(32.0)	(15.6)
投资活动产生的现金流量净额	(2 066.70)	(874.1)	(325.1)
筹资活动产生的现金流量			

续表

	2013 年	2012 年	2011 年
银行信用额度净流入	16.9	22.1	22.8
长期债务发行流入	2 296.30	729.4	(0.9)
偿还长期债务	(0.8)	—	—
普通股回购	—	(7.1)	(9.2)
行使股票期权流入	121.9	81.5	54.3
普通股发行净流入	11.2	1 069.90	15.7
支付股利	(1.4)	(1.4)	(0.4)
其他与筹资活动相关的现金流量	29.9	(0.4)	(2.2)
筹资活动产生的现金流量净额	2 474.00	1 894.0	80.1
汇率变动对现金及现金等价物的影响	(6.5)	5.2	1.7
现金及现金等价物的净增加（减少）	85.1	1 121.7	(31.0)
期初现金及现金等价物	1 417.4	306.4	337.4
期末现金及现金等价物	1 502.50	1 428.10	306.40

　　上表显示的是一家稳定增长阶段的公司，这家公司已经达到获利的阶段，公司仍处于高速成长阶段，在过去两年里每年都取得了接近40%的增长。虽然资本性支出与折旧之间的差额没有萌芽成长阶段的公司那么大，但是它的资本性支出仍然超过了折旧。在2013年，这家公司显著地增加了它的存货，并且主要通过发行债务扩张融资的形式，以11亿元收购了产地和资产。

4.2.3　成熟阶段的公司

　　在这个阶段的公司通过正常的商品购、产、销所带来的现金流入量，不但能够支付因经营活动而引起的货币流出、补偿全部当期的非现金消耗性成本，而且有能力支付现金股利，或者为企业的投资等活动提供现金流量的支持。并购是成熟阶段的一个典型特征，公司试图通过合并获取规模经济效益来支撑正在下降的经营收益率。

案例研究：

公司 C（成熟产业类型公司）

单位：千元

合并现金流量表截至 2013 年 12 月 31 日			
	2013 年	2012 年	2011 年
经营活动			
净收益（亏损）	(113 814)	89 999	180 222
将净亏损调整为经营活动产生的现金流量			
会计变化的累积影响，税后净额	21 141	—	—
股权投资减值	32 554	—	—
非经常性项目	—	30 704	5 544
折旧和摊销	98 057	76 600	74 783
递延所得税	61 227	54 248	(8 940)
经营性资产和负债的变化，扣除收购影响后的净额			
应收账款的减少（增加）	29 201	(35 883)	(10 450)
存货的减少（增加）	(46 587)	11 655	17 809
其他流动资产的增加	(67 292)	(57 261)	(3 271)
递延成本的减少（增加）净额	4 110	(5 640)	(65 588)
应付账款和其他负债的增加（减少）	87 256	(689)	24 211
其他项目的净额	3 947	4 786	(3 052)
经营活动产生的现金流量净额	109 800	168 519	211 268
投资活动			
企业收购	(179 993)	(65 947)	(52 957)
不动产、厂房和设备的增加	(74 382)	(50 753)	(60 950)
固定资产出售现金流入	22 294	1 490	2 522
公司拥有的人寿保险投资	181	2 746	18 413
其他	33 944	(25 183)	8 040
投资活动产生的现金流量净额	(197 956)	(137 647)	(84 932)
筹资活动			
长期负债的增加	—	1 076	317 096
长期负债的减少	(80 431)	(16 397)	(22 669)
短期债务的增加（减少）	257 541	81 097	(158 657)
收益计划下的股票出售	—	1 171	18 981
库藏股回购	(45 530)	(130 151)	(131 745)
支付股东股利	(52 743)	(51 213)	(52 410)
筹资活动产生的现金流量净额	78 837	(114 417)	(29 404)
现金及现金等价物的净增加（减少）	(9 319)	(83 545)	96 932
期初现金及现金等价物	61 010	144 555	47 623
期末现金及现金等价物	51 691	61 010	144 555

由上表可见，这家公司属于成熟产业阶段的公司，已经经历了成长型公司所面临的资金紧张的阶段，因为成长型公司必须为大型建设项目筹资。通常，这一类型公司用于折旧和摊销的现金流会超过它们的资本预算。因此，这家公司的经营活动产生了连续的正现金流。即使在 2013 年，这家公司遭受了净损失，但经营活动仍然产生了 1.1 亿元的现金流。外部融资需求主要来自 1.8 亿元的收购计划，公司通过规模经济来支撑正在下降的经营收益。

4.2.4　衰退阶段的公司

在这个阶段的企业，由于收益不足，必须努力产生足够的现金流。企业在这个阶段，投资回收活动的规模大于投资支出的规模。企业也有可能会因在经营活动与筹资活动方面急需资金而不得不处理手中的长期资产以求变现。

案例研究：

公司 D（衰退产业类型的公司）

单位：百万元

合并现金流量表截至 2013 年 12 月 31 日			
	2013 年	2012 年	2011 年
经营活动产生的现金流量			
净收益（损失）	37.7	8.7	(51.00)
不动产厂房和设备折旧	113.9	105.9	90.7
房地产销售利得	(21.8)	(11.7)	(68.2)
其他非现金项目	22.9	73.8	62.2
应收账款减少（增加）	41.8	(52.7)	79.0
存货减少（增加）	(100.6)	88.0	(28.4)
预付及其他资产的减少	32.9	62.4	39.0
应付款项和应计负债的增加（减少）	9.2	(6.5)	25.3
薪资福利的减少	(105.0)	(72.5)	(21.0)
应付联邦、州及国外所得税的减少	(31.5)	(54.0)	(29.9)
经营活动产生的现金流量净额	(0.5)	141.4	97.7
投资活动产生的现金流量			
其他资产减少（增加）	4.5	16.5	(25.4)
不动产、厂房和设备的增加	(129.2)	(170.5)	(191.1)

续表

	2013 年	2012 年	2011 年
不动产、厂房和设备销售现金流入	56.6	36.6	150.5
收购获得净现金额	—	—	(18.8)
投资活动产生的现金流量净额	(68.1)	(117.4)	(84.8)
筹资活动产生的现金流量			
短期债务（到期日在 90 天及以下）的净增加（减少）	108.2	(86.2)	131.2
短期债务（到期日在 90 天以上）			
现金流入	—	41.8	73.0
支付	—	(24.9)	(117.2)
发行长期债务的现金流入	—	268.2	—
偿还长期债务	—	(200.0)	—
支付现金股权	(27.0)	(26.6)	(26.5)
回购库藏股	—	—	45.5
股票激励计划发行股票的现金流入	0.1	0.3	6.0
筹资活动产生的现金流量净额	81.3	(27.4)	21.0
汇率变动对现金的影响	(7.5)	0.4	3.1
现金及现金等价物的净增加（减少）	5.2	(3.4)	37.0
期初现金及现金等价物	92.0	105.0	68.0
期末现金及现金等价物	97.20	101.60	105.00

　　衰退产业公司，如上表所示，在 2011—2013 年，这家公司没有产生累计利润。在这三年的时间里，这家公司由经营活动所产生的现金流总额是 2.286 亿元，这个数字远远低于其不动产、厂房和设备增加所需的 4.908 亿元。但是，该公司通过出售不动产、厂房和设备的收益，即 2.437 亿元，基本上弥补了以上差额。然而在 2013 年，采购存货的资金需求使这家公司现金紧缺的问题更趋严峻。如果该公司无法解决其主营业务收入衰退的问题，则无法从根本上扭转现金流吃紧的情况。

4.3　影响现金流量变化的主要原因分析

下面，我们就经营、投资、融资活动现金流量变化的主要原因进行说明。

4.3.1　影响经营活动现金流量变化的主要原因

一、行业特点

不同行业由于商业惯例不同，其现金流量的模式也不相同。有的行业采用预收款方式销售，有的采用赊销方式销售，有的采用现销方式销售。显然，不同的销售模式会导致不同的经营活动现金流量模式。

二、发展阶段

处于不同发展阶段的企业，其经营活动现金流量的形式也不相同，这一点在介绍企业生命周期时已进行了详细说明。

三、营销策略

即使在同一个行业内部，由于企业间的竞争优势各不相同，在市场中的营销策略也会有所差异：竞争优势明显、产品供不应求的企业，往往采用预收货款的方式；而销售困难、在市场中处于暂时竞争劣势的企业往往会加大赊销的力度。这种不同的营销方式，会直接影响企业经营活动现金流。

四、收付异常

在多数情况下，影响企业经营活动产生现金净流量的主要因素是其常规收付过程的控制情况。在企业由于种种原因导致收款或付款异常的时候，其经营活动产生的净现金流量也会发生显著变化。

五、关联交易

关联交易既可能对交易的盈亏进行操纵，也可能对现金流量的流向进行操纵。以关联交易为主的企业，其经营活动现金流量的正常与否更多取决于关联企业之间的现金流控制。

六、异常运作

这也是与企业关联方有关的一类原因，如果关联方大量占用经营资金（如不正常的大量应收账款），企业正常经营活动的现金流量再充足，也无法弥补关联方巨额占用对现金流的冲击。

七、错编或编错

错编是指企业在编制现金流量表的过程中，出于误导信息使用者的目的而故意将一些项目混淆，致使一些项目发生异常变化。例如，有的企业把关联方占用资金的流出归于"购买商品"活动，而不是"其他"活动。

编错是指财会人员在编制现金流量表的过程中，由于业务能力问题而将一些项目编错。

4.3.2 影响投资活动现金流量变化的主要原因

一、扩张加剧

在企业扩张加剧的情况下，其投资活动产生的现金流出量会比较大。在这种情况下，企业投资活动产生的现金流量净额往往会远远小于零。

二、企业规模收缩和处置不良固定资产

在企业规模收缩和处置不良固定资产的情况下，如果这些处置还有相应的现金流入，则这种流入将表现为投资活动产生的现金流入量。在这种情况下，企业投资活动产生的现金流量净额会因此增加。但这种处置导致的投资活动现金流增加通常伴随着净处置损失，是企业为了止损而采取的行为。

三、投资收益获取

在企业获得投资收益（收取现金股利和利息）的情况下，这种收益获取将表现为投资活动产生的现金流流入。同样，企业投资活动产生的现金流量净额会因此增加。

4.3.3 影响筹资活动现金流量变化的主要原因

一、融资环境

影响筹资活动现金流量变化的首要因素是融资环境。在企业为上市公司的情况下，证券市场融资会成为其重要的融资活动。对于信用评级良好的大型企业，公司债和优先股也会成为其重要的融资手段。

二、不当融资与理财能力

企业的筹资活动现金流量，除了受融资环境影响外，还与企业的融资行为和理财能力密切相关：理财能力较强的企业，往往会使自身的现金流量余额保持在可以完成周转但数量较低的水平，并且不会出现超过需求数量举债的不当融资行为。

三、银行承兑商业汇票结算

在企业采用银行承兑汇票结算的情况下，如果企业向银行支付承兑保证金，由于存出保证金会致使部分现金无法被企业自由支配，所以企业有可能增加借款以弥补相

应的现金缺口。

所谓对现金流的分析，其实就是指对现金流变化原因的认定，并且与企业所处的生命周期、行业惯例、监管要求进行对比，确认这种现金流状况是否合理。例如，一个新创企业拥有大量的经营活动净现金流入，但利润却不高，说明其可能采取了过度的加速折旧会计处理；如果该企业是集团中的子公司，有可能是关联方在向其转移现金流。

4.4 盈利模式及其对现金流的影响

本章的第 3 节利润表分析中描述了四种不同的盈利模式：经营活动主导型、投资活动主导型、资产重组型和会计操纵型。

在不同盈利模式的条件下，企业现金流会呈现各具特点的现金流状况。

一、经营活动主导型

这种盈利模式下的企业，经营活动现金流入是其取得现金的主要手段，经营活动现金流在总现金流中比例也较大。同时，投资活动现金流较为平稳，观察多期的报表，会发现其投资活动现金流的流出和流入基本持平（更新资产）。当期存在经营利润时，会派发股利。

二、投资活动主导型

通过各类投资活动来取得维持企业运转所需的现金，投资活动现金流呈现净流入的状态，且投资活动现金流量的比率占所有现金流量的 50% 以上。逐年剥离经营性业务，进而使经营活动现金流量逐年减少。

三、资产重组型

处于被重组部分资产所对应的现金流（经营活动或投资活动）在重组前带来的现金净流入量较少，甚至没有净流入。重组后，企业整体的盈利模式归属到经营活动主导型或投资活动主导型。

四、会计操纵型

利润表呈现正利润状态，但投资活动和经营活动均无大额的现金净流入，如果有现金及其等价物总量的上升，通常都是来自筹资活动。

在分析企业资产结构和利润结构的过程中，我们可以确定一个企业应该归属于哪个盈利模式，只有当企业盈利模式与现金流结构相对应的情况下，才认为该企业现金流质量较高。

　　当资产负债表和利润表只能提供有限的信息时，现金流量表就可以成为其他报表很有价值的补充。当一家高负债的公司报告收益时，利用利润表来衡量公司成功与否并不是可信的。同样，一家几乎耗尽其净值的公司，其资产负债表显示的本季度权益与前一期相比降低10%，这两者之间并没有很大的相关性。在这种时候投资者或者债权人最关心的问题是公司能否继续履行近期的支付义务，从而赢得足够的时间来解决它的经营问题。此外，现金流量表还可以很好地描述公司所面临的风险和机会，帮助确认公司所处的生命周期阶段。这些都是利润表和资产负债表所不能解决的问题，也是对现金流量表进行分析的目的所在。

5 三张核心报表的钩稽关系

思考题：

三个主要的表内钩稽关系分别是什么？

三张财务报表形成的两两关系中，分别需要关注哪些钩稽关系，以验证报表整体的准确性？

对于不成立的钩稽关系，应该怎样处理？

一份完整的财务报告中有三张最为核心的报表——资产负债表、利润表和现金流量表。三张报表分别从权责发生制下的时点存量、权责发生制下的时区流量以及收付实现制下的时区流量三个方面对企业的财务状况进行描述。在编制报表的过程中，三张报表以复式记账法为媒介，在会计恒等式的制约下发生联系，形成财务报表之间的钩稽关系。钩稽关系分析，是各类财务分析体系中必不可少的一环。在实务中，银行在对公司进行审核时，很重要的一个步骤就是复核一些关键财务报表的钩稽关系。在其他行业，如证券、金融、审计的实务中，钩稽关系分析也被视作一种检查财务报表真实性、准确性的有效工具。本节将介绍钩稽关系与钩稽关系分析。

5.1 表内表外的钩稽关系

钩稽关系是指在某个会计报表和另一个会计报表之间的，以及同一个会计报表不同项目间内在的逻辑对应关系，这种关系通常会表现为数学上的等式或不等式。

按照涉及的报表数量不同，钩稽关系划分为表内钩稽关系和表外钩稽关系。

5.1.1 表内钩稽关系

表内钩稽关系通常被认为是基础的、精确的、一般会被满足的，但同时又是最重要的钩稽关系，包括：

一、资产负债表内钩稽关系：资产 = 负债 + 权益

二、利润表内钩稽关系：收入 - 费用 = 利润

三、现金流量表内钩稽关系：本期现金及其等价物流入 - 本期现金及其等价物流

出＝本期现金及其等价物变动总额

此外，财务报表表内钩稽关系还表现在三张核心报表与自身附表、附注、补充资料等相互钩稽。

这些钩稽关系是最为基本的关系，一般情况下都会成立，不过出于审慎的目的，需要程序性地对表内钩稽关系进行重新计算。附表、附注、补充资料等信息，常常会出现一些人为失误或错误而带来的钩稽关系不符。

由于现金流量表的编制过程有极大的难度，在编制现金流量表的过程中常常会存在由于失误或错误引起的钩稽关系不符，所以，我们在此单独列举一些关于现金流量表表内钩稽关系的数学表述。

当财务报告中用直接法编制现金流量表正表，并在附注中以间接法列示附注表时，还应该有以下钩稽关系：

一、正表中按直接法列报的"经营活动产生的现金流量净额"必须与补充资料中按间接法列报的"经营活动产生的现金流量净额"相等。

二、正表中的"现金及现金等价物净增加额"必须与补充资料中的"现金及现金等价物净增加额"相等。

三、正表中"收到的增值税销项税款和退回的增值税款"项目与"支付的增值税款"项目之差必须与补充资料中"增值税增加净额（减少）"项目相等。

5.1.2　表外钩稽关系

表外钩稽关系，则是指两张不同报表之间的钩稽关系。同样，我们可以利用一些数学表达式来描述这些钩稽关系。

一、资产负债表与利润表间的钩稽关系

■ 根据资产负债表中短期投资、长期投资，匡算利润表中"投资收益"的合理性。检查是否存在没有投资却有投资收益的情况，以及投资收益大于本金的情况；当报表附注中有对投资收益计算方法说明时，按照说明复核投资收益的计算结果。

■ 根据资产负债表中固定资产、累计折旧金额，匡算利润表中"管理费用——折旧费"的合理性。通过附注与主表内容的对照，估算折旧费用合理性；验证附注中披露的其他有关固定资产及其折旧的信息是否反映到财务报表中；当年度间收入有较大变动时，检查相应的资产规模、折旧费用是否同向变动。

■ 资产负债表中期末"未分配利润"＝损益表中"净利润"＋资产负债表中"未分配利润"的年初数。如果是在分析合并报表，则需要对归属于母公司的子公司的年度收益进行匡算，确保利润表中归属于母公司以及少数股东的年度净损益数额正确。需要注意的是，损益表中"净利润"在转入资产负债表中时，通常会进行一些分配，包括：转入资本公积、其他公积、行权、转增股本等，如果发现前述等式不成立，就应该对照所有者权益变动表，确定年度净利润的分配方式，使用所有者权益变动表中的数据进行计算。

■ 资产负债表中期末"应交税费" – 期初"应交税费" = 应交增值税（按损益表计算本期应交增值税）＋ 应交城市维护建设税及教育费附加（按损益表计算本期应交各项税费）＋ 应交所得税（按损益表计算本期应交所得税）。必要时，分析者以从报表的附注来获得更为详尽具体的税金数额及组成，这样可以保证钩稽关系的试算不会有太大误差。

二、现金流量表与利润表的钩稽关系

在会计学发展早期，现金流量表和利润表表述的内容几乎一致（两者都是基于收付实现制），后来随着商业信用发展，企业经营过程中出现了越来越多的赊购赊销或信用票据，权责发生制作为一个更好地描述企业经营状况的手段，被引入会计实务。此后，现金流量表与利润表才开始分别独立地呈现不同的内容。由于这种历史渊源，利润表与现金流量表存在着千丝万缕的联系。利用利润表和资产负债表及附注，可以编制间接法下的现金流量表。

在"特许公司银行专员"考试教材中，简单介绍了编制现金流量表的两种方法：直接法和间接法。

直接法是通过现金收入和支出的主要类别来反映企业经营活动的现金流量，以利润表中的营业收入为起算点，调整与经营活动有关的项目的增减变动，然后计算出经营活动的现金流量。间接法是以本期净利润为起算点，调整不涉及现金的收入、费用、营业外收支以及有关项目的增减变动，据此计算出经营活动的现金流量。下表描述的是在间接法下，从本期净利润开始，调整出经营活动现金流量的过程。

起点	净利润
剔除非经营性损益，恢复到经营性项目	＋处置固定资产、无形资产和其他长期资产的损失（－收益）＋固定资产报废损失＋财务费用＋投资损失（－收益）
调整账务对非付现的处理	＋计提的坏账准备或转销的坏账＋当期计提的固定资产折旧＋无形资产摊销＋其他不减少现金的费用、损失

续表

起点	净利润
调整时间性差异	+递延税款贷项（－借项）＋存货的减少（－增加）＋经营性应收项目的减少（－增加）＋经营性应付项目的增加（－减少）＋增值税增加净额（－减少净额）

在了解过现金流量表的形成机制后，我们来说明一些现金流量表与利润表的钩稽关系。

■ 在间接法下，利润表净利润项目按照上述过程调整后应该等于现金流量表中经营活动现金流量。

■ 支付的各项税费＝期初应交税费余额＋（计入管理费用的各项税费＋所得税费用＋递延所得税资产期末余额－递延所得税资产期初余额＋递延所得税负债期初余额－递延所得税负债期末余额＋营业税金及附加）－期末应交税费余额。

■ 两种方法下，现金流量表中"支付的其他与经营活动有关的现金"应该等于剔除各项非现金因素后的费用，即等于利润表中"管理费用＋销售费用－营业外收入＋营业外支出－资产负债表中'累计折旧'增加额－以现金支付的职工工资"。

■ 两种方法下，现金流量表中"购买商品、接受劳务支付的现金"应该等于利润表中"主营业务成本＋资产负债表中'存货'的增加值＋应交与进购相关的税金＋应付账款、应付票据的减少额＋预付账款增加额"。

需要注意的是，各种项目的"增加额"可能为负数，此时表现为期初数大于期末数，计算时注意符号的改变即可。同理，当减少额为负值时，表示该项目的增加，计算时同样需要注意符号的改变。

三、资产负债表与现金流量表的钩稽关系

资产负债表同现金流量表之间的关系，主要是资产负债表的现金、银行存款及其他货币资金等项目的期末数减去期初数，应该等于现金流量表最后的现金及现金等价物净流量。不过，除了这个等式外，我们还有其他可以验证的关系。

■ 资产负债表中应付职工薪酬期初期末额是在权责发生制下的预提额度，无法与现金流量表产生钩稽关系，但财务报表附注中列示的当年发生额及当年计提额却是与现金流量表相关的。我们需要检验的是，现金流量表中支付给职工以及为职工支付的现金额应小于或等于应付职工薪酬中的本年发生额。

■ 资产负债表中上年现金及其等价物金额等于现金流量表中年初现金及其等价物金额；资产负债表中本年现金及其等价物金额等于现金流量表中年末现金及其等价

物金额。

■ 现金流量表中"处置或购置固定资产、无形资产及其他资产收到或支付的现金"等于资产负债表中"固定资产"+"在建工程"+"无形资产"等相关科目变动额（计提折旧前，并且具体数值可能为负值）。

■ 现金流量表投资活动中"收回或支付投资所收到或支付的现金"应等于资产负债表中以成本法确认的"短期投资"和各项长期投资科目的变动数。

■ 现金流量表中"分得股利、债券利息所收到的现金"应该等于利润表中"投资收益"本期发生额－资产负债表中"应收股利"增加值－"应收利息"增加值。

此外，在现金流量表附注中，还应该关注以下项目的钩稽关系：

■ 现金流量表附注中的与"递延税款"相关的调整项目必须与年末资产负债表中递延所得税余额的变动值相等。

■ 在没有购入无形资产、无形资产处置和以无形资产投资等事件的情况下，现金流量表补充资料中的"无形资产摊销"项目必须与资产负债表中无形资产的年末数和年初数之差相等。

■ 在没有用存货偿还非经营性负债、没有用存货对外投资和用存货交换固定资产、无形资产和其他长期资产等事件的情况下，现金流量表补充资料中的"存货的减少"必须与资产负债表中存货的年末与年初之差相等。

■ 在没有发生固定资产处置、将固定资产投资等事件的情况下，现金流量表补充资料中的"固定资产折旧"项目必须与资产负债表中累计折旧的年末数和年初数之差相等。

■ 在没有发生坏账转销和将已转销的坏账又收回等事件的情况下，年末资产负债表中坏账准备的年末数与年初数之差，必须与现金流量表补充资料中的"计提的坏账准备和转销的坏账"项目相等。

在分析各类表内钩稽关系时需要注意，企业所处行业不同，选取的会计政策不同，从而导致会计报表中呈报出来的财务数据的组成不一致。这种不一致导致钩稽关系的计算公式并不总是成立的，这要求分析者根据财务报表中的附注信息灵活加以调整，这样调整后，才能得出钩稽关系是否相符的结论。此外，如果钩稽关系等式不成立，但等式两侧差额小于5%，可以认为这种误差是可以接受的，因为一些数额较小的特殊事件，企业不会单独说明，但会导致钩稽关系的等式不严格成立。

5.2　验证钩稽关系与分析不成立的钩稽关系

上一小节中列示了数十个财务报表的表内外钩稽关系，在分析实务中，进行钩稽分析的第一步，就是验证前文述及的钩稽等式（不等式）是否成立。参照具体财务报表的数据，可以通过计算来得出等式是否成立的结论。

最理想的状态，是所有钩稽关系都是相等的。但不可避免的事实是，我们常常会发现一些钩稽关系不成立，当确认不成立的钩稽关系后，就需要对导致钩稽关系不成立的原因进行分析。

经过分析，可以将钩稽关系不成立的原因归集到以下三点中的某一点。

一、报表编制过程中出现计算错误，或数据抄写发生错误。

二、编制过程中会计处理发生失误或者人为故意的错误（误将职工薪酬划归到财务费用等）。

三、特殊事件对财务报表数据产生影响。

前两种原因导致的钩稽关系不符，是不会对后续分析产生实质性影响的，在要求报表编制人员重新正确编制报表后，钩稽关系不成立的现象一般就会被消除。对于第三种原因引起的钩稽关系不成立，需要联系报表附注、各种说明加以确定，一些常见的会引起钩稽不符的特殊事件包括：坏账转销后回转、以固定资产投资其他主体、赊销发生大面积坏账、年度内发生合并事项、年度内发生会计政策变更等。在对钩稽关系不成立的原因分析过程中，其实就可以进行相应的处理：技术错误导致的钩稽关系不成立，就要求报表编制人员重新编制；特殊事件引起的关系不成立就找到具体的事件，确定确实由该事件导致钩稽关系不符。

此外，还需要注意一类可能导致财务报表钩稽关系不符的原因——企业对财务报表的粉饰。这类似于编制过程中出现技术失误，但此时的"失误"往往是财务人员人为造成或管理层授意财务人员制造出此类错误。关于财务粉饰，接下来的第6节将进行更为详细的讲解。

资料分享：让数字说话

《证券市场周刊》2006年2月20日发表了孙旭东的《现金流量表存在三大异常，山东黄金是否隐藏利润》，认为山东黄金现金流量表有三大异常。主要内容是：

异常之一，经营性应付项目随着公司生产经营规模的扩大反而减少了，尤其是

2004 年，当期减少 4 018 万元，然而，从资产负债表相关科目来看，根本不应该出现这种现象。

山东黄金 2004 年年末应付票据等应付项目合计比上年末增加了 7 527 万元，这与现金流量表中经营性应付项目减少了 4 018 万元形成了鲜明的对比。当然，我们还要考虑合并范围变化以及非经营性应付项目的影响。2004 年，山东黄金向大股东收购了焦家金矿，合并范围有所扩大，然而在报表附注中公司在解释应付项目的变动时只字未提收购的影响，对增加金额最大的其他应付款，公司的解释也只是"主要系公司本期往来款增加较大所致"。考虑到 2003 年年末应付项目合计只有 5 335 万元，应该说，即使有非经营性应付项目，金额也不会有多大。而对于金额及变动额最大的其他应付款来说，大幅增加是毋庸置疑的，而往来款也应该是经营性项目，那么其他金额很小的项目如何能消除并逆转经营性应付项目由于其他应付款大幅增加而大幅增加的局面呢？

2005 年前三个季度，山东黄金经营性应付项目只增加了 479 万元，这也与资产负债表不符。

当然，2005 年山东黄金的合并范围增加了金洲集团，然而第三季度的合并范围是没有变化的。前三个季度经营性应付项目增加了 479 万元，而上半年增加了 2 959 万元，也就是说，第三季度经营性应付项目减少了 2 480 万元。我们再来看资产负债表上的变化。

第三季度应付票据等应付项目增加了 2 471 万元，同样与现金流量表形成了鲜明的对比。至于非经营性应付项目的影响应该很小，我们看到，预收账款增加了 2 206 万元，其他项目的变动都很小。而预收账款，按常理无论如何应该是经营性应付项目。

如果山东黄金的资产负债表编制无误，那么现金流量表中经营活动产生的现金流量净额就很有可能被少计了，此外，其他应付款从 2002 年年末的 1 965 万元大幅增长至 14 565 万元的原因也值得深思。

异常之二，2005 年前三个季度经营性应收项目增加了 8 413 万元，2003 年至 2005 年第三季度合计增加了 10 136 万元，然而从具体项目来看，与生产经营密切相关的应收账款增加不多，与生产经营关系不那么密切的其他应收款却增加了不少。山东黄金在财报中没有披露其他应收款的具体内容，但是在解释其他应收款增加时却说是因为收购（导致合并报表范围增加）及"其他单位往来增加"。事实上，如果不是经营性应收项目增加这么多，2005 年前三个季度山东黄金经营活动产生的现金流量净额会远远大于净利润。

异常之三，2005 年前三个季度"其他"项目为经营活动贡献了 6 331 万元的现金流，占了经营活动产生的现金流量净额一半以上。由于"其他"项目的敏感性，绝大部分上市公司现金流量表补充资料中"其他"项目一栏是空的，或者仅是非常小的一个数；而山东黄金在季报中出现金额如此巨大的"其他"项目，却又没有任何解释，实属罕见。

2005 年上半年山东黄金"其他"项目只有 1 028 万元，这就是说该项目主要产生在第三季度，金额为 5 303 万元。2005 年前三个季度山东黄金收到的其他与经营活动有关的现金只有 4 481 万元，而山东黄金（母公司）报表中这一项只有 650 万元，却也有 5 710 万元的"其他"项目。由此看来，"其他"项目与主要由往来产生的其他应付款没什么关系。

对于以上三点异常的原因，至少有两种可能：一是报表编制错误，不过，若真如此，足以动摇人们对山东黄金财报数字的既有信心；二是实施隐藏利润的一系列安排之后，却难以在收付实现制下的现金流量表上自圆其说。

经营活动产生的现金流量净额与净利润的差异经常是学者们研究盈余管理的起点。综合以上分析，2005 年前三个季度，山东黄金经营活动产生的现金流量净额已远远大于净利润，且实际情况可能更甚于此；即使是现在，也还有 6 331 万元神秘的"其他"项目，且"其他应收款"、"其他应付款"也是疑窦重重；再结合前面提到的2005 年第三季度公司毛利率疑问，愈发强化了我们对山东黄金隐藏利润的猜测。就会计账务处理而言，有些时候，"其他"系的诸项目，包括"其他应收款"、"其他应付款"与"其他"等，往往起着蓄水池的作用；尤其是其他应付款等负债类账项，由于其与所有者权益数字（其中包括净利润）同在资产负债表权益部分，只是列报的大类不同，因此常常用来隐藏利润。

本案例涉及企业现金流量表的分析问题。文中解释的内容让我们不得不思考：企业现金流量表的各个项目之间、现金流量表与其他报表之间的内在联系应该是怎样的？

（来源：和讯网——《现金流量表存在三大异常，山东黄金是否隐藏利润》，2006年 2 月 20 日）

6 财务粉饰分析

思考题：

我国上市公司有哪些会影响到财务粉饰动机的特点？

在上述特点的影响下，我国上市公司进行财务粉饰的动机与欧美国家有什么显著的不同？

请列举出一些暗示企业存在财务报表粉饰的行为。

我们应该怎样处理被怀疑有财务粉饰嫌疑的报表？

上节中述及的报表钩稽关系分析，以及在第 1 节中讲到的参考审计师意见，其实都是为了保证我们进行财务分析的基础——财务报表本身是可靠的。而除了通过分析钩稽关系来避免财务报表错编导致的信息不准确，我们还应该注意到财务粉饰，也会使财务报表呈现的信息失真，从而误导分析者。随着经济的发展，越来越多的经济活动会用到企业的财务报表，然而在过去几年间，各国证券市场，以及其他使用到财务报表的场合，都存在财务报表粉饰甚至造假的案例。这种行为是证券市场的一种"痼疾"，不仅会对投资者的利益产生极大的危害，甚至会影响到证券市场资源配置的优化，因此，各国政府和学界都将财务报表粉饰作为研究的重点。这一节，我们致力于寻找破解财务粉饰的方法，让分析者具备排除财务报表粉饰干扰的能力。

6.1 财务粉饰的动机

财务粉饰，是通过一系列的会计操纵和特殊的会计方法的选择，以改变财务报表，满足粉饰者一定目的的行为，这种行为是不道德甚至是违法的。

在欧美国家，股票（资本）市场较为发达，很多公司即便没有上市，也会公开市场价格，而这一价格通常都会受到企业年度经营成果的影响，即经营成果影响公司股票价格，因此，股东或者投资者常常会以股票价格（实质上是公司盈利性）评判公司管理层业绩，并且，许多股东常常以期权、对赌的方式来激励管理者。这些期权、对赌条约中，通常都包含对企业未来一年或几年收入、利润，或者市场份额的要求，因此，企业管理层为达到合约标准，会连续多年进行财务报表粉饰，以保证企业在必要阶段呈现出持续盈利的状态。

相对于欧美国家成熟发达的资本市场，我国资本市场无论是在法律的完善程度、监管制度，还是投资者群体素质上都有明显的差异，这导致我国资本和股票市场存在一些显著影响企业管理层财务粉饰动机的特点，这些特点如下。

一、我国上市公司虽已实施股权分置改革，但还没有过多地进行股权激励，上市公司管理层为维持高股价而进行利润操纵的动机并不强。其一，国内上市公司数量有限，很多公司从国企改制而来，且国有股占上市公司股权比例极大，此部分股权通常都不会在二级市场流通，尤其是一些关系国计民生行业的上市公司，国家几乎不会有减持的行为。在这样的情况下，大股东（国有股）对市场股价的变化丝毫不敏感，更不会以股票的市场价格作为衡量管理人员绩效的标准，管理人员自然地失去了调整公司盈余的动机，动机不明确，财务造假行为被自然削减。其二，公司管理层在实施股权激励制度之前，未能大量持有本公司的股票或者期权，股票价格的变动与管理层的私人利益并不相关。出于此两点，股票的市场价格既不影响管理层的能力评估，又不影响其经济效益，管理层操纵公司盈余的动机被削减到很低。

二、我国的市场经济发展还处于初级阶段，市场的有效性还未成长完全。其中最重要的一点体现在，劳动契约的缺失以及劳动契约的制定不合理，导致契约中对劳动者绩效的衡量和回报无法充分产生市场意义。根据相关学者的研究统计，我国银行业使用的贷款合同中几乎没有以会计信息为基础的相关条款约定，而企业债券的债务契约中也没有指定相关会计信息的度量标准，对标的公司的资产风险衡量缺乏系统性和规范性。供应商和客户企业对关联公司的财务状况评估也缺乏相关标准，交易契约的签订主要依靠双方关系、沟通和谈判技巧。同时，上市公司管理人员的薪酬制定及相关激励政策也受到这种独特结构的影响。另外，由于国有股占上市公司成分过大，且往往高度集中，这种集中的股权使股东对上市公司的关注度提高，往往其和管理层基于公司的信息并不具有很大的不对称性。这种被削弱的信息不对称性，导致管理层隐瞒股东操纵财务数据的动机和可能性被降低。而且上市公司高层管理人员的任命通常为上级机构或政府机构指派，经理人市场失去了市场有效性，其经营业绩对经理人的职业发展并不存在非常大的影响，使经济契约的制定更加丧失了其市场有效性。

三、我国社会生产的运行和管理过程中，政府依然占据主导角色，资本市场的发展情况体现出了这一点。在我国，中国证券监督管理委员会为主管证券市场的政府机构，为保证股票市场的健康，中国证监会为公司上市和增发的资格制定了许多限制。比如，凡上市发行股票的公司，必须保证3年内净利润为正。这项监管政策，无疑为一些本身不具备上市条件的公司提供了通过操纵盈余甚至对财务数据造假来达到该条件的动机。配股和增发新股的公司也需要在近几年的财务数据上达到证监会制定的一系列要求，因此当公司实际财务数据与要求的标准存在差异时，管理者便开始操纵和捏造部分财务数据。还有一些公司，当出现业绩下坡、经营不善时，为避免被进行特殊处理（加ST）或直接丧失上市公司资格，管理层也经常进行盈余管理。

在上述特点的促使下，我国企业管理层形成了符合我国市场特点的财务粉饰动机。目前，迎合证监会对上市公司的监管制度以获得股票发行和增发或者保住上市公司资格，已成为我国企业进行财务数据造假的主要动机。在股权分置改革完成后，资本市场中的投资者必然更加关注公司的股价，而财务造假的动机也必然因此而得到加强。另外，我国目前的市场经济发展方向决定了我国对上市公司的业绩衡量、经济契约的普遍采用以及各项债务契约的标准完善将成为发展趋势，这将最终导致财务数据在对公司价值的体现上产生重大作用，并且很可能引发大规模的盈余管理和其他财务欺诈。

目前，在商业银行的业务中，企业有着更为强烈的粉饰财务报表的动机，因为在银行公司业务中，银行常常会对企业的一些财务比率进行刚性的要求，只有在财务比率满足一些条件时才能开展金融贷款一类的业务。在这样的情况下，公司银行家具备有效鉴别财务粉饰的能力就显得尤为重要。

6.2　报表粉饰的类型

6.2.1　粉饰经营业绩

企业通过提前确认、推迟结转成本、亏损挂账、资产重组和关联交易实现利润最大化。这种类型的报表粉饰通常会发生在企业上市前一年或是上市当年。而当企业达不到经营目标或是上市公司可能会连续出现三年亏损，面临被摘牌的危险时，企业还会通过推迟确认收入、提前结转成本和转移价格而导致利润最小化来粉饰财务报表。有些企业为了塑造绩优股的形象或获得较高的信用等级的评定，往往也会通过利用其他应收款、应付款、待摊费用、递延资产、预提费用等科目调节利润均衡，营造利润稳步增长的趋势。此外，当企业更换法定代表人，新任法定代表人有可能为了明确或推卸责任，往往会采用利润清洗（也称巨额冲刷）的方式来粉饰财务报表。其典型的做法是将坏账、存货积压、长期投资损失、闲置固定资产、待处理流动资产和待处理固定资产等所谓虚拟资产一次性处理为损失。

基于业绩考核、获取信贷资金、发行股票为目的，会计报表粉饰一般以利润最大化、利润均衡化的形式出现。基于纳税和推卸责任等目的，会计报表粉饰一般以利润最小化和利润清洗的形式出现。总体来说，对于债权人和投资者来说，危害性最大的会计报表粉饰是利润最大化，即所谓的虚盈实亏、隐瞒负债。

6.2.2　粉饰财务状况

当企业对外投资和进行股份制改组时，往往倾向于高估资产，以便获得较大比例的股权。典型的做法是编造理由进行资产评估、虚构业务交易和利润。

当企业贷款或发行债券时，为了证明其财务风险较低，通常有低估负债的欲望。典型的做法是通过账外账或是负债隐匿在关联企业。

6.3　识别财务报表粉饰的方法

6.3.1　财务报表粉饰的风险特征

那么，应该怎样避免财务报表粉饰的误导呢？本小节我们将介绍一些判定财务粉饰的方法，来识别一家公司是否存在财务粉饰。

通过对财务造假以及财务粉饰的案例研究，我们归纳出一些普遍适用的、暗示企业有财务粉饰行为的信号，一旦在财务报表中发现这些特征信号时，就需要对财务报表的真实性进行审核。

一、提供给证监会和提供给工商税务部门的文件有不正常差异

通常，企业会为了规避企业所得税而对工商税务部门故意隐瞒公司的一些真实情况，因此送交工商税务部门的文件和提供给证监会的文件存在少许差异是很正常的。但是，如果两者的差异性非常显著（如有50%以上的科目都存在差异，或某些重要科目数额相差较大），那么这家企业极大程度上存在财务造假的可能性。

二、主营业务收入中有巨大的数额来自关联方或存在未主动披露重大关联交易的行为

关联交易经常被认为是企业转移利润的一种有效措施，如果一家企业刻意隐瞒其关联交易，它的实际情况可能不单单是未披露那么简单，也许还潜在地存在其他重大的问题。例如，存在虚构业绩的可能或是借关联方转移公司的资金。

三、企业有远高于同行业的毛利率

前景不佳的公司具有更大的盈余操纵的激励，因此毛利率指数也相对比较高。在一个完全竞争的市场中，如果一家公司不是所属行业的龙头或垄断企业，也没有超凡的创新能力和技术，却有着远高于同行的毛利率，那么这家公司极可能存在财务造假的嫌疑。

四、管理层和大股东存在可疑内部交易

这一信号往往在上市公司或者股票具有市场价值的公司身上出现。在公司业绩下滑时管理层抛售股票或者在公司公开重大利好时兜售股票都不是一种好的暗示，表明公司经营可能存在"猫腻"甚至不合法的造假。公司管理层在出售自身持有的股票时，通常都会伴有一份公告解释，分析者应该充分考虑其解释的合理性，结合企业当前的经营状况来判断这一事件的本质。

五、会计师事务所鲜为人知且信誉差

很多爆出有财务造假丑闻的上市公司都是聘请了一些知名度较低的会计师事务所进行财务审计。这类事务所在中国或上市公司驻地分支机构规模小，会计师资质不足，很多时候无法满足上市公司的审计要求。如果企业聘请与其资产规模不对等的事务所，会极大程度上方便其进行财务造假。

六、管理层的个人诚信差

企业家的个人素质和做事风格会间接地影响其管理公司的企业文化和道德。如果一家企业的领导者在过去曾有过违法乱纪的行为或是有损其个人诚信的事件，那么这家公司的财务报告出现财务造假的可能性会相对比较高。

七、频繁更换会计师事务所或财务总监

需要特别关注企业频繁更换会计师事务所或企业的财务总监，这通常都是企业财务造假的征兆。

八、过度外包，销售依赖代理或收入通过中间商

财务造假的手段之一就是宣称公司的大部分劳务、业务、销售等采取外包作业，这样将避免使公司面对众多的交易对手，并将公司的具体运作情况尽可能地移出财务报表。

九、过于复杂的公司结构

为了规避税负，很多上市公司采取了极为复杂的公司结构，这种复杂难懂的公司结构往往已经超过了公司的实际商业需求。因此，分析师需要警惕这种远远超过商业需求的复杂公司结构，企业可能借助这种复杂的公司结构来进行财务造假和转移

资产。

除以上特征之外，公司可能有造假嫌疑的特征还包括：公司高管报酬过低、请求信息披露豁免、公司网站简陋或提供的信息不够充分、缴纳的税收和收入不成比例、财务报表比较粗糙、信息披露内容格式在年度之间不一致、与同行业公司相比纸面财富的比例过大等。

6.3.2　启示与建议

近二十年来，由于公司治理理论的完善，所有权与管理权的分割越来越明显，这在一定程度上诱使更多的管理者开始使用财务粉饰手段对盈余进行操纵，进而保证自己可以获得股东提供的有条件奖励。因此，我们需要了解发现企业财务报表粉饰的特征和手段。

利润操纵的企业一般具有显著较高的应收账款、更严重的毛利率和资产质量恶化及较大的预提费用。应收账款不平衡的增长与公司虚增收入的可能性是有关系的。前景不佳的公司具有更大的盈余操纵的激励，因此毛利率指数也相对比较高。资产质量恶化显示公司在递延成本费用时可能存在收益虚增的行为。一般面临减速增长的成长企业有更多操纵收益的激励，而较高的销售增长也显示这种可能性的存在。

许多公司的财务问题都是通过与同行业公司对比的方式发现的，如远高于同行业的毛利率、公司在行业内所处的状况、与同行业公司相比的资产构成，甚至技术状况等。

防范企业财务报表粉饰，既需要规范公司的内部治理、相关法律法规和监管的完善，更需要从业人员素质的提高。因此，上市公司、监管机构和会计师事务所需要借鉴国际经验，尤其是在防范财务欺诈方面所制定和落实的制度，建立严密的防范体系来有效地治理公司财务欺诈的行为。除了解决制度的问题外，还要提高公司管理人员的整体素质，更要提高投资者的整体素质，让投资者也越来越懂得捍卫和保护自己的权益。这样，重大违规操作才能够扼杀在萌芽中，让投资者的财产得到保障。

资料分享：这些数据有多真实

2009 年 10 月 26 日，中国证券监督管理委员会发布了证监罚字 ［2009］42 号行政处罚决定书，对创智信息科技股份有限公司（以下简称创智科技或上市公司）及相关人员进行处罚。处罚书认定的主要事实是：

一、未按规定披露股东的关联关系

创智科技在 2004—2006 年年报中披露："公司前十名股东中，湖南创智实业有限公司系创智集团的控股子公司，该两家公司为一致行动人；前十名流通股股东中，未获知是否存在关联关系。"但是，调查发现，创智科技股东湖南华创实业有限公司（以下简称华创实业）法定代表人黄家建系由创智科技大股东湖南创智集团有限公司（以下简称创智集团）委派出任；华创实业的设立资本及其受让创智科技法人股所支付的部分资金系由创智集团提供；华创实业与创智集团的实际控制人均为丁亮，华创实业与创智集团是一致行动人。创智科技 2004 年、2005 年、2006 年年报未如实披露股东创智集团与华创实业之间的关联关系。

二、未按规定披露大股东及其关联方占用上市公司资金

2002 年 5 月至 2006 年 12 月，创智科技大股东创智集团及其关联方占用上市公司资金，主要形式包括：由创智科技及其子公司创智软件园有限公司（以下简称创智软件园）、深圳市创智信息系统有限公司（以下简称创智信息，后更名为深圳市慧瑞信息系统有限公司）、长沙北斗星商厦有限公司（以下简称北斗星）等付款；由创智科技开立银行汇票、转账支票并背书，以及开出银行承兑汇票贴现给创智集团及其关联方深圳智信或其指定的第三方的银行借款提供担保。

据统计，2004 年度，创智集团及其关联方占用上市公司及偿还的资金累计发生 4 笔，金额合计 20 280 万元。截至 2004 年 12 月 31 日，创智集团及其关联方深圳诚茂、智信公司、华创实业、北斗星等公司占用上市公司的资金余额为 211 400 473.40 元。以上情况，创智科技未在 2004 年年报中予以披露。

2005 年度，创智集团及其关联方占用上市公司及偿还的资金累计发生 72 笔，金额合计 499 371 864.81 元。截至 2005 年 12 月 31 日，创智集团及其关联方占用上市公司资金的余额为 467 713 286.83 元。创智科技 2005 年年报披露，截至 2005 年 12 月 31 日，创智集团及其关联方占用上市公司的资金余额为 3.48 亿元（包括为创智集团及其他关联方担保、被划走的资金为 2.2 亿元）。与实际占用资金的情况相比，创智科技 2005 年年报披露的事项存在重大遗漏。

2006 年度，创智集团及其关联方占用上市公司及偿还的资金累计发生 22 笔，金额合计 492 857 604.07 元。截至 2006 年 12 月 31 日，创智集团及其关联方占用上市公司资金的余额为 11 735 682.76 元。但创智科技 2006 年年报披露，该公司已解决大股东占用上市公司资金的问题。与实际占用资金的情况相比，创智科技 2006 年年报披露的事项与事实不符，存在虚假陈述。

此外，创智科技在 2004—2005 年，对达到临时披露要求的资金占用事项未履行临时披露义务。其中，2004 年度有 4 笔，金额合计 20 280 万元；2005 年度有 22 笔，金额合计 226 393 623.93 元。

三、虚假披露公司资产与主营业务收入等

在创智集团及其关联方占用上市公司资金的过程中，创智科技进行账务处理，将占用资金列为资产 192 411 573.40 元，列为主营业务收入 1 461 万元。其中，2002 年度占用资金列为资产 59 607 873.40 元，包括列为存货 426 万元、固定资产 51 847 873.40元、在建工程 350 万元，列为主营业务收入 1 461 万元；2003 年度，列为资产 88 503 700 元，长期待摊费用 3 200 697 元；2004 年度，列为在建工程 3 623 万元；2005 年度，列为在建工程 810 万元。

四、未按规定披露对外担保事项

2004 年度，创智科技子公司创智软件园发生 10 笔总金额为 32 728 万元的对外担保事项，创智科技未履行临时披露义务，也未在 2004 年年报中进行披露。2005 年度，创智科技及其子公司创智软件园有 12 笔总金额为 55 893 万元的对外担保事项，创智科技未履行临时披露义务（包含从 2004 年度延续下来的未解除担保责任的 3 笔金额合计 13 960 万元的担保）。

（来源：中国证监会证监罚字［2009］42 号行政处罚决定书）

附录 财务分析报告的模板

××公司××年度财务报表分析报告

报告使用者：

报告编撰者：

编撰日期：

主要结论：

报告正文：

一、背景分析

企业经营状况介绍

结合企业经营状况的宏观经济分析

行业环境分析

二、会计分析

分析中参考的报告包括：

上述报告反映出的企业财务报表的可靠性

三、财务分析

1. 钩稽关系检查

2. 重新编制的财务报表与基本财务比率

3. 基本财务比率分析与财务质量分析

（1）资产负债表的质量分析

（2）利润表的质量分析

（3）现金流量表的质量分析

四、基于有效信息的对企业经营的预测

1. 从历史数据中可以得出的预测信息

2. 完全信息下的预测（或使用 SF1、SF2 的定量预测）

五、结论

1. 企业盈利性、流动性、清偿性、抗挥发能力的评分

2. 企业盈利性、流动性、清偿性、抗挥发能力的评价

3. 由预测结果得到的评价结论

财务报表分析习题

一、单项选择题

1. （　　）又称垂直分析法或纵向分析法，是财务报表分析基本方法的一种。

A. 趋势分析法　　　　B. 比例分析法　　　　C. 结构分析法　　　　D. 比较分析法

2. 现金流及利润质量分析属于财务报表质量分析框架下的（　　）步骤。

A. 会计分析　　　　　　　　　　　B. 财务状况质量分析

C. 财务及非财务预测　　　　　　　D. 背景分析

3. 企业经营过程中会产生大量的财务记录，这些记录其实都是对公司经营活动中（　　）的记载。

A. 存量　　　　　　B. 流量　　　　　　C. 存量或流量　　　　D. 存量与流量

4. 重新编制的财务报表中（　　）通常会用在证券分析中。

A. 资产负债表　　　　　　　　　　B. 利润表

C. 现金流量表　　　　　　　　　　D. 所有者权益变动表

5. 财务报表分析是建立在传统的（　　）之上的。

A. 财务比率分析　　　　　　　　　B. 资产质量分析

C. 现金流及利润质量分析　　　　　D. 资本结构质量分析

6. 长期借款属于（　　）下的项目。

A. 经营负债　　　　B. 经营费用　　　　C. 金融负债　　　　D. 金融费用

7. 关于会计报表的分析，下列说法中不正确的是（　　）。

A. 会计政策的选取与运用的差异导致企业与自身的历史对比和预算对比中，以及在与其他企业进行对比过程中，难以发挥预期的作用

B. 会计报表列报的数据具有历史成本计量属性，提高了报表资料对企业未来决策的支持度

C. 报表信息并未完全反映企业可以利用的一切经济资源

D. 企业对会计信息的人为操纵可能会将信息使用者引入歧途

8. 以下哪项属于企业财务比率分析中的盈利能力评价指标（　　）。

A. 应收账款周转率　　　　　　　　　B. 流动资产周转率

C. 速动比率　　　　　　　　　　　　D. 资本保值增值率

9. 当审计师认为公司在未来存在重大不确定事项时，应出具（　　）。

A. 带强调事项的无保留意见　　　　　B. 标准无保留意见

C. 保留意见　　　　　　　　　　　　D. 无法表示意见

10. 为了分析合并会计的信息掩盖性，在确定分析主体后，我们可以选择以下
（　　）方法之一来就具体的报表项目进行分析。

A. 综合分析法、平行对比法

B. 综合分析法、质量分析法

C. 平行对比法、质量分析法

D. 平行对比法、质量分析法、综合分析法

11. 资产负债表是反映企业在某一特定日期（　　）的财务报表。

A. 经营成果　　　　B. 账面价值　　　　C. 所有者权益变化　　D. 现金流量

12. 资产负债表中所提供的信息资料都有重要的作用，具体的作用不包
括(　　)。

A. 解释、评价和预测企业的短期偿债能力、长期偿债能力和资本结构

B. 解释、评价和预测企业的财务弹性

C. 解释、评价和预测企业的绩效，帮助管理部门作出合理的经营决策

D. 解释、评价和预测企业的利润与现金流

13. 以下（　　）不是分析企业货币资金科目的注意点。

A. 货币资金的规模是否符合企业实际经营需求

B. 货币资金的监管是否到位

C. 货币资金的存放除了备留现金和存于银行外的其他备留处

D. 货币资金的构成组合是否合理

14. 产生应收账款的原因不是由于（　　）。

A. 企业的诚信意识不强　　　　　　　B. 市场经济的竞争机制

C. 行业或产品的性质　　　　　　　　D. 企业管理恰当

15. （　　）是指经买卖双方合同规定，由购货方企业预先支付给供应方一部分
货款而产生的债权。

A. 预付账款　　　　B. 应收账款　　　　C. 应收票据　　　　　D. 其他应收款

16. 存货区别于固定资产等非流动资产的最基本的特征是（　　）。

A. 企业持有的存货可供直接销售

B. 企业持有存货的最终的目的是为了出售

C. 企业持有的存货需经过进一步加工后才能出售

D. 企业持有的存货没有减值准备

17. 对存货进行质量分析时，需要注意分析存货的（　　）。

A. 抗挥发性　　　　　　　　　　B. 流动性

C. 抗挥发性、流动性　　　　　　D. 抗挥发性、流动性、盈利性

18. 在使用成本法和权益法对长期股权投资进行核算时，需注意企业对被投资单位的控制程度以（　　）为界。

A. 20% ~30%　　　B. 20% ~40%　　　C. 20% ~50%　　　D. 20% ~60%

19. 下列折旧法中，为固定资产折旧直线法的是（　　）。

A. 年数总和法　　　　　　　　　B. 年线平均法

C. 工作量法　　　　　　　　　　D. 双倍余额递减法

20. （　　）不属于企业的无形资产。

A. 商誉　　　　　B. 商标权　　　　　C. 专利权　　　　　D. 土地使用权

21. 短期贷款指企业向银行或其他金融机构借入的、还款期限在（　　）的各种借款。

A. 半年以下（不含半年）　　　　B. 半年以下（含半年）

C. 一年以下（不含一年）　　　　D. 一年以下（含一年）

22. 企业使用自身在银行的授信限额开立银行承兑汇票，其保证金一般低于（　　），这有利于企业加强资金链的稳定性，满足融资需求。

A. 70%　　　　　B. 60%　　　　　C. 50%　　　　　D. 40%

23. 对（　　）的质量分析集中在账面数目真实性、规模合理性、管理制度完善性三个方面外，还需要额外关注企业的支付计划。

A. 应付票据　　　B. 应付账款　　　C. 短期借款　　　D. 其他应付款

24. 长期借款指企业向银行或其他金融机构借入的还款期限在（　　）的各种借款。

A. 一年以上（不含一年）　　　　B. 一年以上（含一年）

C. 半年以上（不含半年）　　　　D. 半年以上（含半年）

25. （　　）是指企业投资者按照公司章程或合同、协议的约定形成法定资本的价值，是企业持续经营最稳定的经济基础。

A. 资本公积　　　　B. 盈余公积　　　　C. 实收资本　　　　D. 未分配利润

26. 下列从筹资角度对企业资产负债表进行横向分析的是（　　　）。

A. 分析总资产规模的变动状况以及各项资产的变动状况

B. 分析资产变动的合理性与效率性

C. 分析不同时期会计政策的变动对资产负债表各科目的影响

D. 分析评价表外业务的影响

27. 资产负债表的纵向结构分析可分为（　　　）两部分。

A. 企业财务结构的稳定性和安全性分析

B. 企业资产变动的合理性与效率性分析

C. 企业的资产结构分析和理财结构分析

D. 企业财务结构的盈利能力和风险分析

28. 关于企业财务的速动比率指标，正确的公式为（　　　）。

A. 速动比率 = 速动资产（总流动资产 – 存货 – 预付费用）/流动负债

B. 速动比率 = 速动资产（总流动资产 – 存货 – 预付费用 – 待摊费用）/流动负债

C. 速动比率 = 速动资产（总流动资产 – 预付费用 – 待摊费用）/流动负债

D. 速动比率 = 速动资产（总流动资产 – 存货 – 待摊费用）/流动负债

29. 利润表也称为损益表或者收益表，是反映某企业一定时期内（　　　）的会计报表。

A. 经营成果　　　　　　　　　　　B. 现金流量

C. 财务状况　　　　　　　　　　　D. 所有者权益变动

30. 每股收益是财务报表中（　　　）内的项目。

A. 所有者权益变动表　　　　　　　B. 现金流量表

C. 利润表　　　　　　　　　　　　D. 资产负债表

31. 为企业专设的销售机构（含销售网点、售后服务网点等）的职工工资及福利费应计入（　　　）。

A. 营业外支出　　　B. 销售费用　　　C. 财务费用　　　D. 管理费用

32. 企业按照相关准则的规定而应当计入当期损益的各项资产或负债公允价值变动的净收益或净损失，应计入（　　　）。

A. 营业外支出　　　　　　　　　　B. 投资收益

C. 公允价值变动损益　　　　　　　D. 资产减值损失

33. （　　　）不仅包含营业收入，而且包含营业外收入。

A. 利润总额   B. 核心利润   C. 净利润   D. 营业利润

34. （　　）是企业利用经营资产从事自身经营活动所产生的直接利润。

A. 营业利润   B. 利润总额   C. 净利润   D. 核心利润

35. 从企业利润的实现过程来看，企业的营业收入减去营业成本后的余额为（　　）。

A. 核心利润   B. 净利润   C. 毛利润   D. 会计利润

36. 一般在企业的产品结构、销售规模、营销策略等方面变化不大的情况下，其（　　）规模变化不会太大。

A. 销售费用   B. 管理费用   C. 投资收益   D. 财务费用

37. 在各项费用开支中，（　　）更多地受到贷款规模、利率和贷款环境等外部环境的影响，同时其变化也反映了企业的理财状况。

A. 管理费用   B. 财务费用   C. 销售费用   D. 投资收益

38. （　　），可能代表企业在经营资产方面存在着不良占用（或非经营性占用）、资产周转过慢、产品在市场中没有竞争优势等问题。

A. 企业对外投资的盈利能力不高于其他资产的盈利能力

B. 企业对外投资的盈利能力不低于其他资产的盈利能力

C. 企业对外投资的盈利能力低于其他资产的盈利能力

D. 企业对外投资的盈利能力高于其他资产的盈利能力

39. 如果企业的（　　），则可以认为其盈利能力、流动性都较佳，进而反映出企业管理层在经营或投资上的管理能力很强。

A. 利润率低且现金流贡献大   B. 利润率低且现金流贡献小

C. 利润率高且现金流贡献大   D. 利润率高且现金流贡献小

40. 对企业利润结果的质量分析，主要是指对利润各个项目所对应的（　　）项目的质量分析。

A. 资产负债表   B. 现金流量表

C. 所有者权益变动表   D. 合并财务报表

41. 企业在（　　）模式下，其相应的活动应该产生核心利润和相应的现金净流量。

A. 会计操纵型   B. 资产重组型   C. 投资主导型   D. 经营主导型

42. 现金流量表是以企业的（　　）为基础编制的。

A. 经营活动   B. 投资活动   C. 现金   D. 筹资活动

43. 从长期来看，处于企业生命周期中（　　）的企业，经营活动的现金流量刚好能够维持企业的正常经营活动，但是却不能为企业扩大投资等发展提供货币支持。

A. 初创/萌芽阶段　　B. 稳定增长阶段　　C. 成熟阶段　　D. 衰退阶段

44. 下列选项中，不是影响企业投资活动现金流量变化的主要原因的为（　　）。

A. 企业加剧扩张

B. 企业规模收缩和处置不良固定资产

C. 企业获取投资收益

D. 企业管理层变更

45. （　　）企业的现金流呈现净流入的状态，且相关活动现金流量的比率占所有现金流量的50%以上。

A. 经营主导型　　　　B. 投资主导型　　　C. 资产重组型　　　D. 会计操纵型

46. 分析企业的三张主要财务报表的钩稽关系时，如果钩稽关系等式不成立，但等式两侧差额小于（　　），可以认为这种误差是可接受的，因为一些数额较小的特殊事件，企业不会单独说明，但会导致钩稽关系的等式不严格成立。

A. 2%　　　　　　　B. 3%　　　　　　　C. 5%　　　　　　　D. 10%

47. 企业财务报表编制过程中，（　　）不是导致企业的三张主要财务报表钩稽关系不成立的原因。

A. 对现金流量表的编制采用了直接法和间接法两种不同方法

B. 出现特殊事件对企业的财务报表数据产生影响

C. 会计处理发生失误或者人为故意的错误

D. 出现计算错误，或数据抄写发生错误

48. 基于业绩考核、获取信贷资金、发行股票为目的，会计报表粉饰一般以（　　）的形式出现。

A. 利润最小化、利润均衡化　　　　　B. 利润最大化、利润均衡化

C. 利润最小化、利润分散化　　　　　D. 利润最大化、利润分散化

49. 基于纳税和推卸责任等目的，会计报表粉饰一般以（　　）的形式出现。

A. 利润最小化和利润转移　　　　　　B. 利润最大化和利润转移

C. 利润最大化和利润清洗　　　　　　D. 利润最小化和利润清洗

50. 对于债权人和投资者来说，危害性最大的会计报表粉饰是（　　）。

A. 利润分散化　　B. 利润最小化　　C. 利润最大化　　D. 利润转移

二、简答题

1. 请简述财务报表分析的基本方法。

2. 请列出财务报表分析的步骤。

3. 请简要分析会计报表本身的局限性。

4. 请列举流动比率和速动比率的优缺点。

5. 请简述分析企业合并会计报表项目的方法。

6. 请简要介绍资产负债表中所提供信息的具体作用。

7. 请简述分析货币资金科目时的注意点。

8. 请简要说明应收账款产生的主要原因。

9. 对固定资产进行分析时，企业管理者可以考虑的管理制度有哪些？

10. 企业内部研究开发项目开发阶段的支出，同时满足什么条件时才能确认为无形资产？

11. BB 公司 200×年 12 月 31 日资产负债表如下：

单位：元

资产		负债及所有者权益	
项目	金额	项目	金额
流动资产	201 970	流动负债	97 925
其中：速动资产	68 700	非流动负债	80 000
非流动资产	375 955	负债合计	177 925
其中：固定资产净值	237 000	所有者权益	400 000
无形资产	138 955		
总计	577 925	总计	577 925

要求：（1）对资产负债表进行垂直分析；

（2）计算流动比率、速动比率和资产负债率；

（3）对财务状况进行评价。

12. 请简述说明利润表中收入的特点、收入的分类和收入的披露原则。

13. 请简要概述利润表中费用类和其他科目有哪些，并简单说明费用的确认原则。

14. 企业利润的质量分析包括哪些方面？高质量的企业利润与低质量的企业利润分别有哪些特点？

15. 请根据企业盈利模式及其利润结构的内容填写下表，如模式具有所属的特征在框中打钩即可，不具备则打叉并且在框中写下你认为正确的答案。

模式/特征	主要消耗资源都是经营性资产	财务业绩主要表现为广义上的投资收益	判断为良性的方法是看核心利润是否大于经营产生的现金流量的三分之一	良性发展后会对投资收益有一定的承付能力

16. 请简述现金流量表的结构组成以及它们与公司生命周期的关系。

17. 请简要说明影响企业经营、投资和融资活动现金流量变化的主要原因。

18. 请简要分析企业现金流量表和利润表之间的钩稽关系。

19. 请列举企业财务报表粉饰的动机（至少三点），并简述其对财务报表的影响。

20. 请简要描述企业出现财务粉饰行为的信号特征。

三、案例分析题

1. 华瑞公司是一家生产制造型企业，其 2013 年的资产负债表和利润表如下：

资产负债表

编制单位：华瑞公司　　　　　　2013 年 12 月 31 日　　　　　　单位：万元

资产	年初数	年末数	负债及所有者权益	年初数	年末数
流动资产：			流动负债：		
货币资产	8 000	9 000	短期借款	20 000	23 000
交易性金融资产	10 000	5 000	应付账款	10 000	12 000
应收账款	12 000	13 000	预收账款	3 000	4 000
预付账款	400	700	应付职工薪酬	500	300
存货	40 600	52 800	其他流动负债	500	700
其他流动资产			流动负债合计	34 000	40 000
流动资产合计	71 000	80 500	非流动负债：		
非流动资产：			长期借款	20 000	25 000
长期股权投资	4 000	4 000	应付债券		
固定资产	120 000	140 000	非流动负债合计	20 000	25 000
无形资产	5 000	5 500	负债合计	54 000	65 000
非流动资产合计	129 000	149 500	所有者权益：		
			实收资本	120 000	120 000

续表

资产	年初数	年末数	负债及所有者权益	年初数	年末数
			资本公积		
			盈余公积	16 000	16 000
			未分配利润	10 000	29 000
			所有者权益合计	146 000	165 000
资产总计	200 000	230 000	负债及所有者权益总计	200 000	230 000

利润表

编制单位：华瑞公司　　　　　　　　2013 年度　　　　　　　　单位：万元

项目	上年实际	本年实际
一、营业收入	180 000	200 000
减：营业成本	107 000	122 000
营业税金及附加	10 800	12 000
销售费用	16 200	19 000
管理费用	8 000	10 000
财务费用（收益以"－"填列）	2 000	3 000
资产减值损失		
加：公允价值变动净收益（净损失以"－"填列）		
投资净收益（净损失以"－"填列）	9 000	13 000
二、营业利润（亏损以"－"填列）	45 000	47 000
加：营业外收入	1 000	1 500
减：营业外支出	6 000	6 500
其中：非流动资产处置净损失（净收益以"－"填列）		
三、利润总额	40 000	42 000
减：所得税费用（假定税率为40%）	16 000	16 800
四、净利润（净亏损以"－"填列）	24 000	25 200
五、每股收益		
（一）基本每股收益		
（二）稀释每股收益		

要求：

分别计算下列指标，并作出分析评价。

（1）反映该企业短期偿债能力的指标（流动比率、速动比率、现金比率）；

（2）反映该企业长期偿债能力的指标（资产负债率、已获利息倍数，假定财务费用均为利息支出）；

（3）反映该企业营运能力的指标（应收账款周转率、存货周转率、流动资产周转率），假定 2012 年年初应收账款余额为 11 000 万元、存货余额为 38 400 万元、流动资产余额为 60 000 万元、固定资产余额为 118 000 万元；

（4）反映该企业盈利能力的指标（营业利润率、成本费用利润率、总资产报酬率、净资产收益率），假定 2012 年年初总资产余额为 190 000 万元、所有者权益余额为 130 000 万元；

（5）反映该企业发展能力的指标（营业收入增长率、总资产增长率）。

2. 欣民公司 2013 年年末的资产总额为 12 000 万元，股东权益总额为 7 000 万元，流动负债为 3 000 万元，长期负债为 2 000 万元；其中现金及现金等价物为 1 600 万元，本年度到期的长期借款和短期借款及利息为 1 600 万元。股东权益中普通股股本的总额为 4 000 万元，每股面值为 20 元。该公司 2013 年度实现净利润为 2 400 万元，股利支付率为 40%，全部以现金股利支付。公司当年经营活动的现金流量业务如下：销售商品、提供劳务取得现金 8 000 万元；购买商品、接受劳务支付现金 3 600 万元；职工薪酬支出 600 万元；支付所得税费用 800 万元；其他现金支出 400 万元。该公司经营活动现金净流量占公司全部现金净流量的 80%，销售收现比 90%。本年度公司的资本性支出为 3 200 万元。

要求：

（1）计算现金比率；

（2）计算现金流动负债比、现金债务总额比、现金到期债务比；

（3）计算每股经营现金净流量；

（4）计算现金股利保障倍数；

（5）计算现金满足投资比率；

（6）根据以上计算的比率，简要评价该公司的支付能力及收益质量。

第四章　公司金融

学习要求说明：

1. 计算运营杠杆，理解运营杠杆作为杠杆指标的意义，描述公司在日常运行中如何合理利用运营杠杆以控制运营风险

2. 计算财务杠杆，理解财务杠杆作为杠杆指标的意义，描述公司在金融危机时期如何合理利用财务杠杆以控制财务风险

3. 详述 MM 资本结构与市场价值不相关的理论，描述股权成本与金融杠杆间的关系

4. 简述各种股利政策理论，能够运用这些理论来评估公司价值

5. 分析影响公司股利政策的主要因素，并比较不同股利政策对公司价值、债权人及股东的影响

6. 比较发放股利与股票回购对公司价值的不同影响，并阐述公司进行股票回购的各种原因

7. 了解公司制的起源，分析公司制的主要优势和劣势

8. 阐述公司治理的目标和原则，解释这些目标和原则在实际案例中的运用

9. 分析公司各方利益冲突的原因，阐述利用公司治理来解决这些冲突的办法和途径

10. 说明代理关系产生的历史渊源，阐述代理关系所带来的公司治理领域的问题，讨论解决这些问题的办法和途径

11. 分析上市公司、国有企业、民营企业的公司治理的特点，评估这些特点对于银行债权的影响

12. 简介收购、兼并的定义和分类，以及这一领域的主流分析方法

13. 分析促使收购方实施兼并行为的原动力

14. 简介收购、兼并领域的主流交易方式，并探讨这些交易方式对收购方和被收购方的不同影响

15. 介绍主流的收购及反收购对策，分析这些策略的作用和效果

16. 简介中西方主要经济体在收购、兼并领域的法律监管条例，阐述这些条例在收购和反收购中的实际运用

17. 分析并比较收购、兼并的各方在并购后的收益情况，从信息不对称等理论出发，分析出现这种状况的原因

引言

银行家要为公司客户制定融资和投资策略，除了需要分析公司客户的资本结构，还需要站在客户角度考虑其综合运营状况。由于银行对公业务的服务对象极为广泛，公司客户往往希望银行家在与其洽谈投融资事宜之前对他们公司本身的治理、政策和战略交易有全面而深入的了解。这对银行家来讲不仅仅是知识储备的要求，更是与客户合作具备诚意的基本要求。

首先，银行家需要衡量与公司商业风险联系最紧密的两大因素——运营杠杆和财务杠杆。众所周知，在金融学领域，杠杆越大，企业未来运营状况的不确定性越高。因此，能否有效利用杠杆效应和控制杠杆风险关乎每个企业的核心竞争力。通过分析运营杠杆和财务杠杆，银行家能够获得对客户的商业风险最直观的了解。

其次，银行家所面对的客户表面上看虽然是公司，但实质上是赋予公司资本的股东和债权人。作为公司的实际拥有者，股东最关心的是影响其切身利益的股利和股票回购政策。通过对股利和股票回购政策的研究，银行家可以有效评析客户对投资者的价值。

再次，银行家还需要站在公司客户管理层的角度，对公司总体的治理作出评估。公司治理，通俗地说就是对公司内部和外部的所有利益关系进行协调，以期让公司健康高效地发展。公司治理的优劣由于直接影响到公司价值的起伏，也与银行即公司的主要债权人的利益息息相关，因此公司治理是银行家评价公司客户的重要依据。

最后，当企业成长发展到一定规模时，会面临着兼并或收购其他企业的问题。这对于企业来讲既是扩大经营规模的手段，又是实施行业多元化战略的契机。银行家通过分析企业的并购交易可以明晰企业的历史走向，作为制定企业投融资策略的参考。

1 公司杠杆和资本结构

在金融学里，杠杆的含义几乎可以和公司的固定成本等同起来。运营杠杆和财务杠杆的存在可以放大公司的息税前利润和普通股每股利润的变动率，而该变动率的大小分别和公司的固定运营支出和固定融资支出密切相关。具体原因会在下文予以说明。

财务杠杆的变化会导致资本结构的变化，即企业总资本中股权和债权所占的比例。在现代资本理论中，MM 理论告诉了我们企业的股权成本会怎样随着其资本结构的改变而改变，我们就可以通过 MM 理论来讨论股权成本与金融杠杆之间的关系。

1.1 运营杠杆

思考题：
运营杠杆作为企业作决策时的理论工具，其实质是什么？

运营杠杆又称为营业杠杆或经营杠杆，指在企业生产经营中由于存在固定运营成本而导致息税前利润变动率大于产销量变动率的规律。为了理解为什么固定运营成本会导致利润变动率被放大，首先需要理解息税前利润和产销量之间的关系。众所周知，息税前利润的计算公式为：

息税前利润 = 产销量 × 产品利润

产品利润 = 产品价格 − 产品变动成本 − 单位产品的固定运营成本

固定运营成本 = 产销量 × 单位产品的固定运营成本

由上面的公式可知，在固定运营成本大于 0 且恒定不变时，产销量的增大会使得单位产品的固定运营成本减小，单位产品的利润增大。由于息税前利润的增长率等于产销量和产品利润增长率的累加，所以息税前利润的增长率必然会大于产销量的增长率。同理，当产销量减小时，息税前利润的降低率也必然会大于产销量的降低率。我们可以很清楚地看到，只要固定运营成本大于 0，产品利润变化率的放大效应就会存在。只有在固定运营成本等于 0 的情况下，息税前利润的变化率才会和产销量的变化率完全相等，但这种情形在现实中几乎是不存在的。

为了对运营杠杆进行量化，企业财务管理和管理会计中把利润变动率相当于产销量变动率的倍数称之为"运营杠杆系数"或"运营杠杆程度"（Degree of Operating Leverage，DOL），并用下列公式加以表示：

$$DOL = \frac{\Delta EBIT/EBIT}{\Delta S/S}$$

式中，DOL = 运营杠杆系数，$EBIT$ = 息税前利润，$\Delta EBIT$ = 息税前利润变动额，S = 产销量，ΔS = 产销量变动额。由于 $EBIT = S(P-V)$，$\Delta EBIT = \Delta S\ (P-V)$，$P$ = 产品价格，V = 产品变动成本，上式经过整理后可得：

$$DOL = (\Delta S(P-V)/EBIT)/\ (\Delta S/S) = S(P-V)/EBIT$$
$$= S(P-V)/(S(P-V)-F)$$

例如，某公司的产品销量 40 000 件，单位产品售价 1 000 元，固定成本总额为 800 万元，单位产品变动成本为 600 元，变动成本总额为 2 400 万元。其运营杠杆系数测算如下：

$$DOL = 40\ 000 \times (1\ 000 - 600)/(40\ 000 \times (1\ 000 - 600) - 8\ 000\ 000) = 2$$

运营杠杆系数为 2，意味着当该公司销售增长 1 倍时，息税前利润将增长 2 倍；反之，当该公司销售下降 1 倍时，息税前利润将下降 2 倍。前种情形表现为运营杠杆利益，后一种情形则表现为运营风险。由此例我们可以看出，公司的运营杠杆系数越大，运营杠杆利益和运营风险就越高；公司的运营杠杆系数越小，运营杠杆利益和运营风险就越低。

如果我们对 DOL 的计算公式稍加变动，可得 $DOL = 1 + F/(S(P-V)-F)$。很显然，DOL 的值会随着产销量的增加而减小，随着单位产品变动成本的增加而增加，随着固定运营成本的增加而增加。因此，企业一般可以通过增加产销金额、降低单位产品变动成本、降低固定成本比重等措施使运营杠杆系数减小，降低经营风险。

在讨论产销金额对运营杠杆的影响时，我们会碰到经营性盈亏平衡销量（operating breakeven quantity of sales）的概念。经营性盈亏平衡销售量是产销收入等于总运营成本的销售量，即：

经营性盈亏平衡销售量 × （销售价格 − 可变成本）− 固定成本 = 0

经营性盈亏平衡销售量 = 固定成本 / 边际贡献

边际贡献（contribution margin）= 销售价格 − 可变成本

由 DOL 的定义可知，当企业的产销量等于经营性盈亏平衡销售量时，企业的运营杠杆将会趋近于无穷大。

作为衡量经营风险的重要指标，经营杠杆可以运用于公司日常决策的方方面面，包括营运决策、盈利决策、投资决策和风险决策。

■ 在营运决策中的运用。设备折旧费、员工工资、广告成本等相对固定大额的费用是企业在生产和销售过程中不可避免的固定运营费用。这些费用形成了企业的运营杠杆，从而扩大了企业的经营风险。因此，企业管理层应当高度重视这些固定费用对企业经营活动的影响，以避免企业走入困境。要控制这部分固定费用的杠杆效应，应从以下两方面着手：一方面从总额上严格控制这类固定费用，另一方面要提高营运效率，使企业的各类流动资产和固定资产都能高效周转，从而通过扩大运营收入来弥补这部分固定成本。

■ 在盈利决策中的运用。追求利润的最大化往往是绝大部分企业的经营目标。通过评测运营杠杆，企业不但可以预测销售量变动对利润的影响，也可以确定在既定的利润目标下为实现目标利润所需要的销售量增长率。市场占有率、生产能力、销售能力等指标都可以用来衡量企业的销售目标。假如企业未能实现销售目标，就需要修改其目标利润，使盈利决策更加符合企业实际。假如企业能够实现销售目标，就可以按照以销定产的原则安排生产，控制生产过程中发生的成本。

■ 在投资决策中的运用。当企业存在闲置资金的时候，会把多余的资金用来投资，以获得高额的投资回报。一般情况下，企业会同时拥有长期投资和短期投资。短期投资的投资回收期一般较短，不存在较大的风险。但是长期投资影响时间长、金额大，在过程中会出现很多不确定因素，导致了长期投资有着较大的风险。此时企业就必须谨慎地进行投资，以免出现投资失败的情况。一旦投资失败，会带来大量的后续成本，这时，经营杠杆的存在会把这种风险进行扩大，给企业造成更大的损失。

企业在进行投资决策时要从事前、事中和事后三个不同阶段来进行经营杠杆的分析。在投资决策过程中，企业应合理预测投资所能够带来的利润和能够形成的成本，并以此预测结果计算经营杠杆系数，判断未来的经营风险，并与企业的承受能力进行对比，决定能否承受风险，是否进行投资。投资后，投资人要根据已经形成的固定成本和已实现的利润再次计算经营杠杆系数，发现存在的经营风险，并将事前、事中和事后的经营杠杆系数进行比较，以及时发现偏差，进行投资决策的调整。

■ 在风险决策中的运用。经济的发展在给企业带来大量机会的同时，也带来了很大的风险。通常，企业会从一般风险和特殊风险这两方面来进行企业的风险决策分析，而经营杠杆主要是用来判断经营风险的大小的。在变动成本、销售单价不变的情况下，经营杠杆系数将随固定成本的变化呈同方向变化。固定成本越小，经营杠杆系数越小，经营风险越小。固定成本越大，经营杠杆系数越大，经营风险越大。

如果企业正保持稳定而增长的盈利，企业就可以利用经营杠杆效应，通过扩大销售来大幅度降低单位固定成本，争取较大的回报。如果企业正发生亏损，在销售价格大于单位变动成本的情况下，企业可以利用经营杠杆系数来降低亏损程度。但如果销售单价小于单位变动成本，则应当考虑合理的解决办法，有的时候会导致该种产品的生产量下降或者停产。

此外，处于不同生命周期的企业需要不同的经营杠杆应用策略。一般企业发展周期可分为初创期（或引入期）、发展期、成熟期和衰退期。现就从这四个阶段来论述杠杆在各个阶段的应用与战略决策的确定。

■ 引入期，经营风险高。在产品引入阶段，产品的研发、销售、市场反应等都具有很大的不确定性。在这个过程中，企业需要投入大量的资金来进行产品的开发，但是并不确定能够收回多少。这个时候，企业应该采取谨慎的原则进行研发，并要限制产品的生产规模，防止出现大量积压存货的情况。现在，企业的经营风险与财务风险是互起反作用的，较高的经营风险往往伴随着较低的财务风险。引入阶段，企业的成本较高，较低的产量使单位产品分摊的固定成本较高。如果企业是负债经营，那就还面对着要偿付借款利息的情况。此时，企业最好能够采用权益筹资方式，以降低还款付息的压力，为企业的发展争取时间。

■ 发展期，资金需求高。发展期企业的生产规模进一步扩大，需要的生产技术也更加成熟，与此同时也产生了大额的固定成本。为了进一步扩大企业的生产规模，企业必然会通过合并、重组等方式来增加企业的竞争力。为了获得更加先进的生产技术，必然会带来大量的开发成本，企业不能不进行融资。同时，在开拓市场、开发产品等方面都需要大量的资金，企业必然会面临着大量的资金缺口，所以需要大量的现金流入。在这个时候必须将企业的经营杠杆系数控制在一定的范围内，这样才能够避免出现经营不善的情况，扩大企业的产品销量，促进企业的发展。

■ 成熟期，现金流量大。在成熟期，企业的市场占有率趋于稳定，价格在合理的范围内波动。在这个时候，企业往往利用财务杠杆达到融资和节税的目的。与此同时，达到了一个比较理想的状态。在这个时候，经营杠杆可以充分发挥其作用了。利用销售增长率乘以经营杠杆系数，我们可以成功地预测到企业未来的价值。在这个阶段，我们可以采取高效的投资策略，如改进产品生产工艺流程，提升产品生产速度和安全度，强化企业的市场运营能力和技术研发能力等。同时加强企业的成本管理，进行企业的战略安排。

■ 衰退期，市场占有率低。进入衰退期后，产品的市场占有率出现大幅下降，销售量也急剧萎缩。在这个时候，企业不应再投入新的资源来提高此类产品的市场份额了。我们要做的是将用于生产此种产品的生产能力进行转移，进入到新的产品的生产中去。我们可利用形成的良好的市场信誉来推广新的产品，同样也会得到消费者的认可。要充分利用经营杠杆的积极作用，采取新的产品发展策略，以再次获得市场的认可，实现企业的利润最大化。

经营杠杆作用是一把"双刃剑"，正确利用可为企业带来杠杆利益，反之，则会带来杠杆损失。所以企业在运用经营杠杆原理时，一定要充分考虑其双面性，仅仅追求经营杠杆利益的结果往往是遭受经营杠杆风险的打击，最终导致企业的财务危机。企业因经营杠杆而导致财务危机的例子有许多，这是因为构成固定成本的因素就有许多，任何因素的过量使用，如大规模投资带来的过大折旧及过高的管理费用等，在企业销量无法保证的情况下，都会发生经营杠杆风险。如众所周知的中央电视台广告标王"秦池"酒厂的衰落就是最典型例子。1995 年，秦池以 6 666 万元的价格第一次夺得 1996 年中央电视台"标王"后，广告的轰动效应，使"秦池"一夜成名，"秦池"的品牌地位基本确立，市场份额也相应增加，当年"秦池"酒厂享受到了经营杠杆的积极作用。但这种局面并没有维持多久，当 1996 年 11 月秦池以 3.2 亿元的天价再次成为 1997 年中央电视台的"标王"后，"秦池"为了在短时间内满足客户订单需求，竟采取收购散酒来勾兑，并被新闻媒体披露，产品质量、信用遭到严重破坏，1997 年"秦池"的销售收入无法持续增长，此时 3.2 亿元广告费却使"秦池"陷入了难以自拔的财务危机之中。

1.2　财务杠杆

思考题：

财务杠杆作为企业预防财务风险的工具，其实质是什么？

与运营杠杆十分类似的另一个概念是财务杠杆，又称为融资杠杆、资本杠杆或者负债经营，是指由于企业债务的存在而导致普通股每股利润变动率大于息税前利润变动率的杠杆效应。由于当企业以债务的形式融资时，必须按照借债契约的要求定期支付利息，该利息和企业的固定运营成本没有本质上的差异，同样都是固定支出。既为固定支出，也就是企业的杠杆，由于是融资引起的，故称为财务杠杆。

财务杠杆的作用是债务融资和优先股融资在提高企业所有者收益中所起的作用，是以企业的投资利润率与负债利息率的对比关系为基础的。

　　当投资利润率大于负债利息率时，企业盈利，企业所使用的债务资金所创造的收益 除去债务利息之外还有一部分剩余，这部分剩余收益归企业所有者所有。当投资利润率小于负债利息率，企业所使用的债务资金所创造的收益不足以支付债务利息，对不足以支付的部分企业便需动用权益性资金所创造的利润的一部分来加以弥补。这样便会降低企业使用权益性资金的收益率。

　　如果用公式来表示债务利息对权益性资金收益的影响，可得：

$$债务利润 / 负债总额 = 投资利润率$$

$$债务利息 / 负债总额 = 负债利息率$$

$$\Delta 息税前利润 / 息税前利润 = \Delta 债务利润 / 债务利润 = \Delta 权益利润 / 权益利润$$

$$\Delta 权益收益 / 权益收益 = (\Delta 权益利润 + 债务利润 - 债务利息) / 权益利润$$

　　由此可见，如果债务利润 > 债务利息，则 Δ 权益收益/权益收益 > Δ 息税前利润/息税前利润。在现实的公司经营中，当负债在全部资金所占比重很大，从而所支付的利息也很大时，其所有者会得到更大的额外收益。当投资利润率小于负债利息率时，其所有者会承担更大的额外损失。通常把利息成本对额外收益和额外损失的效应称为财务杠杆的作用。

　　■ 当投资利润率大于负债利润率时，财务杠杆将发生积极的作用，其作用后果是企业所有者获得更大的额外收益。这种由财务杠杆作用带来的额外利润就是财务杠杆利益。

　　■ 当投资利润率小于负债利润率时，财务杠杆将发生负面的作用，其作用后果是企业所有者承担更大的额外损失。这些额外损失便构成了企业的财务风险，甚至导致破产。这种不确定性就是企业运用负债所承担的财务风险。

　　财务杠杆的主要量化指标是财务杠杆系数，或财务杠杆程度（Degree of Financial Leverage，DOL），是指普通股每股利润的变动率相当于息税前利润变动率的倍数。

$$DFL = (\Delta EPS/EPS)/(\Delta EBIT/EBIT)$$

　　如果忽略掉企业所得税的影响，$EPS = EBIT - I, \Delta EPS = \Delta EBIT$，可得：

$$DFL = (\Delta EBIT/(EBIT - I))/(\Delta EBIT/EBIT) = EBIT/(EBIT - I)$$

　　式中，DFL = 财务杠杆系数，EPS = 普通股每股利润，EBIT = 息税前利润，I = 债务利息。

案例研究：

　　我们假设 A、B、C 为三家经营业务相同的公司，它们的有关情况见下表：

项目公司	A	B	C
普通股本	2 000 000 股	1 500 000 股	1 000 000 股
发行股数	20 000 股	15 000 股	10 000 股
债务（利率8%）	0	500 000 元	1 000 000 元
资本总额	2 000 000 元	2 000 000 元	2 000 000 元
息税前利润	200 000 元	200 000 元	200 000 元
债务利息	0	40 000 元	80 000 元
税前盈余	200 000 元	160 000 元	120 000 元
所得税（税率33%）	66 000 元	52 800 元	39 600 元
税后盈余	134 000 元	107 200 元	80 400 元
财务杠杆系数	1	1.25	1.67
每股普通股收益	6.7 元	7.15 元	8.04 元
息税前利润增加	200 000 元	200 000 元	200 000 元
债务利息	0	40 000 元	80 000 元
税前盈余	400 000 元	360 000 元	320 000 元
所得税（税率33%）	132 000 元	118 800 元	105 600 元
税后盈余	268 000 元	241 200 元	214 400 元
每股普通股收益	13.4 元	16.08 元	21.44 元

　　由上表可知，财务杠杆系数表明的是由息税前利润增长所引起的每股普通股收益的增长幅度。比如，A 公司的息税前盈余增长 1 倍时，其每股收益也增长 1 倍（13.4/6.7 − 1）；B 公司的息税前盈余增长 1 倍时，每股收益增长 1.25 倍（16.08/7.15 − 1）；C 公司的息税前利润增长 1 倍时，其每股收益增长 1.67 倍（21.44/8.04 − 1）。同时，在资本总额、息税前利润相同的情况下，负债比率越高，财务杠杆系数越高，财务风险越大，但预期每股收益（投资者收益）也越高。比如 B 公司比起 A 公司来，负债比率高（B 公司资本负债率为 500 000/2 000 000 × 100% = 25%，A 公司资本负债率为 0），财务杠杆系数高（B 公司为 1.25，A 公司为 1），财务风险大，但每股收益也高（B 公司为 7.15 元，A 公司为 6.7 元）；C 公司比起 B 公司来负债比率高（C 公司资本负债率为 1 000 000/2 000 000 × 100% = 50%），财务杠杆系数高（C 公司为 1.67），财务风险大，但每股收益也高（C 公司为 8.04 元）。

　　与运营杠杆的情形类似，在讨论产销量对财务杠杆的影响时，我们会碰到盈亏平衡销售量（breakeven quantity of sales）的概念。盈亏平衡销售量是公司总收入等于总成本时的销售量，也是净利润为 0 时的销售量，即：

　　盈亏平衡销售量 × （销售价格 − 可变成本） − 固定成本 − 利息成本 = 0

盈亏平衡销售量＝（固定成本＋利息成本）／边际贡献

边际贡献＝销售价格－可变成本

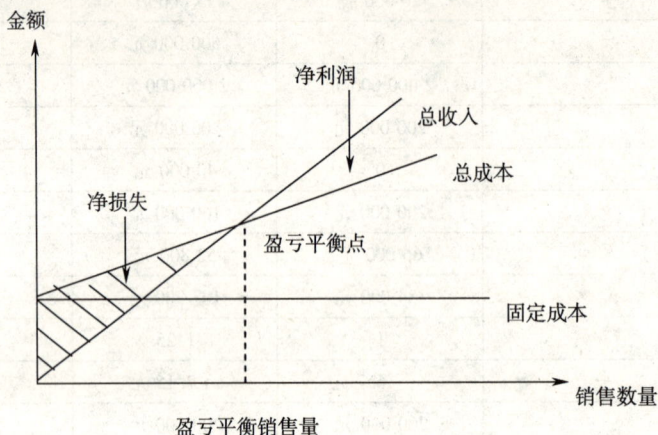

运营杠杆示意图

由 DFL 的定义可知，当企业的产销量等于盈亏平衡销售量时，企业的财务杠杆将会趋近于无穷大。

正如前文所提及，财务杠杆对企业股东权益收益的影响，取决于投资利润率与负债利息率之间的比较。当金融危机来临时，企业的市场需求减少，投资利润率降低，融资难度加大，这些都大大提高了企业风险管理的难度。那么，在金融危机时期，企业该如何利用财务杠杆来有效地预防财务风险呢？

1.2.1　重新审查企业负债的性质及资产的质量

首先，对负债进行分析。并非所有的负债都产生利息，如流动负债中的应付账款、应付职工薪酬等，这些属于自发性负债。如果销售稳定，自发性负债各期基本一致，当期偿还当期产生，净偿还金额并不大。又如，预付账款也不会给企业带来还款压力，因此都可不作为重点考察。从财务杠杆的计算公式来看，影响财务杠杆的是有息负债，如流动负债中的应付票据，若应付票据增长率低于存货以及应付账款的增长率，则反映了其债务管理质量的有效性。此外，流动负债中对企业当期财务状况影响较大的是本年金额较大的短期借款以及本年到期的长期借款。当期若不及时偿还，很可能会对企业的信誉造成不良影响，甚至带来更大的麻烦。但是，本年利息中，还包括长期负债中当期应支付的利息以及本期计提以后随本金一起偿还的利息。此外，还应该结合资产来分析本年未到期的长期负债。如果长期负债形成了固定资产或投资，应注意分析这些资产的盈利能力。若形成了流动资产，则应注重其流动性的分析，是否有被滞压或冻结的资产。同时，关注长期负债的到期时间，提前防范大额负债带来的财务风险。

其次，对可偿债资产进行分析。如货币资金与销售额的比率在各年的变化以及有无冻结的银行存款，应收账款、应收票据有多少逾期，有无转让及抵押债权，存货新旧程度、品种是否单一，等等。在运用财务杠杆的同时，应结合流动比率、速动比率以弥补财务杠杆的不足。此外，无形资产也值得特别关注，在企业经营状况不稳定或面临危机时，无形资产有可能迅速贬值，因此是风险较大的一项资产。雷曼兄弟虽然有 6 100 亿美元的债务，但仍有 6 390 亿美元的资产，资可抵债，下场却是破产。因此在金融危机时期，我们更应关注负债的性质与资产的质量。

资料分享：资产负债期限不匹配　保险业显露利率风险

"资产负债期限不匹配会令保险公司暴露再投资及利率风险，而这也是目前中国保险公司面临的最大问题。"日前，美林集团亚太区董事总经理 SamirAtassi 在上海一公开场合上发表了自己的上述观点。

"由于监管方面的原因，中国保险公司持有现金和银行存款的比例相当高，如何提高投资组合的收益率，成为提高中国保险公司利润的关键点。"Samir Atassi 认为："中国保险公司目前存在一个很大的风险，那就是'平均资产期限'和'平均负债期限'的差距是负数，即中国寿险公司的平均资产期限为 4 ~ 7 年，而平均负债期限却为 15 ~ 18 年，此间存在一个长达 11 年的差距。这说明，中国的保险公司对利率调整的敏感性是非常高的，所隐藏的风险也比较大。"

从中国保监会公布的统计数据来看，截至 9 月末，中国保险资金运用余额达到 13 071 亿元，比年初增长 25.8%；保险公司总资产 14 377.6 亿元，比年初增长 21.3%。此外，9 月末保险资金运用余额中，债券投资 6 690.4 亿元，银行存款 4 994 亿元，证券投资基金 1 062.4 亿元，股票（股权）投资 98.7 亿元。尽管用于银行存款的保险资金从 5 月开始已连续几个月同比下降，但是这一项仍占整个保险总资产的绝大多数比例。

Samir Atassi 表示："随着中国保险市场的成长和发展，中国将面临种种挑战，特别是在外资公司加入市场竞争之后。但是从现在来看，以往保险公司在产品开发、市场占有率和客户服务等方面进行竞争的状况已经有了一定的改变，除去上述各方面竞争外，同时也正在利用积极的风险管理技术来提高公司的财务业务，从而提升竞争水平。"

事实上，对于寿险公司来说，资产负债匹配的要求是刚性的，尤其体现在期限和收益率上的匹配要求。这就对投资目标和投资策略产生了明确的约束和限定。不过，对于非寿险公司，特别是财险公司来说，资产配置不是以某一类或几类保单形成的特定负债的期限和利率成本为对象，而是在公司整体负债的基础上，更具体地说是在公司现金流层面上进行的。

"对中国的保险公司来说，投资选择、投资表现、负债管理及精算营运这几个方面都是非常重要的，但是毋庸置疑，最关键的因素还是利率，甚至可以说，是利率风险决定了保险公司业务的表现。"Samir Atassi 分析认为，如果利率下降的话，那么债务成本就会增加，资产投资组合的再投资也将受到负面的影响；而利率上升的话，固定收益资产的价值就会减少，除此之外，还会因客户提前赎回保单而遭受损失。但是，更重要的问题是利率上升和下降的速度，而并非利率水平的高低，理由是对保险公司来说，风险的可预测性是非常重要的，当利率发生变化并且速度很快时，就会给保险公司增加很多不确定性。

伴随产品多元化、营销模式创新及对外开放步伐的加快，中国保险业开始注重推行全面风险管理，资产负债匹配管理作为施行全面风险管理的核心之一，正日益引起保险公司和保险监管机构的重视。

Samir Atassi 建议，中国保险业可以采取短期和长期两种不同的措施来减少风险，即增加长期固定收益资产的持有量、减少收益率低的现金或定期存款，以及可以采取增加资产类别和增加其他成长型资产持有量等。

（来源：和讯网　作者：陈天翔）

1.2.2　结合当前国家政策，分析未来的利率走向

利率变动直接影响负债的利息，从而影响财务杠杆和财务风险。因此，企业应认真研究未来的利率走势，把握其发展趋势，并制定出相应的负债管理政策。在利率处于较高水平时，应尽量少筹集有息负债或只筹集急需的短期资金。在利率处于由高向低过渡时期，也应尽量少借入有息负债，不得不筹的资金，应采用浮动利率的计息方式，将部分风险转移给债权人，使债权人与企业共担财务风险。在利率处于由低向高过渡时期，应积极筹集长期资金，并尽量采用固定利率的计息方式。

虽然，在利率处于低水平时，筹资较为有利，但也不能盲目筹资。自 2003 年 6 月到 2004 年 6 月的一年时间里，联邦基金的利率降到了历史最低点 1%，在其后长达

几年的时间里，华尔街投行能够从市场上以低得惊人的成本获得资金，然后使大量资金流入房地产，为次贷危机埋下祸根。

1.2.3　加强内控，定期检查财务杠杆系数

首先要有控制目标。因此，要科学地制定财务杠杆控制目标，提供一个控制的尺度，作为评价财务杠杆的指标。什么范围的财务杠杆系数是合理的，合理范围以外的财务杠杆系数是由什么原因造成的。在考虑财务杠杆系数时可以参照同行业企业，或行业内若干典型企业的平均值。其次要定期或不定期地计算财务杠杆系数，尤其在当前金融环境不稳定的情况下，财务杠杆系数更具有关注的价值。

与经营杠杆一样，由举债带来的财务杠杆效应是把"双刃剑"。通常我们将财务杠杆效应导致的股权增加的一面称为财务杠杆正效应，导致的股权减少的一面称为负效应。利息抵税作用条件下企业负债融资产生财务杠杆的正面效应会使每股普通股的收益持续增长。企业债务资本的优势是借款的利息可作为在税前扣除的费用，起到抵扣税务成本的作用。财务杠杆的负效应是相对其积极的作用，它是财务杠杆的不合理使用而导致的一种财务风险，负面效应会导致企业每股普通股的盈利大大降低。过多的负债经营，会使企业在生产过程中产生的债务资本的利润只能或不足以弥补其利息支出，达不成所谓的平衡，甚至要减少权益资本的利润用以偿还债务利息，最终导致每股普通股收益下降，这是财务杠杆导致损失的负面影响。此刻，如果企业盲目继续进行债务追加，很快将面临更大的债务危机。

韩国大宇集团的解散，就是财务杠杆负效应的真实体现。大宇集团在政府政策和银行信贷的支持下，走的是一条"举债经营"之路。试图通过大规模举债，达到大规模扩张的目的，最后实现"市场占有率至上"的目标。当1997年亚洲金融危机爆发后，大宇集团已经显现出经营上的困难，其销售额和利润均不能达到预期的目的，此时如果大宇集团不再大量发行债券进行"借贷式经营"，而像韩国其他四大集团一样进行自律结构调整——重点改善财务结构，努力减轻债务负担，恐怕大宇集团今天仍是韩国的五大集团之一。然而，大宇集团却认为，只要提高开工率，增加销售额和出口就能躲过这场金融危机，于是，一意孤行地继续大量发行债券，进行"借贷式经营"。由于经营不善，加上资金周转困难，韩国政府于1999年7月26日下令债券银行接手对大宇集团进行结构调整，加快了这个负债累累的集团的解散速度。由此可见，大宇集团的举债经营所产生的财务杠杆效益是消极的，不仅难以提高企业的盈利能力，反而因巨大的偿付压力使企业陷入无法解脱的财务困境。

1.3 资本结构和 MM 理论

在熟悉了公司杠杆的概念和应用之后，下面要学习如何将公司杠杆和资本结构结合起来，以分析杠杆对公司价值和权益融资成本的影响。

众所周知，资本结构是指公司通过债券（负债融资）、股票（权益融资）、混合债券等方式融资后，负债资本和权益资本占公司总资本的构成的比例关系。对于公司来说，负债融资获得的资金计入公司总负债，权益融资获得资金成为股本计入所有者权益，所以公司资本结构的调整主要表现为对公司资本中债务构成，或者说"负债融资的比例"进行调整。这个指标通常是以公司的权益负债率、资产负债率或财务杠杆率来衡量的。它们各自的计算公式如下：

$$权益负债率 = 总负债／总所有者权益$$
$$资产负债率 = 总负债／（总负债 + 总所有者权益）$$
$$财务杠杆率 = 平均总资产／平均总所有者权益$$

例如，一家资产总额为 150 000 元的公司，其中有 30 000 元来自公司的权益融资，120 000 元来自公司的负债融资。此公司的权益负债率为 4.0，资产负债率为 80%，财务杠杆率为 5.0。为了合理地解释资本结构与公司价值之间的联系，西方财务理论界曾提出过多种资本结构理论，其中最著名的是 MM 理论。

MM 理论是莫迪格利安尼（Modigliani）和默顿·米勒（Miller）于 1958 年发表的《资本成本、公司财务和投资管理》一书中所建立的公司资本结构与市场价值不相干模型的简称。该理论最初建立在一系列严格假设的基础之上，包括无公司所得税、无债务风险、完美的资本市场、无交易成本、证券的可无限分割性、个人和企业贷款利率相等、投资者预期的一致性和恒定性等。最初的 MM 理论认为，当所有这些假设条件都成立时，公司的资本结构与公司的市场价值无关。换言之，只要经营风险保持恒定，即便公司的债务权益比率由 0 增加到 100%，企业的资本总成本和总价值也不会发生任何变动，不存在一个能使公司价值最大化的最佳资本结构。

从公司价值的角度，最初的 MM 理论可以用公式表示为：

$$V = V_L = V_U = \frac{EBIT}{K_A} = \frac{EBIT}{K_{SU}}$$

其中，V 表示公司价值，V_L 表示有负债公司的价值，V_U 表示无负债公司的价值。K_A 表示有负债公司的加权平均资本成本，而 K_{SU} 表示无负债公司的普通股报酬率。

从风险补偿的角度，最初的 MM 理论可以用公式表示为：

$$r_e = r_0 - (r_0 - r_d) \times (D/E)$$

其中，r_e表示有负债企业的权益资本成本，r_0表示无负债企业的权益资本成本，r_d表示负债企业的债务资本成本，D/E表示负债企业的负债率。通常来讲，如果公司提高其债务比率则股东承担的风险会加大，从而增加了股东要求的权益资本收益。随着财务杠杆的增加，便宜的负债带给公司的利益会被股东权益成本的上升所抵消，最后使负债公司的平均资本成本等于无负债公司的权益资本成本。因此，公司的市场价值不会随负债率的上升而提高，即公司资本结构和资本成本的变化与公司价值无关。

显然，由于最初的 MM 理论建立在高度抽象的假设条件的基础上，现实中公司价值的变动状况对该理论构成了严峻的挑战。随着时间的推移，MM 本人对初始的 MM 理论进行了修正，提出了将公司税考虑在内的修正版模型，从而使得该理论更符合实际状况。

从公司价值的角度，修正后的 MM 理论可以用公式表示为：

$$V_L = V_U + T \times D$$

其中，V_L表示有负债公司的价值，V_U表示相同风险等级的无负债公司的价值，T表示公司税率，D表示公司负债总额。该公式的含义是，当公司负债后，负债利息可以计入成本，由此使得税前利润降低。税前利润的降低使得公司缴纳的所得税降低，从而增加了公司股东的收益（即税后收益），这一收益的增加称为节税利益。当加权平均资本成本不变，公司股东收益和债务利息之和增加时，公司本身的价值也就随之增加。按照修正版的 MM 理论，公司负债越多，公司价值越大。当公司目标为公司价值最大化时，公司的最佳资本结构应该是 100% 负债。

为了定量计算节税利益，假定公司负债是永久性的，那么公司节税利益的大小就取决于税率和公司债务的收益率。公司年节税利益为：

公司年节税利益 ＝债务收益 × 公司税率 ＝ 公司负债总额

× 公司债务资本收益率（即公司负债资本成本）× 公司税率

如果公司的负债是永久的，那么公司每年有一笔等额节税利益流入，这笔无限期的等额资金流的现值就是负债企业的价值增加值。

从风险补偿的角度，修正后的 MM 理论可以用公式表示为：

$$r_e = r_0 - (r_0 - r_d) \times (1 - T) \times (D/E)$$

其中，r_e表示有负债企业的权益资本成本，r_0表示无负债企业的权益资本成本，r_d表示负债企业的债务资本成本，D/E表示负债企业的负债率，T表示公司税率。该公式的含义是，在考虑所得税情况下，负债企业的权益资本成本率等于同一风险等级中某一无负债企业的权益资本成本率加上一定的风险报酬率。风险报酬率根据无负债企业的权益资本成本率和负债企业的债务资本成本率的税后差值和债务权益比所确定。在这里，风险报酬率考虑了公司所得税的影响。因为（1－T）总是小于1，在D/E比例不变的情况下，这一风险报酬率总小于初始MM模型的风险报酬率。由于节税利益，这时的股东权益资本成本率的上升幅度小，或者说，在赋税条件下，当负债比率增加时，股东面临财务风险所要求增加的风险报酬的程度小于无税条件下风险报酬的增加程度，即在赋税条件下公司允许更大的负债规模。

案例研究：高担保高杠杆成为部分国有企业的风险隐患

小公司的资本预算与大公司一样重要。对子公司提供超比例巨额担保，正日益成为部分国有企业的风险隐患。

《第一财经日报》记者近期获得的一份内部统计数据，揭示了沿海某经济发达省份一家大型省属国有企业的担保和负债情况，数据展现出的高担保—高杠杆现象，勾勒出这家国有企业的风险敞口。

数据显示，该国企集团对一家下属子公司仅持股30%，这家子公司注册资本为人民币4 000万元，但集团对其担保数额高达5.3亿元，为该子公司净资产的890%。同时，动辄600%甚至更高的担保额与被担保公司净资产比例，是这份统计数据的显著特征。有某省国资委官员对本报记者称，这种情况相当普遍，它所反映的实质是：一些国有企业的风险敞口巨大，风险甚至高于民营企业。

数据显示，上述企业集团对控股或者参股子公司的担保比例和额度都非常高。该企业集团共为9家子公司提供担保，担保额与被担保公司净资产的比例最高超过900%，超过590%的则有4家。

此外，按照集团管控的要求，子公司不得再对外提供担保。但这一内部制度约束也已失灵。数据显示，该集团有两家子公司对外提供担保，其中一家对外担保额与被担保公司净资产的比例竟高达1 508%。

记者统计显示，该集团对参股或控股子公司的担保总额超过了30亿元，子公司进一步对外担保超过4亿元，这构成了明显的风险敞口。

与此同时，数据显示，该企业集团及其控股或参股子公司均有着很高的负债率。在记者获得数据覆盖的11家子公司中，资产负债率超过79%的有6家，其中3家超过90%。而集团的资产负债率近几年一直在76%～80%，再融资的空间也很小。

如此高的担保率和负债率，与国企的属性有关，也源自前些年的"加杠杆效应"。

大公国际研究院院长金海年此前表示,中国非金融部门目前的债务比率已经处于历史高位。

2008年之前,非金融部门的债务比率大部分时间都处于110%以下,到2013年年底已经上升到140%。

这一高杠杆现象如今集中在国有企业。金海年援引的数据显示,我国国有企业的债务占整个中国非金融机构债务的比例大约是80%,而且非上市企业债务要远比上市企业债务多得多,它占全部企业债务的90%以上;债券发行的结构、历年新增的数据也显示,发行的债券都是国有企业为主,其他的企业可以忽略不计。

另外,被放大的杠杆会有一个副产品,就是让一批国企成了"资金倒爷":它们或是委托贷款,或是购买理财产品,或是以贸易垫资等方式,将银行融进来的低息资金以高息放到市场上去,从而加剧了金融扭曲,也形成了国有企业对民营企业的剥夺。

(来源:第一财经日报 作者:王培霖)

2 股利政策及股票回购

股利政策（Dividend Policy）是指公司股东大会或董事会对一切与股利有关的事项所采取的较具原则性的做法，是关于公司是否发放股利、发放多少股利以及何时发放股利等方面的方针和策略，所涉及的主要是公司对其收益进行分配还是留存以用于再投资的策略问题。它有狭义和广义之分。从狭义方面来说的股利政策就是指探讨留存收益和普通股股利支付的比例关系问题，即股利发放比率的确定。而广义的股利政策则包括股利宣布日的确定、股利发放比例的确定以及股利发放时的资金筹集等问题。

投资者要利用手中持有的股票盈利，除了定期获取公司发放的股利之外，另一个途径就是通过公司的股票回购回收现金。股票回购是指上市公司利用现金等方式，从股票市场上购回本公司发行在外的一定数额的股票的行为。公司在股票回购完成后可以将所回购的股票注销。但在绝大多数情况下，公司会将回购的股票作为"库藏股"保留，不再属于发行在外的股票，且不参与每股收益的计算和分配。库藏股日后可移作他用，如发行可转换债券、雇员福利计划等，或在需要资金时将其出售。

2.1 各种股利政策理论介绍

为了理解公司实行不同股利政策的原因以及股利政策对公司价值和投资者投资策略的影响，过去五十年以来金融理论学家们提出了各式各样的股利政策理论。本节将就各种股利政策理论进行简要介绍。

2.1.1 传统理论

20 世纪六七十年代，学者们研究股利政策理论主要关注的是股利政策是否会影响股票价值。其中最具代表性的是"一鸟在手"理论、MM 股利无关论和税差理论。这三种理论被称为传统股利政策理论。

■"一鸟在手"理论。"一鸟在手"理论源于谚语"双鸟在林不如一鸟在手"。该理论最具有代表性的著作是 M. Gordon 于 1959 年在《经济与统计评论》上发表的《股利、盈利和股票的价格》，他认为企业的留存收益再投资时会有很大的不确定性，并且投资风险随着时间的推移将不断扩大，因此投资者倾向于获得当期的而非未来的收入，即当期的现金股利。因为投资者一般为风险厌恶型，更倾向于当期较少的股利收入，而不是具有较大风险的未来较多的股利。在这种情况下，当公司提高其股利支付率时，就会降低不确定性，投资者可以要求较低的必要报酬率，公司股票价格上升；如果公司降低股利支付率或者延期支付，就会使投资者风险增大，投资者必然要求较高报酬率以补偿其承受的风险，公司的股票价格也会随之下降。

■ MM 理论。1961 年，股利政策的理论先驱米勒（Miller，MH）和弗兰克·莫迪格利安尼（Modieliani，F）在其论文《股利政策，增长和公司价值》中提出了著名的"MM 股利无关论"，即认为在一个无税收的完美市场上，股利政策和公司股价是无关的，公司的投资决策与股利决策彼此独立，公司价值仅仅依赖于公司资产的经营效率，股利分配政策的改变仅仅意味着公司的盈余如何在现金股利与资本利得之间进行分配。理性的投资者不会因为分配的比例或者形式而改变其对公司的评价，因此公司的股价不会受到股利政策的影响。

■ 税差理论。Farrar 和 Selwyn 于 1967 年首次对股利政策影响企业价值的问题作出了回答。他们采用局部均衡分析法，并假设投资者都希望并试图达到税后收益最大化。他们认为，只要股息收入的个人所得税高于资本利得的个人所得税，股东将情愿公司不支付股息。也就是说，资金留在公司里或用于回购股票时股东的收益更高，或者说，这种情况下股价将比股息支付时高。如果股息未支付，股东若需要现金，可随时出售其手中部分股票。从税负角度考虑，公司不需要分配股利。如果要向股东支付现金，也应通过股票回购来解决。

2.1.2　现代理论

进入 20 世纪 70 年代以来，信息经济学的兴起使得古典经济学产生了重大的突破。信息经济学改进了过去对于企业的非人格化的假设，而代之以经济人效用最大化的假设。这一突破对股利分配政策研究产生了深刻的影响。财务理论学者改变了研究方向，并形成了现代股利政策的两大主流理论——股利政策的信号传递理论和股利政策的代理成本理论。

■ 信号传递理论。信号传递理论从放松 MM 理论的投资者和管理者拥有相同的信息假定出发，认为管理当局与企业外部投资者之间存在信息不对称。管理者占有更多关于企业前景方面的内部信息，股利是管理者向外界传递其掌握的内部信息的一种手段。如果他们预计到公司的发展前景良好，未来业绩将大幅度增长时就会通过增加股利的方式将这一信息及时告诉股东和潜在的投资者。相反，如果预计到公司的发展前景不太好，未来盈利将持续不理想时，那么他们往往会维持甚至降低现有股利水平，这等于向股东和潜在投资者发出了不利的信号。因此，股利能够传递公司未来盈利能力的信息，这样导致股利对股票价格有一定的影响。当公司支付的股利水平上升时，公司的股价会上升。当公司支付的股利水平下降时，公司的股价也会下降。

■ 代理成本理论。股利代理成本理论是由 Jensen 和 Meckling（1976）提出来的，是在放松了 MM 理论的某些假设条件的基础上发展出来的，是现代股利理论研究中的主流观点，能较好地解释股利的存在和不同的股利支付模式。Jensen 和 Meckling 指出，管理者和所有者之间的代理关系是一种契约关系，代理人追求自己的效用最大化。如果代理人与委托人具有不同的效用函数，就有理由相信他不会以委托人利益最大化为标准行事。委托人为了限制代理人的这类行为，可以设立适当的激励机制或者对其进行监督，而这两方面都要付出成本。Jensen 和 Meekling 称之为代理成本（agency cost），并定义代理成本为激励成本、监督成本和剩余损失三者之和。

■ 迎合理论。到了 20 世纪 90 年代，财务理论学者们发现美国上市公司中支付现金股利的公司比例呈现下降趋势，这一现象被称作"正在消失的股利"，随后时期在加拿大、英国、法国、德国、日本等国也相继出现了类似的现象，蔓延范围之广，堪称具有国际普遍性。在这种背景情况下，美国哈佛大学 Baker 和纽约大学 Wurgler 提出了股利迎合理论来解释这种现象。

Baker 和 Wurgler 指出，由于某些心理因素或制度因素，投资者往往对于支付股利的公司股票有较强的需求，从而导致这类股票形成所谓的"股利溢价"，而这无法用传统的股利追随者效应来解释，主要是由于股利追随者效应的假设只考虑到股利的需求方面，而忽略供给方面。Baker 和 Wurgler 认为有些投资者偏好发放现金股利的公司，会对其股票给予溢价，而有些投资者正好相反，对于不发放现金股利的公司股票给予溢价。因此，管理者为了实现公司价值最大化，通常会迎合投资者的偏好来制定股利分配政策。

Baker 和 Wurgler 先后完成了两份实证研究检验来检验他们所提出的理论，在 Baker 和 Wurgler（2004a）的检验里，他们通过 1962—2000 年 COMPUSTAT 数据库里的上市公司数据证明，当股利溢价为正时，上市公司管理者倾向于支付股利。反之，若股利溢价为负时，管理者往往忽视股利支付。在 Baker 和 Wurgler（2004b）的检验里，他们检验了上市公司股利支付意愿的波动与股利溢价之间的关系，检验样本期间从 1962—1999 年。Baker 和 Wurgler 同样发现，当股利溢价为正时，上市公司股利支付的意愿提高；反之，如果股利溢价出现负值时，上市公司股利支付的意愿降低，以上两项均支持了股利迎合理论。

2.2　影响公司股利政策的各种因素

思考题：

根据上述股利政策理论，当确定了公司的股利发放比率的变化走向时，该如何重新评估公司价值？

2.2.1　四大股利政策

在分析影响公司股利政策的因素之前，先来了解以下四种主要的股利政策。

一、剩余股利政策

该政策以满足公司资金需求为出发点。根据这一政策，公司按如下步骤确定其股利分配额：

■ 确定公司的最佳资本结构；

■ 确定公司下一年度的资金需求量；

■ 确定按照最佳资本结构，为满足资金需求所需增加的股东权益数额；

■ 将公司税后利润首先满足公司下一年度的增加需求，剩余部分用来发放当年的现金股利。

由于公司发放股利会以留存满足公司发展所需的资金为前提，因而剩余股利政策有助于公司按照既定发展方案快速增长其价值。

二、稳定股利额政策

该政策以确定的现金股利分配额作为利润分配的首要目标，股利分配额一般不随资金需求的波动而波动。这一股利政策有以下两点好处：

■ 稳定的股利额给股票市场和公司股东一个稳定的信息。

■ 许多长期投资者（包括个人投资者和机构投资者）希望公司股利能够成为其稳定的收入来源，以便安排消费和其他各项支出。稳定股利额政策有利于公司吸引和稳定这部分投资者的投资。

然而，采用稳定股利额政策，要求公司对未来的支付能力作出较好的判断。一般来说，公司确定的稳定股利额不应太高，要留有一定余地，以免造成公司无力支付的困境。稳定股利额政策一般适用于经营比较稳定的大型企业，该类企业所确定的稳定股利额一般不宜超过其净利润的 20%，最多不能超过净利润的 30%。当利润水平发生不可逆转的变化时，企业应及时调整稳定股利额的水平以保证留存足够的资金用于企业自身业务的发展。

由于实行稳定股利额政策的公司的发展往往取决于公司本身通过经营所获取的利润增长，而不是所分配现金股利的多少，因而稳定股利额政策对公司价值的影响微乎其微。

三、固定股利率政策

政策公司每年按固定的比例从税后利润中支付现金股利。从企业支付能力的角度看，这是一种真正稳定的股利政策。由于这一政策将导致公司股利分配额的频繁变化，传递给外界一个公司不稳定的信息，所以很少有企业采用这一股利政策。按照该政策，公司每年支付的现金股利与其税后利润成正比，因而固定股利率政策对公司价值影响很小。

四、正常股利加额外股利政策

根据这一政策，企业除每年向股东发放一定固定的现金股利额外，还在企业盈利较高、资金较为充裕的年度向股东发放高于一般年度的正常股利额的现金股利。其高出部分即为额外股利。该政策能够在公司发展速度较慢时适度提升公司价值，而在公司发展速度较快时稳定公司价值的增长速度。

由此可见，对于公司经营来讲，四种股利政策是各有利弊的。然而，公司的管理层要决定实行哪一种股利政策，除了考虑政策本身的利弊得失，还需要考虑种种客观因素的存在。影响公司股利分配政策的主要因素有以下几种。

2.2.2 各种约束

■ 契约约束。公司在借入长期债务时，债务合同对公司发放现金股利通常都有一定的限制，公司的股利政策必须满足这类契约的约束。

■ 法律约束。为维护有关各方的利益，各国的法律对公司的利润分配顺序、资本充足性等方面都有所规范，公司的股利政策必须符合这些法律规范。

■ 现金充裕性约束。公司发放现金股利必须有足够的现金。如果公司没有足够的现金，则其发放现金股利的数额必然受到限制。

2.2.3 投资机会

如果公司的投资机会多，对资金的需求量大，则公司很可能会考虑少发现金股利，将较多的利润用于投资和发展。相反，如果公司的投资机会少，资金需求量小，则公司有可能多发些现金股利。因此，公司在确定其股利政策时，需要对其未来的发展趋势和投资机会作出较好的分析与判断，以作为制定股利政策的依据之一。

2.2.4　资本成本

股份有限公司应保持一个相对合理的资本结构和资本成本。公司在确定股利政策时，应全面考虑各条筹资渠道资金来源的数量大小和成本高低，使股利政策与公司理想的资本结构和资本成本相一致。

2.2.5　偿债能力

偿债能力是股份公司确定股利政策时要考虑的一个基本因素。股利分配是现金的支出，而大量的现金支出必然影响公司的偿债能力。因此，公司在确定股利分配数量时，一定要考虑现金股利分配对公司偿债能力的影响，保证在现金股利分配后公司仍能保持较强的偿债能力，以维护公司的信誉和借贷能力。

2.2.6　信息传递

股利分配是股份公司向外界传递的关于公司财务状况和未来前景的一条重要信息。公司在确定股利政策时，必须考虑外界对这一政策可能产生的反应。

2.2.7　对股东、债权人和银行的利益影响

股东是公司的所有者，他们最关心的是股权价值的最大化。股东对股利政策的影响与股东在公司中的地位、股东获得收益的方式密切相关。股东对股利政策的影响主要表现在股权控制的要求、税负以及股权结构等方面。

■ 股权控制要求。以现有股东为基础组成的董事会在长期的经营中可能形成了一定的有效控制格局，他们往往也会将股利政策作为维持其控制地位的工具。尤其当公司为有利可图的投资机会筹集所需资金，而外部又无适当的筹资渠道可供利用时，为避免增发新股，打破已形成的控制格局，他们就会选择低股利支付率。

■ 所得税税负。公司股东大致有两类：一类是希望公司能够支付稳定的股利，来维持日常生活；另一类则希望公司多留利而少发股利，以求少缴个人所得税。如果一个公司拥有很大比例的因达到个人所得税的某种界限而按高税率课税的富有股东，则其股利政策将倾向于多留盈利少派股利。因为股利收入的税率要高于资本利得的税率，这种多留少派的股利政策可以给这些富有股东带来更多的资本利得收入，从而达

到少纳所得税的目的。相反，如果一个公司绝大部分股东是低收入阶层，其所适用的个人所得税税率比较低，这些股东就会更重视当期的股利收入，宁愿获得没有风险的当期股利，而不愿冒风险去获得将来的资本利得。因此，对这类股东来说，税负状况并不是他们关心的内容，他们更喜欢较高的股利支付率。

■ 股权结构。对于那些股权结构集中的公司，对股利传递信息的要求程度也较低。如由股东和管理者一致的家族所掌控的企业、受银行和产业集团控制的大公司，其决策人集中而且各决策人之间的信息传递速度快捷可信，因而对股利传递信息的要求较低。对于那些股权结构分散的公司，随着公司股权结构的扩散，公司管理者拥有公司股票的比例逐渐降低，管理者在公司盈利中享有的股利就越少，则管理者过度投资以从公司闲置现金流量中获得收益的动机越强。此外，有监督管理者经营行为动机的股东人数随着公司股权结构分散程度而严格递减，导致公司股东与代理者之间的代理成本增大，因此股东需要公司支付股利以传递管理者行为的信息的程度就越高。

公司的债权人具有公司的债务请求权，但不参与公司的管理，他们主要通过观察公司的经营业绩、公司公开披露和间接按时的相关信息判断公司的经营状况，所以他们对公司经营状况的了解程度低于经理和股东。由于债权人最关心的是公司定期支付的利息和期末返还本金的能力，所以他们会通过分析评价股利政策来判断公司的经营水平和偿债能力。债权人在评价股利政策时主要考虑以下两个因素：

■ 支付股利向市场传递的信息。一方面，公司支付股利向市场传递了公司运行良好的信息，表示公司具备偿还债权人利息和本金的能力，有助于增强债权人对公司的信心。另一方面，公司提高股利也可能向市场传递了公司缺乏良好投资机会的信息，从而告诉债权人公司经营状况不佳。

■ 发放股利对债权人长期利益的损害。除了定期利息，债权人还有权利在债务到期时获得返还的本金。如果公司当期支付过高的股利，将不能满足投资机会对现金的需求，影响公司的长远发展和收益水平，进而影响对债权人的长期还本付息的能力。

因此，为了增强公司的筹资能力，公司在制定股利政策时应考虑到债权人对本公司股利政策的评价，使得债权人对公司偿债能力充满信心，有助于满足公司的筹资需求。

2.3　股票回购

思考题：

一般在何种情况下，公司会使用股票回购？请阐述股票回购对于上市公司和投资者的不同影响。

与股利紧密联系的另一个股东获利的途径是股票回购。按照回购的地点不同，股票回购的方式可分为场内公开收购和场外协议收购两种。

场内公开收购是指上市公司把自己等同于任何潜在的投资者，委托在证券交易所有正式交易席位的证券公司，代自己按照公司股票当前市场价格回购。虽然这一种方式的透明度比较高，但很难防止价格操纵和内幕交易。

场外协议收购是指股票发行公司与某一类（如国家股）或某几类（如法人股、B股）投资者直接见面，通过在店头市场协商来回购股票的一种方式。协商的内容包括价格和数量的确定，以及执行时间等。很显然，这一种方式的缺陷就在于透明度比较低，有违于股市"三公"原则。

公司之所以回购自身股份，原因不外乎四种：

■ 反收购措施。股票回购在国外经常是作为一种重要的反收购措施而被运用。回购将提高本公司的股价，减少在外流通的股份，给收购方造成更大的收购难度。股票回购后，公司在外流通的股份少了，可以防止浮动股票落入进攻企业手中。

■ 改善资本结构。股票回购是改善公司资本结构的一个较好途径。利用企业闲置的资金回购一部分股份，虽然降低了公司的实收资本，但是资金得到了充分利用，每股收益也提高了。

■ 稳定公司股价。过低的股价，无疑将对公司经营造成严重影响，股价过低，使人们对公司的信心下降，使消费者对公司产品产生怀疑，削弱公司出售产品、开拓市场的能力。在这种情况下，公司回购本公司股票以支撑公司股价，有利于改善公司形象，股价在上升过程中，投资者又重新关注公司的运营情况，消费者对公司产品的信任增加，公司也有了进一步配股融资的可能。因此，在股价过低时回购股票，是维护公司形象的有力途径。

■ 建立企业职工持股制度的需要。公司以回购的股票作为奖励优秀经营管理人员、以优惠的价格转让给职工的股票储备。

当一个公司实行股票回购时，股价将发生变化，这种变化是两方面的叠加。首先，股票回购后公司股票的每股净资产值将发生变化。在假设净资产收益率和市盈率都不变的情况下，股票的净资产值和股价存在一个不变的常数关系，也就是净资产倍数。因此，股价将随着每股净资产值的变化而发生相应的变化，而股票回购中净资产值的变化可能是向上的，也可能是向下的。其次，由于公司回购行为的影响，及投资者对此的心理预期，将促使市场看好该股而使该股股价上升，这种影响一般总是向上的。若股票价格低于净资产值，每股净资产值无疑会升高，股价也会随之升高。若股票价格高于净资产值，但股权融资成本仍高于银行利率，在这种情况下，公司进行回购仍是有利可图的，可以降低融资成本，提高每股税后利润。在非上述情况下回购股票，无疑将使每股税后利润下降，损害公司股东（指回购后的剩余股东）的利益。此时股票回购只能作为股市大跌时稳定股价、增强投资者信心的手段，抑或是反收购战中消耗公司剩余资金的"焦土战术"，这种措施并不是任何情况下都适用。因为短期内股价也许会上升，但从长期来看，由于每股税后利润的下降，公司股价的上升只是暂时现象，因此若非为了应付非常状况，一般无须采用股票回购。

案例研究：

假设某公司股本为 10 000 万股，全部为可流通股，每股净资产值为 2.00 元，让我们来看看在下列三种情况下进行股票回购，会对公司产生什么样的影响。股票价格低于净资产值。假设股票价格为 1.50 元，在这种情况下，假设回购 30% 即 3 000 万股流通股，回购后公司净资产值为 15 500 万元（10 000 × 2.00 − 3 000 × 1.50），回购后总股本为 7 000 万股，则每股净资产值上升为 2.21 元（15 500/7 000），将引起股价上升。假设前面那家公司每年利润为 3 000 万元，全部用于派发红利，银行一年期贷款利率为 10%，股价为 2.50 元。公司股权融资成本为 12%，高于银行利率 10%。若公司用银行贷款来回购 30% 的公司股票，则公司利润变为 2 250 万元（3 000 万元 − 3 000 万股 × 2.5 元 × 10%），公司股本变为 7 000 万股，每股利润上升为 0.321 元（2 250/7 000），较回购前的 0.3 元（3 000/10 000）上升 0.021 元。

股票回购，对投资者和公司各有不同的意义。

■ 对于股东的意义。股票回购后股东得到的资本利得需缴纳资本利得税，发放现金股利后股东则需缴纳股息税。在前者低于后者的情况下，股东将得到纳税上的好处。但另外，由于各种因素很可能因股票回购而发生变化，其结果是否对股东有利难以预料。也就是说，股票回购对股东利益具有不确定的影响。

■ 对于公司的意义。对于公司来说，股票回购的最终意义是有利于增加公司的价值。

公司进行股票回购的目的之一是向市场传递股价被低估的信号。股票回购有着与股票发行相反的作用。股票发行被认为是公司股票被高估的信号，如果公司管理层认为公司的股价被低估，通过股票回购，向市场传递了积极信息。股票回购的市场反应通常是提升了股价，有利于稳定公司股票价格。如果回购以后股票仍被低估，剩余股东也可以从低价回购中获利。

当公司可支配的现金流明显超过投资项目所需的现金流时，可以用自由现金流进行股票回购，有助于增加每股盈利水平。股票回购减少了公司自由现金流，起到了降低管理层代理成本的作用。管理层通过股票回购试图使投资者相信公司的股票是具有投资吸引力的，公司没有把股东的钱浪费在收益不好的投资中。

避免股利波动带来的负面影响。当公司剩余现金是暂时的或者是不稳定的，没有把握能够长期维持高股利政策时，可以在维持一个相对稳定的股利支付率的基础上，通过股票回购发放股利。

发挥财务杠杆的作用。如果公司认为资本结构中权益资本的比例较高，可以通过股票回购提高负债比率，改变公司的资本结构，并有助于降低加权平均资本成本。虽然发放现金股利也可以减少股东权益，增加财务杠杆，但两者在收益相同情形下的每股收益不同。特别是通过发行债券融资回购本公司的股票，可以快速提高负债比率。

通过股票回购，可以减少外部流通股的数量，提高了股票价格，在一定程度上降低了公司被收购的风险。

调节所有权结构。公司拥有回购的股票，可以用来交换被收购或被兼并公司的股票，也可用来满足认股权证持有人认购公司股票或可转换债券持有人转换公司普通股的需要，还可以在执行管理层与员工股票期权时使用，避免发行新股而稀释收益。

案例研究：摩根大通——关注资本支出与回购表现突出的企业

【核心观点】

资本支出与回购表现突出的企业，在股市上同样表现良好。美国近五年的数据证实了这一点。由于欧洲企业这两项指标均处于低位且面临反弹，我们建议关注资本支出与股票回购表现突出的欧洲企业股票。同时在投资策略上，建议超配欧洲外围国家股市，低配新兴市场和英国股市。

分析逻辑：

■ 资本支出与回购表现突出的企业，在股市上同样表现良好。公司的资本支出和股票回购看似不会同时发生，毕竟它们是属于两种经济周期的行为。当最终需求难以预见时，股票回购通常就会作为一种防御性手段出现。而资本支出却是一种扩张性的行为，主要出现在回购之后的一个阶段。

但我们认为，公司的资本支出和股票回购均是现金流和融资状况改善的表现。它们总体上是顺周期的且是同步的。

美国市场上，公司资本支出占 GDP 比率在 2009 年触底反弹，从 10.9% 上升到目前的 12.3%。股票回购同样在 2009 年达到低点，并随后回升。过去四年间，美国的企业已经从市场回购了净值为 1.8 万亿美元的股票。事实表明，在回购和资本支出上表现突出的企业，在股市上同样表现良好。我们认为 2008 年金融危机后企业利润率增长以及 2008 年信贷紧缩后金融环境的常规化是推动回购与资本支出增长的主要因素。

■ 债券收益率上升对股票回购有推动作用。尽管股息股可能会受到债券收益率上升的冲击，但股票回购却不会。事实上，标准普尔股票回购指数与美国十年期国债收益率有着正向关系。当收益率上升时，进行回购的企业股票也表现较好。反之亦然。

■ 欧洲市场的资本支出与股票回购都有望触底反弹。与美国将近五年的持续增长不同，欧洲才刚刚经历两个季度的复苏阶段。如今欧洲企业的资本支出处于历史最低水平，但我们预计马上会迎来回升。投资者情绪、盈利水平、银行贷款等指标均与资本支出呈正向关系，这些指标的上升也预示着资本支出回升的可能。

我们选取一篮子资本支出表现突出的企业，分析其在股市上的表现。去年一年，这些股票的表现要比市场平均表现高出 9.1%，而今年到目前为止优于市场表现的 2.2%。

我们认为支持资本性支出增长的因素也会支持股票回购的增长，所以欧洲企业的股票回购数据也将反弹。

同样的，我们选取一篮子股票回购表现突出的企业，分析其在股市上的表现。自 2013 年 1 月以来，这些股票的表现要比市场平均表现高出 13%。

■ 超配欧洲外国国家股市，低配新兴市场和英国股市。考虑到逐渐改善的金融环境以及私人消费和公司需求的低水平，欧洲经济的复苏会成为主要趋势。欧股具有较大的投资价值，且会有稳定的资金流入。我们建议采取轮动的投资策略，超配价值股、银行股、周期性股票。而且在欧元区，我们更看好外围国家。同时我们建议低配防御性股票和成长股。新兴市场仍然是下行风险的主要来源，不论是对相对便宜的大型商品股还是股价相对较高的必需品、化学板块股，我们都持谨慎的投资态度。

■ 股市投资策略和资产配置建议。

行业配置建议：

超配：银行、媒体、汽车、基建材料、制药、公用事业板块股

低配：能源、煤矿、必需品、化学板块股

区域配置建议：

超配：发达市场、欧元区外围国家股市

低配：新兴市场、英国股市

份额建议：

建议对欧元区、英国、其他欧洲国家股市的配额分别为：49%、30%、21%。

建议超配股票，低配债券。股票、债券、现金的配额分别为70%、25%、5%。

（来源：一财网　作者：机构策略）

3 公司治理

3.1 公司制的概述

思考题：

公司是怎样诞生的？公司制的产生又有怎样的意义？

近些年来，公司治理已成为我国理论界和社会共同关注的焦点问题。良好的公司治理是企业重要的竞争软实力，是企业长期发展的重要制度保证。反之，当一家企业的公司治理出现问题时，即便企业的其他方面表现再好，也会产生企业的债权人和股东充分怀疑企业未来前景的理由。在我们研究公司治理之前，有必要厘清公司这个概念。

3.1.1 公司制的产生

近代意义上的公司产生于公元 1500 年的大航海时代，也是资本主义从无到有，快速发展的时代。那个时代的公司形式上具有多样性，但是缺乏法律规范；组织上与别人合伙，具有不稳定性；在当时的经济条件下，公司的数量和规模具有相当大的局限性；公司里的每一个成员对公司的责任具有无限性。公司制的诞生，可以说是资本主义的一个伟大创新，公司制中的"有限责任"和"法人"两个伟大创举，不仅极大地解放了生产力，更是极大地解放了资本。在那个时代，荷兰和英国也正是充分运用和发挥了公司制的巨大优越性，才先后成为了世界潮流的引领者。在这之后不久诞生的股份公司，更是人类发展史上的重大事件。

股权分散的大型公司的出现，满足了重工业和大型工程建设的需要，比如说大修铁路的需求。早在一百多年前，欧洲和北美就兴起了大修铁路的浪潮。铁路建设因其周期长和投入大的特点令一般的私人资本望而却步。股份制，则很好地解决了这个问题。股份公司的出现很好地满足了人们在经济活动中的两大基本诉求：追求利润和规避风险。股份公司通过股份在社会公众中的分散，来达到分散风险的目的。同时，通过吸引社会资本对于股份的认购，达到吸引投资，进而进一步扩大再生产。也就在那个时代，现代意义上的公司逐步确立。然后有限责任制的确立和不断强化为公司的完善提供了契机。相对于近代公司而言，现代公司的立法也日益完善。这使得对于公司的管理将会更有制度，公司将会走向更规范化的道路。在 19 世纪中叶以后，现代公司制企业成为世界各国公司的主要形式，到了 20 世纪初，公司已普遍流行，并在实力上成为占领统治地位的企业组织形式。现代意义上的公司，大部分都是股份有限公司。在本节中，如无特别声明，公司一般都是指股份有限公司。

公司制企业又叫股份制企业，是指由 1 个以上投资人（自然人或法人）依法出资组建，有独立法人财产，自主经营，自负盈亏的法人企业。公司的所有权归全体股东所有，但是公司的经营权掌握在股东聘请的管理层手中。所有权和管理权的分离是公司制企业有别于有限合伙制企业的最大特征。《公司法》规范了两种公司形式：有限责任公司、股份制公司。

■ 有限责任公司。有限责任公司不能直接通过向社会公开募集获得资金，并且这种类型的公司不能直接进行上市交易。根据《公司法》规定，有限责任公司可以由 1~50 个股东出资设立。有限责任公司必须在公司名称中标明"有限责任公司"或者"有限公司"字样。法律规定，外商通过直接投资在中国设立的企业必须为"有限责任公司"。

■ 股份制公司。股份制公司可以通过向社会公开募集获得资金。每个购买公司股票的人均为公司的股东（所有人）。股份制公司可以选择是否上市交易股票。在股份有限公司中，公司的全部资本被等额划分，公司的股东以其认购的股份对股份有限公司承担责任。

与公司制相对应，现代企业的组织形式还有个体经营户和合伙制企业。

■ 个人独资企业。个人独资企业是以资本的原始积累为基础形式的个人经营制企业，是人类历史上最早出现的，也是最简单的一种企业形式。这种企业一般由企业主出资兴办，并由企业主自己经营，享有全部经营所得并承担全部经营风险，并负无限责任。无限责任，也意味着个人业主的个人财产与其所经营的企业的财产不能得到有效的隔离。企业所承担的负债，必要时需要用个人的财产来偿还。这里面就会有一个无限连带责任的问题。比如说，甲经营着一家小旅馆，其经营形式是个人独资经营。平时客来客往，做着小本买卖，生活倒也殷实。忽有一日，旅店突然起火，酿成多人伤亡的惨剧。甲作为旅店的老板，引来了巨额的民事赔偿。这个时候，如果旅店自身的资本不足以抵付赔偿，甲就需要将个人的财产一并用于赔偿。也就是说，甲承担的是无限责任，不是有限责任。除了无限责任之外，个人独资户还存在着有限生命周期、难以筹集资金，以及所有权难以转让这几个不足。有限生命周期，主要是指个人独资主体的生命有限，一旦老板发生突发状况，必将给企业的经营带来毁灭性影响。由于规模较小，缺乏为公众所认同的财务数据等原因，另两个特点难以筹集资金和所有权难以转让也是显而易见的。当然，个人独资户也有其自身的优势。首先，个人独资户无须承担单独的企业所得税，只需缴纳个人的税收，也不存在被双重征税的问题。其次，与建立公司的要求不同，个人独资户的建立要求相对容易，法律法规的相应限制相对较少，手续更简单，对于启动资金的要求也相对较低。再次，个人独资户面临的监管也相对较少。我国《个人独资企业法》除了对独资企业生产经营范围方面做了一定的限制以外，对于财务信息报告、企业发行证券等重要事项并没有特别限制，而对于公司制企业则有较为严格的管理措施。最后，由于管理者和所有者的统一，个人独资户不存在额外的股东针对管理层的监管成本，不存在管理层与股东的利益冲突，也不存在多个股东之间的利益冲突和内耗的可能性。综合来看，个人独资户数量较多，解决了不少社会上的就业问题，但一般在经济整体中并不占据主要地位。

■合伙制企业。合伙制企业是由两个或两个以上的个人通过签订合作协议联合投资并经营的企业。合作制企业可以由合作人共同参与经营，也可由其中的个人或分合作人经营，极少情况下也可聘请合作人以外的人经营，经营所得由合作人共同分享，经营亏损也由合作人共同承担。合作人对企业债务负连带无限清偿责任。在合作制企业中，合作人之间是一种契约关系。

合伙制的企业有几个特点与个人独资户类似，如组建成本低、所得税负担相对较轻、无限责任、有限寿命、难以在资本市场上筹集资金、所有权难以转移等。与独资企业相比，它的优势主要表现在：由于合伙人的增加，企业的资本力量和经营管理能力有所增加；缺点是合伙人之间的连带责任可能会使无过失的合伙人受到其他合伙人过失的牵连，同时也可能因为合伙人之间的经营权之争而使企业效率降低。

3.1.2　公司制企业的主要优势

与个人独资及合伙制企业不同，公司制是一种更为普遍的组织形式。在当代社会，无论是工、农、商业，大都采用公司制的组织形式。公司制为什么会脱颖而出，成为最普遍的组织形式呢？公司制主要就是指股份有限公司，其所具有的以下特点是公司制成为社会主流企业形式的重要原因。

■公司制企业能够较为便利地募集资金。无论是通过股权融资的方式，或是通过债券融资的方式。一个股份有限公司，往往可以通过转让股权的方式来筹集资金。

投资者以入股的形式投入一部分资金，公司则得到资金，并转让一部分股份，即公司的一部分所有权。资本市场的快速发展，更是为公司提供了广阔的融资平台。未上市的公司，可以通过首发上市（IPO）来获取股权融资。另外，如果公司的原始股东不希望自己的股权被稀释，还可以通过债务融资的方式获取资金。公司可以抵押自己的部分资产获取银行的贷款。公司也可以通过发行债券的方式融到资金。发达的债券市场，也为公司提供另一种筹资方式。在西方发达国家，公司债市场是一个比股票市场更庞大的融资市场，成熟的债务评级体系可以给不同公司不同的债务评级。偿债能力强的企业可以享受较低的利率，反之，偿债能力较弱的企业则需要支付相对较高的利率。总之，公司制不仅极大地满足了企业的扩大再生产对于资金的需求，也满足了社会闲余资本的投资去向和资本对利润的追逐。资本市场的作用，更是体现在了对于资本这一宝贵资源的合理配置上，推动了社会的进步和发展。

■ 股东不必是业内专家，所有权和控制权分离。公司制的这一特点，可以说是具有颠覆性意义的。无论是个人独资户，还是合伙人制度，所有者一般都是经营者，一般都是业内的专家，至少对这一行业要有所熟悉和了解。这一点，在普遍采用合伙人制度的会计师事务所中有着充分的体现。会计师们，一般要经过初级审计员、高级审计员、经理、高级经理这几个台阶的逐步晋升，才能成为事务所的合伙人，而这些人一般都是业内的专家。

而对于实行了公司制的企业来说，由于所有权和控制权的分离，公司的所有者，即股东，不必直接参与企业的日常运作，也不再必须是业内的专家了。比如某机构或个人投资者购买了某上市公司的股票，成为了其股东，但不直接参与该公司的日常运作。对于那些非上市公司来说也是如此，股东大会及其董事会任命一支管理层队伍，负责公司的日常经营。管理层一般都对这个行业有所了解，他们将负责企业的日常运转。所有权和控制权分离这一重要特性，甚至在企业初创期间都将有所体现。比如几个大学生，有着很好的 IT 技术，以及利用网站发展自己事业的大致想法，却苦于没有资金，如果他们的经营想法得到了创投资本的认可，就可以获得一笔起始资金。对于创投资本来说，他们将成为企业的所有者，但是不直接控制企业。当然，在这个案例中，大学生往往既控制和经营着企业，也同时会拥有企业的一部分股权。也会有这样的情况，即企业的经营管理者控制着企业的日常运作，但是却没有企业的任何股份，而企业的所有者完全不过问企业的日常运营。

公司制的这一重要特性，也是本章节后续对于公司治理问题阐述的重要出发点。

■ 股权可以转让，提供退出机制。与个人独资户和合伙人制度相比，公司制提供了企业所有者较为方便的退出机制。个人独资户和合伙人制度的企业的退出机制相对复杂，甚至说，非常困难。比如说，个人独资户经营着某企业，他想要将企业变现，这时候他会发现，他可以选择的方式非常有限。一般来说，他往往只能通过自己的圈子，来寻觅愿意接盘的人。而由于对于企业价值缺乏评判标准，缺乏可信赖的财务数据，因此，转让的折价往往非常厉害，且流动性也很差。如果没有人接盘，则退出的成本将更高。公司制则不同，由于相对严格的监管要求，也能够提供更加可靠的财务数据，公司制企业的退出渠道更加畅通，流动性也更好。对于上市公司来说，更是如此。发达的资本市场，提供给了公司原始股东最方便、最具有流动性、同时也是折价最少的退出平台。无论是出于对于公司前景的不看好，或是仅仅出于资金流动性的需求，或是为了把握周期波动的交易性机会，资本市场都提供了一个很好的交易平台。从公司融资的角度出发，公司的债权融资一般都是有期限的，无论是短期几个月至一年的贷款，或是发行三五年以上的中长期债券，公司都面临着一个按时还款的问题。而股权融资则不同，一般来说，股权融资都是没有期限的。也就是说，如果没有一个开放的交易平台，股东想要退出对于某公司的投资并不是一件容易的事情。资本市场则提供了这样一个平台，不看好某企业发展前景的可以通过抛售股份达到套现并退出的目的，也给其他看好该企业的资本一个进入的机会。当然，较为方便的退出机制，也会带来原始大股东在上市之后大规模套现所引发的不良后果。比如一批在创业板和中小板上市的民营企业，其大股东也往往是企业的初创者，他们的大规模套现退出行为，往往会给企业带来较大的负面影响。

　　■ 有限责任的确立，使个人不必承担无限连带责任。有限责任的确立，可以说是公司制最具有意义的特性。与个人独资户和合伙人制度的无限责任不同，公司制的股东对于公司只负有有限责任。我们以讲到个人独资户时所列举的某家经营的旅店为例。如果该旅店的组织形式不是个人独资户，而是公司制的话，甲就不会面临倾家荡产的结局。因为，甲的最大亏损金额被限定在了其所投资入股的金额之内，这就是有限责任的定义。在公司制下，公司的所有者即股东对企业的责任只是限于其对公司的投资，如果公司发生亏损破产，则股东至多亏损其投资部分，而不承担额外负担，这就是有限责任的概念，也可以说是一种有限的负债。相比之下，合伙企业和独资企业的所有者风险就大得多，因为他们承担无限责任。与无限责任相对应，有限责任有效地保护了投资者即股东的个人利益，建立了股东个人财产与公司财产之间的防火墙，减少了股东的投资风险，提高了股东的投资积极性，更有利于公司吸收股东的投资。有限责任的确定，可以说是公司制度的一个伟大创举。

3.1.3　公司制企业的主要劣势

在论述了公司制的主要优势之后，我们再来看一下公司制的主要劣势。

■ 双重征税。由于公司制企业是一个法人，因此就要为它的所得向政府缴纳所得税，再将税后利润分配给股东。股东在收取公司分配的利润时，又向政府缴纳个人所得税。因此相同的企业利润就被征收了两次所得税。而合伙企业和独资企业就不存在这样的问题。

■ 公司制企业成立有较大的难度。由于公司制企业的有限责任，因此企业的风险就有一部分被转移到企业的债权人和潜在投资者身上。为了保护这些债权人和潜在投资者的利益，国家对公司制企业的成立条件比独资和合伙企业成立的条件限制更为严格。比如我国《公司法》对有限责任公司和股份有限公司都规定了最低的资本金额，而独资和合伙企业则没有这样的规定。

■ 对公司制企业的管制较多。为保证公司制企业合法经营，保护相关利益者的利益，国家对公司制企业设立了很多的管制。比如对股份有限公司设立了增发股票的限制条件，对上市公司增加了财务信息公开的强制性要求。这直接限制了公司的财务管理行为，也使公司的经营信息公开化，所有这些使公司处于不利地位。

■ 由于所有权和控制的分离，所导致的委托代理问题，以及由此引发的所有者和经营者之间的利益冲突问题。经营者和所有者分开以后，经营者称为代理人，所有者称为委托人，代理人可能为了自身利益而伤害委托人利益。与此相关的一系列问题也构成了现代公司治理理论的核心内容。在下一节中，我们将着重阐述公司治理的相关话题。

公司治理的研究范畴，主要是经营者与所有者之间所产生的委托代理问题，以及由此引发的利益冲突问题。由此类推，其他的各利益相关方都有可能产生利益冲突问题。比如说，股东与债权方，大股东与中小股东之间，都会有利益冲突产生。

现代公司制度的建立，产生了委托代理，以及公司的控制权和所有权的分离。应该说，这种先进的制度安排适应了公司规模的日益扩大，有利于资本的合理分配，也有利于专业人才成为公司管理层的一员。然而，这样的制度安排，也造成了委托代理和利益冲突问题，而这些问题也构成了公司治理学科的核心内容。

所有者即公司股东保持着对公司的所有权，而专业的管理层队伍则掌握了公司的控制权。因此，这里就产生了现代企业才有的"所有权与控制权"分离的特点。与此同时，管理者往往被称为职业经理人，通常是具有专业知识水平的代理人，而公司的股东则是委托人。在经济学中普遍的"理性经济人"假设下，无论是公司所有者，还是公司经营者，都会从自我角度出发，实现自我利益的最大化。所有者即公司股东的目标相对简单明晰，即公司价值的最大化，这也是股东利益的最大化。职业经理人则可以利用自身对于公司资源的控制力和信息优势，来达到损害公司利益、增加个人利益的目的等，比如增加报酬、增加休闲时间等。公司治理所要解决的主要问题就是利益冲突。

3.2 利益冲突

思考题：

现代公司制下主要有哪些利益冲突？产生利益冲突最本质的原因是什么？

3.2.1 职业经理人和股东的利益冲突

职业经理人和股东的利益冲突主要表现在以下几个方面。

■ 经营者的过度消费，利用职权为自己谋福利。我们都对官员的职务腐败深恶痛绝，因为很简单，公务人员的费用，无论是正常的薪酬和福利，还是过度吃喝玩乐，其开销都是由全体纳税人买单的。而企业也类似，尤其是一些大型企业，往往存在较为严重的职务腐败现象。增加报酬：包括各类物质和非物质的报酬，比如工资、奖金、行业内的荣誉等。在一些大公司，高层的职业经理人的工资待遇和特权消费或称特别待遇都很高。例如，使用公司的喷气式飞机，建设豪华办公室，支付高昂的安保费用等。公司或者说公司的全体股东将为职业经理人的这些行为买单。增加闲暇时间：包括较少的工作时间，工作时间里有较多空闲以及工作时间内较低的劳动强度等。职业经理人还可以建立或修改公司制度，如给自己和员工每年较长的、超出国家规定的休假时间。在薪酬待遇不变的前提下，较长的休闲时间实际上变相提高了公司的成本，损害了股东的收益。在2008年的全球金融危机之后，不少接受政府大量救助的华尔街金融公司的管理层依然慷慨发放薪酬福利，大肆进行职务消费，凡此种种，引发了美国纳税人的强烈不满。

■ 职业经理人的时期偏好与公司不一致。我们都知道美国总统是有任期的，四年一任，可连任一次，一般最长不超过八年。公司的经理人也类似，不同的公司有不同的制度。研究表明，全球最大的2 500家企业的CEO的任职时间为6~7年。与职业经理人可长可短的任期不同，公司实际控制人或者说大股东，对于公司的控制没有一个特定的时期限制。这里面，就会有一个长远目标和短期目标的冲突。职业经理人倾向于提高公司的短期盈利水平，既满足公司对于自己的考核任务，也能实现自身的价值和利益。从项目净现值（NPV）的角度分析，有一些项目有很好的 NPV 回报，但是项目初期产生的现金流有限，甚至为负，但在中长期会有可观的正现金流回报。这时候，从股东的角度出发，应该上马这一项目。而公司的职业经理人考虑到自身的任期，以及项目中短期的回报不佳，就会否决这个项目。

■ 职业经理人的风险偏好与公司不一致。公司股东的目标，就是使公司的价值最大化。为了实现这一目标，公司必须要投资一些与公司的风险偏好相一致的项目，风险过大，或是过于保守，都不利于公司的长远发展。一些职业经理人往往表现得过于激进，承接了一些风险较大的项目，使公司承担了过多的风险。那么，职业经理人这样做的目的是什么呢？迈克尔·詹森在 1986 年提出了"建造个人帝国"的概念，即职业经理人追求经营扩大，而非股东价值最大化。职业经理人为什么会追求经营扩大，以至于想要构建自己的"个人帝国"呢？首先，与公司股东只注重公司价值不同，职业经理人更为关注自己的职业发展。无论是从提高自己的业内的知名度和声誉，还是获取成功运作了某大型项目的经验和成果等角度出发，职业经理人都有足够的理由来承担那些风险较高的项目。其次，项目失败的时候的后果较轻。与公司股东在项目失败时要承担全部损失不同，职业经理人的最大损失不过是失去工作。在一些公司，公司提供给职业经理人丰厚的奖金回报，甚至于股权和期权的回报，这些回报往往与公司的业绩挂钩，这些回报的金额也十分庞大，常常是固定薪酬的数倍乃至数十倍以上。为了获取高额报酬而又不承担项目的损失，职业经理人就会有足够的动力去承担过大的风险。另外，过于保守的职业经理人，同样不符合公司的利益。比如说，某职业经理人已经完成了当年的业绩指标，他往往会放弃一些能给公司带来价值的项目，以保全自己的业绩指标。还有一种情况，职业经理人自身的风险偏好较为保守，就会放弃很多有价值的风险项目。

3.2.2　大股东与中小股东的利益冲突

大股东与中小股东之间的利益冲突也是公司治理重点要讨论的范畴，这种利益冲突主要表现为大股东对于中小股东的利益侵占。

有时候大股东就是管理层，这在一些民营企业，尤其是家族企业中比较突出。主要有两种形式：大股东完全掌控管理层、与其他公司之间的利益输送问题。

■ 大股东完全掌控管理层。在一些家族企业，或是大股东自己创建的企业中，大股东完全控制着公司的管理层。在公司发展壮大之后，这些企业也吸引了中小投资者来认购公司的股份。这时候，大股东与中小股东间的利益冲突的主要体现在大股东的过度职务消费，以及发放给自己很高的薪酬等。

■ 与其他公司之间的利益输送问题。一些大股东往往控制着不止一家公司。如某大股东100%控制着B公司，大股东还占有A公司60%的股权，也控制着A公司。如果说大股东有足够的权力完全控制着A公司，包括控制着A公司的资产和A公司的日常运营。这时候，如果大股东将1万元人民币的资产从A公司转移到B公司，对大股东来说，其通过A公司获取的收益是1万元（大股东100%拥有A公司），而大股东通过B公司产生的损失是6千元（大股东拥有B公司60%股份），则大股东产生的净收益为4千元，即1万元×（1−60%）。大股东以上的转移其所控制的公司的资产和利润的行为，通常被称为"隧道效应"。除了转移资产，大股东还可以通过关联交易的方式，来达到利益输出的目的。仍以上文的A公司和B公司为例，大股东可以让B公司给A公司提供原材料，而其价格显著高于市场价。高于市场价部分的收益，就是大股东利用其控制的公司实现的转移定价和利益输送。在中国A股的上市公司中，上市公司大股东侵占中小投资者利益的事件也屡有发生，大股东主要利用自己对于公司资源的掌控，把上市公司当成了实现大股东自我利益的"奶牛"，其收益的原理与上文的A、B公司类似。

3.2.3 解决利益冲突的方法

为了有效化解职业经理人和公司股东之间的利益冲突，一个行之有效的方法就是加强管理人和公司所有者之间的利益捆绑，建立有效的激励机制。努力实现公司价值（即股东利益）最大化和经营者效用最大化之间的平衡，实现所有者和经营者双赢的目标。

比较常见的利益捆绑和激励机制主要有以下几个方面。

■ 固定薪酬加上年终分红回报。这是一种相对传统的激励模式。在这种模式下，职业经理人的回报主要分成两块：一块是相对固定的工资薪酬，另一块是浮动较大的年终分红奖励。年终的分红奖励通常由董事会确定，一般会按照事先的约定，主要参考企业的会计利润。这一模式的好处在于，职业经理人有较大动力来提升企业的短期利润水平。职业经理人会更多地关注公司的短期利益，比如说一年内的公司利润，或者说是自己任期之内的公司利润水平，而不太会在乎公司的长远利益。这时候，由于短期利益与长期利益之间的矛盾，职业经理人就有为了实现自己的短期利益而损害公司长期利益的可能性，这也正是这一激励手段的主要缺陷。此外，会计报表上的利润本身有被操纵的可能，如果管理层要求公司内部的财务会计改变一些会计准则，就能有效操纵利润。还有就是，一般来说管理层能够拿到的分红是有限的若干个百分点，而其职务开销和固定薪酬则是完全归自己所有。从这个意义上说，这样的激励体系对于职业经理人的刺激仍显不足。于是，就有了利益刺激更加明显的股权和期权激励方案。

■ 股权激励。一般来说由公司的创始人，或者说主要大股东拿出一部分股份分给公司的高级管理层，乃至骨干员工。这种激励方案的好处在于，职业经理人会更加关注公司的长期发展。因为，从长远看，职业经理人把公司管理好，产生了效益，提高了利润，必将对公司的股价产生正面影响。从拿到股份的那一天起，职业经理人就不仅仅是公司的管理者，同时也是公司的所有者之一。公司所有者与公司管理者因为分处两个阵营，而产生的利益冲突的基础将不复存在。但是，这样的激励机制也不是尽善尽美的。股权激励分为两类：一类是上市公司的股份，另一类是未上市公司的股份。一般来说，上市公司的股份流动性强，方便变现。对于已经获得了股权激励的管理层来说，如果他们将股票变现之后就可能获得不菲的财富，即原有的公司针对管理层的激励也一步到位了，缺乏后续的激励手段。对于未上市公司来说，有些公司有上市的计划和可能，有些遥遥无期。一方面，未上市的股份，能够给职业经理人以期望，拴住管理层。另一方面，短期上市无望的公司股份，也难以起到激励作用，职业经理人放弃这些股份的代价也十分有限。针对以上这些情况，有些公司就出台了限制职业经理人的持股的抛售期，比如说，规定在公司上市三年之内，或者说拿到股份三年内不能抛售股份。这些规定能够使职业经理人更加关心公司的长远发展和价值。

■ 期权激励。这是针对股权激励的不足产生的一种激励机制。一般来说，公司会授予公司管理层公司的股票期权，一般是执行价格略高于市场价值的买入期权。与股票能够直接变现不同，职业经理人刚刚拿到这些期权时，是无法变现的。公司所付出的成本比起授予股权更低。当然，执行价格低于市场价值的买入期权并不是没有价值的。期权的价值，我们可以根据 Black Scholes Model 来推算。与股票激励最大的不同在于，职业经理人在收获期权奖励之后，有很大的动力来提升公司的价值，进而提高公司的股价。只有当公司的股价提升到期权的执行价格之上时，获得了期权激励的职业经理人才能有丰厚的回报。而当公司的股价低于期权的执行价格时，期权对于职业经理人等同于没有价值。期权激励的另一大好处在于，由于获得期权的职业经理人不能马上行权，对于现有的股东来说，他们的股权不会马上被稀释。即便将来期权被行权之后，股权仍存在稀释的可能，至少对于老股东来说，股价至少已经上升到了行权价之上。期权激励也有利于公司吸引并留住人才。期权激励一般是中长期的激励手段，有利于公司和管理层建立中长期的利益捆绑关系。当然，期权激励也有自身的局限性。期权激励制度仍然无法避免职业经理人对于股价的操纵，职业经理人对于股价的操纵主要有两种方式：一是操控公司的会计利润，二是配合资本市场的资金共同操作上市公司的股价。管理层可能会有资本市场上的资金互相配合，利用信息的不对称，释放不实的消息，把股价在短期内抬升到较高水平，并吸引不明真相的投资者介入，管理层自己则达到行权套现的目的。期权激励的另一个关键问题就是行权价格的确立，这也直接影响着公司股东和获得期权激励的管理层双方的利益。通常来说，期权的行权价设定得越低，则对获得期权激励的管理层越有利，而期权的行权价设定得越高，则对管理层越不利。合理的期权行权价格，应该是现在的股价加上一个未来合理的成长空间。而这个成长空间的设立，需要充分了解公司的经营状况、未来的潜在盈利项目、面临的主要风险等。有了这些信息，才能拟定出一个相对合理的未来成长空间，进而设定合理的期权行权价。管理层和公司股东谁对公司的经营状况了解更充分呢？一般来说，除了介入日常经营管理很深的大股东，公司的普通股东对于公司经营状况的掌握程度远远不及公司的管理层，可以说，这里面有明显的信息不对称，即管理层掌握着优势的信息来源，而管理层恰好可以利用这一优势来制定一个对自己更为有利的期权价格。

总的来说，没有哪一种激励方式是完美无瑕的，但是这些激励手段都能有效缓解管理层与公司股东之间的利益冲突，为双方的合作共赢创造可能性。

3.2.4 代理成本

在解决职业经理人和股东之间的利益冲突，以及股东之间的利益冲突时，有一个成本是不得不考虑的，那就是代理成本问题。

代理成本一般分为两个部分：一是监督成本，二是约束成本。前文中所论述的股东给职业经理人的激励机制其实就是一种约束成本（Bonding Cost），公司股东通过牺牲一部分经济利益，来换取与职业经理人的利益捆绑。通过这种利益捆绑和约束，职业经理人与公司的关系更加紧密，利益目标趋向一致。当然，这样的利益捆绑也是有成本的，这一成本就是股东所付出的经济利益。

另一种成本是监督成本。主要是公司的股东不能够完全相信其管理层，为了监督管理层所产生的成本就是监督成本。比如说，公司股东不完全相信管理层所给出的会计报表，股东请外部的会计师事务所来重新评估公司的利润，请外部会计师的费用就是一种监督成本。不仅股东与职业经理人之间会产生监督成本，公司的各个股东之间也会产生不小的监督成本。以新东方为例，在其成立初期，为了搞清楚公司究竟赚了多少钱，有多少利润可供分配，公司连续几年花费了数百万元，请了四大会计师事务所对公司的财务状况开展审计，这笔费用竟然要占到公司当年全部利润的大半。当年新东方作出这一决定，自然有其道理，虽然代价不小，但也使得公司的主要合伙人对创始人有了信任，公司上下就公司的发展前景取得了基本的共识。这种不惜一切代价的做法，公司后来的发展也证明是值得的。当然，这也从侧面证实了监督成本可以是巨大的。除了高额的审计费用外，整个监督考察系统都会产生不小的成本。比如说，要监督职业经理人的过度消费行为，要监督其日常经营中有无利益输送现象、会计利润有无不真实情况等，都需要企业付出额外的人力和物力，而这些都将成为企业的监督成本。

案例研究：银广夏案例

2002 年 12 月 20 日上午，银广夏特大虚假利润案终于在宁夏银川开庭审理。银广夏一案暴露出中国上市公司会计信息虚假的严重程度，也暴露出中国对会计信息质量监控力量的薄弱。由于市场主体在信息占有上的不对称，中小投资者相对于大股东和代表大股东利益的公司管理层来讲，是一个弱势群体，投资者和潜在投资者对证券市场和上市公司的信心，在很大程度上取决于上市公司所公布的财务信息和会计报表的可信性。

我们可以从完善公司治理的角度来寻找治理虚假会计信息的途径，指出现代公司治理问题是虚假会计信息产生的根源。信息经济学认为，公司治理就是要解决所有权和经营权分离带来的委托代理问题。股东和经理人之间的委托代理关系，使虚假会计信息的产生成为可能，因为这两者之间的委托代理契约是不完备的，两者之间存在信息不完全、不对称，这就使造假有利可图，也成为可能。在银广夏案件中，银广夏伪造会计信息之所以得逞，就是因为两权分离下股东和经理人之间信息不对称、不完全，尤其是广大中小股东由于监督成本相对较高而信息严重匮乏。可以说只要存在委托代理关系就存在信息不对称引发的道德风险。事实上，最终而言，经理人披露虚假信息对中小股东的利益损害最大。

■ 经理人和股东的博弈。为了解决董事会和经理人之间的委托代理问题，中国努力完善公司治理结构，赋予了董事会和监事会维护股东权益的职责。但是目前上市公司董事会、监事会仍流于形式，职能的发挥有限，内部人控制仍然十分严重，直接导致内部人利用信息不对称损害中小股东利益。伪造会计信息成为现实的原因是经理层注重短期利益，铤而走险。为什么经理人会只注重短期利益？因为经理人和股东的博弈近似一次性博弈，上市公司缺乏成长潜力，虚假包装上市严重，没有未来收益，在这种情况下，最大限度地掠夺短期收益是明智的选择。而且，环境的不确定性也导致了经理人只注重短期利益，国有控股公司经理人的选任与业绩无关，经理人不知道自己在位几日。还有一个原因是，伪造虚假信息的成本较低（如中小股东的民事赔偿制度尚是空白），这就使虚假会计信息的伪造成为现实。

■ 经理期权失效。银广夏经理层伪造虚假会计信息的行为直接源于经理期权失效。虽然银广夏实行了经理期权，且报酬优厚（如董事局主席张吉生持股 3.712 万股，公司总裁李有强持股 3.858 万股，财务总监丁功民持股 2.7556 万股等，另外董事局主席年薪 40 万元，董事 15 万元，监事会主席 20 万元，监事 5 万元）。但是，优厚的报酬并没有激励董事会和监事会维护广大股东的利益，也没有有效激励经理人行为。其原因分析如下：银广夏本来就已经经营乏力，据已故董事长陈川生前所言，银广夏上市以来一直为避免下市而要求的利润指标绞尽脑汁。一个未来收益不被看好的公司，经营者也没有能力增加未来收益，如银广夏引进的耗资巨大的萃取设备实际上几乎停工，经理期权的激励作用自然不大，经理期权相对于总股本来说比例太小，李有强等人的经理期股合计占总股本的 0.025%，微乎其微，占工资总额的比重相对较小，而且很可能是没有成本的。市场失灵，市场信息虚假现象普遍存在，导致市场信号失真，再加上庄家炒作，资源并非流向业绩良好的上市公司，存在"劣币驱逐良币"的现象。经理期权本身就具有一定的缺陷。因此要提高经理期权作用就必须完善市场机制，形成经理人市场，禁止业绩不良的公司上市，加强对股东尤其是中小股东的法律保护，让董事会和监事会真正发挥作用。

■ 董事会、监事会失职。董事会的职能是选拔经理人员，并对经理人员进行考评，行使战略决策权，监事会的最重要的职责是监控董事、经理。而为什么银广夏董事会、监事会根本就没有发挥职能监督约束经理人呢？其原因分析如下：董事会、监事会人选不当，从各董事的职务和履历来看，多是机关要员，直接导致董事局是一个官僚董事局，监事会是官僚监事会。这些没有生产经营管理专业知识和经验的官僚怎么行使董事会、监事会的职能，维护股东的权益，代表股东的利益？其成员包括证券界、财政、保险、会计师事务所的大腕，倒让人感觉这是经理人精心编织的一张关系网。银广夏的两会形同虚设造成了内部人控制严重，这充分说明银广夏公司治理机制的不健全，为虚假会计信息的滋长提供了"温床"。法人股东代表的缺陷，银广夏的前六大股东为法人股，法人实际上也是众多终极出资人的代理人，而法人股股东代表却并非终极出资人选举产生，而是法人机构推举产生的，实质上是用别人的钱来投资，其本身也存在着激励和约束的问题。为什么这些法人大股东就放心让这些官僚代表自己的权益？这就暴露了法人股东自身委托代理的关系不协调。另外，大股东与经理人之间存在合谋的可能性。作为大股东代表的董事会、监事会与经理人有可能合谋肆意掠夺中小股东的财产，瓜分控制权收益。

■ 大中小股东利益之争。董事会在保护中小股东利益上乏力造成大股东肆意侵占上市公司财产，关联交易泛滥，严重损害了中小股东的利益。银广夏经理人造假事件如此严重，可以说是大股东与中小股东利益矛盾造成的。小股东纷纷上诉要求赔偿，而机构投资者却默默无声，让人不能不怀疑，大股东和董事会合谋瓜分公司控制权收益，这也是董事会、监事会形同虚设的原因之一。那么，如何激励和约束大股东，协调大股东和中小股东的利益，使大股东能在董事会中为中小股东维权作出贡献？这是目前中国上市公司治理机制要解决的一个重要问题。

我们先来分析一下大股东和中小股东的利益异同点。大股东多为法人股、国家股，其所持股权不可流通，如银广夏前六位大股东都是法人股，不能流通。因此大股东的收益只可以从剩余收益中取得，而中小股东还可以取得资本利得。当然，大股东和中小股东之间利益有共性，其收益都要受到剩余收益的影响。大股东和中小股东不同之处还有大股东具有公司控制权，能够通过董事会约束经理人，大股东的监督成本相对较低。为什么中国上市公司大股东不惜搞垮上市公司而牺牲剩余收益？如果不考虑大股东自身的行为缺陷（银广夏不存在国家股），原因在于：目前上市公司虚假包装上市，缺乏发展潜力，剩余收益具有很大的不确定性，甚至是不可能取得的。当股权不可以流通的时候，大股东便利用控制权瓜分公司收益，损害中小股东的利益。如果经理人伪造虚假会计信息，欺骗的只是中小股东，损害的只是中小股东的利益，大股东当然不会站在中小股东的立场为中小股东说话。

要协调大股东和中小股东的利益，必须让大股东看重未来长远利益而不是目前的短期利益，必须要杜绝业绩低劣的公司上市，严格禁止包装上市，培育健全市场主体，提高公司业绩。目前，新颁布的债务重组会计准则会起到一定的作用，允许法人股、国家股流通也会有所帮助。发人深省的是：当中国大力培养机构投资者、完善公司治理时，机构投资者的行为却让人失望——机构投资者屡屡勾结上市公司（如亿安科技），操纵市场，从中渔利，获取公司未来收益差。银广夏前十大股东及持股比例：深圳市广夏文化实业有限公司 12.63%、宁夏伊斯兰国际信托投资公司 8.18%、广东京中投资管理有限公司 7.85%、深圳兴庆电子有限公司 6.80%、银川培鑫投资有限公司 4.29%、宁夏计算机技术研究所 2.83%、北京领创科技开发有限责任公司 0.94%、北京中慧良计算机软件开发有限公司 0.97%、景宏证券投资基金 1.39%、北京中经开物业管理有限公司 1.86%。

注：2001 年中期，银广夏总股本为 50 526.14 万股，流通 A 股为 28 081.95 万股，占总股本的 55.58%，境内法人股 1 2862.24 万股，募集法人股为 9 560.16 万股，内部职工股为 21.79 万股，其中前六位股东是法人股东，后四位股东为社会公众股东。

（来源：百度文库　http://www.wenku.baidu.com/view/57fcae35ee06eff9aef80739.html）

3.3　公司治理与银行风险控制

思考题：

为什么银行需要研究公司客户的公司治理问题？

对于银行来说，了解企业的公司治理是非常重要的，这不仅有利于银行识别出那些优秀企业，更能够帮助银行识别出那些具有潜在风险的企业。

银行作为债权方，最核心的利益是按时收回贷款的本金和利息。而对于企业来说，必须符合两个条件，才能做到按时的偿还本息：一是有还款能力，二是有还款意愿。公司治理的重要性在于，一个企业的公司治理的好坏不仅影响着企业的还款能力，也影响着其还款的意愿。对于银行来说，还款意愿和还款能力都是不可或缺的。一般银行的贷款发生坏账的话，主要是因为企业没有还款的能力。也存在少数情况，企业虽有还款的能力，却没有还款的意愿，如企业的主要控制人发生携款潜逃的情况等。

我们把企业分为上市公司、国有企业，民营企业三类，分别探究公司治理的主要特点和银行的主要应对措施。

3.3.1　上市公司治理对于银行的影响

上市公司，顾名思义，指那些在境内或境外上市的企业。一般来说，股权融资是这类企业主要的融资方式。此外，从银行贷款的间接融资方式依然是上市公司重要的融资方式之一。在我国，以银行贷款为主的间接融资方式依然是国内企业的最主要的融资方式。我国的资本市场发展到今天，已经有了不小的规模，然而即便是那些已经成功上市的企业，依然需要借助银行的资金来满足自身的需要。对于企业而言，直接融资和间接融资各有利弊。

■ 融资的成本。一般来说，股权融资的成本较高，首发上市（IPO）和增发、配股都需要支付给投资银行不小的费用。由于信息不对称，投资者可能对公司融资之后的项目投向有负面看法，这些有可能会导致公司再融资的失败，这些都是直接融资的隐性成本。对于银行贷款来说，一般需要提供抵押品，融资成本一般与市场利率水平接近。当然，不同的银行有着不同的风险偏好，各银行获得资金的成本也不尽相同。因此，公司有必要多比较几家银行的资金价格，选择利率水平有竞争力的价格，来降低自己的融资成本。

■ 融资的期限。诚然，股权融资的期限较长，资本市场的投资者购买了股票，就是一个长期的投入，投资者可以在市场上互相转让，而对于公司来说，除了回购等特殊情况外，一般都不必担心资金的归还问题。银行贷款则不同，如果是流动资金的贷款往往只有一年左右，最长不超过三年。如果需要较长期的贷款期限，往往就需要公司能够抵押自己的固定资产。以采掘行业为例，由于项目的前景风险较大，尤其是那些从事早期勘探的公司，往往采用100%股权的资本结构，原因也很简单，因为在发现并实际获得那些资源之前，这个项目是不会有现金流回报的，因而风险很大。而对于那些已经探明储量的公司，可以采取项目融资这一方式来获得银行的贷款。与其他形式的银行贷款不同，项目融资以项目未来的现金流为主要还款来源，虽然也会有抵押品，但这在项目融资中不是主要考虑的事情。

■ 项目的前景。如果说公司融资后的投资去向很明确，且投资前景看好的话，资本市场往往会给予正面的回应。因为，如果公司融资后投资的项目回报较高的话，公司的所有股东将分享这些收益。这时候，公司也有另外一种选择，那就是选择银行贷款的方式来替代股权融资。这种方式最大的好处就是原有股东可以独享项目成功的收益，公司只需要支付给银行固定的利息。因为有这样的收益回报差别，很多公司会作出这样的决定。在项目前景不明朗的时候，公司选择股权融资，让更多的资金来分担项目的风险；而当项目前景非常明确的时候，公司选择银行贷款的方式，以期能够获得更多的收益。当然，资本市场的资金都是最"聪明"的资金，如果对于公司项目的前景不明确的话，往往会用"脚"投票，使得再融资的方案有失败的可能。

■ 杠杆的魅力。在上文论述到项目前景的时候，可以清楚地发现企业倾向于在项目前景看好时多借贷银行资金，而在前景不很明朗时多使用现有的资金或是从股东处融资。这里面其实有一个财务杠杆的问题。正如本章的第一节所论述的那样，杠杆是一把"双刃剑"。一方面，企业加大财务杠杆，可以放大企业的盈利能力，在相同的总资产回报率的情况下，扩大企业的净资产收益率。另一方面，财务杠杆的增加也会增大企业所面临的风险。当项目出现亏损或项目的收益还不足以偿还银行贷款的利息时，财务杠杆放大风险的负面效应就会显现出来。银行在评估借款企业的风险的时候，经常会运用到财务杠杆的概念，或者说计算一下企业的资产负债率。一般来说，企业的财务杠杆越大，资产负债率越高，会被认为是风险越大。但在实际运用中，有一点必须要注意，那就是财务杠杆在不同行业间有很大的差别，银行在考察企业的财务杠杆时不能脱离其行业属性。比如说，金融、地产企业一般杠杆较高，而消费食品类企业一般杠杆较低。所以说，银行的客户经理和信审部门需要重点关注的是该企业的财务杠杆在其所在行业中所处的水平，并结合其他风险因素综合作出评价。

■ 优化资本结构。本章第一节中介绍了有关资本结构的理论。理论上，对于某特定企业存在着这样一个最优资本结构，即在这个资本结构下企业的加权融资成本可以降到最低，企业的价值也将达到最大化。按照这种理论，企业的财务人员需要计算出一种符合本企业情况的最优资本结构，并根据这一资本结构水平来配置合理的银行负债。这个理论也解释了为什么许多上市公司，完全有条件在资本市场上融到资金，却仍然要从银行借贷资金。

上文论述了上市公司直接融资和间接融资的利弊。接下来，我们再分析一下银行如何防范和化解上市公司客户的潜在风险。上市公司作为公众持有股份的公司，具有公开资讯披露程度高的显著特点。这一点，与大量的非上市的银行客户不同。与上市公司相比，非上市公司的内部信息的透明度要低得多。作为银行，应该充分注意并利用这一特点。

首先，银行应该特别关注上市公司高层管理人员的变动。高层管理团队，既管理着上市公司的日常经营，又主导着上市公司的许多重大决策。比如说，首席执行官（CEO）的人员变动，有可能意味着原来的CEO的经验思路和理念与董事会不合，也意味着整个公司的经验理念、发展方向和风险偏好都有可能要发生变化。再比如财务部门和风险控制部门负责人的变动，也可能意味着公司的融资手段和风险偏好程度的变化。有不少上市公司存在着高管持股，或是股权期权激励计划。按照资本市场监管当局的要求，上市公司需要披露其高管的持股状况。上市公司高管层对于本公司股份的大幅增持和减持，都是值得高度关注的事情。

其次，银行对于上市公司已经发生或即将发生的收购、兼并、破产、重组等重大事件也要高度重视。因为，这些事件都将极大地影响着公司的价值，进而也会影响作为公司债权人——银行的利益。在本章后文即第四节中，我们将详细叙述收购和兼并行为对于并购方及被并购方的不同影响。可以发现，在发生了收购兼并事件之后，既有收购兼并方获益的，也有被收购兼并方获益的，这也将对双方公司的价值及其股东的收益产生不同的影响。如果双方都是上市公司的话，也将对双方的股价产生直接的影响。相对来说，收购兼并行为对于债权人的影响不那么直接和明显。但是，当参与并购事件给其中一方造成了明显的损失，或是因为并购事件对后续经营造成了重大的不利影响时，作为银行就要格外注意并购对银行信贷所可能造成的风险。当破产、重组的事件发生时，对作为债权人的银行造成的风险就更加明显了。比如说，破产和重组企业资不抵债，无法偿还银行贷款。虽然说，银行作为债权人，其对公司资产的求偿权要优先于公司的股东，但其求偿次序仍要让位于支付员工工资及国家税款。还有一点也是要特别注意的，那就是银行贷款的抵押品的物权归属问题。对于银行贷款来说，其第一还款来源主要是企业的各类收入，而第二还款来源主要是抵押品。当发生了收购兼并事件，或者是破产重组事件后，银行要格外注意抵押品的物权是否发生了变化，是否还在授信企业的控制之下。

最后要重点研究一下企业的债权人和股权人的利益冲突问题。在本节中，我们已经论述了有限责任是公司制的一大特点。根据有限责任的原则规定，公司股东的个人财产不会因为公司经营失败而受到损失，但公司债权人的权益可能因为公司经营的失败而受到损失。这种风险承担上的差别被称作风险冲突。而在无限责任的组织模式中，股东的个人财产与公司的财产没有严格的区分，当公司经营失败产生风险时，股东对于公司所欠的债务具有无限的连带责任。而在有限责任制下，公司股东的最大亏损额即是其投入公司的股本投资额。可以做如下假设，甲是个人股东，其个人总净资产有 3 000 万元，与乙、丙合作创立了股份有限公司 Z，甲出资 1 000 万元，乙和丙各出资 1 000 万元。可以肯定，如果公司经营不善，甲的最大可能损失是 1 000 万元，占其个人全部财产的三分之一。如果甲、乙、丙风险偏好程度都较高，都比较激进，则该公司很可能会实施一些风险较高的项目。当甲发现资金不足时，则会向 ABC 银行融资 5 000 万元，期限三年，年利率 10%。假设到最后项目成功了，产生了经营净收益 7 500 万元，则 ABC 银行可以获得三年的利息，以单利计算，共计 1 500 万元，剩下的 6 000 万元收益归属于 Z 公司，甲、乙、丙按其股份分配该收益，各自可以获得 2 000 万元。反之，如果到最后到项目出现了重大失败，产生了 7 500 万元的经营净损失，再加上支付银行三年的利息，共计 1 500 万元，则 Z 公司总共损失 9 000 万元。因为公司的股东权益总共只有 3 000 万元，甲、乙、丙自己全部的出资金额将亏损掉。同时，ABC 银行的贷款也将坏账，即 5 000 万元贷款将完全无法收回。从以上假设中可以发现，债权人的收益无法与股东相比，而其风险也不小。在实际案例中，还有一些上市公司股东私自转移公司资产，甚至包括那些抵押给债权人的押品，这些都将极大地损害公司债权人的利益。银行为了避免这些风险状况，必须要加强贷款的监控。银行只有经常了解公司的日常经营状况，保持住对于抵押品的控制，甚至对于公司的日常运营账户进行监控，才能在最大程度防范并控制信贷风险。

3.3.2　国企公司治理对于银行的影响

我们主要从以下四个方面来考察国企的公司治理问题。

■ 国有企业的管理层。国有企业，依然在我国的市场经济中占有重要地位，尤其在一些事关国计民生的重要行业中，还居于主导地位。国企又面临着怎样的一些公司治理问题呢？国企以前也常常被称作全民所有制企业，所有权理论上属于全体国民，而其实际股份是由中央或地方的国资委控制，国企的管理层又是由国资委或其他政府部门任命的，这就导致了国企所面临的独特的公司治理环境。在国有企业中，无论是企业的经营管理层还是企业的董事会都是由政府选拔和任命的。理论上，企业的管理层应该向企业的所有者负责，同时代理企业的所有者行使管理企业的职责，企业的管理层对于企业的所有者应该负有信托的职责。但是国有企业的问题在于，管理层和所有者都和政府有关，因此管理层对于所有者，即股东的信托责任，就成为了政府任命的官员对于其上级主管部门的责任。

■ 国有企业的公司治理问题。普通公司所面临的委托代理问题和利益冲突问题，国有企业同样存在，且往往更严重。普通的企业有股东和董事会，国有企业也有。如果是民营企业发生了管理层侵害公司权益的事情，个人大股东和一些投资金额比较大的个人投资者往往会站出来维护自己的权益，客观上其他的中小投资者也达到了"搭便车"的目的。而国企则不同，其大股东往往是中央和地方的国资委，缺乏有切身利益问题的个人投资者。

从理论上讲，国企的所有权归属于全体国民所有，但实际上，我国的国企是由政府所掌控的，其中由中央政府控制的被称为"央企"，还有归属于地方政府的地方国企。

现代企业为何会有公司治理的问题，主要原因就是公司的所有权和控制权的分离，由此产生了企业的职业经理人与企业股东之间的委托代理问题。国有企业同样也有公司的所有权与控制权分离的问题，更为严重的是，国有企业缺乏一个为股东说话、为股东利益着想的董事会。在其他所有制形式的企业中，一般都有董事会，董事会的成员往往拥有公司不少股份，他们在监督管理层的过程中发挥着重要的作用。由于有着不少的个人利益，董事会的成员会有不少的动力来维护公司的利益，因为在维护公司利益的同时也维护了自己的利益。

一般来说，国有企业的情况会有所不同。国有企业也会有董事会，理论上也有监管企业经营班子的权利和义务。但实际上，董事会的人员组成和企业的日常经营管理班子高度重合，形成了两套班子一套人马的局面。国有企业的董事会成员往往只持有公司很少比重的股份，甚至于完全不持有公司的股份，这也和民营企业有很大不同。这会造成国有企业的董事会成员的个人利益与公司的价值成长关系不大，缺乏利益捆绑，因而也缺少了一些维护公司利益的原动力。

当然，即便如此，我们也不是说公司的管理层就没有动力来经营好一家企业。在我国，国有企业的主要管理者事实上和政府部门的官员从属于同一个序列中，享有官员所对应的一定级别，也自然会有类似于官员的一定的晋升阶梯。对于国有企业的经营管理者来说，他们也有充分的动力来经营好一家企业，满足上级主管部门的考核要求，从而能够获得进一步晋升。

■ 国有企业的利益冲突问题。我们分析企业的管理层的原动力，就会发现国有企业所面临着不一样的公司治理问题。由于控制权和所有权的分离，国有企业同样面临着利益冲突的问题。

首先，过度职务消费的问题在国有企业表现得更加突出。与一般企业不同，国有企业的管理层的薪酬变化不大，管理层更有动力去享用那些职权福利和消费。其次，与其他企业相比，国有企业的职业经理人处于官员晋升的序列中，有更大的动力去完成上级部门的考核指标。这其中，有些考核指标是与公司的价值目标一致的，有些则不尽然。比如说，为了配合政府部门完成 GDP 的考核目标，过于注重产量，而轻视企业的效益。还有，为了完成政府部门的政绩工程和形象工程，而忽视了企业自身的利益。这些都引申出一个道德风险问题，对于企业经营者而言也是一个收益和风险不对称的问题。对于经营者来说，愿意承担过大的风险来大规模上马各种项目，因为这些项目一旦成功，便能够大幅度提高企业的各项经营指标，能给上级主管部门一份好的答卷，也能大幅提高自己的声誉。而一旦这些项目失败了，经营者自身却不必承担损失，照样拿原有的薪酬，最多是向上的升迁暂时受阻。这些都是国有企业特有的管理层可能损害所有者权益的公司治理问题。

■ 国有企业类贷款的风险控制。一般来说，国有企业与政府关系密切，确实，在很多情况下，政府都会为国有企业提供兜底保证，似乎贷款给国有企业就没有风险，或者说其风险程度和政府债券一样低。由于大部分银行事实上也是由国家控股的，迫于政府部门的影响力和对政府的信任，往往都放心贷款给国有企业。那么，贷款给国有企业一定没有风险吗？就在 20 世纪 90 年代，在市场经济的大潮中，大批国有企业面临经营的困境，急需银行"输血"。在行政命令之下，以四大国有银行为代表的银行给国有企业送去了大量宝贵的资金。结果，由于大批国有企业经营不善，产生了大量的银行坏账，这其中四大国有银行的坏账最为严重，甚至我国的银行业被西方称为技术性破产。后来，在中央财政巨额资金注入、成立四大资产管理公司，剥离坏账，通过股份制改革使得"四大行"重新获得生机。殷鉴不远，银行家们切不可以因为国企都是属于国家和政府的而忽视对于国有企业贷款的风险控制。银行还是应该考虑企业的还款意愿和第一还款能力的角度出发，来分析贷款的风险是否可控。同时，银行还需要从分析企业的经营状况出发，来判断企业的还款能力。对于国有企业来说，务必注意的一点是，有些国有企业所在的行业面临严重的产能过剩，有些国有企业的负债情况非常严重，甚至日常的现金流勉强只够还息，这些都是需要银行特别注意的。

3.3.3　民营企业的公司治理对于银行的影响

接下来，我们分析民营企业又会有哪些特有的公司治理问题。

对于民营企业来说，有着特有的鲜明的公司治理方面的优势和不足。

民营企业的特点决定了其大股东一般可以很好地维护自己的权益，也在客观上起到了维护公司利益的目的。

在民营企业的发展初期，企业规模较小，企业的董事会和管理层常常高度重合，由于企业所有权和控制权的重合，也就不存在典型的公司治理问题。而当公司的规模发展到一定程度时，民营企业的股东常常会引入职业经理人来管理公司。这时候就会产生典型的公司治理问题。这个问题的产生根源就在于公司的控制权和所有权的分离，以及由此引发的利益冲突问题等。民营企业又有哪些独特的公司治理方面的问题呢？

■ 民营企业公司创始人与职业经理人的关系问题。一般的职业经理人与股东的利益冲突问题，这里不再赘述。与其他所有制形式的企业不同的是，民营企业的创始人以及一些主要股东对公司的整体运营状况介入较深，虽然在公司发展到一定规模后，公司也会聘请职业经理人来管理公司，但由于公司的主要股东对公司有很深的感情，并对于自己经营管理公司有充分的信心。在这种情况下，公司的股东就容易在经营管理公司方面与职业经理人产生冲突。普通的经营理念上的差异不足以对公司的经营造成很大的负面影响。但是，如果这样的经营管理理念的差距特别严重时，银行就有必要充分注意这个问题了。因为显著的经营管理的分歧，会给公司带来潜在的风险，也是银行需要特别引起注意的。

■ 公司股东的个人资产状况。民营企业的另一个大问题就是其大股东的个人资产状况。与一般的企业不同，民营企业的大股东的个人资产状况，常常会和公司的整体资产状况有很大的关联。为什么会有这样的现象呢？理论上，我们知道现代的公司制基本上都是有限责任公司，而有限责任公司的最大好处就是实现了个人资产和公司资产的隔离。公司如果出现经营不善，甚至发生破产倒闭，都不会影响到公司股东的个人资产状况。比如，公司出现资不抵债，而个人股东的个人资产还很富足，还有大量的资产可以用于偿付公司债务，即便如此，根据有限责任的原则，个人的资产是不会用作偿付公司债务的，这也就是有限责任的含义，即个人股东的最大损失就是其所出资的股本金，不会有更大的损失了。既然如此，我们为什么又要研究民营企业个人股东的资产状况呢？因为对于民营企业而言，尤其是对于那些一人或少数几个人掌控整个公司的情况下，个人对于公司的影响力非常之大，个人很有可能会挪用公司的资产，也有可能会把个人的资产贴补给公司，也就是说，个人的资产和公司的资产完全有可能没有一个特别明晰的界限。之所以会有这样的局面，与公司的股份结构，以及公司运营初期的状况有很大关系。在很多民营企业的初创期，不仅仅是公司的股本金由股东出资，公司的运营资金也需要股东个人出资，个人良好的资产状况给了企业很大的支持。从另一方面说，这些民营企业在运营初期会非常依赖某些个人，主要体现在依靠个人大股东的资金。因此，如果民营企业的个人大股东的个人资产出现大幅缩水的事件，我们就要高度关注，并考虑到可能的连锁反应。因为，企业大股东的个人资产状况出现剧烈变化，就有很大可能挪用企业资金来为个人所用，弥补损失。为了防微杜渐，银行有很大必要在关注企业财务状况的同时，高度关注企业大股东的个人财产状况。

■ 家族型民营企业的家庭利益分配问题。民营企业的私营性质，决定了很多企业都有家族成员参与企业的管理，甚至是企业的共同所有者。在我国的很多地方，大家族观念还比较重，大家族内部在创业初期，往往能够精诚合作，想的都是如何把蛋糕做大。但当企业规模发展到一定程度时，我们就会发现同样的一批创始人就会更多地关注怎样分蛋糕的问题。如果企业的利益分配问题解决不好，不仅会影响企业的长远发展，严重的话甚至会导致企业人员的离心离德和分崩离析。无论是家族成员，还是几位朋友合伙办的企业，都会存在利益分配问题。对于银行来说，并不必要了解到具体的企业内部利益分配的细节。最为重要的是，一定要关注有无重大的有关利益分配处理不当的消息。所谓重大，就是企业的利益分配问题已经引发了重大的后果，这些重大后果包括企业的解体、主要创始人另起炉灶、主要创始人投靠竞争对手等。当然，出现上述状况的原因可能不仅仅是因为利益，也有可能是管理理念和价值观的问题，在这里也一并归入。总的来说，如果出现了以上的重大后果，或者是出现重大后果的苗头，银行都应该高度重视，持续关注其对于企业的影响，并采取必要措施。

■ 接班人问题。在我国，改革开放后的第一代民营企业中有很多已经或即将面临家族传承的问题。其实，企业的家族传承或者说接班人的问题，在西方国家已经有了几百年的成熟经验。与财富完全回馈社会，或者完全由职业经理人来打理公司不同，中国人的传统思维使得我国的企业家会更多地选择家庭内的接班人。现实中，有很多的民营企业家成功地实现了家族财富的传承，很好地完成了交接班的工作。常言道，创业难，守业更难。如果接班人没有选好，企业未来的发展将很成问题，可能面临巨大困境，甚至像当年"扶不起的刘阿斗"那样，出现"二世而亡"的境地。当然，现代的企业家有了比古代帝王更多的选择，不是生存还是死亡的二选一。企业家可以选择职业经理人来管理公司，仅仅把财富传给后代，而不是整个企业的运营管理。对于银行家来说，企业一旦出现主要创始人的交接班，一定要特别关注，因为这些变动都会对企业产生重要的影响。对于企业来说，接班人个人的教育背景、知识水平、能力性格等个人因素，以及与原有管理层在经营理念上的磨合等各个方面，都会给企业的未来发展带来潜在风险。对于银行而言，应更多地关注接班问题带来潜在的负面影响。

■ 连带担保的风险。常常会有这样的情况出现，企业自身的资产状况不错，也使得银行很放心地贷款给企业。但实际上，企业背后可能会有十分复杂和庞大的连带担保问题。这些问题在企业互相关联担保盛行的浙江、福建、广东等地尤为突出。在这些地方，家族观念，乃至乡亲之间的关系都较为紧密，我们因此也会发现这些地区形成某些轻工产业的聚集区，如鞋城、皮革城、袜子城等。同时，也正因为乡里乡亲的关系比较紧密，再加上国内民营企业在事实上融资还是比较难，民间的融资拆借，互相担保的市场非常繁荣。在这种情况下，很容易出现"一荣俱荣，一损俱损"的景象。比如说，在 2008 年全球金融危机的背景之下，外贸企业的日子普遍不好过，一旦一家企业出现了老板跑路的事件，就会拖累与该企业有资金拆借和互相担保的一系列企业，产生行业的系统性风险，如 2012 年开始发酵的福建钢贸企业，就是典型的事件。所以说，对于银行来说，在发放贷款前，不仅要考察企业自身的财务状况，也要挖掘企业背后潜在的互联互保问题。

4 收购及兼并

并购的内涵非常广泛，一般是指兼并（Merger）和收购（Acquisition），简称并购。兼并又称吸收合并，指两家或者更多的独立企业或公司合并组成一家企业，通常由一家占优势的公司吸收一家或者多家公司。收购指一家企业用现金或者有价证券购买另一家企业的股票或者资产，以获得对该企业的全部资产或者某项资产的所有权，或对该企业的控制权。银行家要协助或参与客户公司的并购交易，就必须对企业并购的方方面面有全面而透彻地了解，包括并购的一般流程、原始动力、主流交易方式、法律监管条例、并购完成后各方的收益分析方法等。

根据并购的不同功能或并购涉及的产业组织特征，可以将并购分为三种类型：横向并购（企业在国际范围内的横向一体化）、纵向并购（发生在同一产业的上下游之间的并购）和混合并购（发生在不同行业企业之间的并购）。

对公司兼并的实证分析一般有两种方法，即事后分类分析和事前预测分析。事后分类分析主要强调被兼并和没被兼并公司的财务特征；事前预测分析则强调预测哪些企业将成为兼并目标，从而根据预测制定交易战略。

■ 事后分类分析。分类分析实际上是一种通过实证分析的方法，来揭示被兼并企业和没被兼并企业的特征。其基本步骤：首先，选择在过去几年中已被兼并和没被兼并的企业；其次，运用财务指标体系，对两类企业进行比较；最后，根据比较得出被兼并和没被兼并企业的特征。

■ 事前预测分析。通过事前预测分析，研究并购候选对象的动机，是要开发一种投资战略，以预测候选对象的可能性或并购的可能性。这种预测信息既可用于寻找一个能使现存股东价值最大化的兼并公司，又可用于针对性地防备不愿接受的兼并者。

一般来说，企业并购都要经过前期准备阶段、方案设计阶段、谈判签约阶段和接管整合阶段四个阶段。

■ 前期准备阶段。企业根据发展战略的要求制定并购策略，初步勾画出拟并购的目标企业的轮廓，如所属行业、资产规模、生产能力、技术水平、市场占有率等。据此进行目标企业的市场搜寻，捕捉并购对象，并对可供选择的目标企业进行初步的比较。

■ 方案设计阶段。方案设计阶段就是根据评价结果、限定条件（最高支付成本、支付方式等）及目标企业意图，对各种资料进行深入分析和统筹考虑，设计出数种并购方案。并购方案的细节包括并购范围、并购程序、支付成本、支付方式、融资方式、税务安排、会计处理等。

■ 谈判签约阶段。通过分析、甄选、修改并购方案，最后确定具体可行的并购方案。并购方案确定后，以此为核心内容制成收购建议书或意向书，作为与对方谈判的基础。若并购方案设计离对方要求很近，则双方可能进入谈判签约阶段；反之，若并购方案设计远离对方要求，则会被对方拒绝，并购活动又重新回到起点。

■ 接管与整合阶段。双方签约后，进行接管并在业务、人员、技术等方面对目标企业进行整合。并购后的整合是并购程序的最后环节，也是决定并购是否成功的重要环节。

4.1　收购方和被收购方的兼并动力

思考题：

商业社会收购方、被收购方愿意实行兼并行为的原因分别有哪些？

收购方实施兼并的原始动力是决定兼并是否发生和怎样发生的首要因素。银行家要为并购企业设计并购策略，首先必须明确其原始动力。

收购方采取并购行为最基本的动力就是寻求企业的发展。寻求扩张的收购方企业面临着内部扩张和通过并购发展两种选择。内部扩张是一个缓慢而不确定的过程，通过并购发展则要迅速得多，尽管它有着自身的不确定性。

具体到理论方面，并购的最常见的动力就是协同效应（Synergy）。并购交易的支持者通常会以达成某种协同效应作为支付特定并购价格的理由。并购产生的协同效应包括经营协同效应（Operating Synergy）和财务协同效应（Financial Synergy）。

在具体实务中，收购方实施并购的动因，归纳起来主要有以下几类。

■ 扩大生产经营规模，降低成本费用。通过并购，企业规模得到扩大，能够形成有效的规模效应。规模效应能够带来资源的充分利用、资源的充分整合，降低管理、原料、生产等各个环节的成本，从而降低总成本。

■ 提高市场份额，提升行业战略地位。规模大的企业，伴随生产力的提高，销售网络的完善，市场份额将会有比较大的提高，从而能够确立企业在行业中的领导地位。

■ 取得充足廉价的生产原料和劳动力，增强企业的竞争力。通过并购实现企业的规模扩大，成为原料的主要客户，能够大大增强企业的谈判能力，从而为企业获得廉价的生产资料提供可能。同时，高效的管理、人力资源的充分利用和企业的知名度都有助于企业降低劳动力成本，从而提高企业的整体竞争力。

■ 实施品牌经营战略，提高企业的知名度，以获取超额利润。品牌是价值的动力，同样的产品，甚至是同样的质量，名牌产品的价值远远高于普通产品。并购能够有效提高品牌知名度，提高企业产品的附加值，获得更多的利润。

为实现公司发展的战略，通过并购取得先进的生产技术、管理经验、经营网络、专业人才等各类资源。

并购活动收购的不仅是企业的资产，而且获得了被收购企业的人力资源、管理资源、技术资源、销售资源等。这些都有助于企业整体竞争力的根本提高，对公司发展战略的实现有很大帮助。

■ 通过收购跨入新的行业，实施多元化战略，分散投资风险。这种情况出现在混合并购模式中，随着行业竞争的加剧，企业通过对其他行业的投资，不仅能有效扩充企业的经营范围，获取更广泛的市场和利润，而且能够分散本行业竞争带来的风险。

站在被收购方的角度上看，他们被并购的动因，主要有以下三类：

■ 资不抵债，接近破产。企业破产是指企业经济活动的失败，一般包括两种情形：一种是指负债超过资产，因"资不抵债"而不能清偿债务，这叫做事实上破产，或称为真正的破产。另一种是指债务虽仍未超过资产，但不能够现金支付到期债务，必须以部分固定资产变卖为现金才能清偿，倘若如此，其经营活动则无法维持下去，因此被宣告破产，称为法律上的破产。当企业经济活动失败时，宣布破产可以保护债权人的合法利益，可以使债务人得以摆脱经济困境，但对企业当事人、职工、股东等来说并非好事，他们要承受一些损失，有时甚至是很重的损失，同时，对社会来讲也非好事，因为失业等会增加社会福利开支，增加社会不安定因素；相反，若在接近破产而未宣布破产时，若将此企业兼并，并承担了其一切债务，则使债权人利益得到完全保障，股东、职工等权益也有了保障，这对经济、对社会都有好处。所以，当那些接近破产的企业行将破产时，不应先断然宣布破产，进行清盘，而是要极力争取其他实力雄厚企业将其兼并。

■ 管理不善，营运无方。鉴于目前我国主要骨干企业都是国有企业或集体企业，且一些企业多年来一直由于管理不善，营运无方而处于亏损状况，年年吃国家财政补贴，长此以往，十分不利于国家经济发展，而且还起了一个坏的示范效应。为此有一些市，曾设立黄红牌警告制度，试图通过警告、限令的压力迫使其好转。用心良苦，但实效不佳，因为没有破产的压力，警告作用不大，厂长最多换个地方再当。因此，目前可行的办法是，将那些管理不善、运营无方、长期亏损的企业由优势企业兼并，在兼并后，对原企业的那些管理人员只能量才使用，而绝不能官复原位，或调到其他企业再做官。从长期的角度来看，对于国有企业，除了产权明晰之外，作为大股东的国家应有一套监测企业经营状况的办法和制度，对于经营不良的投资企业让其他优秀企业兼并之，从而保证国有资产的增值和获利，不断促进人民生活水平的提高。

■ 处于没有发展前途行业及过分竞争行业。对于那些处于没有发展前途行业的企业应推动其被兼并，使其所拥有的生产要素转移到更为需要的以及有发展前途的生产领域，从而提高生产要素的利用率，同时，又顺利地将这些企业从该行业中解脱出来，最终无大震动地取消衰退行业。对于那些处于过分竞争的生产领域的企业，要引导它们互相兼并，提高生产集中度，发挥规模经济效益。

4.2　收购兼并的交易方式

所谓的并购交易方式，是指并购公司采用的支付方式和目标公司出售的企业权利形式，即并购公司拿什么来换取对目标公司的哪一类控制权。对于银行家来讲，并购交易方式的确立是设计并购方案的基础。

收购兼并的主流交易方式大致分为三类：现金购买式、股票交换式和资产置换式。

4.2.1　现金购买式并购

现金购买式并购是指并购方通过支付一定数量的现金来购买目标企业的资产或股权，从而实现并购交易的一种交易方式。在现金购买式的并购下，被并购企业所得现金额确定且不必承担证券风险，也不会受到并购后企业发展前景、利息率以及通货膨胀率变动的影响。现金购买式并购适用于以下三种情况：早期并购市场上金融支付方式比较单一的情况；希望通过"买壳"来实现上市，关系并购业绩较差、主业相关度不大的公司；并购对象是股权比较松散、第一大股东持有的股份比例相对较小的目标公司。

现金购买式是我国企业并购的主要交易方式。目前，我国企业并购的平均支付金额达 2 亿元人民币，这对于一个相对规模不大的企业来说，压力是相当大的。将现金购买式进一步细分，可分为购买资产式与购买股票式两类。购买资产式，即并购企业出资一般是以现金购买被并购企业的大部分或整体产权。购买股票式，即并购企业购买被并购企业的大部分股票，以达到控制其资产及经营权的目的。现金购买式并购的一个典型案例是谷歌对摩托罗拉移动的收购。2011 年 8 月 15 日，Google 宣布将以每股 40 美元，总额约 125 亿美元收购摩托罗拉移动。2012 年 2 月 13 日，美国司法部及欧盟正式无条件批准通过此次交易。2012 年 5 月 19 日，中华人民共和国商务部宣布附条件批准交易，条件包括要求安卓平台在五年内保持免费和开放等。三天后的 5 月 22 日，谷歌正式宣布已经完成对摩托罗拉移动的收购。

4.2.2　股票交换式并购

股票交换式并购是指并购方通过换股或增发新股的方式取得目标企业的控制权进而收购目标企业的一种交易方式。在股票交换式的并购下，并购企业可以暂时不涉及增加融资问题。当并购企业没有富余资金用于收购时，这种非现金收购方式对于实现强强联合具有重要意义。股票交换式可进一步分为以股票换取资产式和以股票换取股票式两类。股票换取资产式，即并购企业以自己的股票交换被并购企业所拥有的大部分资产。股票换取股票式，即并购企业向被并购企业的股东发行股票以交换被并购企业的大部分股票。如 2009 年 7 月 12 日，东航对上航的收购就是一起典型的股票换取股票的案例。根据两家公司的公告，ST 东航拟通过换股方式吸收合并 ST 上航。交易对价以双方的 A 股股票在定价基准日的二级市场价格为基础协商确定。ST 东航的换股价格为 5.28 元/股，＊ST 上航的换股价格为 5.50 元/股，上述价格分别是定价基准日前 20 个交易日两家公司 A 股股票的交易均价。双方同意，作为对参与换股的上海航空股东的风险补偿，在实施换股时将给予上海航空约 25% 的风险溢价，由此确定上海航空与东方航空的换股比例为 1∶1.3，即每 1 股上海航空股份可换取 1.3 股东方航空的股份。

4.2.3　资产置换式并购

资产置换式并购是一种特殊的并购形式，是指并购企业用一定的资产交换被并购企业的等值优质资产的产权交易。如果这种方式运作成功，并购企业可以实现两个方面的目的，既可以获得优质资产，也可以将企业原有的不良资产和盈利水平低的资产置换出去，从而实现企业资产的双向优化。

在并购方案的设计过程中，银行家确立并购交易方式时需要考虑的影响因素大致有以下五种。

■ 并购方的财务状况和资本结构。在拥有充足的自有资金和稳定的现金流且股票被市场低估的情况下，并购方会选择现金购买式。因为并购方的股票被低估时采取股票交换式需要增发股票，这可能会摊薄每股收益，对股东和企业业绩会产生较大的负面影响。反之，当并购方财务状况不佳，目前或可预见的将来企业资产的流动性较差，而且并购方的股票市值被高估时，并购方会选择股票交换式。因为现金支付方式不仅要受到即时支付能力的制约，而且要受到并购后能否迅速获得稳定现金流的制约。若无足够的现金流，必然会影响到并购后企业的发展。而采取股票交换式还可以使并购双方共同承担并购后的风险。

■ 并购方股东和管理层的要求。并购方股东关心的是保持控制权和增加每股收益。现金购买式虽然不影响并购方主要股东的持股比例，可继续保持其控股地位，但以自有资金支付可能会影响企业以后的发展和并购后企业的有效重组，若以举债方式进行现金支付又会使企业和股东面临还本付息的财务压力和风险。股票交换式则改变了企业的股权结构，因为并购后企业的业绩若没有相应幅度的增长，那么就会摊薄每股收益，而股票交换式可以使并购方免于承受巨大的融资和即时支付现金的压力，有利于并购后企业的有效整合和快速发展。如果并购方的股权分散，主要股东持股比例偏低而又要保持并购后的相对控股地位，那么并购方的主要股东就不会选择股票交换式。

并购交易方式对并购方管理层的影响在于如何既能保持其在经营管理方面的控制权和资源的分配权，又尽可能减少股东对其权力的监督和制约。若以股票交换式并购，尤其是在管理层持有本企业股份的情况下，增发新股则会稀释他们对企业的所有权，可能导致更多的外部投资者监督并干预其经营活动。因此，并购方管理层持有本企业的股权比例越高，他们越愿意选择现金购买式。但用现金支付需要筹措大量资金，这时管理层又不得不在对外融资问题上进行权衡。

■ 被并购方股东和管理层的意图。被并购方股东同样会考虑采取什么并购交易方式对自己有利。如果并购方支付的并购交易价格高于被并购方的实际价值，则被并购方股东会以转手的方式变现，以免分担并购方由于"支付过多"而可能导致的风险。在这种情况下，如果采取股票交换式使被并购方成为并购方的股东，则其必然分担并购方由于"支付过多"而可能带来的不利后果。如果并购方支付的并购交易价格低于被并购方的实际价值，而且被并购方股东充分相信通过并购后双方的重组与整合可以取得更多的未来收益，则被并购方股东更愿意接受股票交换式，以换取并购方的部分股权，分享并购后企业未来增加的收益。

被并购方管理层则更加关注自身在并购后企业中的地位和发展机会。因为在股票交换式下，被并购方股东可以以其在并购后企业中持有的股权为条件与并购方交涉，要求以适当的人事安排增强其在并购后企业中的发言权和知情权。但若以现金交换式进行并购，那么被并购方管理层的个人地位和发展机会则完全取决于其个人能力以及并购方对于并购后企业的未来发展计划和安排。因此，被并购方管理层一般都倾向于现金交换式并购。

■ 税收安排。对于并购方而言，以借款或发行债券的方式筹集资金来支付并购价款，其利息的成本可以在税前列支，而股权资本的成本则只能在税后列支。对于被并购方股东而言，若并购时采用现金购买式，则必须在收到现金后立即缴纳所得税，若采取股票交换式，则只有在未来出售所换来的股票时才需要纳税，因而持股股东可以推迟收益实现的时间并享受推迟纳税或低税率的税收优惠。可见，只有当以现金购买的并购交易价格足以弥补被并购方股东在税收方面的损失时，现金购买式才是可接受的。尽管采用股票交换式可以延迟纳税，但这通常是有条件的：第一，并购必须是出于商业目的，而不仅仅是税务目的；第二，并购完成后，被并购方必须以某种可辨认的形式持续经营，即不能出售自己的主要资产；第三，在被并购方股东收到的补偿中，至少有50%是并购方发行的有表决权的股份。

■ 资本市场、并购市场的发育程度和法律法规的约束。一个国家资本市场、并购市场的发育程度以及直接融资、间接融资所占比重的大小对并购交易方式的影响较大。资本市场的发育程度直接影响到并购的融资方式、支付手段和规模；而并购市场的发育程度则直接影响企业是采取现金购买式还是选择股票交换式。美国的资本市场发达，因而其采用股票交换式进行并购的案例较多。我国资本市场起步较晚，证券市场尚不成熟，而间接融资市场又受到政府严格的监管约束，以致企业进行股权融资的成本较高，因而限制了并购规模和交易方式的选择。

综合上述决定并购交易方式的影响因素，并购方和被并购方对交易方式的选择立场各不相同。

■ 被并购方。在并购中，被并购方应该争取采用现金购买方式，以保证公司股东实现财富最大化，有效避免并购以后企业经营出现困难。不过，资产置换虽然有利于公司的资源配置，但在并购方获得控制权后，被并购方股东的权益会减少，而且并购后需要双方磨合，从而对企业的经营前景是一个严峻的考验。因此，被并购方在选择交易方式时还应充分考虑并购后的协同效应、税收政策等因素的影响。

随着并购活动的深化，海外并购活动增多，而在海外并购案例中，被并购方容易遇到恶意收购的情况。为了应对这种情况，被并购方在并购前实行的反并购策略若暂时没有成功，而对自己的企业又充满信心，那么就可以接受并购方进行非现金支付，如股权支付、发行可转换债券等，再等待时机实行控制权转移，以成功实现反向收购。

■ 并购方。并购方在选择交易方式时，应当以考虑并购目的为主，综合考虑其他因素为辅。

一是以买壳上市为目的，主要是为了获得被并购方能够直接从证券市场上融资的资格。并购方如果以现金支付，可能会对企业的经营周转带来资金压力，还会因为被并购企业的业务质量不高，并购后很难形成偿还债务的现金流优势，此时就应该将被并购方的原有业务进行整体剥离。因此，并购方最好选择资产置换方式，以植入自身优质业务。

二是以财务性重组为目的，这是基于被并购方管理不善或治理结构存在缺陷，导致其市值远远低于经营能力所创造的价值。财务性重组意味着并购方将旨在获取这部分管理收益或治理收益。此类并购一般选择现金购买式，因为并购方的目的在于获得控制权，重新构造企业治理结构，一般不接触具体经营事宜，而且并购方持有的多为金融资本，缺乏产业基础，采用资产置换或股票交换式会使重组工作复杂化，甚至根本不可能实施整合。

三是以战略性重组为目的，即以并购双方利益相关者尤其是管理层的通力合作为前提，谋求业务的整合价值最大化。因为是合作性重组，并购双方的利益要从并购后存续企业的持续经营活动中实现，所以这种并购采用股票交换式，可以减少并购时的支付压力，同时与被并购方共同承担风险。

并购方在选择并购交易方式时，还需要考虑本公司的股票价值。如果本公司股票的价值被高估，则应采取股票交换式，增发新股进行融资，以充分发挥财务杠杆效应，减少现金支出给企业带来的融资压力；如果本公司股票的价值被低估，则应采取现金购买式，给市场传递公司运营良好的信号，以提高公司市场价值，增加股东每股收益。

4.3　收购与反收购

思考题：

你是怎样理解恶意收购的？你所知道的反收购的手段主要有哪些？

由于收购存在善意收购和恶意收购之分，当企业遇到恶意收购时，往往需要实施反收购战略。因此，银行家除了明晰并购的知识，还应充分了解反收购的知识。

4.3.1　恶意收购

恶意收购指收购公司在未经目标公司董事会允许，不管对方是否同意的情况下，所进行的收购活动。当事双方采用各种攻防策略完成收购行为，并希望取得控制性股权，成为大股东。其中，双方强烈的对抗性是其基本特点。除非目标公司的股票流通量高，可以比较容易在市场上吸纳，否则收购困难。恶意收购可能引致突袭收购。进行恶意收购的收购公司一般被称作"黑衣骑士"。

恶意收购者往往高价购买被收购对象公司的股票，然后重组公司高层管理人员，改变公司经营方针，并解雇大量工人。由于被收购公司的股东可以高价将股票卖给收购者，他们往往同意"恶意收购者"的计划；如果按照传统的公司法，经理必须并且仅仅对股东股票价值最大化负责，那么经理就有义务接受"恶意收购"。事实上，被收购公司的股东在 20 世纪 80 年代大都获得了巨大收益，因为收购者提供的价格一般都在原股票价格的 50% 到一倍以上。哥伦比亚大学法学院教授贝纳德·布雷克（Bernard Black）生动地说："本杰明·富兰克林（Benjamin Franklin）1789 年断言，死亡和税收是生活中最确定的两件事。如果他活到今天，他会加上第三件确定无疑的事实，即股东从收购中获利"（B. Black，1988）。

但是，这种股东接受"恶意收购"的短期获利行为，往往是和企业的长期发展相违背的。一个企业在发展中，已经建立起一系列的人力资本、供销网络、债务关系等，这些安排如果任意被股东短期获利动机所打断，必将影响到企业的生产率。哈佛大学经济学家史来弗（Andrei Shleifer）和劳伦斯·萨默斯（Lawrence Summers）对美国"环球航空公司"（TWA）被"恶意收购"的案例作了研究，他们发现，TWA 股东收益的增加额是由工人工资的减少额带来的，后者是前者的 1.5 倍（A. Shleifer &L. Summers，1988）。也就是说，"恶意收购"只代表财富分配的转移，并不代表新财富的创造。因此，美国工人之所以反对"恶意收购"，是不难理解的。

4.3.2　反收购

反收购是指目标公司管理层为了防止公司控制权转移而采取的旨在预防或挫败恶意收购者收购本公司的行为。反收购的主体是目标公司，反收购的核心在于防止公司控制权的转移。反收购的根本目的就是对抗收购者的收购行为，维护目标公司原有利益格局，防止发生收购者与目标公司的股东、管理者以及其他利益相关人的利益矛盾和冲突，阻挠收购者收购目的实现，将目标公司的控制权掌握在自己手中，防止对目标公司产生实质性的影响。

具体到公司实务中，目标公司进行反收购的动因不外乎以下九种。

■ 控制权是有价值的。资本市场上的收购与反收购，主要的对象是公司股东的股票产权，利用法律赋予股份的特殊权利，如股份投票权等，能保证收购者获得对目标公司未来经营和发展的控制权。经济研究表明，公司的控制权是有价值的，能为持有者创造经济和社会价值。

■ 让股东获得最高的收购溢价。收购实质上也是一种商品交易行为，符合商品交换的一般规律。当目标公司作出收购决策，并实施相应的反收购行为，实质上就是向市场上和敌意收购者展示收购市场处于供方市场的信息，迫使收购公司为了收购成功，而提高股票的溢价，从而为目标公司股东创造尽可能多的价值。

■ 目标公司价值被低估。根据实证研究证实，市场并不一定是完全有效的，市场上并未对目标公司作出正确、适当的评价。如目标公司有价值的信息并未向外发布，市场低估了目标公司的价值。基于此，为了获得这部分低估的价值，目标公司管理层依据理性原则，在不考虑其他因素的前提下，就会作出反收购的决策。

■ 目标公司管理层维护自身的利益。实际上，公司被收购后，往往伴随着目标公司管理层的变更。因此，为了维护自身的优势利益，保证工作、荣誉、权利和收入保障，目标公司管理层也会作出反收购的行为。

■ 避免短期行为。许多投机者利用收购行为，进行相应的投机炒作行为。收购目标公司后，通过各种方式将目标公司分离肢解后，再将目标公司出售给其他投资者，以获取高额投资回报退出。如此行为，将给目标公司的经营业务、企业文化、社会责任、公众形象和原则就业带来震撼性的不利影响。为了减少这种行为带来的恶劣影响，也就引出规避此行为的反收购措施。

■ 维护公司的独立性，保持公司战略的稳定性。在公司形成可行的独立战略过程中，公司和社会付出较大的成本和资源，而且在发展过程中，战略行为是连续性的。为了避免公司的战略中断甚至完全终止，获得公司的长久发展，就客观要求维护公司的产权属性，防止恶意公司的收购行为。

■ 维护公司相关利益关系体权益。附属于公司的权益，不仅仅是目标公司的股东，目标公司的职员、供应商、债权人、战略合作伙伴等，都与公司有较大的关联。在一定程度上，相关利益关系体的权益影响，会促使目标公司管理层作出反收购的决策行为。

■ 维护壳资源。稀缺代表价值。在壳资源短缺的国家和地区，壳拥有较大的价值。为了维护壳资源，保证壳资源给控制者带来附加效益，就促使壳资源的控制者采取各种措施，对抗恶意收购者。

■ 其他。当然，还有很多其他方面的动机，譬如政府的行为因素、收购公司的治理方式与目标公司发展不符、双方战略不符合等，都会促使管理层产生实施反收购决策动机，并进而实施相应的反收购行为。

目标公司实施反收购，可选择于恶意收购报价前采取预防性策略，或于恶意收购报价后采取主动性策略。

4.3.3　反收购的预防性策略

■ 股权结构安排。收购成功的关键在于有足够量的股权被收购。要想从根本上预防敌意收购，适当的股权安排是最佳的策略。参照反收购可能出现的结果，公司首先应该做到的是，建立合理的股权结构。最为有效和简单的方式是自我控股，即公司的发起人或者大股东为了避免被收购，而在开始设置公司股权时就让自己拥有可以控制公司的足够的股权，或者通过增持股份增加持股比例来达到控股的目的。从理论上讲，自我控股达到51%肯定不会出现恶意收购情况，低于51%就可能发生恶意收购。但实际上当股权分散后，一般持有25%的股权就可以控制公司。因此必须找到一个合适的点来决定控股程度，否则会出现控股比例过低无法起到反收购的效果，控股比例过高过量套牢资金的问题。例如，新浪之所以成为盛大的目标，很重要的一个原因就是其股权过于分散。此外，交叉持股或相互持股也是反收购的一个重要策略，也就是关联公司或关系友好公司之间相互持有对方股权。

■ 毒丸计划。毒丸一般是指股东对公司股份或其他有价证券的购买权或卖出权。毒丸计划是公司分配给股东具有优先表决权、偿付权的有价证券，或者一种购买期权，当在某些事情发生时，将会导致目标公司股东能够以较低价格购买公司的股份或债券，或以较高价格向收购人出售股份或债券的权利的计划。

　　毒丸计划可能产生以下情形：第一，毒丸防御诱使恶意收购方与目标公司管理层进行协商，董事会从而可以确保公司卖出更高的价钱，如果没有毒丸防御，就不会卖出这种高价；第二，除表决权计划以外的其他毒丸计划可有效地阻止强迫性双重要约收购和部分要约收购，表决权计划则通过阻止要约人取得表决控制权而防止收购后股权问题；第三，减轻收购的威胁会通过引导管理者进行更多的专项投资和允许公司使用以业绩为基础的延迟补偿合同，给予公司管理者动力以最大化公司价值。上述表明，毒丸计划可能如同发起这些计划的管理者所承诺的那样保护股东利益，所以采用毒丸计划将对股价产生正面影响。

　　■ 驱鲨剂条款。所谓驱鲨条款策略，是指在公司章程或附属章程中设计一些条款，目的是为公司控制权易手制造障碍，其主要作用在于增加公司控制权转移的难度。在《公司法》中，公司章程的修订必须经股东大会作出决议，因此，在公司章程中加入驱鲨剂条款也必须由股东大会通过。驱鲨剂条款是一把"双刃剑"，它虽然具有防御收购的功效，但同时也可能削弱董事会对收购的应变能力。驱鲨剂条款作为一种反收购策略有着各种类型，实务上较为常用的驱鲨剂条款主要有：第一，公平价格条款（fair price provision）；第二，特别多数条款（super majority provision）；第三，部分董事改选制条款（staggered board provision）；第四，附则修改。

　　驱鲨剂曾引起学者的争议，有的学者认为，驱鲨剂条款可以提高收购溢价，增加股东的收益，驱鲨剂条款是股东合作的产物，因此认为驱鲨剂条款是有益的，法律不宜限制。有的学者认为，驱鲨剂条款虽然可能提高公司的收购价格，但也增加了收购的风险。其结果是减少了收购的数量，使股东利益受损。

　　■ 降落伞计划。巨额补偿是降落伞计划的一个特点。作为一个补偿协议，降落伞计划规定在目标公司被收购的情况下，相关员工无论是主动还是被迫离开公司，都可以领到一笔巨额的安置费。依据实施对象的不同，降落伞计划可具体分为金降落伞（Golden Parachute）、灰降落伞（Penson Parachute）和锡降落伞（Tin Parachute）。

　　金降落伞主要针对公司的高管，由目标公司董事会通过决议，公司董事及高层管理者与目标公司签订合同规定：当目标公司被并购接管，其董事及高层管理者被解职的时候，可一次性领到巨额的退休金（离职费）、股票选择权收入或额外津贴。金降落伞计划的收益视获得者的地位、资历和以往业绩的差异而有高低。该收益就像把"降落伞"让高层管理者从高高的职位上安全下来，又因其收益丰厚如金，故名"金降落伞"计划。

4.3.4 反收购的主动性策略

■ 白衣骑士。白衣骑士（White Knight）策略是指在恶意并购发生时上市公司的友好人士或公司，作为第三方出面解救上市公司，驱逐恶意收购者，造成第三方与恶意收购者共同争购上市公司股权的局面。在这种情况下，收购者要么提高收购价格要么放弃收购，往往会出现白衣骑士与收购者轮番竞价的情况造成收购价格的上涨，直至逼迫收购者放弃收购。在白衣骑士出现的情况下，目标公司不仅可以通过增加竞争者使买方提高并购价格，甚至可以"锁住期权"给予白衣骑士优惠的购买资产和股票的条件。这种反收购策略将带来收购竞争，有利于保护全体股东的利益。

■ 股份回购。股份回购是指目标公司或其董事、监事通过大规模买回本公司发行在外的股份来改变资本结构的防御方法。

股份回购的基本形式有两种：一是目标公司将可用的现金或公积金分配给股东以换回后者手中所持的股票；二是公司通过发售债券，用募得的款项来购回它自己的股票。被公司购回的股票在会计上称为"库存股"。股票一旦大量被公司购回，其结果必然是在外流通的股份数量减少，假设回购不影响公司的收益，那么剩余股票的每股收益率会上升，每股的市价也随之增加。目标公司如果提出以比收购者价格更高的出价来收购其股票，则收购者也不得不提高其收购价格，这样，收购的计划就需要更多的资金来支持，从而导致其难度增加。

■ 收购收购者（帕克曼防御）。帕克曼（Pac man）防御指当敌意收购者提出收购时，以攻为守，针锋相对地对收购者发动进攻，也向收购公司提出收购，或以出让本公司的部分利益，包括出让部分股权为条件，策动与目标公司关系密切的友邦公司出面收购公司，从而达到"围魏救赵"的目的。

帕克曼防御可使实施此战术的目标公司处于进退自如的境地。"进"可使目标公司反过来收购袭击者；"守"可迫使袭击者返回保护自己的阵地，无力再向目标公司挑战；"退"可因本公司拥有部分收购公司的股权，即使最终被收购，也能分享到部分收购公司的利益。此战术尽管有这些优点，但其风险较大，目标公司本身需有较强的资金实力和外部融资能力，同时，收购公司也须具备被收购的条件，否则帕克曼防御将无法实施。

这种策略对公司财务状况影响很大，公司只有在具备强大的资金实力和便捷的融资渠道的情况下，才能采取这一策略。

■ 法律诉讼。通过发现收购方在收购过程中存在的法律缺陷，提出司法诉讼，是反收购战的常用方式。目标公司提起诉讼的理由主要有三条：第一，反垄断。部分收购可能使收购方获得某一行业的垄断或接近垄断地位，目标公司可以此作为诉讼理由。反垄断法在市场经济国家占有非常重要的地位。如果敌意并购者对目标企业的并购会造成某一行业经营的高度集中，就很容易触犯反垄断法。因此，目标企业可以根据相关的反垄断法律进行周密调查，掌握并购的违法事实并获取相关证据，即可挫败敌意并购者。第二，披露不充分。目前各国的证券交易法规都有关于上市公司并购的强行性规定。这些强行性规定一般对证券交易及公司并购的程度、强制性义务作出了详细的规定，比如持股量、强制信息披露与报告、强制收购要约等。敌意并购者一旦违反强行性规定，就可能导致收购失败。第三，犯罪行为，例如欺诈。但除非有十分确凿的证据，否则目标公司难以以此为由提起诉讼。通过采取诉讼，迫使收购方提高收购价；或延缓收购时间，以便另寻白衣骑士以及在心理上重振管理层的士气等。

■ 定向配售、重新评估资产。定向配售是指向某人发行较大比例的股票；配股是指按比例给老股东配股。这两种方式都可以增加股票的总量，稀释袭击者手中的股份比率，使之难以达到控股的目的。

我国上市公司增发新股时，可向战略投资者配售大量股票，当遇到敌意收购时，原则上目标公司可通过增发新股稀释收购公司的股权比例。此外，还可以采取重新评估资产的方式。资产重估是面临收购时的一种补救策略。在现行的财务会计处理中，资产通常采用历史成本来估价。普通的通货膨胀，使历史成本往往低于资产的实际价值。多年来，许多公司定期对其资产进行重新评估，并把结果编入资产负债表，提高了净资产的账面价值。由于收购出价与账面价值有内在联系，提高账面价值会抬高收购出价，抑制收购动机。同时，我国房地产、无形资产如商誉、商标、专利等普遍存在低估的倾向，可通过重新评估资产提高每股的资产净值，促使股票价格上涨，增加收购成本和收购失败风险，使收购者不敢轻举妄动。

4.4　收购与兼并的法律监管

中国证监会发布的《上市公司收购管理办法》于 2002 年 12 月 1 日起正式生效，并于 2011 年 12 月 29 日被修订。该办法的制度设计具有极其鲜明的中国特色，与以美国和英国为代表的两大收购立法模式相比，在很多方面有根本性的区别。深入了解西方各国并购法律监管体系的主要特征，充分明晰中西方并购的法律体系的区别，有助于银行家为客户公司在法律允许的框架内制定有效的收购或反收购战略。

在各国并购立法和监管体系中，美国和英国是两个代表模式。美英模式有两个基本区别。首先，在并购立法和规则制定上，美国没有强制性全面要约制度，收购方可以自愿要约；而英国要求收购方持有目标公司的股权超过 30% 以后必须履行全面要约义务。目前除了加拿大、韩国等国，世界各国大都采用英国的全面要约模式。其次，在监管体系上，美国不设立专门的并购委员会，而由美国证监会（SEC）履行包括收购、兼并及相关交易在内的监管职能。英国则将收购、兼并及相关交易的监管职权移交给专门设立的并购委员会来履行，这种做法以英国、爱尔兰和澳大利亚等国家为代表。根据并购委员会是否具有法定地位，常设性的并购委员会又可划分为两种模式。一种模式是法定模式（statutory），爱尔兰、澳大利亚、南非、瑞士及新西兰的并购委员会就属于这一种模式。法定模式的特征是并购委员会具备法定地位，其制定的收购及兼并守则具有法律效力。另一种模式则是非法定模式（non‐statutory），该模式以中国香港、英国、新加坡为代表。所谓非法定模式是指并购委员会不具备法定地位，其制定的收购及兼并守则不具有法律效力。

我国的并购立法体系有鲜明的中国特色。在立法上，《上市公司收购管理办法》规定，收购方持有、控制目标公司 30% 股份后，如果选择继续增持时必须采取全面要约的方式，向所有股东的所有股份发出收购要约。这一制度与美国的自愿要约制度有根本区别，这是由于中国目前在司法制度和信息披露有效性等方面与美国有一定差距，对中小股东的保护也缺乏足够的手段，因此从保护中小投资者合法权益的角度出发，规定在公司控制权转移（即 30% 后继续增持，包括协议收购）时，收购方应采用要约收购的方式。此外，这一制度又和英国的强制性全面要约制度有很大区别，首先我国收购管理办法规定的是全面要约的方式而非义务，即收购方持有、控制目标公司 30% 股份时，并无义务全面要约，只是在继续增持时才必须采取全面要约的方式。其次，我国扩大对全面要约的自动豁免和经批准取得豁免的适用范围，并将要约价格调低，以降低强制性全面要约方式的成本，以便上市公司收购。

在监管上，我国的体系是以证监会为主，这一点和英国模式不同，更接近美国模式。但与美国不同的是，根据《上市公司收购管理办法》，我国也要设立类似并购委员会性质的专业机构协助证监会监管。

在美国，SEC 对并购的监管采用以信息披露为中心的体系（Information‐disclosure Based System），没有 30% 的强制性全面要约要求，这一体系在美国基本是成功的，但它的成功还依赖于除 SEC 之外的其他配套的市场监督和监管体系。可以说，SEC 对并购的监管只是美国对并购的监管总体系里的一小部分，美国有强有力的各州对并购的实质性监管，有较强的民间维权的法律诉讼渠道，还有其他的一系列监督和监管渠道，这包括反托拉斯法、并购方面专业的法庭审判官、律师行业处理并购的行规及自我约束机制、交易所监管、公司控股者的诚信责任等自我约束机制，以及投行等中介的自我约束机制。这些机制的综合作用，造成公司在收购时虽然 SEC 没有强制收购方采取全面要约，但在实际操作时，迫于公司控股者和董事的诚信责任，公司也主动给中小股东同等待遇，最终的结果也与英式全面要约类似。

很多国家，包括英国、德国等发达国家以及大部分新兴市场，不具备或不完全具备以上条件，这些国家大多都直接采用某种形式的全面要约制度。美国证监会有些人士也认为，SEC 的纯粹以信息披露为主的并购监管体系是一个特例，在别的国家可能很难推行，如果强行推行，会带来小投资者权利被侵犯、内幕交易等一系列问题。

中国也不能模仿美国模式。表 4 - 1 比较了中美两国并购监管体系的各个环节，从中可见，大部分美国的并购监管环节在中国不存在或不健全。因此，在中国有效推行美国并购监管模式会有一定难度。像中国这样的转轨中的新兴市场面临的挑战是，如何能提供相应的方式和手段以积极发展并购活动，同时又能保护中小投资者的权益。这就要求我国既不能用美国模式，又不能抄英式的强制性全面要约模式，因为英式的强制性全面要约模式给并购带来太大的成本，从而为上市公司的并购交易活动带来重重阻碍。

表 4 - 1　　　　　美国并购监管各环节以及中国并购监管的相应环节

美国并购监管的环节	中国并购监管的相应环节
SEC 监管	CSRC 监管
联邦证券法律	证券法、公司法
各州立法和监管	无
被侵权者进行诉讼的法律手段	不健全
精通并购专业的法庭和审判官	无
律师行业处理并购业务的行规	无
反托拉斯法防止并购形成垄断	无
交易所监管	有
公司控股者的自我约束机制	无
投资银行等中介的自我约束机制	无

4.5 收购兼并各方的收益分析

收购兼并行为是公司经营活动中的一个重大事项，特别是对于上市公司来说，收购兼并行为对上市公司的未来发展有重要的影响，从而会影响公司业绩、公司内在价值以及公司股票价格。

市场经济中，企业的一切活动的根本目的是增加股东收益，而股东收益在很大程度上决定了公司的股票价格的高低。资本市场把市盈率，即价格/收益比（Price/Earning，PE 值）作为一个对企业未来的估计指标，该指标反映了市场对企业的综合评价。在短期内，一个企业的 PE 值不会有太大变动，股价也不会有大波动。只有当企业的盈利率或盈利增长率有很大提高的情况下，PE 值才会有所提高。但是，当并购发生的时候，情况就不同了，假设 B 企业的 PE 值低于 A 企业的 PE 值，但是每股收益却高于 A 企业的每股收益，说明市场对 B 企业的股票定价偏低。A 企业并购 B 企业，使得市场重新评价 B 企业，并且用 A 企业的 PE 值代替 B 企业的过低的 PE 值，使得 B 企业的股价上升。对于 A 企业来说，从统计方面显示它们获得的收益几乎为零。这是因为并购公司间的竞争把目标公司的价格抬得非常高。留给并购公司股东的收益就非常少，甚至无什么收益可言。但是，也并不是说交易不能给并购方创造效益，对于比较成功的并购案例来说，并购后，A 企业平均了 B 企业的平均每股收益，并且由于并购的综合经营效应，A、B 企业每股收益都有进一步上升的可能，从而引起 PE 值上升，造成当前 A 企业和 B 企业股价的同时剧烈上升。所以，资本市场上，那些具有较低 PE 值，但具有较高每股收益的企业，往往成为兼并对象。美国 1965—1968 年兼并热潮中，绝大部分兼并方的 PE 值都大大超过被兼并方的 PE 值。我国证券市场上不断发现的"黑马"，即股价被低估的上市公司，之所以股价会剧烈上升，其中一个原因就是易成为收购兼并对象，具有并购题材，股价因预期效应而上升。

下面我们对收购兼并行为对股票价格影响的机理进行分析。股票价格是受到预期心理的影响的，而兼并收购行为会使人们改变对公司未来的预期，兼并收购活动中股票价格的预期效应就是指由于兼并收购使资本市场对公司股票评价发生改变，而对股价产生影响，这是股票投机的基础。兼并收购如何对股票价格产生影响，可以从兼并收购对企业盈余和市场价值影响进行分析。

4.5.1 兼并收购对企业盈余的影响

兼并收购必将对企业的每股收益、每股市价产生潜在影响。由于企业并购投资决策以投资对股票价格的影响为依据，而股票价格的影响又取决于投资对每股收益的影响。所以企业评估并购方案的可行性时，应将其对并购后存续企业每股盈余的影响列入考虑范围。假设 A 企业计划以发行股票方式收购 B 企业，并购时双方相关财务资料见表 4-2。

表 4-2   并购双方财务资料

项目	A 企业	B 企业
净利润	2 000 万元	500 万元
普通股股数	1 000 万股	400 万股
每股收益	2 元	1.25 元
每股市价	32 元	15 元
市盈率	16 倍	12 倍

若 B 企业同意其股票每股作价 16 元由 A 企业以其股票相交换，则股票交换率为 16/32，即 A 企业每 0.5 股相当于 B 企业的 1 股。A 企业需发行 400×0.5=200（万股）股票才能收购 B 企业所有股份。

现假设两企业并购后收益能力不变，则并购后存续 A 企业的盈余总额等于原 A、B 两企业盈余之和见表 4-3。

表 4-3   并购后的 A 企业每股收益

并购后净利润	2 500 万元
并购后股本总数	1 200 万股
每股收益	2.083 元

由此，A 企业实施并购后每股收益将提高 0.083 元，但原 B 企业股东的每股收益却有所降低，因其所持有的 B 企业股票每股相当于并购后 A 企业股票 0.5 股，所以其原持有股票的每股盈余仅相当于 0.5×2.083=1.0415（元），较原来降低了 1.25－1.0415=0.2085（元）。

若 B 企业股票的作价不是 16 元而是 24 元，则交换比率为 24/32，即 0.75 股。A 企业为取得 B 企业全部股票，总计发行股票 400×0.75=300（万股），并购之后盈余情况见表 4-4。

表 4-4   并购后的 A 企业每股收益

并购后净利润	2 500 万元
并购后股本总数	1 300 万股
每股收益	1.923 元

所以在这种情况下，并购后 A 企业的每股收益降低了，而原 B 企业的每股收益为 $0.75 \times 1.923 = 1.44$（元），较并购前有所提高。

由这一思路可以推断出保持 A 企业的每股收益不变的股票交换比率。假定 A、B 两企业合并、收购后收益能力不变，即并购后存续 A 企业的盈余总数等于原 A、B 企业盈余之和，为 2 500 万元，设股票交换率为 R1，则：

并购前 A 企业的每股收益　EPS1 $=2$ 元

并购后 A 企业的每股收益　EPS2 $=2\ 500/$（$1\ 000 + 400$R1）

因并购前后 A 企业的每股收益不变，所以，EPS1 $=$ EPS2，即：

$2\ 500/$（$1\ 000 + 400$ R1）$=2$

求得：R1 $=0.625$，即 A 企业对 B 企业的每股股票作价为 $0.625 \times 32 = 20$（元）。依此原理，我们还可推算出确保 B 企业每股收益不变的股票交换率，在此从略。

当然，A 企业实施并购方案后，存续的 A 企业每股收益率保持不变或适量摊薄降低应该是短期现象。从长远分析，并购后收益率将不断提高，每股收益将比合并前高，即产生并购协同效应。若考虑这种协同效应，举例如下：

承上例，假定 A 企业实施并购后能产生较好的协同效应，估计每年增加净收益 404 万元。如要求存续的 A 企业每股收益提高 10%，达到 2.2 元，可计算 A 企业所能接受的股票交换率：

$$\frac{2\ 500 + 404}{1\ 000 + 400 \text{R1}} = 2.2$$

解得 R1 $=0.8$，即 A 企业对 B 企业的每股股票作价为 $0.8 \times 32 = 25.6$（元）。

4.5.2　对股票市场价值的影响

并购过程中，每股市价的交换比率是谈判的重点。公开上市的股票，其价格反映了众多投资者对该企业内在价值的判断。因此，股价可反映该企业的获利能力、股利、企业风险、资本结构、资产价值及其他与评价有关的因素。股票市价的交换比率为：

$$\text{股价交换比率} = \frac{\text{对被并购企业每股作价}}{\text{被并购企业每股市价}} = \frac{\text{并购企业每股市价} \times \text{股票交换率}}{\text{被并购企业每股市价}}$$

兼并收购活动中的预期效应是由于并购使股票市场对企业股票评价发生改变而对股票价格的影响。预期效应对企业并购有重大影响，它是股票投机的一大基础，而股票投机又刺激了并购的发生。在西方市场经济中，企业进行一切活动的根本目的是增加股东的收益，而股东收益的大小，很大程度决定于股票价格的高低。虽然企业股票价格受很多因素影响，但主要取决于对企业未来现金流量的判断，这一流量只能依据企业过去的表现作出大致的估计。因此，证券市场往往把市盈率，也就是价格/收益比（Price/Earnings）PE 值作为一个对企业未来的估计指标，该指标综合反映了市场对企业各方面的主观评价。企业在 t 时刻的股票价格等于它在 t 时刻每股收益与 PE 值的乘积。一个企业，特别是那些处于并购浪潮中的企业，可以通过不断并购那些有着较低 PE 值，但有较高每股收益的企业，使企业的每股收益不断上升，让股份保持一个持续上升的趋势，直到由于合适的并购对象越来越少，或者为了并购必须同另外的企业进行激烈竞争，造成并购成本不断上升而最终无利可图为止。预期效应的刺激作用在美国 1965—1968 年的并购热潮中表现得非常显著，在绝大部分并购活动中，并购方的价格/收益比率一般都大大超过被并购方。

在西方，由于预期效应的作用，企业并购往往伴随着强烈的股价波动，因此造成了极好的投机机会。所谓"内幕交易"就是掌握了并购内幕信息的企业或个人，预先购入并购方或被并购方的股票，待并购完成后，按上涨的价格将股票售出，从而获得巨大利益。这种情况同称为"风险套利"交易的行为虽然是如出一辙，但由于后者是一种正常的商业行为，因而是常见的和允许的。而前者是一种利用事先的信息从事的经营活动，因而是违法的、不允许的。但股票市场上，对这种投机利益的追求反过来又极大地刺激了并购的开展。

一般而言，大公司都具有证券流动性高、多样化经营能力强、经营风险低和知名度高的特点。这些特点，使其具有较高的市盈率。当它并购另一企业时，它的市盈率通常被用作并购后企业的市盈率，这样可以牵动被并购企业的股价大幅度上扬，反映了市场对并购企业的商誉及并购后管理改善的信任。

4.5.3　收购行为对收购方公司股票价格的影响

通过上面分析可以看出，收购兼并行为对被收购或兼并的公司来说，会提高这些公司股票的市场价格，但是对收购方来说就不一定了。美国学者曾用学术研究方法对涉及上市公司的几十笔交易的结果进行研究总结，结论显示，被并购公司的股东是大赢家，而并购公司股东的收益就非常少，甚至无什么收益可言。研究显示，被并购公司的股东在友好兼并中平均获得了 20% 的溢价，在敌意收购中被并购公司的股东获得的溢价平均为 35%。而对并购公司的股东，从平均来看，他们只获得了少许收益，从统计方面显示他们获得的收益几乎为零。被并购公司的股东之所以获得较大的收益，是因为并购公司间的竞争把目标公司的价格抬得非常高。留给并购公司股东的收益就非常少，甚至无什么收益可言。

但是，也并不是说兼并收购行为不能给并购方创造效益，事实上，许多交易市场认为对并购公司的股东来说是很有好处的。但是，哪种交易对并购公司有益呢？研究表明，这主要取决于以下因素。

■ 总体上能否创造更大的价值。并购公司如果发现整个交易能创造更大的价值，就会极大地提高成功的可能性。如果发现交易大有潜力——可信度大且有独特的协同作用，并购公司在向卖方支付"公平"价格的同时，就有更大的可能为自己的股东获取部分收益。相反，如果交易从整体上来说收益微薄，甚至没有收益，并购公司的股票就会有 98% 的可能下跌。

■ 支付的溢价是否较低。支付溢价较低（少于 10% 甚至没有溢价）的并购公司在宣布交易后，其股票价格很有可能上涨。另外，只购买其他公司的分支机构或者部门的并购公司，比购买整个公司的买方来说似乎要有利些。其原因是价格谈判缺乏一个市场价格的支持，或者卖方很想成交，以丢掉一个包袱部门，或者并购公司能够更为快捷、有效地将该项业务整合到自己的公司中去。

■ 并购公司是否有较强的经营能力。连续 5 年投入资本收益率高于行业平均水平的并购公司在宣布交易后，其股票价格从统计方面看就很有可能上涨，而如果是低于平均水平的公司，其股票价格就很有可能下降，因为财务状况低于行业平均水平的公司，不会比高于行业平均水平的并购公司经营得好。

■ 中国资本市场兼并收购情况分析。对于目前中国资本市场的兼并收购情况来说，就比较特别，因为，目前发生在中国资本市场上的兼并收购绝大多数对上市公司是有利的。对于被收购或兼并的上市公司来说，显然是对这些公司极其有利的，因此会引起这些公司股票价格的上涨，而对于并购方来说，因为目前注入这些公司的资产大多属于优良资产，未来盈利前景较好，所以对这些并购公司来说也是较为有利的。例如，近年来上市公司的"整体上市"都是注入了优良的资产，因此，虽然是并购方，但是并购后对这些公司的股票价格也起到了积极的影响。当然，其中也有少数并购公司注入的资产不是很好，对公司股票价格产生了消极影响，不过这种情况相对较少。

根据 Wind 统计，截至目前，在 A 股市场 2007 年共发生资产重组事项 202 项，涉及上市公司 144 家。这些资产重组项目可以分为三类：一是资产置换项目，共 62 项，涉及上市公司 45 家；二是资产购买、收购、受让项目，共 83 项，涉及上市公司 65 家；三是资产出售、转让项目，共 57 项，涉及上市公司 47 家。

我们对涉及这三种资产重组的上市公司 2007 年的市场表现进行统计，发现具有资产重组题材的上市公司的市场表现明显强于大盘。2007 年具有资产重组题材的股票平均涨幅为 89%，其涨幅明显高于大盘的平均水平。具有资产重组题材的股票中，2007 年涨幅超过大盘平均水平的股票共有 136 只，占具有资产重组题材股票的 94%，只有 6% 的股票没有跑赢大盘。

根据统计结果，进行资产重组的上市公司在资产重组实施以后，大部分业绩有所提高，有的上市公司业绩提高幅度相当大。但仍有相当多的上市公司的业绩并没有出现明显的改善，甚至有不少上市公司资产重组后业绩不升反降。

由于上市公司进行资产重组的当年，资产重组的效果不一定马上显现，资产重组对上市公司的业绩影响有一定的时间差。如 2005 年实施资产重组的上市公司中，2005 年净利润有不同程度增加的上市公司占了 56%，2006 年净利润有不同程度提高的上市公司却占了 78%。2005 年实施资产重组的公司中，只有 12 家上市公司在 2005 年经营发生了根本性改变，却有 34 家上市公司在 2006 年经营发生了根本性改变（还不包括未公布年报的上市公司）。当然，这中间也有 2006 年上市公司的业绩整体好于 2005 年等因素的影响，但也能反映出资产重组的作用有滞后效应。

资料分享：阿里巴巴收购雅虎中国

2005 年的经典企业并购案例——阿里巴巴收购雅虎中国。对于该并购案例中交易双方的收益状况的分析，可以为银行家的实际并购分析工作提供参考。

在介绍这场并购交易之前，让我们先来看一下并购双方的基本情况。

阿里巴巴——全球企业间（B2B）电子商务的著名品牌，是全球国际贸易领域内最大、最活跃的网上交易市场和商人社区，是全球首家拥有超过 800 万网商的电子商务网站，遍布 220 个国家和地区，每日向全球各地企业及商家提供 810 万条商业供求信息，连续五次被美国权威杂志《福布斯》选为全球最佳 B2B 站点之一，被誉为与 Yahoo、Amazon、eBay 比肩的四大互联网商务流派代表之一。其旗下有 11 家子公司，分别是阿里巴巴、天猫、支付宝、阿里软件、阿里妈妈、口碑网、阿里云、雅虎中国、一淘网、中国万网和聚划算。

雅虎是一家全球性的互联网通信、商务及媒体公司，在全球共有 24 个网站，其总部设在美国加州圣克拉克市，在欧洲、亚太区、拉丁美洲、加拿大及美国均设有办事处。其网络每月为全球超过一亿八千万用户提供多元化的网络服务。雅虎是全球第一家提供互联网导航服务的网站，不论在浏览量、网上广告、家庭或商业用户接触面上，都居于领导地位，也是最为人熟悉和最有价值的互联网品牌之一，在全球消费者品牌排名中位居第 38 位。其旗下子公司包括雅虎、一搜、一拍和 3721。

2005 年，雅虎中国当时已经进入了一个很严重的发展中的瓶颈期，在本地化的道路上步履艰难，因此作为投资一方的软银公司本着投资回报最大化的考虑，希望能够将其优化整合，把自己处理不了的中国业务盘出去，有利于集中精力在其他市场竞争。而阿里巴巴本身在国内的 B2B 领域是无可非议的老大，在业务上与雅虎几乎没有冲突，同时雅虎强大的搜索功能与国际背景还将对阿里巴巴的发展大有益处。于是，一场阿里巴巴收购雅虎中国的并购交易应运而生。

2005 年 8 月 17 日，雅虎向美国 SEC 提交了收购阿里巴巴股份的文件。文件显示，雅虎计划用总计 6.4 亿美元现金、全部的雅虎中国业务以及从软银购得的淘宝股份，交换阿里巴巴 40% 的普通股。

根据双方达成的协议，雅虎首次支付现金 2.5 亿美元收购阿里巴巴 2.016 亿股普通股，另外 3.9 亿美元将在交易完成末期有条件支付。雅虎斥资 3.6 亿美元从软银子公司手中收购其所持有的淘宝网股份，并把这部分股份转让给阿里巴巴，从而淘宝网将成为阿里巴巴的全资子公司。该收购计划将在雅虎收购阿里巴巴交易完成末期执行。雅虎实行两次购股计划，首次支付 2.5 亿美元，第二次支付 3.9 亿美元，再加上斥资 3.6 亿美元从软银购得的淘宝网股份，在购股计划完成后，雅虎持有阿里巴巴 40% 的股份。以此计算，雅虎共斥资 10 亿美元收购阿里巴巴股份。这一并购交易流程如下图所示：

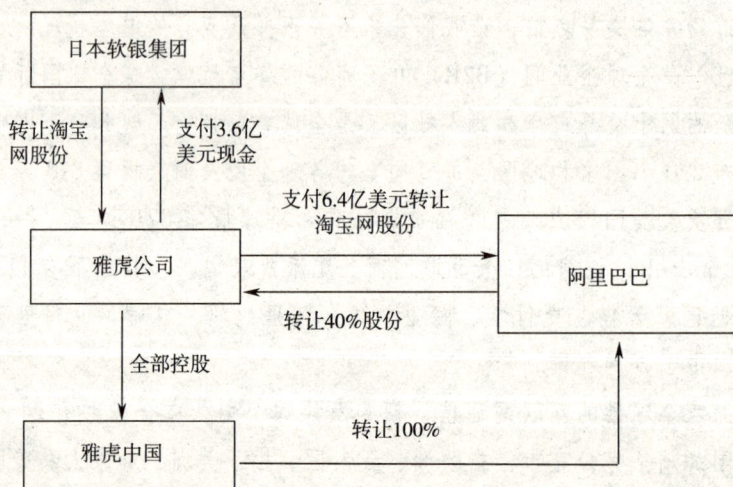

这场并购对于阿里巴巴和雅虎都有着十分积极的结果。对于阿里巴巴集团来说，首先，阿里巴巴公司得到雅虎 2.5 亿美元的现金投资。有了这笔钱，马云承诺在 2003 年淘宝"三年免费"之后，2005 年 10 月宣布再投入 10 亿元人民币，让淘宝继续免费三年。其次，这次交易完成后，阿里巴巴公司获取了淘宝的全部股份。此外，阿里巴巴还得到了梦寐以求的搜索技术，可完成打造"五位一体"的完整电子商务链计划。诚信系统上，阿里巴巴有"诚信通"，量化了诚信，带来滚滚收益；交易市场上，有阿里巴巴和淘宝两大网站，商品买卖全部囊括；支付系统上，抢先 eBay 推出了"支付宝"，保证了选货交钱一站式服务；软件服务上，商贸洽谈工具"贸易通"就是杰作之一；唯一缺位的搜索也由雅虎填补了。抢占了电子商务下一步发展的制高点。

对于雅虎公司来说，首先，雅虎更换了管理团队，并购使得雅虎中国的经营团队变为以阿里巴巴的马云为首的一个团队，期待新的团队能够改变雅虎中国持续低迷的经营现状。其次，雅虎中国的业务拓展到了前景可观的 B2B 领域。近年来 B2B 模式一直占据总体电子商务营业额的 80% ~ 90%，且此比例呈上升态势。雅虎在进入 B2B 领域除了能够分享这块大蛋糕之外，还能顺应 B2B 和 C2C 相融这一电子商务领域发展的新趋势，让雅虎的"一拍"业务同阿里巴巴的 B2B 和 C2C 业务相融合占领更大的市场。

这场并购交易完成后，阿里巴巴以及日本雅虎成了雅虎的"亚洲核心资产"。2007 年雅虎对阿里巴巴 B2B 公司作了 7.76 亿港元的财务投资，于 2009 年 9 月套现，获利 1.5 亿美元。2005 年雅虎向阿里巴巴集团投资 10 亿美元，占 39% 股份，在支付宝上市后获得了 7.8 亿 ~ 23.4 亿美元的现金回报，以及每年的利润分享。上述数据还没计入雅虎至今仍在阿里巴巴 B2B 公司间接拥有超过 21.5 亿美元的股票价值，以及在三家淘宝公司中超过 60 亿美元的股份利益。

除此之外，该并购交易还实现了四种效应：

韦斯顿协同效应：即规模经济效应，阿里巴巴可以和雅虎公用某些技术和设备，减少浪费。

市场份额效应：在 B2B、C2C 市场站稳脚跟之后，借由门户网站和搜索引擎带来的额外流量，阿里巴巴能够进一步提高市场份额。

经验成本曲线效应：雅虎中国是一家继承了美国雅虎先进技术和文化的公司，并购可以为阿里巴巴省去在该领域摸索研发的过程，减少学习成本。

财务协同效应：并购之后，财务更加灵活。

从阿里巴巴并购雅虎中国的案例中可以得到以下三方面启示。

首先，正确选择目标企业，关系到并购成本的高低、并购企业发展战略以及并购后的整合与预期协同效应。任何交易总是希望以最小的成本取得最大的收益，所以对目标企业的评估是企业并购过程中的核心问题。阿里巴巴并购的主要目的是获取搜索引擎的核心技术，而在国内现有市场上，有搜索引擎的是 Google、Baidu 和 Yahoo。与 Google 和 Baidu 相比，雅虎中国在搜索引擎市场的竞争地位和市场策略更符合阿里巴巴的并购要求。阿里巴巴需要搜索引擎，而雅虎力图摆脱在中国搜索引擎市场的"千年老二"地位，两者在市场定位和策略方面一拍即合，促成了这次收购。

其次，在选择并购形式时，要综合考虑并购动因、目标企业状况、并购整合后企业集团的发展方向等要素，并置于并购前、并购中和并购后的整个过程来考察。阿里巴巴换股方式的成功运用，为其他企业并购提供了一个借鉴。

最后，并购要强化风险意识，正视并购活动不能达到预先设定的目标的可能性，以及因此对企业正常经营管理所带来的影响。

其实，阿里巴巴并购雅虎中国的案例并非高枕无忧。一方面，阿里巴巴换出的股份比例过大，在换股的过程中，雅虎得到了相对的控股权，甚至有人说，两年后雅虎会全面收购阿里巴巴。另一方面，并购后的整合风险不容小觑。阿里巴巴和雅虎中国作为两个独立的品牌，有着各自的品牌形象，同时，雅虎中国管辖内的 3721 在收购前与雅虎中国仍处于相对独立的地位。这样，如何准确区分品牌的不同定位，是对雅虎中国进行整合时面临的主要问题，也是这次收购后面临整合风险的症结所在。

（来源：百度文库）

案例研究：一个"企业掠夺者"的诞生

过去的 20 年间，华尔街上最令人闻风丧胆的名字是什么？

答案很可能是卡尔·艾肯（Carl Icahn）。1985 年，因为一次漂亮的恶意收购，他不仅获得了环球航空公司（TWA），还成为了"企业掠夺者"（corporate raider）的代言人。

但这绝非一个极尽潇洒的过程，"也许从外面看这很简单，但实际上非常困难。"艾肯说自己始终在拼命工作。"我们玩的是一场异常艰难的游戏，他们卖出是因为我们强迫他们这样做。"因此，他曾被环球航空公司的总裁在法庭上斥为"这个世界上最贪婪的人之一"，也被一些人恐吓"会下地狱"。

在出手环球航空以前，这位时年 49 岁的金融家曾经有过许多类似的经历。1980

年，他成功"袭击"了 Hammermill 造纸公司，1982 年，他赢得了连锁百货公司 Marshall Field。随着技术的发展和资金实力的增强，艾肯引领一群投资者共同进行的突然袭击活动越来越频繁，他们看中的目标也越来越大。在对环球航空动手之前的一年半中，他曾经对 J. P. Stevens & Co., Chesebrough - Pond's Inc., Uniroyal Inc. 和菲力浦斯石油公司等实施了同样的战术。1984 年，环球航空的状况引起了艾肯的注意。

对于任何一次偷袭行为来说，首要的必备条件就是行动的组织者具有敏锐的思维，毫无疑问，艾肯正是具备这种条件的人，他是其所在中学历史上第一个去普林斯顿读书的学生。"卡尔不是一般的聪明"，一个为他提供投行服务的中学同学这样评价道，"在许多事情发生前，他就已经想到了——如果我这么做，其他人就会那么做。他太了解商业的游戏规则了。"

艾肯最初的行动十分谨慎，丝毫没有让环球航空察觉到蛛丝马迹。1984 年年初，环球航空集团进行了一次拆分，集团的高级主管们认为利润率较高的酒店、餐饮业务可能会成为外界恶意收购的对象，而当时状况不佳的航空飞行业务却不会。

但这种做法却使独立出来航空业务异常脆弱，甚至失去了许多通常都会采取的保护措施。一般情况下，外界在获得某公司 80% 以上股票的情况下才能对该公司采取收购行为，而在分离后的环球航空，大股东只要拿到 51% 的股票就可以取得控制权。一位公司管理人员承认说："我们是在完全没有警惕的情况下被盯上的。"那个时候，包括迈耶在内的管理层一共只有 1.1% 的公司股票。

对于自己要做的事情，艾肯有足够的准备和胸怀，他的第二步是召集一批投资者。艾肯调集了一大批资金雄厚的合作伙伴，其中既包括亲戚，也有有限合伙人，但他自己的资金占总量的 80%。甚至在调集了 1 亿美元后，他还曾表示，只要借一点钱，他就可以轻松再筹集 4 亿美元资金。

按照 SEC 的规定，任何机构持有某公司的股票超过其流通股总数的 5% 以后都必须公开披露。在达到这个界限之前，艾肯集团的行动都是秘密进行的，他们以各种不同公司和身份出现在市场上。从 1984 年 9 月开始，艾肯集团开始不断购买环球航空的股票，当时每股价格只有 10 美元，而环球航空的人却丝毫没有发觉。

到了 1985 年 4 月 29 日，艾肯所持有的股票终于超过了 5%。按照规定，他必须在 10 天内向公众披露其持有情况。也正是在这个时候，艾肯改变了战术，他们开始疯狂买入，在 10 天的规定期中将持股数量又增加了 16%。期间，由于交易异常活跃，华尔街的其他投资人也开始跟着艾肯买入环球航空的股票，这只股票的价格开始迅速攀升。

不过在记者们面前，艾肯仍然说自己并不想寻求对这家公司的控制权，只是想用股票换几架环球航空的飞机，然后再将飞机回租给他们。后来，环球航空的律师们在法庭上指责艾肯故意在媒体上放出这个虚假消息，以阻止股价进一步上扬，同时使自己能够以低价买入。但直到此时，艾肯还是坚持说他："一直在思考怎么做回租，完全没有质疑这个（回租）计划。"圣路易斯法庭并没有对环球航空的申辩作出裁决。

无论如何，在这些插曲发生的同时，艾肯集团仍然在每股 15~16 美元的价格上不停购买股票。5 月 10 日，在艾肯首次向 SEC 做消息披露的时候，他才表示有可能会争取环球航空的控制权，此时，股价升至每股 17~19 美元。5 月 21 日，艾肯承诺以每股 18 美元的价格买下公司所有剩下的股票。

这时候，环球航空才开始全线反击，他们又将艾肯告到了纽约的联邦法庭。环球航空提交给圣路易斯州法庭的一份文件中声称，艾肯如果获得了控制权，他的目标就是"掠夺环球航空"，让这家公司陷入财务麻烦，然后"寻找下一个牺牲品"。迈耶在法庭上说，艾肯是会这么做的。

这使艾肯不得不开始同对方的律师周旋，但显然他是个躲避问题的老手。在许多事件的询问上，艾肯时常会说自己"记不住了"，律师们最后只能放弃。不久以后，环球航空在州法庭上赢得了暂时的胜利，大多数法律界人士认为事情可能会就这样结束了。但是，在联邦法庭的诉讼中，艾肯却打败了环球航空。期间，艾肯始终在买入更多的普通股，其持有量从 25% 上升到 32%。迈耶曾经试图劝艾肯停止买股票，但却丝毫没有作用。艾肯在给联邦法院的一份陈词中这样说道："迈耶在电话里同我说，'除非你放手我才愿意跟你说话，如果你不停下来，我不会同你谈什么的。'我回敬他：'我不会收手，也不打算同你谈什么'"。

面对 32% 的数字，环球航空的董事会只好在 1985 年 6 月宣布：公司即将出卖，艾肯每股 18 美元的出价并不合理。他们同时表示，要寻求价格更好的潜在购买者。在此后长达半年的狂热谈判中，环球航空引来了很多感兴趣者，其中包括得克萨斯航空公司、美国东方航空、美洲航空，甚至还有一家经营赌场的娱乐公司。但是到了 8 月初，艾肯手中已经握有 45.54% 的普通股，10 月，他们则拿到了 52% 的普通股。

11 月，艾肯同其合作伙伴手里已经握有环球航空 52% 的股份，价值 3.5 亿美元，当时他还打算继续购买其余的股票。这时，凭借着投资者和投资管理者双重身份，艾肯本人获利约 1.5 亿美元，占所有利润的 80%，而剩下的大约 4 000 万美元收益则由他的朋友们瓜分。

（来源：GE 环企网　作者：《环球企业家》）

公司金融习题

一、单项选择题

1. 某企业只生产一种产品，该产品单价 100 元，单位变动成本 60 元，本月计划销售 5 000 件，该企业每月固定成本 10 000 元，则预期的息税前利润为（   ）元。

A. 200 000　　　　　B. 190 000　　　　　C. 180 000　　　　　D. 160 000

2. 既具有抵税作用，又能带来杠杆效应的融资方式是（   ）。

A. 发行债券　　　　　　　　　　　B. 发行优先股

C. 发行普通股　　　　　　　　　　D. 使用留存收益

3. 企业全部资本中，权益资本和债务资本各占 50%，则企业（   ）。

A. 只存在经营风险　　　　　　　　B. 只存在财务风险

C. 存在经营风险和财务风险　　　　D. 经营风险和财务风险可以相抵消

4. 如果企业的资金全部来源于自有资金，并且没有优先股存在，企业的财务杠杆系数（   ）。

A. 等于 0　　　　　B. 等于 1　　　　　C. 大于 1　　　　　D. 小于 1

5. 下列有关杠杆的表述错误的是（   ）。

A. 经营杠杆系数、财务杠杆系数以及复合杠杆系数恒大于 1

B. 财务杠杆表明息税前利润变动对每股利润的影响

C. 复合杠杆表明销量变动对每股利润的影响

D. 经营杠杆表明销量的变动对息税前利润变动的影响

6. 在其他因素不变的条件下，关于固定成本与经营风险的关系正确的是（   ）。

A. 固定成本越高，经营风险越小

B. 固定成本越高，经营风险越大

C. 固定成本越低，经营风险越大

D. 二者的关系不能确定

7. 公司经营处于盈亏平衡点，则下列说法中正确的是（   ）。

A. 公司利润总额大于 0　　　　　　　B. 公司息税前利润为 0

C. 边际收益等于边际成本　　　　　　D. 经营杠杆系数为 1

8. 下列能够在税前支付的费用是（　　）。

A. 债券利息　　　　　　　　　　　　B. 罚金罚款

C. 优先股股利　　　　　　　　　　　D. 普通股股利

9. 若某企业的经营处于盈亏平衡状态，下列说法错误的是（　　）。

A. 此时的销售额正处于销售收入线与总成本线的交点

B. 此时经营杠杆系数趋于无穷小

C. 此时息税前利润等于 0

D. 此时经营杠杆效应最大

10. 关于财务杠杆系数的表达，错误的有（　　）。

A. 财务杠杆系数反映财务风险，即财务杠杆系数越大，财务风险也就越大

B. 财务杠杆系数可以反映息税前利润随每股收益变动而变动的幅度

C. 财务杠杆系数可以反映财务杠杆作用的大小

D. 财务杠杆系数是由企业资本结构决定的，债务比率越高，财务杠杆系数越大

11. 某公司产销某种服装，固定成本 500 万元，变动成本率 70%。年产销额 5 000 万元时，变动成本 3 500 万元，固定成本 500 万元，息前税前利润 1 000 万元；年产销额 7 000 万元时，变动成本为 4 900 万元，固定成本仍为 500 万元，息前税前利润为 1 600 万元。该公司本年度经营杠杆系数为（　　）。

A. 1.5　　　　　B. 2　　　　　C. 2.5　　　　　D. 3

12. 最佳资本结构的判断标准是（　　）。

A. 公司利润最大　　　　　　　　　　B. 企业价值最大

C. 资本规模最大　　　　　　　　　　D. 筹资风险最小

13. 以下关于资金结构的叙述中，正确的是（　　）。

A. 资本结构与资本成本没有关系，它指的是企业各种资金的构成及其比例关系

B. 资本结构是指企业各种短期资金来源的数量构成比例

C. 资本结构与企业的价值无关

D. 保持经济合理的资本结构是企业财务管理的目标之一

14. 资金结构最优指的是（　　）。

A. 员工利益最大化　　　　　　　　　B. 资金结构中负债资金比例较大

C. 加权平均资金成本最低　　　　　　D. 企业利润最大化

15. 股利政策涉及面很广，其中最主要的是确定（　　）。

A. 股利支付日期　　　　　　　　　　B. 股利支付方式

C. 股利支付比率　　　　　　　　　　D. 股利政策确定

16. 有权领取股利的股东有资格登记的截止日期，即是指（　　）。

A. 股利宣告日　　　　　　　　　　　B. 股权登记日

C. 除息日　　　　　　　　　　　　　D. 股利支付日

17. 下列各项中，会导致采取高股利的事项是（　　）。

A. 有良好的投资机会　　　　　　　　B. 陷入经营收缩的公司

C. 金融市场利率走势上升　　　　　　D. 企业盈利不稳定

18. 发放股票股利后，每股市价将（　　）。

A. 上升

B. 下降

C. 不变

D. 可能出现以上三种情况的任意一种

19. 公司以股票形式发放股利，可能带来的后果是（　　）。

A. 引起公司资产减少　　　　　　　　B. 引起公司负债减少

C. 引起股东权益内部结构变化　　　　D. 引起股东权益与负债同时变化

20. 如果盈利总额不变，发放股票股利使股东的股数增加，则每位股东所持股票的市场价值总额（　　）。

A. 增加　　　　　B. 减少　　　　　C. 不变　　　　　D. 不一定

21. 一般而言，适应于采用固定或持续增长股利政策的公司是（　　）。

A. 负债率较高的公司　　　　　　　　B. 盈利稳定或处于成长期的公司

C. 盈利波动较大的公司　　　　　　　D. 盈利较高但投资机会较多的公司

22. 某企业在选择股利政策时，以代理成本和外部融资成本之和最小化为标准。该企业所依据的股利理论是（　　）。

A. "一鸟在手"理论　　　　　　　　　B. 信号传递理论

C. MM 理论　　　　　　　　　　　　D. 代理理论

23. 下列各项中，不属于股票回购方式的是（　　）。

A. 用本公司普通股股票换回优先股

B. 与少数大股东协商购买本公司普通股股票

C. 在市场上直接购买本公司普通股股票

D. 向股东标购本公司普通股股票

24. 在以下股利政策中，有利于稳定股票价格，从而树立良好的公司形象，但股利的支付与公司盈余脱节的股利政策是（　　）。

A. 剩余股利政策
B. 固定或持续增长的股利政策
C. 固定股利支付率政策
D. 低正常股利加额外股利政策

25. 能够体现"利多多分，利少少分，无利不分"原则的股利分配政策是（　　）。

A. 剩余股利政策
B. 固定或持续增长的股利政策
C. 固定股利支付率政策
D. 低正常股利加额外股利政策

26. 主要依靠股利维持生活的股东和养老基金管理人员最不赞成的公司股利政策是（　　）。

A. 剩余股利政策
B. 固定或持续增长的股利政策
C. 固定股利支付率政策
D. 低正常股利加额外股利政策

27. 企业采用剩余股利政策进行权益分配的主要优点是（　　）。

A. 有利于稳定股价
B. 获得财务杠杆利益
C. 降低综合资金成本
D. 增强公众投资信心

28. 如果上市公司以其应付票据作为股利支付给股东股利的方式称为（　　）。

A. 现金股利
B. 股票股利
C. 财产股利
D. 负债股利

29. 在下列各项中能够增加普通股股票发行在外股数，但不改变公司资本结构的行为是（　　）。

A. 支付现金股利
B. 增发普通股
C. 股票分割
D. 股票回购

30. 下列关于股票股利对股东的意义的叙述不正确的是（　　）。

A. 如果发放股票股利后股价不立即发生变化，会使股东得到股票价值相对上升的好处

B. 发放股票股利会使投资者认为公司将会有较大发展，有利于稳定股价甚至略有上升

C. 股东可因此享受税收上的好处

D. 增加每股价值，吸引更多的投资

31. 股票回购对股东的影响是（　　）。

A. 有利于稳定公司股价
B. 增加流通股数目
C. 改变公司资本结构
D. 防止恶意收购

32. 可以作为股票回购替代物的股利是（   ）。

A. 现金股利　　　　B. 负债股利　　　　C. 财产股利　　　　D. 股票股利

33. 当控股股东拥有的股份超过（   ）时，它对公司拥有绝对控制权。

A. 20%　　　　　　B. 30%　　　　　　C. 40%　　　　　　D. 50%

34. 有限责任公司设立的股东法定人数为（   ）。

A. 50 人以下　　　　　　　　　　　B. 2 人以上

C. 2 人以上 50 人以下　　　　　　　D. 1 人以上 50 人以下

35. 股份有限公司发起人的人数为（   ）。

A. 5 人以上　　　　　　　　　　　　B. 最好 1 人

C. 2 人以上 200 人以下　　　　　　　D. 7 人以上

36. 下列不是所有权和经营权两权分离产生的原因的是（   ）。

A. 生产集中性与资本分散性之间的矛盾

B. 风险能力与经营能力的不对称

C. 投资者分散风险的客观要求

D. 个人私有制的发展

37. 期权激励三种形式中，对经理激励作用最大的是（   ）。

A. 固定价值期权计划　　　　　　　B. 固定数量期权计划

C. 巨额奖励期权计划　　　　　　　D. 不确定

38. 所有权和经营权两权分离的情况下，经理人不倾向于投资以下哪种项目：
（   ）。

A. 投资回报较快的项目　　　　　　B. 符合自己风险偏好的项目

C. 偏好符合经理专长的项目　　　　D. 投资周期长的项目

39. 股份公司的出现表明（   ）。

A. 单个资本的经营方式转变为联合资本的经营方式

B. 单个私人资本代替了社会资本

C. 私有资本代替了公有资本

D. 资本分散化代替了资本集中

40. 下列关于利益冲突的协调说法正确的是（   ）。

A. 所有者与经营者的利益冲突的解决方式是收回借款、解聘和接收

B. 协调相关者的利益冲突，需要把握的原则是尽可能使企业相关者的利益分配
在数量上和时间上达到动态的协调平衡

C. 企业被其他企业强行吞并是一种解决所有者和债权人的利益冲突的方式

D. 所有者和债权人的利益冲突的解决方式是激励和规定借债信用条件

41. 下列不属于恶意并购应变措施的有（　　　）。

A. 诉诸法律 　　　　　　　　　　　　B. 定向股份回购

C. 资产重组与债务重组 　　　　　　　D. 减少注册资本

42. 收购的实质是为了取得对被收购方的（　　　）。

A. 经营权 　　　　B. 管理权 　　　　C. 控制权 　　　　D. 债权

43. 并购方在并购完成后，无法使整个企业集团达到并购动因的要求，此时它将承担（　　　）。

A. 营运风险 　　　B. 市场风险 　　　C. 反收购风险 　　　D. 融资风险

44. 并购可以实现代理成本的降低，代理成本是指（　　　）。

A. 审计成本 　　　B. 契约成本 　　　C. 监督成本 　　　D. B 和 C

45. 并购活动能够完成的基本条件之一是并购对双方在采取上都有利，为此（　　　）。

A. 并购溢价应大于零 　　　　　　　　B. 并购净收益应大于零

C. 并购溢价和并购净收益均应大于零 　D. 并购溢价和并购收益均应大于零

46. 企业在并购中大量向银行借款以筹集所需收购资金，并以目标企业资产或将来的现金流入作担保，此种资金筹措方式属于（　　　）。

A. 股权置换 　　　　　　　　　　　　B. 卖方融资

C. 杠杆收购 　　　　　　　　　　　　D. 金融机构信贷

47. 以下不是表明国际上大型兼并重组不断产生的原因的是（　　　）。

A. 兼并重组有利可图 　　　　　　　　B. 强强联合，应付竞争

C. 大型企业要获得垄断力量 　　　　　D. 企业在追赶潮流

48. 新一轮并购浪潮产生的深层次原因之一是（　　　）。

A. 区域竞争加剧 　　　　　　　　　　B. 国际性的竞争愈演愈烈

C. 行业的并购 　　　　　　　　　　　D. 人才的流动

49. 收购与兼并的相似之处是（　　　）。

A. 都使其他企业丧失法人资格 　　　　B. 程序相似

C. 都以企业产权为交易对象 　　　　　D. 发生的时机类似

50. 下列各项中，根据企业破产法律制度的有关规定，破产财产在优先拨付破产费用后，首先应当清偿的是（　　　）。

A. 破产企业所欠税款

B. 破产企业所欠职工工资程序相似

C. 破产企业所欠银行贷款

D. 破产企业所欠其他企业债务

二、简答题

1. H 公司 2004 年销售甲产品 100 000 件，单价 100 元/件，单位变动成本 55 元/件，固定经营成本 2 000 000 元。该公司平均负债总额 4 000 000 元，年利息率 8%。2005 年该公司计划销售量比上年提高 20%，其他条件均保持上年不变。该公司适用的所得税税率为 33%。

要求：

（1）计算该公司 2004 年的边际贡献、息税前利润和净利润；

（2）计算该公司 2005 年的经营杠杆系数、财务杠杆系数和复合杠杆系数；

（3）计算该公司 2005 年的息税前利润变动率和每股收益变动率；

（4）计算该公司 2005 年的边际贡献、息税前利润和净利润。

2. 简述影响股利分配政策的因素。

3. 简要论述杠杆在企业发展的四个阶段中的应用与战略决策的确定。

4. 在金融危机时期，企业应如何利用财务杠杆来预防财务风险？

5. 某公司 2014 年产生的自由现金流量为 400 万元，预计此后自由现金流量每年按 4% 的比率增长。公司的无税股权资本成本为 10%，税前债务资本成本为 6%，公司所得税税率为 25%。如果公司维持 0.50 的目标债务与股权比率。

要求：

（1）无负债企业价值及考虑所得税时企业的股权资本成本；

（2）负债企业的企业价值及该公司的债务利息抵税的价值。

6. 公司回购自身股份的原因是什么？会使股价发生怎样的变化？回购股票这种手段是否在任何情况下都适用？请简要阐述。

7. 股票回购对投资者和公司各有什么不同的意义？

8. 为什么公司制成为社会主流企业形式？公司制又存在哪些不足？

9. 现代公司制下主要有哪些利益冲突？它们分别表现在哪几个方面？有哪些解决方法？

10. 请简要阐述实行期权激励的优点有哪些？主要有什么难点？对策如何？

11. 民营企业在公司治理方面主要存在着哪些问题？

12. 请简要阐述企业并购的动因。

13. 收购兼并的主流交易方式有哪些？

14. 什么是恶意收购？遇到恶意收购时，主要有哪些反收购手段可以运用？

15. 从哪几个方面可以判断交易对并购公司有益？

三、案例分析题

1. 青岛海尔股份有限公司（以下简称青岛海尔），是我国家电业的龙头企业，在国内外享有美誉。海尔品牌是我国入选《世界最具影响力的 100 个品牌》的唯一品牌，也是现阶段我国最有价值的品牌。青岛海尔是在对成立于 1984 年的青岛电冰箱总厂进行改制，进而向社会公开募集资金而形成的股份有限公司。该公司于 1993 年 11 月正式在上交所上市交易。海尔集团是世界第四大白色家电制造商、中国最具价值品牌。旗下拥有 240 多家法人单位，在全球 30 多个国家建立本土化的设计中心、制造基地和贸易公司，全球员工总数超过 5 万人，重点发展科技、工业、贸易、金融四大支柱产业，已发展成大规模的跨国企业集团。

从股本结构看，海尔公司的股本结构相对简单：公司通过增发、送股、转配股等方式。截至 2013 年 1 月 18 日，现拥有总股本 269 590.954 万股。无国家股，也无国有法人股，仅有流通股一种股票。其中，流通股 A 股 269 590.954 万股，占总股本的100%。自 2006 年以来，青岛海尔便逐渐全部归海尔电器国际股份有限公司、海尔集团公司、青岛海尔创业资讯有限公司所有。股本性质也自 2006 年初的境内法人股全部转变为流通 A 股。

青岛海尔自 2006 年以来每年发放的股利并未起到信号传递的应有作用，其稳定且呈增长趋势的股利并不是在传递公司未来盈利会增加的信息，其股票的价格也并没有因公司实行稳中有升的股利而升高，相反，自 2008 年以来，海尔的股价整体上呈下降趋势。与此同时，通过净利润、每股收益、净资产收益率和净利润率所反映出来的公司盈利能力也呈下降而非稳定增长趋势。前面已经提到，青岛海尔的股权结构相对简单，无国家股，也无国有法人股，自 2006 年之后只有流通 A 股。从青岛海尔的控股股东看，从 2006 年到 2013 年第一季度，公司总体上持股最多的股东均为海尔电器国际股份有限公司，其实际持股比例基本保持在 24% 左右。尽管如此，公司的实际控制权却掌握在第二大股东——海尔集团公司手中。青岛海尔这种相对集中的股权结构，决定了该公司的代理成本相对较低，公司大可不必通过发放高额股利来约束公司经营者，降低代理成本。从我国现有的税收政策看，对红利和红股都征收20%的个人所得税，资本利得实际上实行零税率。相应地，我国流通股股东普遍高度关注的是股票买卖差价，而不是股利。再加上我国纳税人的纳税意识相对淡薄，对派发股利比率的高低并不是很敏感，青岛海尔在个别年份发放的高额股利对投资者的吸引力自然大打折扣，海尔股票在资本市场上表现不活跃、价格持续走低也不会让人感到特别意外。

从青岛海尔近几年的股利政策看，该公司显著增大了股票送转的力度，减少了现金股利的发放额。这表明公司在制定股利政策时已经考虑到了高额股利尤其是高额现金股利会增加公司资金负担，可能导致公司资金短缺、财务状况恶化的弊端，并通过股票送转在不增加公司资金负担的同时，让股东得到了股利回报。

青岛海尔公司 2006—2012 年度的股利分配情况　　　　　单位：元

年度	净利润	现金股利（每10股含税）	股票股利（每10股转增）	每股收益
2006	313 913 735	1	0	0.26
2007	643 632 018	1.5	0	0.48
2008	768 178 067	2	0	0.57
2009	1 374 608 129	1.5	0	0.86
2010	2 824 284 191	3	10	1.52
2011	2 690 024 711	1	0	1
2012	3 269 465 835	1.7	0	1.22

要求：

（1）针对海尔公司的案例，对股利进行简述，了解两者的定义、形式和相关内容。

（2）分配给股东的利润就是股利。股利政策是关于公司是否发放、发放多少、何时发放股利等方面的方针和策略，它的核心是如何确定可分配利润中股利分配和企业留存收益间的比例，它关系到股东的现金收益和企业今后的发展。合理的股利政策，不仅有利于企业筹资，而且对维持企业良好的财务状况，保持股价的稳定上涨，吸引更多的潜在投资者，都具有十分重要的意义，其主要表现在哪几个方面呢？

（3）海尔公司在制定股利政策的时候，经历了几个阶段的过程，而且一直以来，分派股利的办法并没有对公司的估计有着积极的推动作用，为此公司对其股利政策进行调整。而公司在制定股利政策的时候被多种因素所影响着，主要的影响因素有哪些？

（4）针对海尔公司的股利政策，分析其相关特点有哪些？

（5）海尔公司预计在 2013 年实施股票回购政策，一方面是利用公司的闲置资金进行股票回购，充分利用资金，提高每股收益；另一方面通过将回购的股票作为奖励奖给优秀经营管理人员，并以优惠的价格转让给职工作为股票储备。由此可以发现股票回购对公司有着巨大的意义，其主要表现在哪些方面？

2. 光明食品集团成立于 2006 年 8 月 8 日。由上海益民食品一厂、上海农工商集团等公司的相关资产集中组建而成，资产规模 458 亿元，2009 年规模销售收入 760 亿元。光明食品集团的现代农业主要是奶牛、生猪、大米、蔬果和花卉。集团食品制造业主要是乳制品、糖、酒、休闲食品和罐头食品。集团拥有光明乳业、金枫酒业、梅林股份和海博股份等上市公司以及光明、大白兔、冠生园、梅林、正广和等知名品牌。光明食品是中国最大的食品产业集团之一，2011 年营业收入为 769 亿元人民币，净利润为 26.5 亿元。从 2009 年开始，这家总部位于上海的国有企业开始加快其"国际化战略"，频频"出海"并不断刷新中国食品行业海外并购的纪录。

光明食品（集团）有限公司对英国维多麦（Weetabix）食品公司的收购正式完成交割，该项目交易对价近 7 亿英镑（约合 70 亿元人民币），包括购买 60% 的股权和承担部分债务。这是迄今为止，中国食品行业进行的最大规模的海外并购。光明食品财务总监曹晓风表示，这笔海外并购的资金来源包括外资银行贷款、发行美元债券等多个融资渠道。

维多麦是英国第二大的谷物类和谷物条食品生产商，主要产品为早餐麦片，在英国的市场份额占到 14.5%，同时产品出口到全球 80 多个国家。

要求：

（1）企业的成长和发展有两大途径，即内部扩充和外部发展。内部扩充是指企业从其内部和外部筹集资金来进行投资，以扩大生产经营规模的行为。采用这种途径来促进企业成长和发展，具有投入大、时间长和风险大的特点。而外部扩张是指企业以不同的方式直接与其他企业组合起来，利用其现成设备、技术力量和其他外部条件，实现优势互补，以迅速扩大生产经营规模的行为。采用这种途径来促进企业成长和发展，具有投入少、见效快和风险小的特点。兼并和收购是企业外部扩展的主要形式。而作为兼并和收购的统称——并购在公司的金融政策中有着重要的地位，例如光明集团目前在集团内部最重要的集团战略就是"国际化战略"，这一战略正是并购在光明集团战略中的体现，鉴于并购的重要性，请简述并购的概念和相关分类。

（2）在光明食品收购维多麦的背后，有着诸多鲜为人知的细节，这些富有创新思维和创新举措的细节，对于成功收购维多麦起着非常关键的作用。被相关媒体以及分析机构喻为凸显光明食品在海外并购中不断娴熟的资本运作技巧以及对国际市场游戏规则游刃有余地运用。但无论是多么具有创新思维的企业并购，都一定要历经四大阶段，简述这并购的四个阶段分别是什么？

（3）光明食品（集团）有限公司对英国维多麦食品公司的收购对价近7亿英镑（约合70亿元人民币），包括购买60%的股权和承担部分债务。这笔海外并购的资金来源包括外资银行贷款、发行美元债券等多个融资渠道。在这些融资渠道中，银行稳稳地占据重要的地位，一般来说，银行在收购兼并中，主要承担的工作有哪些？

（4）维多麦创建于1932年，在此次光明食品收购前，全资属于一家位于英国伦敦、专注于杠杆收购（Leverage Buyout）的私募股权（Private Equity）基金 Lion Capital，而 Lion Capital 的前身则是总部位于美国得克萨斯州达拉斯市的私募股权基金巨头 Hicks, Muse, Tate & Furst 的欧洲分支。公司是英国乃至全球领先的谷物食品生产商，出口超过80个国家，年销售收入近5亿英镑，税前利润约2 000万英镑，约占英国14.5%的市场份额。可见，维多麦历经9年被杠杆收购时期，依然具有强大的品牌影响力、分销能力及充沛的现金流。

光明食品在对维多麦的收购中，先后应用了杠杆收购（Leverage Buyout）、过桥贷款（Bridge Loan）和俱乐部融资（Syndicated on Club）等诸多先进的高级金融手段，以规避和降低收购的风险和不确定性。

作为债券融资手段中重要的一类——杠杆收购，在并购中发挥着其自身特殊的重要性，请简述之。

（5）维多麦和光明食品合作，主要是看好亚洲市场，希望把更加营养、健康的产品带到中国。维多麦去年业绩增长4.5%，今年增长8%，借助中国市场，维多麦的发展速度将会更快。

对于光明食品而言，则希望通过维多麦这样一个国际品牌进入英国以及全球市场，以建立起国际领先的食品集团。近两年来，光明食品相继收购了新西兰新莱特乳业、法国 DIVA 波尔多葡萄酒公司、澳大利亚玛纳森食品公司等多家国外企业，主要围绕糖业、乳业、酒业、综合食品制造业等核心主业。

两个公司对于这次的收购都有着自己的打算，最终也期盼着一个双赢的结果，而并购对公司的重要性也越来越被金融界所认识，请简述并购对于公司的积极意义。